国际核军控进展评估（2015）

Nuclear Weapons: The State of Play 2015

[澳] 加雷斯·埃文斯　坦尼娅·奥格尔维-怀特　拉梅什·塔库尔　著

余小玲　岳江锋　翟玉成　等译

国防工业出版社

·北京·

著作权合同登记　图字：军-2016-126号

图书在版编目（CIP）数据

国际核军控进展评估.2015 /（澳）加雷斯·埃文斯（Gareth Evans），（澳）坦尼娅·奥格尔维-怀特（Tanya Gilvie-White），（澳）拉梅什·塔库尔（Ramesh Thakur）著；余小玲，岳江锋，翟玉成译. —北京：国防工业出版社，2017.6

（国防科技译丛）

书名原文：Nuclear Weapons: The State of Play 2015

ISBN 978-7-118-11338-9

Ⅰ.①国… Ⅱ.①加… ②坦… ③拉… ④余… ⑤岳… ⑥翟… Ⅲ.①核军备控制—评估—世界—2015 Ⅳ.①E817

中国版本图书馆CIP数据核字（2017）第126871号

Nuclear weapons: the State of Play 2015 by Gareth Evans, Tanya Ogilvie-White, Ramesh Thakur.
ISBN:978-0-9874879-1-9.

※

国防工业出版社 出版发行

（北京市海淀区紫竹院南路23号　邮政编码100048）
国防工业出版社印刷厂印刷
新华书店经售
*
开本710×1000　1/16　印张25¾　字数380千字
2017年6月第1版第1次印刷　印数1—2500册　定价78.00元

（本书如有印装错误，我社负责调换）

国防书店：(010)88540777　　发行邮购：(010)88540776
发行传真：(010)88540755　　发行业务：(010)88540717

"国防科技译丛"序言

当今世界，国际安全格局正酝酿重大变革，大国军事力量转型加快，新兴战略空间竞争激烈，新型作战武器层出不穷，前沿颠覆技术屡有突破，创新军事理论不断涌现，新一轮科技革命、产业革命和军事革命正在到来。为帮助广大读者深入了解世界国防科技的发展态势，准确把握军事技术前沿的发展动向，我们组织国内专家学者推出了"国防科技译丛"系列产品。

本译丛面向国防科技建设全领域、全要素、全过程，突出"创立品牌、服务高端"目标，覆盖军事理论、军事战略、国防采办、武器装备、军事技术、科技管理、试验鉴定、军控军贸、基础技术等领域，精选翻译具有权威性、战略性、学术性的当代国外政府报告、学术专著和智库成果。

由于立场不同，丛书中部分观点未免有失偏颇，读者在阅读时应注意辩证分析，择善而用。"知己知彼，百战不殆"，希望本译丛对广大读者有所裨益。同时，也恳请读者惠赐宝贵意见，让"国防科技译丛"越办越好。

中国国防科技信息中心　主任　郭桥山

国际核军控进展评估

作者

作　　者　加雷斯·埃文斯

坦尼娅·奥格尔维-怀特

拉梅什·塔库尔

参　　与　约翰·卡尔森　约翰·佩基

斯德哥尔摩国际和平研究所

译校者

翻　　译　余小玲　岳江锋　翟玉成　张　萌　吴　翔

王　正　王春芬　马荣芳　王　颖　尹志远

李　梅　许春阳　肖伟炳　张佳琦　张　钰

周晨腾　哈　琳

审　　校　庄茂成　智　慧　余小玲　翟玉成　何毅丹

邹　辉

审读校订　李德顺　余小玲　邹云华　张小茜

翻译说明

　　自核武器出现以来，核军控与裁军一直是国际社会的一个重要议题。国际社会为限制和裁减核武器、防止核扩散、提高核安全，降低核威胁进行了不懈地努力，采取了多方面的措施，既有进展也有不足。

　　本书是澳大利亚国立大学克劳福德公共政策研究院下属的核不扩散和裁军中心三位军控问题资深专家撰写的一部关于核武器评估的专著，其主要作者之一加雷斯·埃文斯是澳大利亚国立大学校长，国际核不扩散与裁军委员会联席主席，长期致力于推动核军控与裁军、降低核威胁。曾经担任澳大利亚外交部长。

　　该书阐述了国际社会在消除核武器威胁方面进行的努力以及当前进展状况。全书分两大部分，第一部分把涉及消除核武器威胁的问题分为四个专题，即核裁军、核不扩散、核（武器和材料）安全、以及和平利用核能。作者对这四个领域涉及的主要问题，当前的状况，以及存在的障碍，分别作了扼要和客观的分析。第二部分则是对2013年以来国际社会在推进以上四个领域的努力情况进行评估。主要是对在军控领域有着重要影响的三个报告和声明所提出的各项措施和建议的执行情况给予评价。这三个报告是：2010年《不扩散核武器条约》审议会通过的行动方案的报告；2010年、2012年和2014年核安全峰会上一致同意的各国应承担义务的联合声明；以及2009年国际核不扩散和裁军委员会的报告。

　　本书全面评估了涉及核武器的相关问题，结构严谨，资料丰富，涵盖面广，是研究国际关系中核军控和裁军问题一本较为适用的参考书，对于我国涉外官员、从事军备控制的研究人员和社会科学工作者，以及有志于开阔视野、了解国际风云变幻的读者，都有很好的阅读价值。

译者

2016年9月

序一

我谨代表我在澳大利亚国立大学核不扩散与裁军中心的同事，向中国国防科技信息中心为本报告在中国的翻译和出版所做的组织工作以及给予的资金支持深表感谢。同时也要感谢我的老朋友和好同事潘振强将军（退役），他身为国际核不扩散与裁军国际咨询委员会的成员，多年以来一直与我们一道致力于降低核危险。他发起了这项翻译工作，并为我们寻找到如此慷慨的中国伙伴。

这篇报告的主旨在于阐述国际社会在核裁军、核不扩散、核安全（防止核武器和核材料落入不当之手）以及在和平利用核能过程中的安全与扩散风险方面所取得的成绩和不足。我们的撰写目标是既要全面广泛，又要简明扼要；既要满怀理想，又要切合实际；既能为专业决策者所用，又便于非专业人士阅读。

如果读过本报告对2014年全球核态势的描述，人们就不会对2015年5月召开的五年一度的《不扩散核武器条约》（NPT）第九次审议大会无果而终感到惊讶。五年前，随着美国领导层的变更，美国与另一个核大国俄罗斯关系的改善以及2010年NPT审议会的成功而来的乐观预期，基本上都因为本报告中所列的原因消失殆尽。

本届审议会的失败极其令人失望。核武器仍是有史以来最不人道的无差别杀伤性武器，并继续对地球上的生命构成巨大的威胁。现在我们知道，自1945年以来的核和平不是因为这些可怕的大规模杀伤性武器的拥有者和看护者们管理得有多么好，而仅仅是因为某种幸运。那些足以让人心跳停止的事件逐年上升，其中包括事故、虚警，有的因完全错误的情报和信息几乎酿成灾难。不管在哪里，只要核武器还存在，它们就注定有被使用的一天，即便不是蓄意为之，其后果也将是灾难性的。

每一个国家都负有推进核裁军、核不扩散和核安全的世界责任。那些拥有核武器的国家负有最大的责任，因为世界的命运掌握在他们手中。联合国安理会5个常任理事国，同时也是NPT意义上的5个核武器国家，对于带领我们远离核悬崖负有最大的责任，现在做还为时不晚。

中国在这方面具有核心作用，这不是因为其拥有的核武库规模之大，而是因为其核武库规模之小，至少目前如此。中国的核武器采购长期保持在最低限度状态，并积极主张裁军的原则。但随着中国力量与影响的增长，普遍认为中国的核武库也正在进行现代化改造和扩大。在特别需要就建立一个更安全和更理智的核武器世界发出强音的时候，来自中国的声音越来越少听到了。

我们希望本报告的中国读者能够就其国家如何限制、减少、降低并最终消除核风险和核威胁进行思考。现行哪些条约需要相关缔约国批准才能生效？要减少滑向大家都不愿看到的核战争的风险，还需要哪些新条约和公约？当前的模糊如何能够逐步向不断透明的库存、学说和力量态势转变？

中国的发展已经展现出其富有远见和视野的领导力。世界上很多人也希望中国人民及其领袖能够站出来应对挑战，展现同样的远见、视野、胆识和领导力，使核武器非法化，在地球上禁止并最终消除核武器。

Gareth Evans（加雷斯·埃文斯）
1988—1996年任澳大利亚外交部长
2000—2009年任国际危机小组主席
2009年任核不扩散与裁军国际委员会联席主席
澳大利亚国立大学校长

2015年9月28日
堪培拉

序二

五年前，人们满怀希望，以为这个世界终于真的要走向无核武器世界了。2009年4月，奥巴马总统的布拉格讲话确立了这一基调，而美国和俄罗斯正在谈判削减战略武器条约（新START）。国际核不扩散与裁军委员会（ICNND）当年的报告与此前的报告一样，确定了一个可以实现的全球议程，详尽地描述了在这一过程中所必需的每一个要素。在2010年《不扩散核武器条约》（NPT）审议会之前，所有的迹象表明，整个裁军和不扩散议程将会有重大的进展。

然而，到了2012年底，正如我们第一本《核武器进展评估》报告所反映的，这种乐观气氛大部分已经蒸发了。到了2014年底，乐观已经让位于悲观了。虽然新START条约获得批准并开始执行，但双方的核武库几乎未动，在导弹防御和常规军备不平衡问题上的分歧仍未得到解决，乌克兰危机又阻断了美俄进一步的谈判之路，任何关于哪个国家会放弃核武库的结论显得愚蠢可笑了。核武器数量总体减少，但亚洲在增加，印度、巴基斯坦和中国的核武器计划都在加速。

华盛顿在核学说方面谨慎的变化，即接受核武器的"唯一目的"只是用来应对核威胁而不是其他威胁的说法，究竟如何发展尚未定论，因为遇到了来自那些神经紧张的东北亚和中欧盟国的阻力。朝鲜在2013年初进行了第三次核试验，《全面禁止核试验条约》（CTBT）尚未生效，启动《禁产条约》（FMCT）的谈判仍然缺乏共识。

2015年NPT审议会成功的前景黯淡：中东无核武器区的谈判没有动力，这一问题以往会左右着审议会的成败；核国家几乎无所作为，难以向无核国家表明，他们在进行核裁军的问题上比以前更认真了；在解决朝鲜带来的挑战方面国际社会也没有丝毫进展；伊朗全面核协议谈判的最后日期推至2014年11月24日，现在又被延期至2015年6月；网络攻击对核武器系统的威胁增加了，而外空仍然面临核武器化的危险。

黯淡中也有几缕亮光。一个是在华盛顿、首尔和海牙举办的核安全峰会（NSS）成功召开，对于确保核武器和易裂变材料避免落入恐怖分子和其他组织之手取得一些共识，但要建立一个完整的国际核安全体系、确立标准、将军用核材料纳入其中、建立衡算体系等，仍有大量工作要做，而俄罗斯也无意参加下一阶段的峰会。

另一个积极的发展是关注核武器人道主义后果的运动兴起，并在挪威、墨西哥和奥地利连续召开会议，唤起政府和民间社会关注这样一个现实，即对于核武器这种空前非人道和滥杀性武器，任何使用都将带来灾难性的人道和环境后果，远远超出任何国家应急体系所可以处理的能力。不过，该运动能否形成一个像2009年那样乐观的局面尚待观察。公众对核问题的参与度依然较低，核武装国家试图通过强调安全好处以使核威慑正当化，竭力为其在核力量的维持和现代化方面的开支辩护，将其描绘成对纳税人金钱的有效利用，却未遇到任何公众压力。

国际核不扩散与裁军委员会在2009年的一个主要建议是，要促进并维持当时的变革势头，就应当定期发布报告的主要结论，送给那些决策者以及那些能够影响决策者的人。现在的这本报告是贯彻上述建议的第二次努力。报告阐述了2010年NPT审议会、2010/2012/2014年核安全峰会所提承诺和建议的进展情况，以及国际核不扩散与裁军委员会报告自身建议的更高目标的实现情况。虽然已有类似的出版物面世或正在筹备出版，以重点跟踪某些特定建议的执行情况，或特定国家集团的具体表现，但是我们相信，本报告及2013年的报告是其中最全面的。

报告的章节安排是明晰的，但应当注意的是两个部分是密切相关的。第一部分意在系统地分析和讨论所有重要问题，共分四章，分别是核裁军、不扩散、核安全及和平利用核能。第二部分汇总了所有涉及NPT、核安全峰会和国际核不扩散与裁军委员会的承诺和建议，并在正文中予以讨论，然后根据完成情况，从"没有进展"（红色）到"完全执行"（绿色）进行排序。序言后面的概要旨在概述我们对各领域的评估，是一个对各章概述的汇总。由于是高度浓缩，相关要点仅可作为阅读报告的导引，不可以此替代对报告的阅读！

《国际核军控进展评估》由核不扩散与裁军中心（CNND）出版，该中心成立于2011年，系澳大利亚国立大学克劳福德公共政策学院的一部分。中心感谢澳大利亚政府特别是澳大利亚国防部、澳大利亚国立大学以及设在加拿大温哥华的"西蒙斯基金会"的慷慨支持。

中心的主任是塔库尔（Ramesh Thakur），研究部主任是怀特（Tanya Ogilvie-White），埃文斯（Gareth Evans）是该中心国际咨询委员会主席，该委员会的其他成员还包括CNND的前共同主席川口顺子（Yoriko Kawaguchi，日本）、埃克顿（James Acton，英国）、阿尔巴托夫（Alexie Arbatov，俄罗斯）、达纳帕拉（Jayantha Dhanapalan，斯里兰卡）、费兹帕特里克（Mark Fitzpartric，美国）、希斯伯格（Francios Heisburg，法国）、胡博伊（Pervez Hoodbhoy，巴基斯坦）、刘易斯（Patricia Lewis，爱尔兰）、潘振强（Pan Zhenqiang，中国）和西蒙斯（Jennifer Allen Simmons，加拿大）。

本报告由作者策划和撰写，同时也有中心兼职工作人员佩基（John Page）和卢顿（Robert Luton）以及顾问卡尔森（John Carlson）和斯德哥尔摩国际和平研究所（SIPRI）的协助和贡献。我们希望本报告能够为致力于实现更安全、更理性的无核武器世界的国家、组织和个人提供有益和权威性的工具，进而推进全球核政策的辩论。

加雷斯·埃文斯（Gareth Evans）

坦尼娅·奥格维尔–怀特（Tanya Ogilvie-White）

拉梅什·塔库尔（Ramesh Thakur）

2015年1月1日于堪培拉

概　要

一、核裁军

裁军目标和战略（第1.19—33段）：核武器国家最多只是作出要最终消除核武器的口头承诺，却没有国家对"最少化目标"作过任何承诺，也没有给出他们要削减的主要核武器的具体时间表——更不用说废除核武器。从9个核武器国家的核武库规模、易裂变材料库存、军队现代化计划、所宣示的学说和已知的部署做法等可以看出，所有这些国家都预见到储存核武器的长期性和核武器在国家安全政策中的长期作用。**（没有进展）**

裁军原则（第1.34—54段）：虽然有些核武器国家（NWS）提供了比其他国家更多的关于他们核武器的信息，但并没有给出完整的画面。核武器国家正在谈论提高透明度，而且已经开始履行他们向2014年NPT筹备委员会报告其2010年不扩散条约审议大会所要达到的核裁军目标的承诺。但是，这些报告大多是重复以前已发布过的信息。**（有些进展）**

削减核武器（第1.55—107段）：全球的核武库估计有16372件核武器。尽管大约有一半是要被拆除的，但是目前还没有进一步减少的迹象。按照先前的条约义务，俄罗斯和美国核武器库存的大幅削减还会继续，但是进一步削减核武器的协议还未达成，很可能是因为乌克兰地区紧张局势以及在导弹防御和常规武器方面的分歧依然存在。法国已经完成了它在2008年设定的有限削减核武器的目标，英国很可能在21世纪20年代中期完成削减核弹头数量的计划。但是，其他国家（中国、印度和巴基斯坦）还在增加核武库，朝鲜则表示不会改变发展核武器的计划。**（有些进展）**

核学说（第1.108—147段）：近几年各国在公开发表的核学说方面没有出现重大变化。尽管美国的核学说已经确认奥巴马总统在2009年提出的"减少核武器在国家安全战略中的作用"，但是2013年的一份关于威慑和稳定构想的跨部门审议报告表明这一问题并没有取得进展。如果有变化的话，那便是印度和巴基斯坦正在扩大核武器在各自国家安全战略中的作用。（**进展极小**）

核力量态势（第1.148—174段）：除了按照新START规定削减美国和俄罗斯已部署的战略武器，包括削减美国洲际弹道导弹分导式多弹头的弹头之外，在别的地方部署的核武器唯一最大的变化，就是提高核武器遭受攻击时的生存能力。减少美国和俄罗斯大量危险性较高的处于警戒待发射状态的核武器数量方面只取得了某些进展。（**进展极小**）

平行的安全问题（第1.175—227段）：弹道导弹防御和美国正在发展的新一代先进常规武器加剧了美国与俄罗斯及中国之间的紧张局势，而且在常规武器军备控制方面取得进展的前景也渐行渐远。这使已经非常艰难的核裁军谈判环境变得更加复杂。制定空间武器规则方面的前景稍有点令人鼓舞。（**进展极小**）

调动政治意愿（第1.228—253段）：推动核裁军的工作对核裁军和不扩散专业圈以外的人没有产生什么影响。迄今为止，大家对联合国秘书长关于明确核军控与裁军重要性的要求很大程度上已经充耳不闻。不管民间社会组织多么专注和活跃，基本上未能使有关政府感到有什么政治压力。但最近强调核武器的灾难性人道主义后果这一新的重点，倒可以引发志同道合的国家和民间社会组织组成一个强大的新联盟。（**进展极小**）

二、核不扩散

保障监督与核查（第2.36—64段）：一些更全面的保障监督协定和附加议定书已生效，但是有些国家依然坚决不支持把附加议定书作为当前核保障监督标准的一部分。国际原子能机构正在不断完善的国家层面的保障监督办法（尽管不是强制性的）已经受到了有些国家的指责，认为这是歧视性的，他们希望将重点从信息驱动和重在监测的做法回到对传统核材料的衡算上。（**有些进展**）

遵约和执行（第2.65—82段）：2010年《不扩散核武器条约》审议大会在违约和退约问题方面毫无进展，从那以后也几乎没有进展。联合国安理会五个常任理事国（P5）和德国同伊朗谈判解决核僵局的努力取得进展，但不足以在2014年达成协议。**（没有进展）**

国际原子能机构的资源（第2.83—91段）：近几年国际原子能机构的正常预算一直保持适度的实际增长，但是这一增长并不持续，而且这些预算还不足以使该机构充分履行其职责，也达不到成员国的期望。**（有些进展）**

出口控制（第2.92—118段）：越来越多的国家在利用多边准则制定国家出口控制。但是，核供应国集团2008年免除印度的全面保障要求的决定以及中国要向巴基斯坦提供更多的核反应堆的决心已经损坏了这一关键机制的可信度，而且在同NPT之外的国家采取签署基于标准的合作协议这一点上还没有取得任何进展。**（有些进展）**

无核武器区（第2.119—145段）：新的无核武器区未曾建立。议定书的批准数量只是稍有增加。2010年NPT审议大会确定的在2012年召开中东无核武器区会议的期限被推迟。虽然有关会议安排方面取得了有限的进展，但对于会议是否召开还没有达成一致，这给2015年的审议大会带来了负面影响。**（进展极小）**

NPT以外的条约和机制（第2.146—160段）：防扩散安全倡议得到了100多个国家的支持，该倡议使非法大规模杀伤性武器（WMD）相关的转让更加困难。然而，尽管有许多尝试性的限制，但是弹道导弹技术仍在继续扩散。**（有些进展）**

核试验（第2.161—174段）：在《全面禁止核试验条约》（CTBT）附件2中有9个国家到2010年5月还没有批准该条约，包括美国、中国、印度、巴基斯坦和伊朗，只有印度尼西亚此后批准了该条约。尽管如此，除了朝鲜，所有核武装国家都自愿暂停核试验，朝鲜曾在2013年进行了核试验，并且威胁着要进行更多试验。**（进展极小）**

易裂变材料（第2.175—220段）：关于开始全球禁止生产核武器用易裂

变材料的谈判，一直未取得进展，这是不扩散核武器和核裁军政策目标的中心。在未加入《不扩散核武器条约》的核武装国家中，易裂变材料的生产正在明显增长，但与核武器库存一样，他们的易裂变材料总存量仍大大低于5个《不扩散核武器条约》承认的核武器国家（NWS）。NWS已经多年没有生产高浓缩铀（HEU）或武器级钚，其中至少四个国家用于生产高浓缩铀（HEU）或武器级钚的设施已经关闭或改为他用；中国这些设施的状况未知。俄罗斯和美国正在减少过剩的HEU库存，并且有一个已生效的关于剩余钚的双边处置协议。（**进展极小**）

三、核安保

全球架构（第3.32—75段）：一些国家已经履行了其在核安全峰会（NSS）上的很多承诺，一些国家已经批准了《核材料实物保护公约》（CPPNM）及其修正案，更多的国家正在利用IAEA提供的工具和服务来保证核安全，还有一些国家已经开展了彼此合作。但是，2010年的《不扩散核武器条约》以及2009年的不扩散核武器和裁军国际委员会所建议的通过对2005年修正案必要的批准数量来支持CPPNM及其修正案的广泛应用，并使其早日生效的前景还看不到。此外，大部分架构还缺乏手段来判断履行义务的情况，确定并无用于军事目的而储存起来的敏感核材料（大约占总量的85%）不符合国际标准和国际保证。（**有些进展**）

国际原子能机构的作用（第3.76—100段）：国际原子能机构（IAEA）仍在继续提供与核安保问题有关的广泛咨询服务和其他援助。IAEA的工作重点是为核安保的基础工作提供可预测的和稳定的预算。（**有些进展**）

国际合作（第3.101—119段）：侦查和阻止非法贩运核武器的重大国际合作正在开展，但这方面还有差距，需要进一步扩大合作的范围。在开发和分享核安保的最佳实践上，各国还需要更充分地合作。2014年的核安全峰会（NSS）已经为前期的进展奠定了基础，但是俄罗斯随后决定不参加2016年的NSS，而且未来美俄核安全合作的不确定性成为一种潜在的重大

挫折。**（有些进展）**

国家监管（第3.120—123段）：联合国安理会第1540号决议已经在这方面发挥了重要作用，它使通过立法禁止核武器扩散的国家数量大幅增长。但是各国在实施和执行立法方面还有更多的工作要做。**（进展显著）**

民用和军用敏感核材料（第3.124—147段）：虽然民用高浓铀使用的最少化方面正在取得进展，但是各国还是不愿彻底禁止民用高浓铀的应用。为确保非国家行为体接触不到敏感核材料，除联合国安理会第1540号决议的部分例外以及美俄间有些双边合作之外，尚无任何用于军事目的的敏感核材料受到国际标准或国际保证的制约。**（有些进展）**

核取证（第3.148—155段）：除了在某些国家的国家层面正在开展一些重要工作以外，国际原子能机构还通过各国自身采取的一些措施以及各成员国之间举行研讨会和其他培训等方式继续为各成员国的核取证能力建设提供援助。**（有些进展）**

核工业的作用（第3.156—160段）：人们普遍认识到，有效的核安保对核工业十分有利。但要找出核工业与国家当局一起来改进核安保的可行方法还有更多的工作要做。**（进展极小）**

核安保与核安全的关联（第3.161—164段）：IAEA与成员国合作，正在该领域为各国提供培训和其他援助。他们已经建立了许多侧重于将核保障、核安全和核安保相融合的培训中心。**（有些进展）**

核安保文化（第3.165—172段）：不断增加的组织活动表明在核安保方面已经取得一些进展，但是真正的核安保文化发展程度还不明确，因为还缺乏对各国是否实施最佳实践的标准和建议的监测及报告。**（有些进展）**

四、和平利用

核合作（第4.24—48段）：2010年NPT的承诺和2009年国际核不扩散与裁军委员会的建议总体上已得以兑现。确定的技术合作资金并没有增加太多（尽管这几年已有了不少增加），但是许多国家提供的额外资金与NTP

2010年行动计划所提出的要求是一致的。**（进展显著）**

降低核扩散风险（第4.49—85段）：大多数国家都能履行NTP所规定的和平利用核能的承诺，但是不遵守规定的事件（特别是伊朗和朝鲜）也值得关注。核潜伏和核模糊的问题还没有得到解决。敏感核技术的扩散以及快中子反应堆和钚燃料在未来的可能扩散在未得到解决之前都将是严峻挑战。尽管大量的高浓铀（HEU）仍在民用循环体系内，但HEU的最少化正在进行过程中；而钚（作为混合氧化物或"MOX"）的最少化工作尚未开始。两家燃料银行的设立和国际核能合作框架的工作都是积极的进展，但是进一步细化和接受多边合作的做法还有很长的路要走。**（有些进展）**

核安全和安保承诺（第4.86—121段）：总体而言，国际标准、透明度和问责制尚欠缺。不是所有有重大核活动的国家都加入了《核安全公约》，并且还缺乏国际标准、透明度和问责制。许多有核反应堆的国家还游离在责任机制之外。在核安保方面，许多国家还未加入《核材料实物保护公约》（CPPNM），而且正式批准或加入CPPNM修订案的国家数量还无法满足使其可以生效的数量要求。**（有些进展）**

目　录

第一部分　现状：各问题的进展

第二部分　具体承诺和建议

第一部分

现状：各问题的进展

第一章　核裁军

1.1　概述

1.1　不幸的是，2014年估计仍有16372枚核弹头分布在9个核武装国家当中。这些核弹头90%以上存储在俄罗斯和美国的核武库中。今天的核武器比冷战时期的数量少得多，而且美国和俄罗斯故意使用核武器的风险基本上是可以忽略的。然而，与之相矛盾的是，核战争的总体风险却在增加，因为更多不稳定地区越来越多的国家已经获得了这些致命武器，恐怖分子也在不断寻求它们，还因为即使是最先进的核武器国家的指挥和控制系统也不仅容易受到系统本身和人为错误的影响，而且还会受到越来越多的网络攻击。这样，即便是一场"有限"的区域性核战争，也可能会带来全球的灾难性后果。

1.2　虽然全面核裁军的需求比以往任何时候都迫切，但是核裁军的成果仍然很少，或者没有进展。这既包括《不扩散核武器条约》（NPT）界定的核武器国家（NWS），即中国、法国、俄罗斯、英国和美国，也包括三个NPT条约之外的核武装国家，即印度、以色列和巴基斯坦，还包括朝鲜，它是唯一一个退出该条约的国家。美国和俄罗斯的核武器储备总量以及部署的战略武器的数量已经开始减少，而且有些核武器国家的透明度也在不断提高。但是，在改变核理论和核态势方面的进展甚微。无论是撤下高警戒发射状态的武器还是解决弹道导弹防御和常规武器发展不平衡的问题和分歧，都毫无进展，这些将严重制约核裁军工作的进一步开展。2014年，俄罗斯与西方在乌克兰危机上的僵持，使得核军备控制议程要尽早取得成果变得更加不可能。而且，尽管许多专注的非政府组织和研究中心做出了努力，但在核裁军事业中推动民间社会向政府施加重大政治压力方面进展极小。

1.3　目标和总体战略。从NPT条约本身、NPT审议大会结果和重要的国际专家组如"国际核不扩散和裁军委员会"建议的文字来看，这些目标和战略可描述为：

>迅速推动全球各类核武器库存的全面大幅削减；

>这种削减要与以下步骤相伴和协同，即进一步使核武器非法化、降低其在军事原则及军事战略中的作用和意义以及极大地限制它们的作战部署；

>核武库的重大削减，要由尔后的彻底消除尽快跟上；

>整个裁军进程是不可逆的、可核查的和透明的。

1.4　在一些具体问题上，例如在减少核武器的数量、限制其实战部署、削弱其学说上的重要性以及接受不可逆、可核查和透明的原则等问题上的这种进展将在下面几段中作出概括，并在本章余下几节中进行详细论述。总体看，在赢得有核国家接受一个两阶段目标（先迅速大幅削减再彻底销毁核武器）方面的进展实际上可描述为不存在。

1.5　虽然绝大多数无核国家继续大力支持核裁军，但是对每一个有核的国家来说，核裁军最多仍是一个不设时限的、渐进的过程，它与全球和地区稳定只是有着宽泛和模糊的联系。核武器国家对多边核裁军进程毫无兴趣，而且也没有讨论核裁军时间表的意向。所有9个有核武器国家都在开展和进行长期的核武器系统现代化计划。基于当前各国的核武库数量、核武器部署和力量态势，以及基于它们计划中的核武器扩展、升级改造和现代化等情况，每一个核武装国家都致力于无限期地保留其重要的核武器能力。

> 对核裁军目标和战略接受情况的总体评价：**没有进展**。核武装国家对最终消除核武器最多都只是停留在嘴上，没有国家承诺任何"最少化目标"，也没有给出他们大幅削减的任何具体时间表，更不用说全部消除核武器。根据他们的核武库规模、易裂变材料库存、核力量现代化改造计划、所宣示的学说和已知的核武器实战部署等情况，所有9个核武装国家将会无限期保留核武器并会继续使核武器在国家安全政策中发挥作用。

1.6　裁军原则。在五个核武器国家中，只有美国公布了官方的核弹头的总数（最近的一次是2014年10月）。按照新START的规定，俄罗斯和美国公布了部署的战略核弹头以及条约涵盖的部署和未部署的发射器数量，但是俄罗斯没有公布其核武库总数和非战略核武器的数量。法国和英国也已经提供了库存总数的信息。中国和非NPT的核武装国家没有提供关于核武器库存的规模和组成的信息。只有美国提供了核弹头拆卸的数字（最近的一次是2014年4月29日）。

1.7　核武器国家定期商讨核武器议题，关注"透明、互信和核查"，已经初步形成了标准的裁军报告格式。四个核武器国家（中国除外）近年来已经采取措施减少核武库规模，只有美国和俄罗斯有国际（此处指的是双边）核查措施。

> 裁军原则的总体评价：**有些进展**。有些核武器国家比其他国家提供更多的核武器相关信息，但是没有国家能和盘托出。核武器国家正在改善透明度，并已兑现了向2014年NPT筹委会报告2010年审议会规定的裁军目标的诺言。但是报告大多是重复以前所公布过的内容。

1.8　削减核武器数量。本报告估计，2014年全球核武器库存为16372枚，比我们在2012年报告中的18000枚有大幅下降。尽管美国和俄罗斯根据其早先的START和SORT两个双边条约，在持续削减核武器，而且由于核武器老化而造成一些另外的单方面削减，但其他核武器国家的削减要么是适度的（法国和英国），要么就不存在或者是负面的（系指武器库还在增加）。

1.9　尽管新START条约并不影响现有核武器总库存的规模，但已使美俄步入正轨，在2018年之前显著削减其部署的战略核武器的数量，各自从2200枚减少到1550枚。假设这些削减目标到2018年得以实现，美国和俄罗斯会发现很难再就进一步削减达成协议，因为双方在美国发展弹道导弹防御系统和远程精确打击能力上的分歧，以及在乌克兰问题上的地缘政治紧张依然存在。中国也相信全球导弹防御系统对于战略平衡和核裁军是不利的。看来，美国对其常规武器的优势地位和反导系统的效率越自信，俄罗斯和中国就越不情愿与其就核裁军进行协商。

1.10 2013年，法国达到了2008年设定的目标，将其核威慑力量的空基部分减少了三分之一，英国预计到21世纪20年代中叶将核弹头数量从225枚减少到180枚。但是印度、巴基斯坦和中国的核武库仍然在增长（虽然在绝对数量上只是少量的增长），朝鲜也清晰地表明了扩大其核武库而不是拆除的意图。

削减核武器的总体评价：**有些进展**。全球核武器库存16372枚。尽管其中近一半已标为待拆卸，但是进一步大幅削减的前景仍然黯淡。俄罗斯和美国的武库主要是按照之前的条约规定，仍然在继续大幅削减，但是未来不大可能签订新的协定，主要是由于乌克兰局势紧张，以及导弹防御和常规武器的分歧。法国已经达到了其2008年设定的裁军目标，英国预计到21世纪20年代中叶减少核弹头数量。但是中国、印度和巴基斯坦的核武库仍然在增长。

1.11 核学说。自2010年NPT审议大会以来，各国核学说没有明显改变。在五个核武器国家中，只有中国公开承诺不首先使用核武器。其他核武装国家中，只有印度做出了相似的承诺（尽管这更符合它的情况）。

1.12 在2010年《核态势审议报告》中，美国对奥巴马总统2009年4月在布拉格作出的"降低核武器在国家安全战略中的作用"的承诺采取了几个小步骤，但它"现在不准备把威慑核袭击作为核武器的唯一目的作为其要采取的一项全球性政策，美国将致力于为这一政策能安全采用创造条件"。2013年6月公布的新的美国核战略指南并没有改变2010年核态势审议报告设定的核学说。

1.13 北约在2012年5月的芝加哥峰会上，再次重申其延伸威慑的承诺，称联盟的战略核力量，特别是美国的核力量，是其安全的最大保证。这一措辞在2014年的《威尔士峰会宣言》再次重复，尽管普遍认为，"任何打算使用核武器的条件极其遥远。"

1.14　消极的安全保证——不对无核国家使用或威胁使用核武器——仍只有中国是明确的，无条件的。

> 核学说总体评价：**进展极小**。近年来核学说没有公开宣示的明显改变。尽管美国的核学说对奥巴马总统2009年关于减少核武器在国家安全战略中作用的承诺给予一定程度的承认，但是一份跨部门审查威慑和稳定概念的报告未将此进程向前推进一步。印度和巴基斯坦正在扩展核武器在他们各自国家安全战略中的作用。

1.15　核力量态势。尽管新START条约将使俄罗斯和美国部署的战略核武器明显减少，但部署的非战略核武器没有出现危险减少的变化。这样的变化，倒是发生在或预示着要发生在其他有核国家弹头的配置上，包括向陆基机动和海基武器的逐步转变，其目的是为了增强面对袭击时的生存能力。这就造成了指挥和控制的削弱问题，并增加了意外和未经授权使用的风险。中国正在积极对其核三位一体的运载系统进行现代化，印度和巴基斯坦也坚定地走这条道路。在有核国家中，仅有美国和俄罗斯继续保持其大部分已部署的洲际弹道导弹（美国方面大多数的潜射弹道导弹）保持高度戒备，这意味着要求作出发射决定的时间仅需短短数分钟。有超过1800枚核武器保持高度警戒状态：美国920枚，俄罗斯890枚。

> 核力量态势的总体评估：**进展极小**。除了按照新START条约减少部署的美国和俄罗斯的战略武器，包括通过将美国洲际弹道导弹变为单弹头之外，世界其他地方的部署中唯一较大的变化就是旨在增强被袭击时的生存能力。在降低美俄大量武器危险的高度发射警戒状态方面进展甚微。

1.16 平行的安全问题。俄罗斯强烈反对美国在欧洲部署弹道导弹防御系统的计划，其解释为对其威慑能力构成威胁。美国对华关系也因其在亚洲的弹道导弹防御系统而变得越加紧张。常规快速全球打击武器的发展也使得核裁军对话更加复杂。目前没有迹象表明对新的常规武器军控措施有何行动，但在打破关于规范太空武器的僵局方面的努力倒出现了一点希望，其中包括来自中国和俄罗斯的《关于防止在外层空间部署武器，对外层空间物体使用或威胁使用武力》的一个新的条约文本草案，以及欧洲联盟和联合国政府专家组的外交倡议等。

> 平行的安全问题总体评估：**进展极小**。美国、俄罗斯、中国之间的紧张关系由于弹道导弹防御系统、新一代先进的美国常规武器而正在上升，常规军控进展的前景已消退。这使得核裁军对话已经非常困难的环境更加复杂。规范空间武器行动的前景稍微有点乐观。

1.17 调动政治意愿。从2010年以来，全球战略环境不断恶化，特别是在2014年，发生了乌克兰事件。俄罗斯对美国计划在欧洲部署反导系统反应强烈。俄罗斯和美国都从早期有迹象回到常规军控谈判桌的意愿上倒退。美中安全关系同样变冷，这对战略核裁军，以及朝鲜的不扩散和核裁军的前景，都会产生影响。亚洲的核武库在增长。扩散压力在增大。发生事故或误判导致核交火的风险没有缩小。核武装国家并不准备谈判一项核武器公约，他们相信，没有他们参加，谈判毫无意义。但不管怎样，每年呼吁谈判这一公约的决议仍得到约三分之二的联合国成员国支持。

1.18 尽管如此，核裁军和核战争的可能性目前在任何地方都不是突出的公共问题。政府对回应公众关切的说法并没有真正的压力，因为真正的公众关切很少存在。尽管很多非政府组织和研究中心进行了努力，核裁军事业这几年很少引起重视，但是核爆炸的灾难性人道主义后果成为新的关注重点，而且单个国家和国家集体都缺乏应对这种后果的能力，随着越来越多国家在联合国大会第一（裁军）委员会及其他地方的强烈提倡，这可能成为新的民间社会和政治动员的促进因素。

> 调动政治意愿的总体评估：**进展极小**。促进核裁军的工作对裁军和不扩散专业圈以外的人没有产生什么影响。联合国秘书长欢迎重视核军控与裁军的号召迄今为止大多是充耳不闻。不管民间社会组织多么专注和活跃，基本上未能使有关政府感到有什么政治压力。但最近强调核武器的灾难性人道主义后果这一新的重点，倒可以引发志同道合国家和民间社会组织组成一个强大的新联盟。

1.2　目标和总体战略

1.19　1968年签署并于1970年3月5日生效的《不扩散核武器条约》（NPT），包含对核裁军唯一的全球性条约层面上的承诺。其中第六条要求每个缔约国"围绕及早停止核军备竞赛和核裁军方面的有效措施，以及为达成在严格和有效国际监督下的全面彻底裁军条约，真诚地进行谈判"。这种表述虽然有点乏力，与"全面彻底裁军"相联系也没有太多帮助，而且也不现实，但如果低估第六条现已产生的道义力量以及国际社会的期望则是错误的，因为这一点已被后来的反复重申得到澄清和加强。

1.20　就像1995年《不扩散核武器条约》审议与延长大会明确的那样，五个核武器国家对核裁军负有主要责任，要为实现终极目标采取"系统的和渐进的步骤"。①然而，国际法院（ICJ）在1996年7月关于使用或威胁使用核武器的合法性问题上做出的咨询意见中，尤其特别强调了，"现在有责任进行真诚的、最终的谈判，以实现在严格和有效国际控制下的所有方面的

---

① 见网址：<http://disarmament.un.org/wmd/npt/1995dec2.htm-NPT/CONE1995/32>（第1部分），附件。

核裁军"（加上强调符号）。①

1.21　2010年5月召开的第八次《不扩散核武器条约》审议大会，特别是在美国积极重返多边裁军外交的激励下，重申了前几年未能实现的愿望。核武器国家承诺将加快"实质性核裁军步伐"，为此，会议要求他们"立即采取"以下行动：迅速推进全面削减其在全球的所有类型核武器库存；进一步减少核武器在军事政策和战略中的作用和意义；降低核武器的实战状态，以促进国际稳定和安全；进一步提高透明和互信。

1.22　2010年《不扩散核武器条约》审议大会召开的背景是：2009年4月，新当选的美国总统巴拉克·奥巴马在布拉格发表重要演讲，承诺美国"寻求一个没有核武器的、和平而安全的世界"，并"降低核武器在其国家安全战略中的作用。"他与俄罗斯达成了新的《削减战略武器条约》（即新START条约），开启了削减核武库的新篇章，同时他希望所有核武器国家也参与到这一进程中来。奥巴马还立即积极寻求批准《全面禁止核试验条约》（CTBT），并支持易裂变材料禁产条约（FMCT）的谈判。②当年晚些时候，奥巴马总统主持了一次联合国安理会会议，会议一致通过了美国提出的1887号决议，"为实现无核武器世界创造条件"（S／RES／1887号决议，2009年9月24日）。

1.23　多年来，许多国际委员会③就核武器威胁的各种性质、核武器可疑使用以及消除核武器的所需步骤等问题，得出了非常相似的结论。在2010年《不扩散核武器条约》审议大会召开前不久发布的国际核不扩散与裁军委员会报告中，引入了核裁军议程许多新的因素，包括时间约束。该报告主张核武器的"非法化"，并主张分两个阶段消除核武器，建议先在

---

① 裁决摘要，国际法院的咨询意见及指示，"使用或威胁使用核武器的合法性"，1996年7月8日咨询意见。特别的强调表明国际法院是如何解释并强化第6条义务的。

② 巴拉克·奥巴马总统2009年4月5日在布拉格Hradcany广场所作的演讲，网址：<www.whitehouse.gov>。

③ 1996年消除核武器的堪培拉委员会；1999年核不扩散及裁军东京论坛；2004年联合国秘书长关于威胁、挑战和变化的高级别会议；2006年大规模杀伤性武器委员会（布里克斯）。

2012年至2025年间实现"最少化"，之后尽快完成"消除"。国际核不扩散与裁军委员会认为，考虑到各国在准备彻底消除核武器之前尚需解决其政治、安全、技术核查及履约方面的许许多多困难，现在确定具体的消除日期是不可靠的，而且很可能还会适得其反。

1.24　国际核不扩散与裁军委员会所提最迟要在2025年实现的"最少化"，具有以下特点：

>数量低：全球核弹头总数不超过2000枚，美国和俄罗斯分别减至500枚的总量，其他核国家的核武库数量至少不增加（期望有大幅削减）；

>一致的核理论：每个拥有核武器的国家承诺不首先使用核武器（基础是他们保留核武器唯一目的在于为了慑止他人使用核武器）；

>可信的力量态势：可以核查的部署以及与其核理论相对应的警戒状态。①

1.25　国际核不扩散与裁军委员会报告强调，需要将所有的核武装国家，而不仅仅是《不扩散核武器条约》认可的核武器国家，全部拉入内容广泛的核裁军进程。②该报告呼吁：核武器国家重申他们明确的核裁军承诺（这些承诺是在2010年《不扩散核武器条约》审议大会做出的）；非NPT认可的核武装国家为最终销毁其核武库也要付诸类似行动；制定具有普遍约束力的规则，明确除用于防御核攻击外，反对试验、获取、使用或威胁使用核武器。③它还鼓励所有核武装国家接受并尽快宣布，降低核武器在其国家安全政策中的作用，同时为参与多边核裁军进程进行适当的准备。

---

① （由加雷斯·埃文斯和川口顺子担任联合主席的）国际核不扩散与裁军委员会，消除核威胁：全球决策的实用议程，国际核不扩散与裁军委员会报告（堪培拉和东京：国际核不扩散与裁军委员会，2009），第72~78页。
② 最新辩论情况参见约翰·卡尔森，"扩大NPT的相关至非NPT国家"，APLN/CNND政策概要第15期（堪培拉：核不扩散与裁军委员会，2014年9月），网址：<https://cnnd.crawford. anu.edu.au/sites/default/files/publication/cnnd_crawordf_anuedu_au/2014-10/policy_brief_ no_15-challenges_and_opportunities_for_extending_npt-related_commitments_to_the_non- npt_states.pdf>。
③ 国际核不扩散与裁军委员会，消除核威胁，第153页。

1.26　2009年，"全球零核"（Global Zero）运动组织发起了一项比国际核不扩散与裁军委员会报告雄心更大的四阶段行动计划，把2023年定为谈成一项由所有的核能力国家签署、具有法律约束力的国际协议的目标年份。这将导致所有核武库进行分阶段、可核查和适当的削减，并要在2030年实现全球核武器的彻底消除。[①]作为该计划的组成部分，要求美国和俄罗斯进行双边谈判，于2018年前将其核库存降至1000枚核武器；此后，在更为广泛的多边裁军背景下，于2021年前将各自的核武库数量进一步减少到500枚。

1.27　国际核不扩散与裁军委员会和"全球零核"组织提出的观点认为，只要具有适当的政治意愿，全球核武库的大幅削减是可以在21世纪20年代初期实现的（不管此后核武器清零还需多长时间）。2012年，一个研究小组为"全球零核"组织开展的研究使上述观点的可信度得以增强。该研究小组的领导层包括退休的前参联会副主席詹姆斯·卡特莱特将军和时任参议员查克·哈格尔。[②]该研究建议，美俄要在10余年内对核武器进行大幅裁减，将各自的战略和非战略核武器总数降至900枚，平均分为450枚部署核武器和450枚非警戒状态的储备核武器。对于美国来说，这个总数的组成是：360枚战略导弹核弹头部署在10艘弹道导弹潜艇上，360枚储备的弹头；再加上18架B-52轰炸机上携带的90枚部署的重力炸弹和90枚储备的炸弹。美国所有的陆基洲际弹道导弹将彻底拆除。在需用于进攻性打击时，储备的核武器可在24~72小时内重新进入发射准备状态。这种变化后的威慑结构需要有一个强有力的指挥、控制、通信和预警系统，它能够承受首次打击，并可支持再生核力量的激活使用。

1.28　卡特莱特的研究认为，一旦两个主要核大国将他们的核武库削减至上述水平，中国可能会随同其他核武器国家一道加入谈判进程。与中国

[①] 全球零核行动计划，网址：<http://www.globalzero.org/files/pdf/gzap 3.0.pdf>。
[②] 詹姆斯·卡特莱特等，现代化中的美国核战略、力量结构及态势。全球零核美国核政策委员会报告（华盛顿哥伦比亚特区：全球零核，2012），网址：<www.globalzero.org/en/us-nuclear-policy-commission-report>。

的对话可以从核武库的数量、类型和部署位置等信息的共享开始，进而为将北京引入正式军控谈判做好铺垫。[1]随着每个新的国家不断加入多边军控谈判，置身度外会变得越来越困难。

1.29　该研究认为，美国和俄罗斯核武器数量各减至900枚，是与保持全面威慑以及延伸威慑态势完全相符的，是可取和可能的，这主要基于以下五个方面的原因：

>相互核威慑不再是美俄双边关系的基石；

>核武器与各种各样的当前威胁很难关联起来，这些威胁包括流氓和失败国家、恐怖主义、有组织的犯罪、毒品走私、冲突和环境难民以及气候变化等；

>只有把核武库大幅削减至其他核武装国家的水平，方可弥补核武器谈判框架中的一个基本缺陷，即其他国家被排除在外；

>在面临经济停滞及财政紧张的环境时，每十年要在生产和维护核武器，以及在消减它们对健康和环境的不良后果方面花费1万多亿美元，似乎是不理性的（见表1.1）。

>俄美保持随时准备发射的核态势潜藏了非常高的风险（见§1.6）。[2]

表1.1　军事和核武器支出

单位：亿美元，2013年（军事）和2011年（核武器）汇率

国家	总军事开支（2013年）	核武器（2011年，估计数）[*]	
		核心支出	全部支出
美国	6400	340	613
俄罗斯	[878]	98	148
中国	[1880]	64	76

---

[1] 卡特莱特等，现代化中的美国核战略，第4页。
[2] 卡特莱特等，现代化中的美国核战略，第1~5页。

（续）

国家	总军事开支（2013年）	核武器（2011年，估计数）[*]	
		核心支出	全部支出
法国	612	47	60
英国	579	45	55
印度	474	38	49
以色列	[160]	15	19
巴基斯坦	76	18	22
朝鲜	—	5	7
总计	11059	670	1049

[*]来自网址<http://www.globalzero.org/files/gz_nuclear_weapon_cost_study.pdf>的最新估计。

资料来源：SIPRI资料页2014：2013年世界军事支出，网址：<htpp://books.sipri.org/product_info?c_product_id=476#>。

《SIPRI年鉴2014：军备、裁军和国际安全》，第229页。

1.30　即使是这些大幅削减后的数量，对于任何可以想象的军事需要来说仍然是过剩的。2010年，美国空军总部战略计划和政策司的B·参思·索斯曼上校及其同事（他们均不是无核武器的信徒）开展一项研究，得出的戏剧性结论是，美国只需要保持311枚核武器就可以满足其所有可想象的国家安全和延伸威慑需要，这些核武器包括：192枚单弹头的潜射弹道导弹（SLBM），装在12艘"俄亥俄"级潜艇，每艘艇可带24枚导弹；100枚单弹头的洲际弹道导弹（ICBM）；另外还包括B-2隐身轰炸机机载的19枚空射巡航导弹。[①]俄罗斯是否会跟进美国的裁军举措其实是无关紧要的。在核弹头库

[①] 詹姆斯·伍德·福赛斯、B·詹斯·萨尔茨曼、加里·绍布，"往事回忆：核武器持久的价值"，《战略研究季刊》第1期（2010年春季），第74~89页。

存方面保持数量上的绝对优势是没有军事作战效果的，尽管它可能具有一定的政治心理效应。

1.31 核不扩散与裁军中心（CNND）建议，国际社会在核裁军方面应该追求的总目标和战略实际上可概括为：

>占有全球93%核库存的俄罗斯和美国快速实现核弹头的全面大幅削减；

>立即冻结亚洲核武装国家的核库存，只有这些国家当前仍在增加核武库；

>在对核武库进行削减和冻结的同时，需并行推进核武器非法化、减少其在军事战略中的作用和意义、大幅减少其作战部署；

>在进行核武库的大削减之后，尽快将其完全消除；

>核裁军进程始终是不可逆、可核查及透明的。

1.32 不幸的现实是，到2014年底，为实现上述目标所取得的进展微乎其微。2010年《不扩散核武器条约》审议大会前一年所展示的乐观和活力在很大程度上消失了。目前，美俄开展进一步削减核武器谈判的意愿不强，多边核裁军毫无进展；有些国家坚持不接受"不首先使用"核战略；俄罗斯和美国没有降低其弹道导弹发射警戒状态的意愿，也没有在弹道导弹防御和常规力量失衡等被视为抑制进一步裁军进展的问题上达成协议的迹象。

1.33 就裁军原则来讲，有无进展的相关具体问题、减少武器数量、核政策、核力量态势以及与其并列的安全问题（如弹道导弹防御和外空）将在以下章节进行论述。为了达到当前目的，重点是要解决在执行严肃的实践承诺方面，没有取得看得见的进展，这些承诺包括全面裁减，抑或是实现"最少化"目标。核国家及其他核武装的国家尚未就讨论核裁军问题达成任何形式的时间表，以及包括以国际核不扩散与裁军委员会和卡特莱特研究的"温和"模式，或者是全球零核组织提出的以2030年消除核武器为目标的"激进"模式。所有核武装国家均在推进长期的核武器系统现代化计划。从当前的核武库、部署和力量态势以及扩充、升级和现代化计划来看，这些国家均在致力于无限期保留显著的核武器能力。

1.3　裁军原则

1.3.1　不可逆

1.34　2010年《不扩散核武器条约》审议大会要求所有国家"在执行条约义务方面遵从不可逆、可核查及透明的原则"（大会的第二项行动）。"不可逆的核裁军"概念最早似乎出现在实现朝鲜半岛无核化努力的框架中。但自2000年《不扩散核武器条约》审议大会提出的13项核裁军的实际步骤吸纳了这一术语之后，它便进入了多边裁军的词汇。"不可逆的核裁军"这一术语尽管在此背景下被广泛使用，但是没有对其明确定义，对其含义也没有形成总体一致的看法。据2000年《不扩散核武器条约》审议大会与会者回忆，认为这种表述应作更广的理解，应把它看作是可降低对已同意的承诺出现倒退可能性的一系列措施的总和。

1.35　在本书中，对不可逆的核裁军的理解可包括：拆解核弹头；将易裂变材料与核武器计划进行分离，使其不再用于军事目的；退役和拆除易裂变材料生产工厂。易裂变材料生产和处理在第二章详细介绍，在此需要指出的是，除中国外，五个核武器国家中已有四个宣布终止为武器目的生产易裂变材料，中国被认为已有20多年未生产此类材料了。俄罗斯、英国、美国各自宣布有些武器级易裂变材料超过了国防需求。非NPT成员国印度、巴基斯坦和朝鲜继续生产核武器用的易裂变材料，以色列可能也这样做。法国、英国和美国已经关闭易裂变材料生产设施，正在履行其退役程序。2008年，法国邀请国际专家观看了其位于马库雷（Marcoule）和皮埃尔拉特（Pierrelatte）的设施拆除工作。

1.36　中国和法国没有提供有关弹头拆解的任何信息。为响应"信息自由"组织的要求，英国最近发布了一些信息，曝光其位于伯克希尔的原子能武器机构正在拆解核弹头，进度是每年拆解3枚。[①]俄罗斯也在拆解退役弹

---

① 罗布·爱德华兹，"英国核武器正在削减至裁军义务以下"。

头，但没有提供细节。俄罗斯目前有两个核武器组装和拆解工厂，分别位于列斯诺伊（Lesnoy，原名Sverdlovsk-45）和特雷格尼（Trekhgorny，原名Zlatoust-36）。①

1.37　从1994年至2013年，美国拆解了9952枚核弹头。与1967财年核弹头的历史最高值数量（31255枚）相比，核弹头数量减少了85%。自2009年9月30日以来，美国已拆除1204枚核弹头。美国的非战略核武器数量自1991年9月30日以来下降了约90%。据相关简报补充报道："另外有几千枚核武器目前已经退役，正等待拆解。"②

1.3.2　透明

1.38　本书中所说的"透明"是指一个国家愿意主动公开其战略目的、意图、政策，以及现有的和可预期的核武器能力和部署的可信信息。核武器政策、数量和部署的透明，可促进互惠、互信，也是认真开展裁军谈判的必要条件。

1.39　关于寻求全面消除核武器意图的公开声明，总是附带太多有关中止履行承诺的警告和限定条件，使它们在实践中毫无意义。九个核武装国家中，有七个国家多次发表了核政策声明。然而，没有一个国家明确表示何时以及如何使用核武器。另外两个国家（朝鲜和以色列）几乎没有任何能对外告知的信息。以色列丝毫没有放松其核模糊政策的迹象，而朝鲜周期性发布的核毁灭警告似乎预示着愿意对敌人使用核武器，无论是真实的还是想象的。

1.40　中国没有提供关于其核武库规模、组成和部署的细节。据其声称，由于其核武库规模小且能力有限，为确保其核武库的生存能力，它在

---

① 国际易裂变材料专家组（IPFM），《全球易裂变材料报告2011》，第5页，网址：<www.fissfilematerials.org>。

② 资料页：美国核武库透明度，2014年4月29日，www.state.gov/documents/organization/225555.pdf。http://israelforeignaffairs.com/60991/uk-norway-nuclear-disarmament-verification-initiative-workshop/。

核武器、基础设施和国家指挥职权方面的保密需求比俄罗斯和美国更高。中国领导人和专家似乎相信，在拥有较小储备的情况下，透明度会对核武器的生存和报复能力有害无益。

1.41　法国已经宣布库存上限不超过300枚实战型核弹头，不保留储备型弹头。[1]英国在这方面走得更远，宣布其核武库的修正上限目标以及可用于实战的核弹头数量，包括部署在每艘潜艇上的核弹头数量。

1.42　根据新START条约（《削减战略武器条约》）规定，俄罗斯和美国宣布了条约中涉及的部署的战略核弹头数量，以及部署和非部署的发射器数量。美国还发布了（最近一次是2014年4月）核武库的总数据。[2]俄罗斯没有发布有关其核武库总体规模的数据，包括储备弹头或非战略性武器的数量。[3]

1.43　印度和巴基斯坦均未提供其核武库的规模、组成及部署的细节。2012年在莫斯科世界经济和国际关系研究所举行的一次会议上，俄罗斯专家建议，印度和巴基斯坦应提升相互透明，建立核查机制，进而构建已达成一致的信任措施，正如他们关于不攻击对方民用核设施的承诺那样。当时印度与会者回应称，俄罗斯需要更现实地审视印巴间占主导位置的是不信任，并提醒说，这种信任鸿沟正如20世纪70年代莫斯科和华盛顿之间开始核军备谈判时一样。[4]

1.44　以色列不承认拥有核武器。朝鲜没有提供详细的核武器数量、组成以及部署情况。

1.45　2010年《不扩散核武器条约》审议大会鼓励缔约国对于大会行动计划和以往承诺的执行情况"提交定期报告"（大会建议的第20项

---

① http://www.francetnp.fr/spip.php?article94。

② http://www.state.gov/documents/organization/224449.pdf。

③ Gaukhar Mukhatzhanova，2010年NPT审议会裁军行动措施第1~22条所采用的后续措施结论及建议的执行：监督报告（加利福尼亚州蒙特雷：詹姆斯·马丁不扩散研究中心，蒙特雷国际研究院，2012年4月），p.18。

④ Valdimir Radyuhin，"可为印度和巴基斯坦借鉴的冷战教训，"印度（清奈），2012年11月19日。

行动）；鼓励核武器国家"尽快在标准报告格式方面达成一致，并确定适当的报告时间间隔，进而实现在不影响国家安全的情况下自愿提供标准信息的目的"（大会建议的第21项行动）。与此同时，联合国秘书长被"邀请建立一个向公众开放的报告保存库"，吸纳核武器国家提供的信息。

1.46 2011年7月，在联合国安理会的五个常任理事国（P5）召开巴黎会议之前，十二国集团（澳大利亚、加拿大、智利、德国、日本、墨西哥、荷兰、尼日利亚、菲律宾、波兰、土耳其和阿拉伯联合酋长国）①的"核不扩散和裁军倡议"（NPDI）向其提交了一份草拟的标准报告格式，P5恰好是《不扩散核武器条约》承认的五个核武器国家。P5没有接受NPDI提供的报告格式（这份格式曾在2012年5月于维也纳召开的2015年《不扩散核武器条约》审议大会第一次筹备委员会上，提交给所有国家）。然而，在法国的牵头下，他们统一了自己的报告框架，并在2014年4月北京召开的P5会议上获得一致通过。②随后，五个核武器国家均向（2015年《不扩散核武器条约》审议大会筹备委员会的）2014年筹委会提交了国家报告，这一行动与其履行2010年审议会最终文件的第5、20和21项行动的承诺相符。③这些报告在详细程度上有很大不同，都是整合了五个核武器国家已在一系列的官方声明和政府文件中发布过的信息。

1.47 国际易裂变材料专家组（IPFM）向《不扩散核武器条约》审议大会的2012—2014年筹委会提交了一系列关于透明的建议，这其中包括核武器国家，要向2014年筹委会提交其拥有的核武器数量和易裂变材料的基础性申报，同时还承诺"将披露核弹头和易裂变材料库存的历史信息，以

---

① 12个NPDI成员国中的7个受到美国核保护伞的庇护，被排除在核保护伞之外的国家是智利、墨西哥、尼日利亚、菲律宾和阿拉伯联合酋长国。

② 五核国（P5）北京会议联合声明：加强战略互信与合作，共同实施核不扩散审议成果，2014年4月15日，http://www.state.gov/r/pa/prs/ps/2014/04/224867.htm。

③ http://www.un.org/disarmament/WMD/Nuclear/Repository/sumissions_2014.shtml。

便在随后的2015年审议会上作为公开声明的基础"。①然而，迄今为止只有美国发布了其易裂变材料库存的详细信息，并进行定期更新。②

1.3.3 核查

1.48 "核查"是指在双边协议或多边军控条约中确立或批准的程序。通过此程序，各单个缔约国或者授权的国际机构可以确定各缔约国执行协议或条约规定的程度。在核裁军背景下，核查是指由称职机构利用有资格的人员、技术手段或者二者结合，对已承诺的数量、库存、力量态势、部署等情况的履行情况进行确认。该任务可在政府或政府间框架外实施。例如，1986年在伦敦成立的"核查研究、培训和信息中心"（VERTIC）是一个独立的非政府组织，其任务是为"通过重点关注监测、评估、实施和核查问题，支持国际协议或相关地区和国家倡议的制定、实施及其有效性"。③

1.49 在2010年《不扩散核武器条约》审议大会上，除了承诺不可逆、可核查及透明的原则，所有国家均认同"支持（国际）合作的重要性……，旨在为核裁军增强信心，提高透明度和发展有效的核查能力"（大会第19项行动）。

1.50 中国并未采取措施减少其核武库的规模，也没有声称将核弹头从部署状态转换到储备状态或将拆除弹头。因此，当前并未涉及核查问题。

1.51 法国和英国的单边核武器削减措施均不接受独立的核查。英国外交大臣伯特于2010年6月9日告知议会，英国"不打算制定程序，允许国际

---

① 作为走向核裁军的中间步骤，提高核弹头和易裂变材料库存的透明度，国际易裂变材料专家组，维也纳，2012年5月3日，http://fissilematerials.org/blog/2012/05/ipfm_presents_proposals_o.html。
② 2013年度全球易裂变材料报告，p.6，http://fissilematerials.org/library/gfmr13.pdf。
③ http://www.vertic.org/。

社会核查英国的核弹头库存"。①

1.52　然而，自2007年以来，英国和挪威就核弹头拆解的可能方法开展联合研究。英国—挪威启动的这一项目"集中在联合开发有效且互信的破解裁军程序性障碍的技术和程序方案，它们将不违反各自的《核不扩散条约》义务。"②2010年，两国在英国举办了一场"受控接触演习"。之后，围绕从中得出的经验，向核国家、非核国家以及非政府组织的官员和技术专家做了一系列简要通报。英国也一直在与美国开展一项联合的验证行动。在2012年6月于华盛顿召开的第三次P5会议上，英美向其他三个核国家公布了这项10年期计划得出的成果。在NPT的2014年筹委会会议期间的非政府组织外围活动中，这项工作开始宣传给更广的听众，包括讨论最近一年来美英在一处运行的核设施中进行受监控的拆解演练情况，这些演练使用了典型剂量的易裂变材料和模拟高能炸药。③2014年12月4日，美国宣布了一项有关"核裁军核查国际伙伴关系"的倡议。2015年，英国将主办一个不公开的P5专家级核查会议，讨论在核查方面开展合作。④

1.53　新START条约包含了一系列美俄双边的核查措施，包括数据交换、视察和通报。⑤到目前为止，这两个国家已利用政府间的通信链路，通过"核风险减少中心"进行了6000多次相互通报。他们还按照条约规定每6个月进行一次有关战略力量的综合数据交换，并使用双边协商委员会讨论和解决履约问题。⑥尽管美俄关系由于乌克兰危机出现恶化，但这方面的合作一

---

① Beatrice Fihn等，2010年NPT行动计划监管报告（日内瓦：日内瓦安全政策中心，瑞士联邦外交部，达成关键意愿，2012），p.41。

② 英国代表团团长声明（第一篇——裁军），2015年NPT审议会2012年筹备委员会，维也纳，2012年5月3日。

③ http://www.nnsa.energy.gov/blog/us-and-uk-discuss-efforts-improve-technical-verification-nuclear-disarmament，参见美国国家核安全管理局网站http://nnsa.energy.gov。

④ http://israelforeignaffairs.com/60991/uk-norway-nuclear-disarmament-verification-initiative-workshop/。

⑤ http://www.state.gov/t/avc/newstart/index.htm。

⑥ Katarzyna Kubiak，"北约和俄罗斯经历的核透明和建立信任措施"，关于欧洲非战略核武器的研讨会背景报告：实践中的透明和建立信任措施，SWP，柏林，2014年3月27—28日，p.8。

直继续着，并有望在整个条约有效期内得以持续下去。

1.54　为了能使大家相信，各国不再保留未申报的核武器或易裂变材料，并为未来核查提供便利，国际核不扩散与裁军委员会报告建议各核武装国家采取"核考证学"措施，"确保所有相关记录均得到标识、保护和留存，并进行了相关的计量和采样"（第48项建议）。所有国家"在确保未来核查能够提供可信结果"有共同的利益。①由于大多数拥有核武器的国家已经停止生产钚和高浓铀（HEU），在当前背景下"核考证学"体现为历史材料统计的形式。记录几十年来高浓铀或钚的生产情况是一件艰巨且耗时的工作，以汇总形式得出的结果会不可避免地存在显著的相关不确定性。美国和英国进行了这样的尝试。美国发布了高浓铀和钚的历史统计结果，而英国则发布了一份关于高浓铀的报告。②

1.4　减少武器数量

1.4.1　现有核武库

1.55　《不扩散核武器条约》已经生效45年了，但仍有16400枚核弹头散布在9个国家。全球现有核武库的规模和分布情况见表1.2。一方面，如表1.2所示，俄罗斯和美国的核武库存有全球93%的核武器；另一方面，下面也将探讨中国、印度、朝鲜和巴基斯坦核武库增长所引发的担忧。

---

① 国际核不扩散与裁军委员会，消除核威胁，p.171。

② 美国能源部（DOE），高浓铀，打破平衡：1945年至1996年9月30日美国高浓铀生产、采办和使用活动的历史报告（DOE：华盛顿特区，2001年）；DOE，高浓铀库存：美国的高浓铀存量（DOE：华盛顿特区，2012年）；DOE，钚：前50年（DOE：华盛顿特区，1996年）；DOE，美国的钚平衡，1944—2009年（DOE：华盛顿特区，2012年）；英国国防部，"英国国防高浓铀的历史存量"，2006年3月，http://www.mod.uk/DefenceInternet/AboutDefence/CorporatePublications/HealthandSafetyPublications/DepletedUranium/。

表1.2　世界核力量（2014年估值）

	战略核弹头		其他核弹头		计划拆除	各国总计	当量规模/kt	总当量/Mt
	部署的	储备的	部署的	储备的				
美国	1920[a]	2407[b]	180	278	2515	7300[c]	近475	535
俄罗斯	1600[d]	700[e]	1000	1000[f]	3700	8000	近1000	773
中国	188	62[g]	—	—		250	184~240	294
法国	290	10	—	—		300	100~300	55
英国	160	65	—	—		225[h]	100	21
以色列	80[i]	—	—	—		80[j]	—	1.6—12
印度	90~110[i]	—	—	—		90~110	15~200	1
巴基斯坦	100~120[i]		—	—		100~120[k]	近50	1.7
朝鲜	—					6~8[l]	近8	0.05
总计	4448	3244	1180	1278	6215	16372		1690

资料来源：《SIPRI年鉴2014：军备·裁军和国际安全》（牛津：牛津大学出版社，2014），第287~351页。

表1.2注释：

a．这些弹头部署在794枚现役洲际弹道导弹、潜射弹道导弹和轰炸机上。据国际核不扩散和裁军委员会（国际核不扩散与裁军委员会）2009年11月报告，由于持续执行削减战略武器条约，这些部署的战略核弹头数量是从原来的2200枚减下来的。为达到新核裁军条约（新START条约）要求，美国将在2018年前进一步削减约92枚弹头。请注意本表中部署的战略弹头数量高于新START条约中公布的数量。[①]这是因为瑞典国际和平研究所（SIPRI）以部署的轰炸机为基础计算核武器，但新START条约中并未采用这种算法。不同组织采用不同的弹头计数方法，估算出的弹头数量也存在明显的差异。为保持一致，核不扩散和裁军委员会（CNND）采取了SIPRI第一次出版《核武器

---

① Fact Sheet: New Start Treaty Agreement Numbers of Strategic Offensive Arms, 2014年10月1日，http://www.state.gov/documents/organization/232561.pdf。

进展评估》时的算法。详细信息见1.57部分。

b. 美国共有2685枚储备的核弹头，估计其中2407枚为战略核弹头，278枚为战术核弹头。①美国的战术核弹头包括约184枚部署在欧洲的B61核航弹和278枚放置在美国本土的储备弹头。②根据《2010核势态评估报告》（2010 NPR 报告）的规划步骤，战术核弹头数量已逐步减少，部分原因是海基核巡航导弹按计划退役。这些导弹退役是因为它们变得有些多余（它们的作用可以被洲际弹道导弹、潜射弹道导弹和轰炸机所替代）。

c. 美国削减核武库是为了执行与俄罗斯签订的双边军控条约义务，包括START条约、SORT条约以及2010 NPR 报告公布后采取的步骤。削减的核储备中包括了正在退役的储量过剩的W76弹头。③为符合SORT条约规定的核弹头数量上限，美国海军估计已将每枚导弹上携带弹头削减至4~5枚。

d. 根据2009年11月国际核不扩散与裁军委员会的报告，由于不断执行削减战略武器条约，这一数量已经由2800枚减至1600枚。

e. 俄罗斯储备的战略核弹头数量缺乏相关数据，储备弹头与待拆除弹头之间的区别也没有明确的定义。2009年国际核不扩散与裁军委员会图表显示储备弹头数量为4750枚，但是由于俄罗斯缺乏透明度，这个数字被认为是一个大致接近的数值。SIPRI 2014年的报告显示，战略储备弹头中有700枚被认为是为战略导弹核潜艇（SSBN）和轰炸机准备的。④似乎国际核不扩散与裁军委员会图表中列出的战略储备弹头大多是实际上待拆除的弹头。

f. 由于缺乏清晰的算法，2012年以前对俄罗斯非战略核力量规模的估计可能高于实际情况。之所以难以做出准确判断，部分原因是美俄两国间的双边条约义务及透明措施只针对战略核力量。冷战后俄罗斯实战部署的战术核弹头数量总体呈下降趋势。更多信息见1.56部分。

g. 作为现代化进程的一部分，中国正在扩充核武库，这也解释了为什么国际核

---

① "US Nuclear Forces"，SIPRI Yearbook 2014，第280~290页。

② "World Nuclear Forces"，SIPRI Yearbook 2012: Armament, Disarmament and International Security（Oxford：Oxford University Press，2012），第309页。此处的估计以2012年SIPRI年鉴为基础，这是因为2014年年鉴并未对库存核武器进行详细的划分。

③ "World Nuclear Forces"，SIPRI Yearbook 2012，第309页。

④ "World Nuclear Forces"，SIPRI Yearbook 2014，第299页。

不扩散与裁军委员会2009年报告中的数字略有增加。

h. 2010年《英国战略防务审议》计划到21世纪20年代中期，将英国核弹头数量由225枚弹头减少至"不超过180枚"。[①]部署的战略核弹头数量将被削减至不超过120枚。

i. 由于对"部署"的定义不同，SIPRI将印度、以色列和巴基斯坦的核弹头归于"其他"类别。弹头是否应当被定义为部署的主要取决于弹头是否需要进一步准备——在实战前是否需要进一步组装或装载上导弹。CNND的观点认为这样的弹头可被视为部署弹头，但也要认识到它们处于低级别发射警戒状态，运输、组装、装载弹头可能需要1小时到几天不等。更多信息见1.57和1.165部分。

j. 以色列的"不透明核政策"导致其核武器数量、力量和部署情况只能主要靠推测和预估。

k. 巴基斯坦的核武库自国际核不扩散与裁军委员会的报告之后差不多已翻倍增长。巴基斯坦的核力量目前排名世界第六。随着军用钚的产能增加，未来十年其核储备还将翻倍。[②]

l. 朝鲜宁边5兆瓦反应堆估计已生产了6~8枚核弹头用量的武器级钚。[③]

　　1.56　2009年ICNND报告的表2.2中显示全球核库存超过23000枚核弹头，[④]但2014年这一数据已削减至约16400枚，但数量上的戏剧性下降并不代表着实际的削减，因为数据的变化主要还是因为获得了更多的信息，以及采取了更优化的研究方法，这在2012年的报告中有所解释（尤其是国际核不扩散与裁军委员会对俄罗斯数据的明显高估）。根据早期的双边START条约和SORT条约，美国和俄罗斯不断削减核武库，此外，双方还各自进行了

---

① 英国国防部，Securing Britain in an Age of Uncertainty: The Strategic Defence Security Review，Cm7948（英国文书局：伦敦，2010年10月），第38页3.11段。

② D. Albright and P. Brannan，"Pakistan appears to be building a fourth military reactor at the Kushan site"，科学与国际安全研究所报告，2011年2月9日。

③ "Nuclear Weapons: Who Has What at a Glance"，军备控制协会，2014年，http://www.armscontrol.org/factsheets/Nuclearweaponswhohaswhat。

④ 国际核不扩散与裁军委员会，Eliminating Nuclear Threats，第20页。

单边削减，但是其他核武器国家的削减是很有限的（如法国和英国），有些国家没有削减，还有的国家则出现了增长（中国、印度、巴基斯坦和朝鲜的核武库都在增长）。尽管这并不影响现有核武库的总体规模，但也应注意到新START条约要求在2018年前减少部署的核弹头数。

1.57　本表中使用的定义并未得到核国家的一致认可。核国家正在编写一个术语表，以解决定义不同的问题。尽管美俄裁军的实践已经建立了一些标准，但新START条约并未明确定义"部署弹头"或"储备弹头"，只是规定了部署的运载工具上携带的弹头数，两国根据条约通报的弹头数也反映了这一情况。"储备弹头"通常指被长时间放置在储备库内的弹头（即没有被放置在作战基地内的弹头）。"战略"是基于运载工具的射程来确定的。同样，新START条约也没有对这个词作出明确的定义，但是由于该条约及以前的条约都是针对"战略进攻性武器"的削减，因此凡是射程不在新START条约削减范围内的运载工具均被视为是非战略或战术的。不过，除美俄之间的协议之外，其他核武器国家通常不考虑运载工具的射程，认为所有的核力量都是战略性的。

1.58　在五个《不扩散核武器条约》承认的核国家中，只有中国的核武库在增长。中国没有公布或提供其核武库规模和构成的详细信息，不过中国在2004年4月宣称其核武库是核国家中最小的。[①]随着英国削减核武库，这一情况将发生变化。考虑中国易裂变材料产量、武器级易裂变材料的比例、运载工具的数量及其他因素，菲利浦·赛尔和汉斯·克里斯滕森估计中国的核库存大约为250枚弹头。[②]这个数字得到非政府专家的普遍认可。[③]有些研究机构预估中国可能拥有1600~3000枚核弹头，例如俄罗斯世界经济和国际关

① 中国外交部，情况说明，2004年4月27日，ww.fmprc.gov.cn。
② SIPRI Yearbook 2014，第315页。
③ 参见 "Status of World Nuclear Forces"，美国科学家联合会，http://www.fas.org/programs/ssp/nukes/nuclearweapons/nukestatus.html；"Nuclear Weapons: Who Has What at a Glance"，军备控制协会。

系科学研究院估计中国拥有的核弹头数在1600~1800枚之间，[1]但美国战略司令部前任司令C·罗伯特·凯勒将军不认为中国的核武库比普遍认为的规模大得多。[2]

1.59　中国肯定在升级和扩大核武器系统，二炮部队正逐步改进其核和常规导弹力量结构，海军也不断加强战略威慑能力和反击能力。2014年末，中国在3艘"晋"级的弹道导弹核潜艇（SSBN）上部署了"巨浪"–2型洲际潜射弹道导弹（射程7500km），接近形成"近乎连续的海上战略威慑"能力。[3]根据美国国防部的报告，中国"东风"–31A公路机动导弹的射程超过10000km，并配有分导式多弹头（MIRVs）。[4]2014年9月，中国进行了"东风"–31B导弹的首次测试（该导弹是"东风"–31A的改进型，以适应复杂路况，提高生存能力）。[5]

1.60　尽管如此，中国核武库的发展和增长速度与历史上美国和前苏联相比缓慢得多。没有证据表明中国企图追平美国和俄罗斯，相反有很多证据表明中国不会这么做。普遍认为中国一共生产了约300枚核弹头，其中约50枚被用于1996年《全面禁止核试验条约》生效前的45次核试验。中国拥有约150枚路基可载核弹头的导弹，这些导弹中有30~35枚的射程可达美国本土（7000~12000km）。[6]尽管包括美国国防部在内的众多猜测认为这些洲际

① Victor Yesin，"China's Nuclear Capabilities"收录于Alexei Arbatov，Vladimir Dvorkin and Sergey Oznobishchev等著，Prospects of China's Participation in Nuclear Arms Limitation（莫斯科：世界经济与国际安全研究所，俄罗斯科学院，2012年），第26~33页。

② "STRATCOM Commander Rejects High Estimates for Chinese Nuclear Arsenal"，FAS Strategic Security Blog，2012年8月22日，http://www.fas.org/blog/ssp/2012/08/china-nuke.php。

③ 在中国所规划的陆海空三位一体核力量中，目前仅有陆基弹道导弹和空基执行任务的飞机被认为具备了作战能力。目前中国还在发展下一代可携带多弹头的"东风"–41洲际弹道导弹。美国官员预计中国战略核潜艇将在2014年底具备作战能力，http://www.nti.org/country-profile/china/nuclear/；SIPRI Yearbook 2014，第315页；2010年中国国防白皮书，http://www.china.org.cn/government/whitepaper/2011-03/31/content_22263885.htm。

④ http://www.stripes.com/news/om-land-and-sea-china-s-nuclear-capability-growing-1.299381。

⑤ "China Tests 10,000-km Range Nuclear Missile"，Hindu，2014年10月4日。

⑥ SIPRI Yearbook 2014，第316页。

弹道导弹载有分导式多弹头（可最多装载3枚弹头），但大部分分析人士还是认为中国目前只在这些导弹上部署了一枚弹头。[1]中国的空投核武器数量较少，普遍认为此类核武器不承担"优先任务"。[2]

表1.3　中国的核力量（2014）

类型	北约命名	部署年份	射程/km	弹头×当量/kt	弹头数
陆基导弹					
"东风"-3A	CSS-2	1971	3000	1×3300	—
"东风"-4	CSS-3	1980	5500	1×3300	约10~15
"东风"-5A	CSS-4 2型	1981	13000	4000~5000	20
"东风"-21A	CSS-5 1/2型	1991	2100	1×(200~300)	约80
"东风"-31	CSS-10 1型	2006	>7200	1×(200~300)	约5—10
"东风"-31A	CSS-10 2型	2007	11200	1×(200~300)	约20
潜射弹道导弹					
"巨浪"-1	CSS-NX-3	1986	1700	1×(200~300)	(12)
"巨浪"-2	CSS-NX-14	—	>1700	1×(200~300)	(36)
飞机					
轰-6	B-6	1965	3100	1×炸弹	(20)
其他	—	—	—	1×炸弹	(20)
总计					约250

资料来源：《SIPRI年鉴2014：军备·裁军与国际安全》，第316页。

---

[1] Zachary Keck, "Is China Preparing MIRVed Ballistic Missile", The Diplomat, 2014年8月8日。

[2] Gregory Kulacki, "China's Nuclear Arsenal: Status and Evolution", 忧思科学家联盟（2011年10月），第1~2页。

1.61　法国已经没有陆基导弹力量。法国的核武器部署在四艘潜艇和飞机上。尽管在空基核力量有削减，但是通过发展和装备远程导弹及新型弹头，法国的核武库在不断升级和现代化。[①]法国还用新型M51潜射弹道导弹导弹代替老式M45导弹，升级弹道导弹核潜艇。[②]2014年11月20日，法国国防部部长让·亦夫勒德立昂宣布法国已经开始研究机载核导弹，以取代现有的武器，并将下一代核武器的研究重点放在隐身和超声速技术上。[③]

表1.4　法国的核力量（2014）

类型	部署型号	部署年份	射程/km	弹头×当量/kt	弹头数
陆地飞机					
"幻影"2000N	CSS-2	1988	2750	1×300	约20
"阵风"F3	CSS-3	2010—2011	2000	1×300	约20
舰载机					
"阵风"MK3	CSS-NX-3	1986	2000	1×300	约10
潜射弹道导弹					
M45	CSS-5 1/2型	1996	6000	(4~6)×100	80
M51.1	CSS-10 1型	2010—2011	6000	(4~6)×100	160
M51.2	CSS-10 2型	2007	6000	(4~6)×TNO	—
总计					约290

资料来源：《SIPRI年鉴2014：军备·裁军和国际安全》第313页。

---

① Fihn等著，The 2010 NPT Action Plan Monitoring Report，第28页。

② SIPRI Yearbook 2014，第312页。

③ ierre Tran，"France studies nuclear missile replacement"，防务新闻，2014年11月29日，http://www.defensenews.com/article/20141129/DEFREG01/311290019/France-Studies-Nuclear-Missile-Replacement?mkt_tok=3RkMMJWWfF9wsRokvaTIZKXonjHpfsX67eQrWKKg38431UfwdcjKPmjr1YEGSsd0aPyQagobGp5l5FEIQ7XYTLB2t60MWA%3D#3D。

1.62　如上面内容所示，尽管俄罗斯公布了部署的战略核弹头数量以及部署和非部署的发射器数量，但俄罗斯并未公开核武库的整体规模、战术核武器数量等数据。[①]目前俄罗斯可能总共拥有8000枚核弹头，其中包括3700枚已经退役等待拆除的战略和战术核弹头。[②]

1.63　尽管根据新START条约规定，俄罗斯需要削减部署的战略核武器，但在2012—2014年间，俄罗斯部署的战略核弹头数量实际上从1492枚增加至1643枚。[③]汉斯·克里斯滕森解释道，这并不意味着俄罗斯核武库的扩充，而是俄罗斯老式导弹退役速度变化的结果。新START条约签署前每年退役导弹数是50枚，签署后是22枚，与此同时，新型陆基导弹的部署速度由签署条约前的每年增加9枚变成签约后的每年增加18枚。还有一些数据波动是"由于现有发射器因检修需要被运来运去而产生的"。[④]

1.64　俄罗斯同时也在使它的战略核力量更加现代化。2009年5月通过的《2020年前俄罗斯联邦国家安全战略》称"俄罗斯会采取一切必要手段，以最小的开支，保持战略进攻性武器与美国势均力敌"。[⑤]在俄罗斯一份杂志2010年发表的一篇文章中，俄外长拉夫罗夫写道："只要核武器存在，就应当在协调且有计划地削减总量的情况下，逐步发展现代化的、更有效且更可靠的进攻性战略武器，从而增强俄罗斯的国家安全。"[⑥]据俄杜马（俄罗斯议会下议院）国防委员会称，俄罗斯2016年将在核武器系统上耗资14亿美元。[⑦]

---

① Mukhatzhanova, Implementation of the 2010 NPT Review Conference Disarmament Actions，第18页。

② SIPRI Yearbook 2014，第300页。

③ Fact Sheet: New Start Treaty Agreement Numbers of Strategic Offensive Arms，2014年10月1日。

④ Hans M. Kristensen, "New START: Russia and the United States Increase Deployed Nuclear Arsenals"，美国科学家联合会，2014年10月2日，http://fas.org/blogs/security/2014/10/newstart2014/。

⑤ National Security Strategy of the Russian Federation to 2020，2009年5月12日，第96段。

⑥ "Russia Demands Broader Participation in Future Nuclear Cuts", Global Security Newswire，2010年8月3日，http://www.nti.org/gsn/article/russia-demands-broader-participation-in-future-nuclear-cuts/。

⑦ SIPRI Yearbook 2014，第302页。

1.65　俄罗斯的陆基导弹也在不断现代化。①根据1991年的START条约，洲际弹道导弹（ICBM）弹头有效荷载不能改变，但该条约2010年失效后，俄罗斯开始部署"亚尔斯"弹道导弹（RS-24，SS-27 2型），即由"白杨"-M战略导弹（SS-27 1型）改造而成的多弹头洲际弹道导弹。公路机动型RS-24于2010年在捷伊科沃部署，目前正在新西伯利亚与塔吉尔河地区列装，该地区曾在2013年12月首次部署RS-24弹道导弹。首个井基RS-24导弹也已开始部署，同时俄罗斯开始研发新型"重型"多弹头洲际弹道导弹RS-26，即"白杨"-M的改进三型。

1.66　俄罗斯还在对核潜艇舰队和潜射弹道导弹进行现代化。八艘第四代"北风之神"级核潜艇的首艘已于2013年初开始服役。②第二艘于2013年12月配属北方舰队，与此同时第三艘正在进行海上测试。③"北风之神"级核潜艇最多可以携带16枚新型"布拉瓦"（Bulava）导弹，该导弹可搭载10枚独立制导的核弹头，射程约5000英里。④2014年11月28日俄罗斯国防部宣布俄已在亚历山大·涅夫斯基（Alexander Nevsky）核潜艇上成功测试了新型12m"布拉瓦"潜射洲际导弹。⑤据报道，俄罗斯有计划研制第五代核潜艇，并已开始研发新型战略轰炸机。⑥

---

① SIPRI Yearbook 2014，第304~305页。

② "Russian Nuke Sub Goes On Duty"，Global Security Newswire，2013年1月3日。

③ SIPRI Yearbook 2014，第306页。

④ "Bulava Missile, Sub to Join Russian Active Force"，Global Security Newswire，2012年6月29日。

⑤ Reuters，"Russian Submarine Test-Launches Bulava Intercontinental Missile"，Moscow Times，2014年11月3日，http://www.themoscowtimes.com/business/article/russian-submarine-test-launches-bulava-intercontinental-missile/512053.html?mkt_tok=3RkMMJWWfF9wsRokva TIZKXonjHpfsX67eQrWKKg38431UfwdcjKPmjr1YEGSsd0aPyQagobGp5l5FEIQ7XYTLB2t 60MWA%3D#3D。

⑥ Mukhatzhanova，Implementation of the 2010 NPT Review Conference Disarmament Actions，第9页。

表1.5 俄罗斯的核力量（2014）

类型	北约命名	部署年份	射程/km	弹头×当量/kt	弹头数
战略进攻性武器					
轰炸机					
图–95MS6	"熊式"–H6	1981	6500~10500	6×AS–15A空射巡航导弹，炸弹	174
图–95MS16	"熊式"–H16	1981	6500~10500	6×AS–15A空射巡航导弹，炸弹	480
图–160	"海盗旗"	1987	10500~13200		156
洲际弹道导弹					
SS–18	"撒旦"	1992	11000~15000	10×(500~800)	460
SS–19	"匕首"	1980	10000	6×400	180
SS–25	"镰刀"	1985	10500	1×800	18
SS–27	"白杨"–M	1997	10500	1×800	60
SS–N–18 M1	"黄貂鱼"	1978	6500	3×50	144
SS–N–23	Sineval	1986	9000	4×100	384
SS–N–32	—	(2015)	>8050	4×(100)	(192)
小计					约2248
非战略及防御力量					
反弹道导弹					
SH–11/SH–08	"蛇怪"/"瞪羚"	1986	30	1×10	(68)
SA–10	Grumble	1980		1×low	(约340)
SSC–1B	Reduct	1973	500	1×350	(约17)

（续）

类型	北约 命名	部署 年份	射程 /km	弹头×当量 /kt	弹头数
轰炸机和攻击机					
	"逆火" / "篱笆" / "后卫"			空对地导弹， 炸弹	（约730）
地基					
	SS-21 "圣甲虫"		120	（1×10）	（约140）
	SS-26 "石头"		500	（1×10）	（约30）
海军					
潜艇/舰船/飞机					（约700）
小计					约2025
总计					约4273

注：表1.5和表1.7中的数据来源是《SIPRI年鉴2013》，表1.2中的数据来源为《SIPRI年鉴2014》。

资料来源：《SIPRI年鉴2014：军备·裁军和国际安全》第300页。

1.67 英国的核武库规模相对较小，只有不到160枚可投入使用的核弹头，大多数部署在三艘（一共四艘）"前卫"级潜艇的海基"三叉戟"导弹上。只有一艘潜艇执行全时段巡逻任务，最多可装备48枚弹头。[1]英国的核武库共有225枚核弹头（包括已退役等待拆除的弹头）。[2]英国正在推进核武器综合设施现代化，其中包括在奥尔德马斯顿新建的一座武器级铀生产设施和在巴勒菲尔德新建的一座弹头组装拆装工厂。这两处工厂预计在2016年至2020年间投入使用。[3]

---

[1] SIPRI Yearbook 2014，第309~311页。

[2] SIPRI Yearbook 2014，第310页。

[3] IPFM，Global Fissile Material Report 2011，第6页。

1.68 目前的"前卫"级潜艇舰队将在2020年后被取代。2007年英国议会投票通过更新英国核威慑的决议，随后《2010年战略防卫与安全评估报告》认为，替换潜艇舰队的"主门"决定还需要进一步考虑，应被延迟至2016年（"主门"决定指的是经过评估后的最终决定），同时新型潜艇的具体替换时间表应在2019年确定。从那以后，关于英国核威慑未来形态的辩论变得更加激烈，详见下文"1.6.1武器部署"部分。

表1.6 英国的核力量（2014）

类型	北约命名	部署年份	射程/km	弹头×当量/kt	弹头数
潜射弹道导弹					
D-5	"三叉戟"Ⅱ	1994	>7400	1–3×100	225
总计					225

资料来源：《SIPRI年鉴2014：军备·裁军和国际安全》第310页。

1.69 截至2014年4月29日（最新的公开数据），美国核武库总共有4804枚核弹头（包含部署和非部署的，战略和非战略的核武器，不包括退役和等待拆除的弹头）。[1]根据新START条约规定，美国每半年公布一次部署的战略核弹头数以及部署和非部署的发射架数量。

1.70 2010年4月的《核态势审议》报告明确美国将维持洲际弹道导弹、潜射弹道导弹和重型轰炸机三位一体的核力量结构。目前美国的远期核现代化计划包括12艘新型弹道导弹核潜艇，一种新式远距离空射核导弹，以及对"民兵"Ⅲ洲际弹道导弹和B-52H战略轰炸机的更新换代。[2]F-35联合攻

---

① Fact Sheet: Transparency in the U.S. Nuclear Weapon Stockpile，2014年4月29日。
② Ian Kearns，Beyond the United Kingdom: Trends in the Other Nuclear Armed States，Discussion Paper 1 of the British American Security Information Council（BASIC）Trident Commission（London：BASIC，2011），第4页。参见http://ww.basicint.org/publications/drian-kearns-trident-commission-consultant/2011/beyond-uk-trends-other-nuclear-armed-s。

击战斗机也将有能力装载核武器。[①]

    1.71　英美安全信息理事会三叉戟基础委员会提醒称，需要牢记"美国对部署的核力量及被条约计数的核力量的削减……是在奥巴马政府承诺长期保持并推进美国核力量及基础设施现代化的背景下进行的"。[②]2010年，美国高级官员在参议院外交关系委员会就新START条约举办的听证会上表示，"在未来十年中，美国将投资超过1千亿美元，用于核运载系统，使其保持现有能力并对一些战略系统实行现代化。美国还将在未来几年中对核武器实施全面的延寿计划，以保证核武器的安全性和有效性。"[③]

    1.72　然而目前看来，这些预算好像被严重低估了。2014财年，负责管理美国核武库及生产设施的能源部国家核安全局，获得77.8亿美元经费，比2013财年增长11.6%，而同期其他的国防预算在削减。[④]有人估计这项开支将高达1万亿美元。[⑤]空射B61核弹的延寿计划将耗资约104亿美元，是之前预算的2.5倍。部署在欧洲的约180枚核武器将被维护并升级，"尽管事实上，没有哪个军事指挥官能够随时接触到它们"。[⑥]批评者表示"这个过于雄心勃勃的翻新计划"导致了巨额开支，这个计划包括重新设计核弹的主要部件和"为了各种实用目的草率制造新（弹）"。[⑦]

---

① 美国国防部，Nuclear Posture Review Report（华盛顿，2010年4月），第27页，http://www.defense.gov/npr/docs/2010%20nuclear%20posture%20review%20report.pdf。

② Kearns，Beyond the United Kingdom，第11页。

③ Kearns，Beyond the United Kingdom，第11页。

④ FY2014 Omnibus Appropriations Bill，转引自 "US Modernization Programs"，军备控制协会，2014年1月，http://www.armscontrol.org/factsheets/USNuclearModernization。

⑤ Jon B. Wolfsthal，Jeffrey Lewis and Marc Quint，"The Trillion Dollar Nuclear Triad"，防扩散研究中心，2014年1月。

⑥ Des Browne and Ian Kearns，"NATO, Russia, and the Nuclear Disarmament Agenda: Reflection Post-Chicago"，ELN European Security Policy Brief 4（London：European Leadership Network，2012年8月），第10页。

⑦ John Fleck，"Billions and more needed to refurbish B61 nuclear bombs"，Albuquerque Journal，2012年11月4日。美国政府表示为了"向北约盟友提供延伸威慑，并继续使B-2隐身轰炸机具备投射核炸弹的能力"，将对B61核炸弹进行延寿升级，延寿计划将使目前四个型号的核炸弹合并升级为B61-12型核炸弹。Hans M. Kristensen，"B61 Nuclear Bomb Costs Escalating"，http://www.fas.org/blog/ssp/2012/05/b61cost.php。

表1.7 美国的核力量（2014）

类型	北约命名	部署年份	射程/km	弹头×当量/kt	弹头数
战略核武器					
轰炸机					
B–52H	"同温层堡垒"	1961	16000	AKCM5–150	200
B–2	"幽灵"	1994	11000	炸弹	100
洲际弹道导弹					
LGM–30g	"民兵"Ⅲ				
	Mk–12A	1979	13000	（1~3）×335	220
	Mk–21/SERV	2006	13000	1×300	250
潜射弹道导弹/弹道导弹核潜艇					
UGM–133A	"三叉戟"Ⅱ（D-5）				
SH–11/SH–08	Mk–4	1992	>7400	4×100	267
SA–10	Mk–4A			4×100	500
SSC–1B	Mk–5			4×475	384
小计					1921
战术核武器					
B61–3,–4,–10 炸弹		1979		0.3~170	约184
其他储备					2685
总计					4790

注：表1.5和表1.7的数据来源于《SIPRI年鉴2013》，表1.2数据来源于《SIPRI年鉴2014》

资料来源：《SIPRI年鉴2014：军备·裁军和国际安全》第290页。

1.73 印度的核武库一直在增长，但是由于其核计划缺乏透明度，因此难以估算其增长速度。根据印度核武器级钚的库存量和实战部署的核运载系统的数量，目前估计印度拥有90~110枚核弹头，可装载在导弹和飞机上。

①如果印度采取激进的计划，建造6个快增殖堆和扩建铀设施，其生产武器用材料的能力将大大提升，这一增长也将加速。

1.74 飞机是印度核打击能力中最成熟的部分。印度同时还拥有陆基战术和远程核弹道导弹，并即将拥有"烈火"–3弹道导弹。"烈火"–3将是首枚能够从印度国土内达到北京的核导弹。②印度同时也开始研发一种新型亚声速陆基巡航导弹，据说能搭载核武器（但官方并未承认）。此外，印度还继续研发核三位一体中的海上核力量——"歼敌者"核潜艇。③该潜艇预计2015年服役，可搭载B05（K–15）潜射导弹，该导弹于/2013年1月射试成功。与此同时，供第二艘印度产核动力潜艇使用的反应堆相关工作已开始进行。④

表1.8 印度的核力量（2014）

类型	射程/km	有效载荷/kg	状态
弹道导弹（陆基）			
"大地" Ⅰ/Ⅱ	350	500	2003年交付战略部队
"烈火" Ⅰ	约700	1000	2004年服役
"烈火" Ⅱ	>2000	1000	可能服役；2013年4月7日试射
"烈火" Ⅲ	>3200	1500	交付军队但未完全服役；2013年12月23日试射
"烈火" Ⅳ	>3500	1000	研发中
"烈火" Ⅴ	>5000	(1000)	研发中；2013年9月15日试射

---

① SIPRI Yearbook 2014，第322页。

② SIPRI Yearbook 2014，第325页。

③ Ankit Panda，"India's Indigenous Nuclear Submarine, Agni-V ICBM Set To Launch In 2015"，The Diplomat，2014年2月11日。

④ "Work on second nuclear sub reactor begins"，Deccan Herald，2014年12月1日，http://www.deccanherald.com/content/445065/work-second-nshyuclear-sub-reactor.html?mkt_tol=3RkMMJWWfF9wsRokvaTIZKXonjHpfsX67eQrWKKg38431UfwdcjKPmjr1YEGSsd0aPyQagobGp5l5FEIQ7XYTLB2t60MWA%3D#3D。

（续）

类型	射程/km	有效载荷/kg	状态
弹道导弹（海基）			
"丹努什"	400	500	正在交付但可能还未服役；2014年11月24日试射
K–15	700	500~600	研发中；2013年1月27日试射
K–4	约3000		研发中；据报道于2014年3月24日在水下平台试射
飞机			
"幻影"2000H "光辉"	1850	6300	据报道已经过投送核航弹的认证

资料来源：《SIPRI年鉴2014：军备·裁军和国际安全》第324页。

表1.9 巴基斯坦的核力量（2014）

类型	射程/km	有效载荷/kg	状态
弹道导弹（陆基）			
"阿布达力"（Hatf-2）	180	200~400	研发中
"加纳维"（Hatf-3）	290	500	2004年服役；部署不足50个发射器
"沙欣" I	750	750~1000	2003年服役；部署不足50个发射器
"沙欣" II	2000	(约1000)	研发中
"高里" I（Hatf-6）	1250	700~1000	2003年服役；部署不足50个发射器
"纳赛尔"（Hstf-7）	60	—	

（续）

类型	射程/km	有效载荷/kg	状态
巡航导弹			
"巴布尔"（Hatf-7）	350	400~500	研发中；2012年9月17日试射；最初是地射型，但是海射和空射型据报道也在研发中
"拉阿德"（Hatf-8）	350	—	研发中；空射
飞机			
F-16A/B	1600	4500	约30架
"幻影"5	2100	4000	

资料来源：《SIPRI年鉴2014：裁军和国际安全》第330页。

1.75　巴基斯坦的核武库被认为扩充得最快。目前有100~120枚核弹头可以装备导弹或飞机。[1]对巴基斯坦核武器数量的估计是基于对其易裂变材料库存的估值和核武器设计的证据。据信目前核弹头设计主要使用高浓缩铀，不过瑞典斯德哥尔摩国际和平研究所的分析人员认为，巴基斯坦钚生产能力的增强，以及小型核弹道导弹和巡航导弹的研发意味着巴可能以钚为基础发展核武库的趋势。[2]库沙布钚生产厂与巴基斯坦高浓铀的生产相结合，将成倍提升巴基斯坦核弹头的年生产能力，但这也取决于是否能有充足的铀供应和对乏燃料的后处理能力。[3]

1.76　巴基斯坦正在扩大其核导弹储备，其中包括发展几种旨在用于战场作战的短程核导弹。巴基斯坦军方将射程为60km、公路机动的"纳赛尔"导弹称为一个"快速反应系统"，能够"在短距离内增加威慑力"，以"应

---

[1] SIPRI Yearbook 2014，第328页。
[2] SIPRI Yearbook 2014，第328页。
[3] SIPRI Yearbook 2014，第329页。

对不断变化的威胁"。①巴基斯坦同时还拥有可搭载核武器的飞机，同时还计划在远期发展海基核威慑力量（不过后者受限于经济水平）。②

1.77　以色列的"核模糊""核不透明"政策使得任何对该国核武器数量和能力的推测都基本是一种猜测。以色列的核武库被认为拥有约80枚核弹头（50枚装配弹道导弹，30枚为非战略核武器）。③

表1.10　以色列的核力量（2014）

类型	射程/km	有效载荷/kg	组成
弹道导弹			
"杰里科"Ⅱ	1500~1800	750~1000	约50枚导弹；1990年服役
"杰里科"Ⅲ	>4000	1000~3000	状态不明
飞机			
F-16 A/B/C/D/I	1600	5400	205架；据说其中部分可用于搭载核武器

资料来源：《SIPRI年鉴2014：裁军和国际安全》第334页。

1.78　朝鲜据估计拥有能够制造8枚初级核弹的易裂变材料，每枚核弹约需使用5kg武器级铀。④在2013年2月12日第三次地下核试验后，平壤似乎在2013年8月重启了一个以前用于生产武器级钚的反应堆。首批可用于武器的新钚从乏燃料中分离需要18个月。⑤经常有报道称朝鲜拥有800~1000枚各型

① Pakistani Inter Services Public Relations, Press Release no. PR94/2011-IPSR, 2011年4月19日。转引自SIPRI Yearbook 2014, 第331页。
② Tim Craig and Karen DeYoung, "Pakistani is eyeing sea-based and short-range nuclear weapons, analysts say", Washington Post, 2014年9月21日；Andrew Detsch, "Pakistan's Oversized Submarine Ambitions", The Diplomat, 2013年10月9日。
③ SIPRI Yearbook 2014, 第333页。
④ SIPRI Yearbook 2014, 第335页。
⑤ "Nuclear Weapons: Who Has What at a Glance", 军备控制协会，2014年6月23日。

弹道导弹，但这些猜测都十分不确定，导弹的能力和可靠性也十分不确定。[1] 目前认为朝鲜尚未掌握弹头小型化技术，无法使弹头达到弹道导弹飞行轨迹的精确标准，比如超重力、震动和温度极限。因此朝鲜远程打击（美国、澳大利亚、欧洲），甚至是近距离目标（日本）的投送能力也被质疑。尽管2014年8、9月间朝鲜就一种新型短程导弹进行了一系列发射试验，该导弹被认为设计可搭载核武器，但韩国的军方情报人员称该导弹不具备核能力。[2]

1.4.2　单边措施

1.79　综上所述，美俄之间的核武器削减是双边协议和单边决定的结果。除此以外的削减只有法国和英国，他们是单边决策的结果，而不是依据任何条约。在2012年维也纳《不扩散核武器条约》（NPT）筹委会上，法国代表团主席明确法国已经实现了法国总统于2008年确立的目标，即减少三分之一的空基核力量（导弹和核弹头）。"总而言之，在过去的15年中，我们的核弹头数量减少了一半，并公布了我们拥有的核弹头数量的上限，即不超过300枚"。[3]

1.80　2010年NPT审议大会后，英国宣布削减核武库。《2010年战略防务与安全审议》认为，英国可以用更少的核武器保持最低限度的可靠核威慑。因此，英国宣布到21世纪20年代中期，英国将把：

—— 每艘潜艇携带的弹头数由48枚减少至40枚；

—— 实战部署的核弹头数量降低至不超过120枚；

—— 每艘潜艇的发射管数量由12个减少至8个；

---

① SIPRI Yearbook 2014，第337页。
② Rajaram Panda, "North Korea Accumulates More Missile Capabilities", Eurasia Review, 2014年9月26日，http://www.eurasiareview.com/26092014-north-korea-accumulates-missile-capabilities-analysis/。
③ General Debate Statement by the Head of the French Delegation at the First Meeting of the Preparatory Committee of the 2015 NPT Review Conference（维也纳，2012年4月30日至5月11日）。

— 整体核武器库存削减至不超过180枚。①

1.81　2012年，英国证实至少有一艘潜艇已根据计划做出了调整，并承诺2015年NPT审议大会前把实战部署的核弹头数量由160枚削减至120枚。②不过，在2014年NPT筹备会上，英国官员又重申了原先到21世纪20年代中期完成削减的时间安排。③

1.4.3　双边进程

1.82　2010年NPT审议大会上，俄罗斯和美国表示将"致力于使新的START条约尽早生效并贯彻执行"。各国也鼓励两国"继续讨论下一步措施，深度削减核武库"。

1.83　在美国于2010年12月22日和俄罗斯于2011年1月25日批准后，新START条约于2011年2月6日生效。条约对两国部署的战略进攻性武器设定了新的限制，并要求2018年前完成。新条约规定的核弹头数量比1991年START条约降低了74%，比2002年莫斯科条约降低了30%；部署的洲际弹道导弹、潜射弹道导弹和有核能力的重型轰炸机数量比1991年START条约规定的相应战略运载工具降低了超过一半。新条约总体限制如下：部署的战略核弹头（每架部署的有核能力的重型轰炸机计作一枚弹头）1550枚；（部署和非部署的）战略运载工具（洲际弹道导弹、潜射弹道导弹和有核能力的重型轰炸机）总数为800件，其中部署的运载工具不超过700件。④年度削减数量未做约定，在限额内双方可自行决定战略力量结构。⑤

1.84　条约的核查机制规定每年要进行18次现场视察；数据交换（通过

---

① UK Secretary of State for Defence, Written Ministerial Statement, 2011年6月29日（Hansard reference Column 51 WS）。

② Statement by UK Head of Delegation（under Cluster 1 – Disarmament）at the 2012 Preparatory Committee of the 2015 NPT Review Conference, 维也纳, 2012年5月3日。

③ http://www.reachingcriticalwill.org/images/documents/Disarmament-fora/npt/prepcom14/statements/2May_UK.pdf。

④ http://www.whitehouse.gov/blog/2010/04/08/new-start-treaty-and-protocol。

⑤ http://www.state.gov/documents/organization/2030113.pdf。

共同的数据库）；通报（条约规定的武器系统和设施的数量、位置和技术参数）；用国家技术手段进行非干涉性核查；以及每年对洲际弹道导弹和潜射弹道导弹发射进行5次遥测信息（导弹性能水平）交换。

1.85 条约还建立一个履约执行机构——双边协商委员会。该委员会每年至少召开两次会议。削减信息在网上公开，但不包括履约讨论的具体细节。2011年2月至2013年9月间，俄罗斯将部署的核弹头数量从1537枚减至1512枚；美国从1800枚减至1585枚。同时，俄罗斯的战略运载工具由521件减至498件；美国由882件减至778件。①但是与2012年数据（1499/491）相比，俄罗斯对这两类武器的部署在增加，显示出俄罗斯力图与美国保持战略对等。最新数据显示，2013年9月1日至2014年9月1日期间，两国的部署均在增加，但这更多是暂时性的波动，而不能说明双方违反了新START条约，条约规定各项削减目标在2018年前完成即可。②

1.86 尽管针对部署的战略核武器的新START条约正在执行中，但很显然两个超级大国仍然保持着过于庞大的核武库，这也反映出他们并不愿意履行NPT第六条规定，不愿意执行2010年NPT审议大会达成的行动计划。

1.87 2011年2月，美国参议院在批准新START条约的决议中指出，美国应在一年内启动与俄罗斯之间新的谈判，处理双方战术核武器库存不对等的问题，"确保以可核查的方式安全地削减战术核武器"。奥巴马总统于2011年3月向参议院表示将努力促成此事，但目前为止尚未开启任何双边会谈。美国和俄罗斯均宣称采取了单边举措削减战术核武器（同1991年的水平相比，美国削减了90%，俄罗斯削减了75%），但目前并没有通过正式的双边进程继续进行削减。

1.88 奥巴马总统2013年6月在柏林指出，美国对同俄罗斯谈判进一步削减各类核武器，包括非战略核武器，持开放态度。俄罗斯防扩散和军控

---

① http://www.armscontrol.org/factsheets/Nuclearweaponswhohaswhat。

② Kristensen，"New START: Russia and the United States Increase Deployed Nuclear Arsenals"，美国科学家联合会，2014年10月2日，http://fas.org/blogs/security/2014/10/newstart2014/。

司司长米哈依尔·乌里杨诺夫（Mikhail Ulyanov）2014年10月9日在联合国第一委员会讲话时强调，俄罗斯很早就已将非战略核武器"撤回"到领土内，并号召其他拥有此类武器的国家以俄罗斯为榜样。[1]但他并未重申俄罗斯副外长谢尔盖·里亚布科夫（Sergei Ryabkov）在2012年的讲话，里亚布科夫曾公开表示俄对进一步削减战术核武器的讨论持开放态度。[2]

1.89　乌克兰的紧张局势、在弹道导弹防御和先进常规武器上的争论以及外空军备竞赛前景都成为进一步核削减的绊脚石。2012年8月，在"国际物理学家防止核战争"广岛会议中，普京总统发表书面讲话称，尽管俄罗斯对俄美进一步削减核武库持开放态度，但前提是"考虑各种影响国际安全和战略稳定的因素"。制约因素包括"美国单边且毫无限制地在全球部署导弹防御系统"，以及可能出现的外空武器化和常规武器在欧洲的失衡。[3]不幸的是，关于这些问题的矛盾不断加剧。常规武器的不平衡不仅在欧洲，对美国而言，其常规武器能力在全球享有优势地位。这一情况将使未来的双边、多边裁军谈判变得更复杂并带来更大阻力。

1.90　在美国，对于新START条约监督条款不足，无法察觉违约行为的担忧在加剧。[4]新达成的核查体系没有旧START条约框架下的严格。新START条约谈判期间，美俄双边关系正在改善，因此双方均认为相关内容合适。2014年7月，《遵守军控、防扩散和裁军协议及承诺》年报中提到，美国确信俄罗斯违背了1987年的《中导条约》。自此之后，人们的担忧开始加剧。

---

[1] 根据俄罗斯递交2014NPT筹备大会的报告，俄罗斯的非战略核武器全部处于"非部署"状态，并且"专门集中存放于国内的存储基地中"。美国则声称在1967年至2009年间，削减了90%的非战术核弹头。参见US Statement（under Cluster 1 - Disarmament）at the 2012 Preparatory Committee of the 2015 NPT Review Conference，维也纳，2012年5月3日，http://www.un.org/ga/search/view_doc.asp?symbol=NPT/CONF.2015/PC.Ⅲ/17。

[2] http://www.mid.ru/brp_4.nsf/0/72A5D657EC7A908244257D6C0029CF8E。

[3] Reuters，"Putin Links Nuclear Cuts to U.S. Shield"，Moscow Times，2012年8月7日。

[4] Amy F. Woolf，"The New START Treaty: Central Limits and Key Provisions"，CRS Report to Congress，2014年8月27日，第28~34页。

表1.11　新START条约

类型	俄罗斯	美国
7年后的武器数上限		
部署的洲际弹道导弹、潜射弹道导弹和轰炸机	700	700
部署的洲际弹道导弹、潜射弹道导弹和轰炸机所携带的弹头数	1550	1550
部署和非部署的洲际弹道导弹发射架、潜射弹道导弹发射架和重型轰炸机	800	800
截至2014年的削减[a]		
部署的弹头	1643	1642
战略运载工具	528	794
截至2014年的视察和通报		
视察[b]	68[c]	68[c]
相互通报	7505[c]	7505[c]

注：

a．截至2014年9月1日，见美国国务院网站http://www.state.gov/t/avc/rls/232359.htm。

b．美国和俄罗斯按照条约规定允许对方每年进行18次临时通知的现场视察。目的在于确认相互通知信息的真实性。

c．截至2014年11月6日，见美国国务院网站http://www.state.gov/t/avc/newstart/index.htm。

资料来源：SIPRI和A.伍尔夫，《新START条约：核心限制与关键条款》，国会图书馆，国会研究服务处，华盛顿特区，2014年8月27日，网址：http://fas.org/sgp/crs/nuke/R41219.pdf。

1.4.4　多边进程

1.91　裁军谈判会议。日内瓦裁军谈判会议（CD）是世界唯一常设的多边裁军谈判论坛。自1996年禁核试条约谈判结束后，该会议一直未能达成并执行任何工作计划。大家对核心论题的优先顺序一直有着旷日持久的争论：核裁军、禁止生产易裂变材料、防止外空军备竞赛及保证无核国家免遭核打击。由于巴基斯坦近年来坚持反对"禁止易裂变材料生产条约"（FMCT）谈判，带头阻挠工作计划的达成，导致裁军谈判会议停滞不前，并且"无法设立一个处理核裁军问题的分支机构"。①裁军谈判会议的僵局正逐渐影响该会议的公信力。下一章将讨论恢复会议运转所做出的努力（见§2.10）。

1.92　联合国大会。2012年联合国大会第一委员会成立了一个开放式工作小组，为推进多边核裁军提出建议。2013年第一委员会以158票赞同、4票反对（法国、俄罗斯、英国和美国）和20票弃权通过了工作小组报告。委员会要求秘书长征询成员国关于怎样推进多边核裁军的看法；秘书长于2014年做出了回复（A/69/154）。一份关于"加快多边核裁军谈判"的额外的决议（A/C.1/69/L.21）于2014年在第一委员会上以152票赞成，4票反对（法国、俄罗斯、英国和美国）及22票弃权通过。该决议提出继续裁军进程并评估了2015年联合国第70届大会上能够达到的状况。美国、英国和法国重申了其观点：已经有足够多的关于多边核裁军谈判的论坛，并对联合国大会提议与NPT条约及其2010年行动计划之间的一致性表示担忧。②

1.93　五核国。中国主张"全面禁止和彻底销毁核武器"，③且迄今为止采取了一系列相应措施（例如无条件不首先使用核武器和消极安全保证声明），但中国对核裁军倡议无所作为，认为核裁军是有核国家两大巨头特别需要承担的责任。因此，中国认为美国和俄罗斯应该"以一种可核查、不可逆、受法律约束的方式进一步大幅削减核武库，为全面消除核武器提供条件"。④

1.94　在2014年NPT条约筹备会国家报告中，俄罗斯宣称已准备"按照

---

① 2010年NPT审议大会行动计划第6条。
② http://reachingcriticalwill.org/images/documents/Disarmament-fora/1com/1com14/eov/L21_P3.pdf.
③ 2010年中国国防白皮书。
④ 2010年中国国防白皮书。

NPT条约第六条规定的义务，进一步以可核查、不可逆的方式限制核武器"。①报告称，这些措施要逐步实施并最终达到全面彻底裁军的目标，而只有"综合考虑，维持战略稳定，尊重各国平等、所有国家的安全不可分割的原则，方能实现这一目标"。报告指出，多边核裁军取决于核国家一系列措施，其中包括禁止在外空部署武器；禁止增加非核战略进攻性武器；放弃"单边研发战略反导系统"，以及努力消除常规武器数量和质量上的不平衡。

1.95 英国把核裁军视为循序渐进、标准明确、多边参与的进程，并以防扩散、建立多边信任（包括对保障措施效力及核查技术的信心）以及其他切实举措为基础，这些举措将致力于营造安全稳定的国际环境，以便拥核国家可以放弃其核武器。②然而，除了其与挪威（参见上文）和美国就核查技术开展的合作，以及参与"五常会议"（详见后文）——此处称为"五核国会议"更为恰当——之外，英国并未具体落实上述举措。法国虽参与五核国相关讨论及联合声明的发布，但并未对多边核裁军进程表现出极大的兴趣。

1.96 就美国而言，2010年《核态势审议》（NPR）报告所描述的条件是"异常苛刻的"，即"最终允许美国和其他国家在避免国际不稳定或不安全风险的情况下放弃核武器"。这些条件包括"成功制止核武器的扩散，主要关切国家有关项目和能力更加透明，核查措施和技术能够察觉违反裁军义务的行为，相应强制措施足以震慑这种违约行为，最后，使有关对立国家产生拥核动机的地区争端得以解决"。③

1.97 2012年5月3日，美国向《不扩散核武器条约》（NPT）审议大会筹备委员会提交了一份措辞谨慎的声明。五核国共同重申了对履行NPT第

---

① http://www.reachingcriticalwill.org/images/documents/Disarmament-fora/npt/2014/national-reports。
② Securing Britain in an Age of Uncertainty，第37页。在2013年联合国大会第一委员会，英国代表再次阐述了这种开启多边核裁军的途径。参见UK Statement on Nuclear Weapon，纽约，2013年10月16日。
③ 美国《核态势审议》报告，摘要部分，第15页。

六条所规定义务以及2010年第八届审议大会上通过的"行动计划"的"坚定承诺"。他们将2010年审议大会的成功归功于"国际社会对寻求更加安全的国际环境，并为无核武器世界创造有利条件的共同承诺……通过增进国际稳定、和平与安全的方式，遵循各国安全不受减损的原则，并强调防扩散对于实现这一目标的重要意义"（此处强调为作者所加）。该声明还指出，"核国家在核武器削减、裁军、建立信任措施以及增进透明等方面取得了前所未有的进展和成就①"，但即便一些核国家的亲密盟友也未对此表示满意。

1.98 声明称五核国对话进程始于2009年9月在伦敦举行的"建立核裁军信任措施会议"。第二次会议则于2011年6月在巴黎召开，与会各方就落实2010年NPT审议大会提出的"行动计划"展开了讨论。在巴黎，五核国同意建立一个在中国领导下的工作小组，负责编制核术语表，以促进未来开展的核裁军工作。

1.99 此后，五常/五核国在华盛顿（2012年6月）、巴黎（2013年4月）和北京（2014年4月）分别举行讨论。这些讨论的焦点主要集中在核透明、相互信任以及核查手段等方面，包括如何向2014NPT筹备会议汇报2010NPT审议大会"行动计划"落实情况。在法国的领导下，五核国就报告框架达成共识，并在2014年4月北京召开的会议上介绍了各国的报告。②各国还就《重要核术语汇编》进行了讨论，由中国领导的工作小组正在对该手册进行编修。该手册的第一部分将在2015年NPT审议大会召开前完成。英国已提出将于2015年在伦敦举办第六次五核国会议。在NPT生效45年，冷战结束20余年的今天，这至多只能算是微不足道的成就。

1.100 除了上述讨论之外，五核国对于NPT进程以及联合国正式裁军机制之外的多边倡议显得十分谨慎。他们不情愿参与"核武器人道主义影

---

① "P5 Statement to the 2012 Preparatory Committee of the 2015 NPT Review Conference"，维也纳，2012年5月3日。加粗的部分旨在强调五核国核裁军政策中固执且令人困扰的理论：即消除核武器不仅是拥有核武器国家的责任；首先需要国际环境的转变；以及更多拥核国家的出现会使得全面核裁军的目标更加遥远。

② http://www.state.gov/r/pa/prs/ps/2014/04/224867.htm。

响运动"（具体讨论见后面1.8.4节）就是很好的例证，这一运动通过2013—2014年举办的一系列会议，引发了国际社会对使用核武器可怕后果的强烈关注。从英国于2013年3月5日在裁军大会上发表的声明中，可以看出五核国尚未参与这一运动的原因。英国在声明中提醒各国，"核武器人道主义影响运动"可能"使各国的关注和讨论偏离已被证明是最为有效的减少核危险的措施——囊括所有拥有核武器国家的切实的、循序渐进的举措"。①其背后是五核国长期以来对类似倡议的反对态度，因为这些倡议很可能导致就达成禁止拥有核武器条约展开谈判的呼声变高。至于美英两国先后打破五核国团结，而出席2014年12月举行的维也纳会议，则表明个别政府认识到长期停留在倡议之外将在政治上造成不利影响，并且同与会各方的建设性互动也可能取得一定的成果。

1.4.5　朝鲜

1.101　朝鲜的情况则需要单独进行讨论，这是因为它刚刚加入拥核国家的行列，其核武库规模也远小于其余八国，并且处于激烈的外交斗争中，这些外交斗争围绕敦促朝鲜终止其核计划而展开。2003年1月，朝鲜在被指秘密进行铀浓缩活动之后，正式宣布退出《不扩散核武器条约》②。——朝鲜也是目前唯一这样做的国家。朝鲜声称美国"对朝鲜民主主义人民共和国残暴的核灭绝政策"对朝鲜的安全和主权构成了严重的威胁。③这也导致了"美朝框架协议"的最终破产，这份于1994年签署的框架协议促使朝

---

① UK Statement on Nuclear Weapon，日内瓦，2013年3月5日，www.unog.ch/80256EDD006B8954/(httpAssets)/.../$file/1281UK.pdf。

② 缔约国有权退出NPT，如果其"断定与本条约主题有关的非常事件已危及其国家的最高利益"（第十条）。朝鲜曾于1993年3月12日宣布退出NPT的意向，但于1993年6月11日暂停了退约事项，这也是退约正式生效的前一天。2003年1月，朝鲜结束了对退约事项的暂停，实际上代表退约立即生效。Christer Ahlstrom，"Withdraw from arms control treaties"，SIPRI Yearbook 2004:Armaments, Disarmament and International Security（Oxford：Oxford University Press，2004），第763~777页。

③ 朝鲜中央通讯社（KCNA），2003年1月22日。

鲜暂停了其更早的退约行为，并"将平壤以钚为基础的核项目冻结了近十年"。①

1.102　以朝鲜半岛无核化为目标的六方会谈（"六方"分别为朝鲜、韩国、日本、中国、俄罗斯和美国）开始于2003年。2005年9月，在第四轮六方会谈上，朝鲜"承诺放弃一切核武器以及现有核计划"，并且回归NPT机制，接受国际原子能机构（IAEA）的监督保障，以换取安全保证和经济合作的承诺。②一年之后，朝鲜进行了首次核爆炸试验。这促使联合国安理会通过第1718号决议，要求朝鲜"放弃一切核武器以及现有核计划"并且"无条件重返六方会谈"。③这条决议向朝鲜施加了包括武器禁运在内的各项制裁。

1.103　2007年，六方会谈各国就落实2005年共同声明④的行动计划达成一致，但并未取得理想效果。2009年，朝鲜进行了第二次核爆炸试验，并宣布永久退出六方会谈。⑤联合国安理会通过第1874号决议（2009年6月12日），对此次核试验表示"最严厉的谴责"，并要求"朝鲜今后不再进行核试验或使用弹道导弹技术进行任何发射"。该决议加强了三年前对朝施加的国际制裁的力度。依据第1874号决议成立的专家小组在2012年的报告中指出，朝鲜仍在违反第1718和1874号决议。专家小组还发现朝鲜使用精心策划的技术躲避安理会制裁和联合国成员的监督。⑥2014年3月6日，专家小组发布了最终报告，称朝鲜"长期以来无视安理会有关决议，继续进行武器贸易及其他被禁止的活动"，并且"越来越多地采用多重欺骗手段"。专家小

---

① George Bunn and John B. Rhinelander，"NPT Withdraw: Time for the Security Council to Step In"，http://www.armscontrol.org/act/2005_05/Bunn_Rhinelander。

②《第四轮六方会谈联合声明》，北京，2005年9月19日，http://www.fmprc.gov.cn/eng/zxxx/t212707.htm。

③ S/RES/1718（2006年10月14日）。

④《第四轮六方会谈联合声明》，北京，2005年9月19日。

⑤ 朝鲜中央通讯社（KCNA），"KCNA report on one more successful underground nuclear test"，2009年5月25日，http://www.kcna.co.jp/item/2009/200905/news25/20090525-12ee.html。

⑥ http://www.un.org/ga/search/view_doc.asp?symbol=s/2012/422。

组强烈认为，"应大大改进现有制裁措施的总体执行情况"。①

    1.104　2010年，朝鲜向外界展示了其宁边铀浓缩设施的存在，②同时正逐步推进其各项弹道导弹能力的发展。朝鲜与伊朗和叙利亚有着密切的联系，并且是弹道导弹和其他与大规模杀伤性武器有关系统的主要扩散国。2012年2月美朝达成协议，根据协议朝鲜将暂停铀浓缩活动、核武器项目以及远程导弹试验，美国则向朝鲜提供食品援助。该协议因平壤执意进行远程火箭发射，而于2012年4月宣告破产。4月的火箭发射以失败告终，但2012年12月12日的发射取得了成功，朝鲜违反安理会决议的行为招致联合国安理会主席的强烈谴责。

    1.105　2013—2014年，朝鲜无视国际压力的行为仍在继续。2013年2月，朝鲜进行了第三次核试验，引发了安理会新一轮的制裁。2013年4月，美国国防情报局的报告"较有把握"地认为朝鲜军方已经掌握了发射核导弹的能力。③这份评估报告在当时引起了争议，朝鲜的核能力仍然是充满争论的话题。2014年8至9月，朝鲜对其新型短程导弹进行了一系列试射，外界认为此导弹被设计用来搭载核弹头，而韩国情报专家并不认为该导弹具备搭载核弹头的能力。④

    1.106　若通过成功谈判终止朝鲜核计划，将会使各方更加认同核裁军可在"遵循各国安全不受减损原则"⑤的基础上安全进行的观点。朝鲜多次

① 《第1874(2009)号决议所设专家小组的报告》，2014年3月6日，http://www.un.org/ga/search/view_doc.asp?symbol=s/2014/147。

② 2010年11月，朝鲜向到访的美国科学家代表团展示了其新建的铀浓缩设施，该设施位于宁边一座先前的燃料棒生产建筑内。美国科学家被告知该设施包含由2000台离心机组成的6个级联铀浓缩设备，于2009年4月至2010年11月期间建造，可为民用轻水反应堆项目生产平均丰度为3.5%的浓缩铀。S. S. Hecker，"What I found in North Korea"，Foreign Affairs，2010年12月9日，第4页，http://www.foreignaffairs.com/articles/67023/siegfried-s-hecker/what-i-found-in-north-korea。

③ Steven Pifer，"North Korea and Nuclear-Armed Missiles: Calming the Hyperbole"，2013年4月15日，http://www.brookings.edu/blogs/up-front/posts/2013/04/15-north-korea-nuclear-missile-pifer。

④ Panda，"North Korea Accumulates More Missile Capabilities"。

⑤ 该句在文中有多次引用，参见2010NPT审议大会，Conclusions and recommendations for follow-on actions I(Nuclear Disarmament) A(Principles and Objectives) iv。

违反其国际核不扩散义务，破坏了国际社会对NPT及有关保障监督机制的信心，也因此破坏了核裁军-核不扩散谈判的完整性。其行为产生了严重的危害，国际社会必须确信，任何国家都不可以不受惩罚地违背其核不扩散承诺。就此而言，2003年的安理会并未尽到责任，它在面对朝鲜退出NPT时没有采取任何行动。前后事态的发展充分证明了朝鲜退出NPT的行为对国际和平与稳定造成了严重的威胁，随后的安理会第1718（2006年10月14日）、1874（2009年6月18日）、2087（2013年1月22日）和2094（2013年3月7日）号决议均承认了这一点。

1.107　六方会谈的重启——或至少包括半岛内外关键成员在内的各方，朝着达成一系列多边协议的方向努力——仍然是最有希望全面协商解决朝核问题的途径。不论有多不情愿，有关各方都应重新考虑使朝鲜重回谈判桌的方案。朝鲜也应当认识到，其核武器计划损害而非增强了其国际地位和国家安全，并且孤立于国际社会以及最终的经济崩溃对其政权的威胁远比外来袭击更加现实。考虑到国际社会正应对的这一裁军问题是由NPT前成员国——而不是当前成员国——一手造成的，因此最终目标应为朝鲜以无核武器国家的身份重回NPT机制，恢复并全面遵守国际原子能机构的保障监督义务。至少，朝鲜应当通过签署平行的协定，加入与NPT等效的出口、转让和援助制度。

1.5 核政策

1.108　降低核武器在核国家的国家安全战略中的地位，是通往核裁军道路上的重要环节。这一点体现在NPT审议大会的讨论中，各主要委员会和专家小组的报告中，以及奥巴马总统2009年开创性的布拉格讲话中，当时他表示"为了终结冷战思维，美国将降低核武器在国家安全战略中的地位，并鼓励其他国家效仿"。然而不幸的是，即便有拥核国家朝着这一方向前进，其做出的努力也是远远不够的。

1.109　中国公布的核政策在限制核武器作用方面，比其他拥有核武器的国家走得更远。外界普遍认为，中国的核武器、核政策、核力量态势及部署模式的目的并非施加核威压或打赢核战争，而是为了反核讹诈。根据清华大学国际关系学院军备控制项目主任李彬的观点，中国"选择维持一支小规模、非警戒的核力量"是为了将其作为"反核胁迫"的手段，并不认为核武器有任何实际的军事用途。①2010年《中国国防白皮书》称，中国"在核武器发展方面始终采取极为克制的态度"，并将继续"把自身核力量维持在国家安全需要的最低水平"。中国始终恪守"在任何时候、任何情况下"不首先使用核武器的承诺，并明确承诺无条件不对无核武器国家和无核武器区使用或威胁使用核武器：这表明即使在遭受常规打击的生死存亡时刻，中国也不会使用核武器。中国希望核武器国家之间通过谈判缔结"互不首先使用核武器条约"，并且无条件向无核武器国家提供以条约为基础的消极安全保证。②然而中国紧锣密鼓的核力量现代化是否预示着将在未来采用更为强硬的核政策？由于中国缺乏透明，因此难以评判其不断发展的核力量结构与态势是否同其公布的核政策相一致。③

1.110　2008年尼古拉斯·萨科齐总统在瑟堡的演讲明确地阐述了法国的核政策。他强调了法国对核威慑的依靠。尽管核武器只会用于"极端情况下的正当防卫"，但其作用不仅限于保护法国免受核打击，同时还用于威慑"其他国家对法国核心利益的侵犯，不论此种行为来自何处或以何种形式进行"。法国的核威慑"不过是国家的人寿保险而已"。④2013年法国国防和国家安全白皮书将核威慑做了类似的描述，称其为"国家主权的最后

---

① http://www.armscontrol.org/act/2011_03/LiBin。
② 2010年《中国国防白皮书》。
③ 2013年最新发布的《中国国防白皮书》没有提到"不首先使用"的核政策，因而引发了针对中国是否改变了对核武器态度的猜测。然而，在2014年NPT九审三筹会议上，中国提交的报告表示"中国始终恪守在任何时候、任何情况下不首先使用核武器的承诺……中国始终恪守这一承诺，今后也不会改变"。参见，《关于中华人民共和国履行<不扩散核武器条约>情况的国家报告》，2014年NPT筹备大会，http://reachingcriticalwill.org/disarmament-fora/npt/2014/national-reports。
④ 尼古拉斯·萨科齐的讲话，瑟堡，2008年3月21日，http://www.acronym.org.uk/docs/0803/doc09.htm。

保障"。①

1.111　俄罗斯保留使用核武器的权利以回应使用大规模杀伤性武器对俄及盟国的进攻，或使用常规武器大规模入侵致使国家生存遭受威胁。根据其2010年的军事学说，俄罗斯核武器的目的在于防止出现军事冲突，因此在有核武器和其他大规模杀伤性武器以及常规武器参与的地区和大规模冲突中，有潜在的作用。然而，早先版本（2000年）军事学说表示"在国家安全的危急时刻"，俄罗斯可能首先使用核武器。2010年的版本则将核武器的使用条件限定为俄罗斯"国家生存遭受威胁"。②2014年12月的一份报道称，尽管俄罗斯军方多次要求在新版军事学说中对先发制人核打击做出明确的规定，但这部分内容并未出现在新版军事学说的草案中。③

1.112　2012年2月，时任总理弗拉基米尔·普京称俄罗斯"强有力的核威慑"可以平衡美国的力量，并且有助于国际稳定。他拒绝在战术核武器问题上做出任何让步，称俄罗斯武装部队还"准备发展更强大的武器"。他还表示，只有俄罗斯掌握了"异常精确的非核系统"（并与美国正在发展的非核系统性能相当），彻底的核裁军才有可能开展。④2014年8月，乌克兰危机持续升级期间，普京——2012年5月后再次当选俄罗斯总统——在对亲政府青年组织的讲话中称，他认为"没有人会考虑引发与俄罗斯的大规模冲突"，因为"俄罗斯是世界头号核大国之一"。⑤

---

① 法国政府，《2013年国防和安全白皮书》（巴黎，2013），www.gouvernement.fr/sites/default/files/fichiersjoints/livre-blanc-sur-la-defense-et-la-securite-nationale_2013.pdf。

② Nikolai Sokov，The New 2010 Russian Military Doctrine: The Nuclear Angle，http://npsglobal.org/eng/component/content/article/147-articles/847-the-new-2010-russian-military-doctrine-the-nuclear-angle-nikolai-sokov-.html。

③ "Preemptive nuclear strike omitted from Russia's new military doctrine - reports"，RT，2014年12月10日，https://www.rt.com/politics/213111-russia-nuclear-preemptive-strike/。

④ "Strong Russian Nuclear Force Deters Conflict, Putin Says"，Global Security Newswire，2012年2月27日。普京的讲话同当前俄军事学说高度一致，俄军事学说称"常规精确武器将承担战略威慑任务"。Sokov，The New 2010 Russian Military Doctrine。

⑤ Colin Freeman，"Vladimir Putin: don't mess with nuclear-armed Russia"，Daily Telegraph，2014年8月29日。

1.113　英国声称英国只会"在极端情况下出于自我防御的目的"才考虑使用核武器，其中"包括对北约盟友的防御"，但对"在什么时间，以何种形式，以多大规模使用核武器保持刻意模糊"。[1]英国承诺致力于实现无核武器世界的长远目标，但不是在依然存在大规模核武库以及核扩散风险的时候。在此之前，"只有可靠的核能力可以为国家安全提供必要的最后保障。因此英国政府决定维持最低限度的国家核威慑力量，并将继续进行替换'三叉戟'潜艇的项目"。[2]

1.114　奥巴马政府认识到了核政策在推动核裁军方面的重要作用，但目前为止其在美国的行动不过是雷声大雨点小。2010年4月出台的NPR报告指出，"美国强大常规军事能力的提升，导弹防御技术的重大突破，以及冷战对抗的终结"，带来了机遇同时也提出了需求，应使美国核政策更好地服务于当前国家安全目标：防止核恐怖主义和核扩散。[3]此外，"通过降低核武器作用以及削减核武器数量——从而展示美国履行NPT第六条义务，推动核裁军进程——我们可以更有力地敦促NPT合作伙伴采取必要的措施加强不扩散机制并保护全球核材料，防止恐怖组织的窃取。[4]

1.115　NPR报告重申美国核武器的主要作用是威慑针对美国及其盟友和伙伴国的核打击。尽管核武器依然承担威慑非核袭击（常规及生化袭击），但这部分作用已经减少，这一趋势在未来还将继续。尽管美国"尚不能采取将遏制核打击作为核武器唯一作用的政策……但美国将继续努力，为安全采取这样一种政策创造条件"。[5]美国只有在"保护美国及其盟友核心利益的极端情况下"才会考虑使用核武器，[6]今后，非核武器系统将在美国的

---

[1] Securing Britain in an Age of Uncertainty，第37页。

[2]《英国代表团团长在NPT九审一筹会上的一般性发言》，维也纳，2012年4月30日。英国核威慑力量的构成，要到2015年5月7日英国大选之后才会最终决定。

[3]《核态势审议》，2010年4月，第6页。

[4]《核态势审议》，2010年4月，第7页。

[5]《核态势审议》，2010年4月，第viii页。

[6]《核态势审议》，2010年4月，第16页。

威慑和提供安全保证方面发挥越来越重要的作用。

1.116　2013年6月，经过由国防部领导、各军种和战略司令部支持的跨部门审议，美国就其核战略发布了"新指南"，"新指南"并未对2010年NPR报告阐述的核学说做任何变动。与过去相比，"新指南"的唯一亮点在于提出可在新START条约基础上将部署的核武器再削减三分之一，且仍可以保护美国及其盟友和伙伴国的安全。尽管如此，白宫在对"新指南"的概述中称其将美国核战略"限定"为"仅关注在21世纪保持核威慑所必要的目标和任务"——这显然是缺乏实质内容的表示。①美国不愿意采取将遏制核打击作为核武器唯一作用的政策，其中的一个重要因素是其欧洲和东亚盟友的担忧②，并且在他们有意减少对延伸威慑政策中核威慑部分的依赖之前，情况不会有太大改观（后文将深入讨论）。③

1.117　1974年5月18日，印度第一次进行了其所谓的"和平核爆炸"试验。近25年后，印度通过1998年5月11至13日的五次核试验确立了其拥核地位。印度宣称其目标是"追求可信最低核威慑"。印度将不会首先使用核武器，但"在威慑失败的情况下，将发起惩罚性核报复"。印度承诺不对不结盟的无核武器国家使用核武器。④然而，印度保留以核武器反击生化武器袭击的权利⑤，就此而言，印度"不首先使用"的承诺是有所保留的。

1.118　印度国家安全顾问委员会于1999年发布了核政策报告草案，该草案于2003年1月4日被内阁正式采用。坎蒂·巴杰帕伊将印度分析家分为三

---

① The White House，"Fact Sheet: Nuclear Weapons Employment Strategy of the United States"，2013年6月19日，http://www.whitehouse.gov/the-press-office/2013/06/19/fact-sheet-nuclear-weapons-employment-strategy-united-states。

② 这种担忧在第8届日澳1.5轨对话期间有所体现，"新指南"发布后不久，2013年6月20至21日第8届日澳1.5轨对话在东京举行。参见此次对话的报道：http://www2.jiia.or.jp/en/pdf/conference/130620eng_The_8th_Japan-Australia_Track1_5_Dialogue.pdf。

③ Gareth Evans，"The Road to Abolition: Beyond the Nuclear Umbrella"，在长崎和平研讨会上的主题发言，日本，2014年8月2日，http://www.gevans.org/speeches/speech548.html。

④ Draft Report of National Security Advisory Board on Nuclear Doctrine，1999年8月17日，http://www.fas.org/nuke/guide/india/doctrine/990817-indnucld.htm。

⑤ http://www.armscontrol.org/factsheets/indiaprofile。

个阵营：抵制派、最高限度派以及实用派——他们认为核武器在印度的国防和外交政策中，既可以起到安全作用（威慑以及防止核胁迫），也可以起到政治作用（国际声望）。[1]印度宣布了"可信最低威慑"的核政策，表明了实用派的胜利。其中，"可信性"有赖于核报复能力、指挥–控制–通信系统的生存能力以及核武器指挥机构的政治决心；"最低限度"则限定了核力量的规模、开支、态势、政策以及使用。[2]尽管一些印度核战略家要求修改核政策，他们不相信印度政府会在遭受次战略水平的大规模杀伤性武器袭击时，坚持威胁发起大规模报复，因此对核政策的可信性提出质疑，[3]但印度的核政策并未改变。2014年8月，印度首相纳伦德拉·莫迪公开表示他不会启动对印度核政策的审议，结束了外界对人民党（BJP）可能修订核政策的猜测。[4]然而，莫迪并没能解决人们对"最低威慑"的疑惑，毕竟面对中国和巴基斯坦保持最低威慑的要求并不是对称的："对中国可信的威慑对巴基斯坦来说并不是最低限度的；而对巴基斯坦的最低威慑对中国来说并不是可信的。"[5]

  1.119　印度前任国家安全顾问施瓦珊卡·梅农对核武器在印度战略中的地位做了最到位的总结，他认为印度掌握核武器，"根据经验来看，慑止了他国试图对印度施加的核胁迫或讹诈"。[6]然而，印度的核武器并不是用来

---

① KantiBajpai "India's Nuclear Posture after Pokhran Ⅱ", International Studies, 2000年10月, 第267~301页。

② Tanvi Kulkarni and Alankrita Sinha, "India's Credible Minimum Deterrence: A Decade Later", 和平与冲突研究所（新德里），2011年12月, www.ipcs.org/pdf_file/issue/IB179-NSP-AlankritaTanvi.pdf。

③ 退役中将B. S. Nagal, "Checks and Balances", Force（2014年6月）, http://www.forceindia.net/Checks_and_Balances.aspx; Abhijit Iyer-Mitra, "India's Nuclear Imposture", New York Times, 2014年5月11日; JaideepAPrabhu, "India's Nuclear Indecision", South Asian Idea, 2014年5月5日。

④ "No Review of Nuclear Doctrine, Says Modi", Hindu, 2014年8月29日。

⑤ VipinNarang, "Five Myth about India's Nuclear Posture", The Washington Quarterly（2013年夏季刊），第144页; Ramesh Thakur, "The Inconsequential Gains and Lasting Insecurities of India's Nuclear Weaponization", International Affairs（2014年9月），第1114~1117页。

⑥ "Nukes protect India frim blackmail by other powers: National security advisor", Indo-Asian News Service, 2012年8月12日, http://www.ndtv.com/article/india/nukes-protect-india-from-blackmail-by-other-powers-national-security-advisor-257583。

对抗他国的优势军力，或在战区级别的冲突中使用。印度的首要目标是加强针对中国的战略威慑。至于巴基斯坦，印度政府的态度正如其国防部长乔治·费南德斯在2002年所说，印度可以在核打击中幸存下来，而巴基斯坦则不能。①印度坚决反对NPT区分核国家和非核国家的做法，并明确表示不会以非核国家身份加入NPT。

1.120　巴基斯坦的核武器计划始于20世纪70年代初，之后紧随印度核试验的脚步，在1998年5月28至30日间先后进行了六次核试验。巴基斯坦是九个拥有核武器的国家中，唯一一个由军方研制核武器的国家，其核武器基本上由军方控制，使用核武器的决定也很可能是由军方而不是文职政府领导做出。巴基斯坦的核政策以"可信最低威慑"的原则为基础，但并不包含"不首先使用"的承诺：也就是说在遭遇生死存亡的威胁时使用核武器发起反击，而这种威胁并不一定是由大规模杀伤性武器（核化生武器）袭击所造成的。②

1.121　巴基斯坦的核政策是针对印度的。③为应对印度常规军力优势，弥补战略纵深不足的劣势，巴基斯坦发展了战术核武器，此举保留了对印首先使用核武器的可能性，特别是在遭受入侵的时候。尽管战术核武器使巴基斯坦有机会通过对印度造成严重的损失，防止其在核战争中取得所谓的"胜利"，但这也将使巴基斯坦面对遭受核报复的巨大风险，如果用于在巴境内打击印军，还会使巴国土遭受核辐射污染。实战部署战术核武器，需要将核武器的指挥控制权限授予战场上的军队。这使得误判、事故以及极端组织窃取和渗透的风险大大增加。④

1.122　以色列并不承认拥有核武器。它自20世纪60年代以来一直采取

---

① "Indian defence minister dismisses nuclear war fears"，Sydney Morning Herald，2002年6月3日，http://www.smh.com.au/article/2002/06/03/1022982668341.html。

② http://www.globalsecurity.org/wmd/world/Pakistan/nuke-battlefield.htm。

③ Pervez Hoodbhoy and Zia Mian，"Changing Nuclear Thinking in Pakistan"，APLN/CNND Policy Brief，2014年2月。

④ http://www.globalsecurity.org/wmd/world/Pakistan/nuke-battlefield.htm。

"核模糊"或"核不透明"政策，以色列首相列维·埃斯科尔曾表示，"以色列不会是第一个将核武器引入中东地区的国家"。①可以说该政策"以极低的政治成本为以色列提供了存在性威慑的效果"，并且没有与美国的防扩散目标形成直接对立。②由于以色列没有公布其核武器能力，因此没有对以色列在什么情况下会准备使用核武器的公开记录。尽管在第一次海湾战争期间，首相伊扎克·沙米尔在回应伊拉克的导弹威胁时发出警告，称其拥有"强有力的威慑能力"，国防部长摩西·达扬毫不避讳地表示，以色列的武器"尚不为世人所知"。③因此，似乎可以合理地假设，以色列利用不公开、不掩饰的核武器能力，弥补其国土狭小、人口稀少、缺乏战略纵深的劣势，并作为应对在这一地区各种现实威胁的手段。

1.5.1　不首先使用

1.123　国际核不扩散与裁军委员会的报告建议，在核武器有待全面消除的今天，所有拥核国家都应"做出无条件'不首先使用'核武器的声明，承诺不对潜在核对手预防性或先发制人地使用核武器"（建议第39条）；并且在此之前，各国"至少应采取将遏制针对自身及盟友核打击作为拥有核武器唯一作用的原则"（建议第50条）。2014年，中国和印度呼吁就达成不首先使用核武器公约开展谈判。④

1.124　五核国中，只有中国公开承诺不首先使用核武器。中国早在20世纪60年代便做出了该承诺。中国主张在全面禁止和彻底销毁核武器之前，所有核武器国家应放弃以首先使用核武器为基础的核威慑政策，核武器国

---

① Noam Sheizaf, "Clear and Present Danger", Haaretz, 2012年3月21日。

② http://www.nti.org/country-profilesd/Israel/nuclear/。

③ http://www.nti.org/country-profilesd/Israel/nuclear/。

④ 《<不扩散核武器条约>执行情况》，中国提交的报告，2014NPT筹备大会，http://www.reachingcriticalwill.org/disarmamentfora/npt/2014/national-reports；"Manmohan Singh proposes no-first use of nuke weapons"，Economic Times，2014年4月2日，http://articles.economictimes.indiatimes.com/2014-04-02/news/48801227_1_nuclear-weapons-no-first-use-nuclear-arsenal。

家之间应谈判缔结"互不首先使用核武器条约"。①

1.125　2010年出台的NPR报告首次全面评估了十年内美国核武器政策（上一份NPR报告是2001年出台的）。报告并未提及不首先使用问题，但在核武器"目标单一化"的方向前进了一小步，报告称美国"尚不能采取将遏制核打击作为核武器唯一作用的政策……但美国将继续努力，为安全采取这样一种政策创造条件"。②NPR报告未能重新评估现有核武器部署和瞄准政策。随后，奥巴马要求国防部牵头组织跨部门评审，研究实现威慑与稳定的举措以及相应核力量规模与态势的配置。然而，此次审议肯定了美国现有核作战计划的核心原则与特性。③

1.126　印度于1999年做出的不首先使用核武器承诺，在2003年时被大幅削弱，以致印度将在其国土或军队遭受生化袭击时使用核武器反击。2014年4月2日，即将离任的印度总理曼莫汉·辛格呼吁建立不首先使用核武器的全球公约，他认为如果所有国家都认识到核武器是仅用于威慑的，并且"准备做出上述声明"，那么将"可以很快建立不首先使用核武器的国际机制"。④

1.127　不首先使用的全球公约将反映不首先使用核武器的牢固传统，即实际上使得任何首先使用核武器的行为成为政治上和道德上不能被接受的行为，且不会实质性地改变拥核国家源自核武器的安全收益。不首先使用公约带来的互信提升可以缓和拥核国家之间的紧张态势，并且为下一步核裁军创造有利环境。⑤然而遗憾的是，除中国和印度外，没有迹象表明其他拥核国家对谈判达成不首先使用全球公约抱有兴趣，而且当前地缘政治环境对该公约

---

① 中国提交的报告，2014NPT筹备大会，第3页。
② 《核态势审议》，2010年4月，第viii页。
③ http://www.whitehouse.org/the-press-office/2013/06/19/fact-sheet-nuclear-weapons-employment-strategy-united-states。
④ http://www.indiastrategic.in/topstories3290_India_suggests_No_Firse_use_Nuclear_Weapons.htm。
⑤ Ramesh Thakur, "Australia Should Lead on a Global No-First-Use Convention", Australian Outlook，2014年8月13日，http://internationalaffairs.org.au/australian_outlook/australia-should-lead-on-a-global-no-first-use-convention/。

的前景毫无帮助——美俄在乌克兰问题上的紧张局势，朝鲜核武器和导弹计划，伊朗核意图的不确定性，以及对热衷于寻求核保护的部分盟国的担忧。

1.5.2　延伸核威慑

1.128　"延伸核威慑"特指核武器保护核国家盟友免遭外来袭击的作用。[1]此概念也适用于苏联对其独联体（前苏联加盟共和国）盟友提供的核保护伞，但这一概念就美国在欧洲、中东以及亚太地区的联盟而言更有效力。在此方面，俄罗斯似乎设想仅在盟友遭受大规模杀伤性武器袭击时使用核武器反击。[2]至于美国，其核武器的主要作用被认为是遏制核打击，[3]但美国也表示并不排除使用核武器应对突发非核威胁的可能。

1.129　北约。许多人认为北约有责任在联盟核政策以及北约-俄罗斯关系当中发挥领导作用。然而北约所"追求的在欧洲拥有更强的核能力，无论在当前还是未来，既无法负担开支也没有任何战略意义"。[4]根据目前北约的核共享机制，共有180枚左右美国B-61战术核武器存放于位于欧洲五国的军事基地（比利时、德国、意大利、荷兰和土耳其），这五国均为签署NPT的无核武器国家。[5]

1.130　2010年11月里斯本峰会通过了北约战略原则，承诺北约将"致力于为实现无核武器世界创造条件，但同时重申，只要世界上还有核武器存在，北约就将继续保持核联盟"。然而，与上一版本战略原则要求在欧洲永久部署核武器不同，2010版战略原则并不排除结束核共享机制的可能性。新版战略原则的表述——"基于恰当核常力量组成的威慑，仍然是北约总体

---

[1] "延伸核威慑"是"延伸威慑"的组成部分，"延伸威慑"指保护盟友免遭外来袭击的承诺，可以使用包括核与非核武器在内的一切手段达到上述目的。

[2] Sokov，The New 2010 Russian Military Doctrine。

[3] 《核态势审议》，第16页。

[4] Browne and Kearns，"NATO, Russia, and the Nuclear Disarmament Agenda"，第2页。

[5] 最新的估计显示，共有70枚核武器存放于意大利（存放于两座基地），50枚存放于土耳其，比利时、德国和荷兰各存有20枚核武器。NPT九审三筹会，联合国，纽约，2014年5月2日。

战略的核心要素"——并未要求核武器在欧洲永久存在。但它同时明确指出"联盟的战略核力量，特别是美国的核武器"是北约安全的"最高保证"。①

1.131 里斯本峰会还决定审议北约"威慑和防御各种针对联盟威胁的总体态势"，并以《威慑与防御态势审议》（DDPR）报告的形式，递交2012年5月20日召开的北约芝加哥峰会。报告用标准的措辞表示北约"将遵照NPT的目标，寻求建立对各方更加安全的世界，并为无核武器世界创造条件"。但更重要的是，该报告称核武器为"北约威慑和防御整体能力的核心组成部分"，并表示"联盟当前核力量态势符合有效威慑和防御态势的需求"。报告几乎重复里斯本战略原则文件似地写道："联盟成员安全的最高保证由联盟的核力量，特别是美国的核力量提供。"此外，报告还表示，"英国和法国的独立核力量有各自的威慑作用，并对联盟整体的威慑和防御能力做出了贡献。"②

1.132 北约成员国包括五核国中的3个（法国、英国和美国），以及14个境内存有核武器的国家中的8个（比利时、法国、德国、意大利、荷兰、土耳其、英国和美国），因此北约"有责任做出它所希望看到的改变，而不仅仅是向他国发出改变的倡议"。③尽管北约承诺致力于实现奥巴马总统2009年布拉格讲话提出的目标，为实现无核武器世界创造条件，但是，北约在2010年里斯本峰会上制定其核政策时却对承诺视而不见。举例来说，北约决定对欧洲的战术核武器进行现代化和能力提升，而不是维持当前的作战能力。④DDPR报告让一部分人倍感失望，他们本以为北约会以此为契机缓和其核态势，例如宣称"其核武器的核心作用是威慑同类袭击"，或者主动表

---

① Active Engagement, Modern Defence: Strategic Concept for the Defence and Security of the Members of the North Atlantic Treaty Organization，北约里斯本峰会，2010年11月19至20日。
②《威慑与防御态势审议》，北约发布的新闻稿，2012年5月20日。
③ Browne and Kearns，"NATO, Russia, and the Nuclear Disarmament Agenda"，第5页。
④ Edmond Seay，"Escalation by Default: The Future of NATO Nuclear Weapons in Europe"，（伦敦：欧洲领导力网络，2012年5月10日），http://www.europeanleadershipnetwork.org/escalation-by-default-the-future-of-nato-nuclear-weapons-in-europe_380.html。

示鼓励"美国立即对其在欧洲的战术核武器进行削减、撤回或集中保管"。①然而，联盟仅仅承认了"由美英法三国分别做出的单边消极安全保证的重要作用"，并在"为进一步削减北约战术核武器创造条件以及筹划方案的同时"，承诺"只要北约继续保持核联盟，就将确保其核威慑力量的各组成部分安全、安保、有效"。②

1.133　DDPR报告强调，自冷战结束以来，北约已"显著减少派驻在欧洲核武器的数量、种类以及警戒水平，并降低了其战略对核武器的依赖程度"。在此背景下，北约已准备好考虑"减少对分配给联盟的战术核武器的需求，前提是俄罗斯也作出相应举措，这是考虑到俄罗斯在欧洲–大西洋地区的非战术核武器规模远高于北约"。③对很多人来说，DDPR是一次错失的良机，它本可以"对未来一段时间北约所需各项能力进行全面、清晰、均衡的评估"，并可"指出军控与裁军对降低欧洲甚至全球核威胁的潜在贡献"。④

1.134　北约首脑于2014年9月5日发表的威尔士峰会宣言，肯定了DDPR的基本原则。此外，宣言称"俄罗斯针对乌克兰的侵略行为是整个欧洲自由与和平前景面临的最根本挑战"，并会对"欧洲–大西洋地区的和平与安全乃至全球的稳定造成深远的影响"。⑤参与峰会的各国首脑坚持了对延伸核威慑的承诺，他们表示联盟的战略核力量，特别是美国的核力量，是联盟安全的"最高保证"。他们并未接受此前一次重要二轨对话提出的务实建议，该对话聚焦北约问题，由德斯·布朗、沃尔夫冈·伊辛格、伊格尔·伊万诺夫和萨姆·纳恩共同主持，与会者包括来自欧洲、俄罗斯和美国的前政要、高级军官、国防官员以及安全专家。该组织2013年发布的报告呼吁采取建立相互安

---

① Rachel Oswald, "NATO Maintains Nuclear Weapons' Role in Deterrence", Global Security Newswire, 2012年5月21日。

② 《威慑与防御态势审议》，2012年5月20日。

③ 《威慑与防御态势审议》，2012年5月20日。

④ 欧洲领导力网络，"Former Military, Diplomatic and Ministerial Leaders call for Change in NATO policy", http://www.europeanleadershipnetwork.org/group-statement-on-outcomes-required-from-chicago_387.html。

⑤ http://www.nato.int/cps/en/natohq/offical_texts_112964.htm。

全的战略，包括在未来15年内分阶段降低核武器在安全战略中的作用。①

1.135　亚太。在亚太地区，延伸核威慑应联系诸多美国盟友（特别是日本和韩国）依赖其核能力的实际情况去理解，核武器不仅用于威慑针对其盟友可能的核袭击，还用于威慑或反击生化武器威胁，以及具有压倒性优势的常规力量。美国在这一区域延伸核威慑承诺的重要意义，被视为来源于其不希望日本和韩国掌握独立核威慑能力的动机，尽管日本在特定法案中体现了强烈的反核情结，防止其政府走上拥核的道路。

1.136　日本和韩国国内对延伸核威慑有各种各样的看法。在这一地区民族主义情绪高涨的背景下，中国东海和南海领土争端，朝鲜持续不断的核挑衅，对奥巴马政府裁军议程的担忧，以及对美国威慑可靠性的怀疑等，都成为日本和韩国支持拥核言论的催化剂。②但这仅代表少数人的观点。事实上，延伸核威慑更多地用于表示美国及其盟友间的亲密关系，而不是具体的安全举措。某种程度上说，核武器的作用已经下降，美国当前战略指南所指出的重视常规军事能力并不会对美国与日韩的安全关系产生本质影响。同以往一样，上述关系有赖于非核国防与安全合作的开展。

1.137　延伸核威慑的局限性正如核威慑的局限性。③美国清晰地认识到，使用核武器保护盟友免遭拥有核武器对手的袭击，使得美国面临遭受核报复的风险。因此我们毫不惊奇地看到，美国对其东北亚盟友有着坚定不移的安全承诺，但并不包括使用核武器保护盟友的具体承诺。④

---

① Des Browne, Wolfgang Ischinger, Igor Ivanov and Sam Nunn, Building Mutual Security in the Euro-Atlantic Region: Report for Presidents, Prime Ministers, Parliamentarians, and Publics, 核威胁倡议，2013年，http://www.buildingmutualsecurity.orh/。

② Peter Hayes and Chung-in Moon, "Should South Korea Go Nulcear?"，东亚基金会政策讨论，2014年7月28日；"Nuclear Arms Card for Japan"，这篇文章的英文翻译最先出现在2013年4月的Sentaku杂志（一本反映日本政治辩论的月刊），并于2013年4月29日在《日本时报》再次发表。

③ Gareth Evans, "Nuclear Deterrence in Asia and the Pacific", Asia and the Pacific Policy Studies，2014年，第91~111页。

④ Jeffrey Lewis, Extended Nuclear Deterrence in Northeast Asia，2012年8月1日，http://nautilus.org/napsnet/napsnet-special-reports/extend-nuclear-deterrence-in-northeast-asia。

1.5.3　消极安全保证

1.138　消极安全保证（NSA）在此处指拥有核武器的国家不对无核武器国家使用或威胁使用核武器的承诺。国际核不扩散与裁军委员会的报告呼吁拥有核武器的国家向所有无核武器国家"提供新的明确的消极安全保证……并通过有约束力的安理会决议提供支持"（建议第53条）。在2010年NPT审议大会期间，各国一致同意裁军谈判会议（CD）"立即为建立有效国际机制开展讨论，保证无核武器国家不受核武器的袭击或威胁"（行动计划第7条）。

1.139　可以理解，特别是1970年5月NPT条约生效以来，承诺不获取核武器的国家希望条约规定的五个核国家可以保证不对其使用核武器。1978年第一届裁军特别联大（1978年5—6月），五核国分别向无核武器国家提供了消极安全保证。此后，1995年NPT审议及延长大会上，作为争取条约无限期延长的努力，五核国重申了其对无核武器国家的消极安全保证。①

1.140　五核国中，只有中国给出了无条件不对无核武器国家使用或威胁使用核武器的承诺。在拥有核武器的非NPT成员国家中，只有巴基斯坦做出过类似承诺。中国和巴基斯坦是拥核国家中唯一支持将此承诺转化为有约束力的国际文书的两个国家。自2009年（国际核不扩散与裁军委员会报告）和2010年（NPT审议大会）以来，裁军谈判会议在这方面以及其他裁军问题上，没有任何实质性的讨论。

1.141　五核国的其余四国（法国、俄罗斯、英国和美国）承诺不对签署NPT的无核武器国家使用核武器，除非该国家与核国家联合或结盟，实施对本国领土、其武装力量或其他部队、其盟国、或本国负有安全义务的国家的侵略或其他任何形式的攻击。②

---

① Jayantha Dhanapala（1995年NPT审议大会主席），"The Permanent Extension of the NPT, 1995"，刊于Andrew F. Cooper，Jorge Heine和Ramesh Thakur等著，The Oxford Handbook of Modern Diplomacy（Oxford：Oxford University Press，2013），第810~825页。
② 联合国安理会文件S/1995/261，262，263和264，1995年4月6日。

1.142　五核国中的英美两国，将其安全承诺限制为只有履行NPT义务的无核武器国家能够获得其消极安全保证。在2010年4月出台的NPR报告中，美国表示不会"对作为NPT成员并履行其核不扩散义务的无核武器国家使用或威胁使用核武器"。但美国也表示，"根据生物武器威胁的演变和扩散情况以及美国反击此种威胁的能力，美国保留对此项保证做出任何调整的权利"。①

1.143　对那些不在此消极安全保证范围内的国家（其他拥有核武器的国家，以及被华盛顿视为未遵守其核不扩散义务的国家），"仍然存在着一些范围有限的可能情况。在这些情况下，对于针对美国及其盟国和伙伴的常规或生化武器攻击，美国的核武器仍然可能发挥威慑作用"。因此，美国尚不能做出核武器"目标单一化"的决定（即"核武器的唯一目的是威慑核攻击"），"但将努力创造条件，以便这种政策可以安全实施"。②

1.144　英国2010年《战略防御与安全审议》报告给出了类似的承诺，即"英国不会对作为NPT成员的无核武器国家使用或威胁使用核武器"，同时指出这一承诺"不适用于严重违反其不扩散义务的国家"。此外，如果"未来威胁、（其他大规模杀伤性武器，如生化武器）发展和扩散的形势需要"，英国将保留重新审议其承诺的权利。③

1.145　中国则采取了不同的方式。在1995年4月的声明中，中国首先保证"在任何时候、任何情况下，都不会首先使用核武器"，随后又承诺"**在任何时候、任何情况下**，不会对无核武器国家或地区使用或威胁使用核武器"（此处强调为作者所加）。中国提倡所有核武器国家同中国一道，向无核武器国家和无核武器区做出不首先使用核武器的承诺，并无条件提供消极安全保证。最后，中国呼吁"尽早谈判缔结互不首先使用核武器条约，以及防止无核武器国家和地区遭受核武器袭击或威胁的国际法律文书"。④中

---

① 《核态势审议报告》，第viii页。
② 《核态势审议报告》，第viii页。
③ Securing Britain in an Age of Uncertainty，第37~38页。
④ 联合国安理会文件S/1995/265，1995年4月6日。

国2010年国防白皮书重申了其无条件消极安全保证。

1.146　五核国除中国外，都反对就消极安全保证建立有法律约束力的国际机制，并照例在联合国大会提倡"建立防止无核武器国家遭受核武器袭击或威胁的有效国际机制"的决议上投了弃权票。[1]

1.147　巴基斯坦做出了"无条件不对无核武器国家使用或威胁使用核武器"的承诺，并"已准备好将这一承诺转化为有法律约束力的国际文书"。[2]印度的态度则不大明朗。印度国家安全顾问委员会1999年发布的核政策报告草案称印度"不会对不拥有核武器或不与核武器国家结盟的国家使用或威胁使用核武器"。[3]

1.6　核力量态势

1.148　美国总统里根在与其冷战时期的对手苏联签订核军备控制协议时，曾说过一句名言："信任，但要核查。"无论宣称的政策是什么，只有在适当核力量态势支撑下，关于降低核武器作用的核学说的声明才可信。也就是说，核武库部署的安排和发射核武器的警戒状态要与既定学说相符。

1.6.1　武器部署

1.149　目前只有俄罗斯和美国保持可信的陆、海、空"三位一体"核力量（尽管中国和印度也在接近）。他们部署的进攻性战略武器包括洲际弹道导弹、潜射弹道导弹和核炸弹。如上所述，虽然为了履行目前新START条约的义务，这些进攻性战略武器的数量将显著减少，但两国仍将保持强大的核武库。俄罗斯似乎正在改变陆基战略核力量的部署方式，以提高它们的生存能力。未来几十年，公路机动式单弹头"白杨"–M导弹和一种新

---

[1] 2014年，第A/C.1/69/L.27号决议草案以122票赞成，0票反对，56票弃权通过。

[2] http://www.reachingcriticalwill.org/images/documents/Disarmament-fora/cd/2012/statements/part2/12June_Pakistan.pdf。

[3] Draft Report of National Security Advisory Board on Nuclear Doctrine，http://www.fas.org/nuke/guide/india/doctrine/990817-indnucld.htm#disarm。

的公路机动式多弹头导弹"亚尔斯"，将成为俄罗斯战略火箭部队的中坚力量。美国和俄罗斯的核导弹都不瞄准任何国家，但可快速瞄准目标。导弹意外发射会坠落在公共海域，但授权发射，则需事先获得指挥当局的额外命令。

1.150　俄罗斯和美国都有"战术"或"非战略"核武器库存。美国目前在五个北约成员国的基地上部署了184颗B–61炸弹。自冷战结束以来，这些核武器的规模和战备水平已显著降低，发射准备时间于1995年从原来的"数小时"或"数分钟"延长至"数周"，2002年又进一步延长至"数月"。[①]这可能意味着部署和发射核炸弹所需的一些设备可能拆卸和储存起来。[②]"俄罗斯非战略核弹头通常存放在中央存储设施中。"[③]

1.151　中国没有提供核武库的任何细节。据认为中国虽有少量空射核武器库存，但主要依赖陆基导弹。中国正积极发展现代化陆基弹道导弹，采用固体作燃料的、公路机动新型导弹替换老旧的用液体作燃料的井基导弹，以提高核力量的生存能力，增强报复能力。[④]据说中国很快就会实现"可信海基核能力"。据美国海军情报局卡罗特金说，中国目前有5艘攻击核潜艇（SSN）、4艘弹道导弹核潜艇（SSBN）和53艘柴油动力攻击潜艇。[⑤]2014年3月，美国太平洋司令部司令塞缪尔·洛克利尔海军上将说，中国今年很可能拥有装备远程核导弹的潜艇。[⑥]尽管中国海基核力量将显著提高核力量的生存能力，但是目前还不知道中国计划建造多少艘"晋"级弹道导弹核潜艇，也

① Nick Ritchie, "Beyond the Trident Alternatives Review," BASIC Blog, 4 April 2013,p,7。

② Hans M. Kristensen, U.S. Nuclear Forces in Europe（Washington, DC: Natural Resources Defense Council, 2005）, p. 68。

③ Mukhatzhanova, Implementation of the 2010 NPT Review Conference Disarmament Actions, p.29。

④ Li Bin, "Tracking Chinese Strategic Mobile Missiles," Science & Global Security 15:1（2007）, pp. 4-5。

⑤ "Top US Official: 'China Will Soon Place Long-Range Nuclear Missiles On Submarines'," AFP, 26 March 2014,http://www.businessinsider.com.au/nuclear-missiles-on-chinese-submarines-2014-3。

⑥ Ridzwan Rahmat, "PACOM Chief Says China Will Deploy Long-Range Nuclear Missiles on Subs this Year," IHSJane's Navy International, 25 March 2014。

不知道其设想的未来海基核力量战略是什么。①中国核学说规定"在和平时期第二炮兵的核导弹武器不瞄准任何国家"。②其核武器库存被认为没有完全部署。

1.152　法国核武器部署在它的4艘弹道导弹核潜艇及以陆地和航母为基地的飞机上。它任何时候都至少有一艘核潜艇巡航，以保持持续的海上威慑力。2012年12月，法国否认正在考虑改变其核力量态势，否认它采取成本削减措施，将其核潜艇舰队从4艘减少到3艘，使之不再拥有一年365天的海上威慑能力。2013年《法国国防白皮书》重申，它准备继续保持4艘装备弹道导弹的核潜艇和一个携带巡航导弹的战斗轰炸机中队。③

1.153　英国只有4艘"前卫"级核潜艇，它们装载海基"三叉戟"导弹，其中只有一艘在海上巡航。在接下来的几年里，每艘核潜艇装载的核弹头数量将从48个减少到40个。核导弹都不瞄准任何国家。英国准备在本世纪20年代替换"前卫"级核潜艇。虽然英国执政的保守党和反对党工党都支持保持核威慑，但在2015年7月进行下一届选举之前，英国不会就未来核力量的结构做出最后决策。执政的保守党主张实施"相适应的"核力量现代化计划，但是其执政伙伴自民党2011年曾要求就政策选择方案进行评估，这可能包括只需很少或不需要新的核潜艇，并将装载"三叉戟"导弹改为装载核能力巡航导弹。随后，英国2013年7月16日公布了《"三叉戟"候选方案评估》，④它评估了不同政策候选方案的成本、风险和技术问题，此

①　Wu Riqiang, "Survivabilityof China's sea-based nuclearforces," Science and Global Security 19:2 (2011), pp. 94-96. For a discussion of the potential risks associated with the deployment of future sea-based nuclear forces, see Tanya Ogilvie- White, "The Urgent Need for Nuclear Risk Reduction in Asia," APLN/CNND Policy Brief No. 14 (Canberra: Centre for Nuclear Non-Proliferation and Disarmament, August 2014), https://cnnd.crawford.anu.edu.au/publication/cnnd/4631/policy-brief- no-14-urgent-need-nuclear-risk-reduction-asia。

②　Mukhatzhanova, Implementation of the 2010 NPT Review Conference Disarmament Actions, p.28。

③　Government of France, Livre Blanc: Defense et Securite Nationale 2013 [White Paper: Defense and National Security（Paris, 2013）,www.gouvernement.fr/sites/default/files/fichiersjoints/livre-blanc-sur-la-defense-et-la-securite- nationale_2013.pdf。

④　https://www.gov.uk/government/publications/trident-alternatives-review。

后就该主题进行了更广泛的全国性辩论。2014年7月，"三叉戟"委员会（它是一个由前国防和外交事务领导人主导的独立小组，小组成员分别来自英国的三大主要政党）公布了一份新报告。报告认为英国应保留核潜艇力量，但需"更加彻底地研究削减核力量的步骤"，可能包括"进一步减少核弹头数量或者改变核态势和政策声明"。①委员会还建议，应推迟做出"主门"决定，以便能够更细致地研究各种可能性，但仍希望能在2016年做出决策。

1.154 印度和巴基斯坦都没有提供其核武库的细节。他们都在致力于建立可生存的基于不同发射平台的核力量。印度海基核武器的部署计划是基于开发从核潜艇发射的弹道导弹。根据印度国防研究与发展组织（DRDO）的消息，核潜艇和弹道导弹目前均处于开发试验阶段，计划2015年投入运行。②巴基斯坦的核计划据认为不如印度的先进。印度和巴基斯坦都开发了公路机动的核能力弹道导弹。他们的核武库被认为未全面部署，对此将在下面论述。

1.6.2 发射警戒状态

1.155 在发生核危机时，如果需要非常快速地就战略核力量部署的战略方针和作战计划做出决策，就会增加误判或国家指挥当局基于错误信息做出决策的可能性。这就是接二连三的《不扩散核武器条约》（NPT）审议大会和类似的国际委员会都极大关注发射警戒状态问题的原因。2010年NPT审议大会（行动5）以及国际核不扩散与裁军委员会的报告都强调指出，需要将降低核武器系统的作战部署状态作为一项建立信任的措施。国际核不扩散与裁军委员会敦促改变核武器部署状态，在使它们能够抵御首次打击的同时，确

---

① Elaine M. Grossman, "U.K. Independent Panel: Retain Trident Subs, But Explore Delay Options," Global Security Newswire, 2 July 2014, http://www.europeanleadershipnetwork.org/uk-independent-panel-retain-trident-subs-but-explore-delay-options_1585.html。

② "Agni-5, INS Arihant to be Ready for Induction Next Year," Live Mint & The Wall Street Journal, 7 February 2014, http://www.livemint.com/Politics/7k215HpGXMgLSWbBNviaDI/Agni5-INS-Arihant-to-be-ready-for-induction-next-year.html。

保它们不能"即刻可用"（建议55）。核武器应该尽可能解除"预警即发射（LOW）"的部署状态（建议56）。

1.156 "一触即发"和"预警即发射"这类词可能会遭到批评，认为它们本来就有技术上的不确定性。严格的技术和程序保障措施要求由人的机构来做——必须在命令下达后才能发射核武器。但是不能忽视这样一个事实，即俄罗斯和美国有大量核武器都保持着"准备就绪警戒"或"天天警戒"的状态。这一问题及其解决方案都涉及核学说和部署问题。遗憾的是，2009年到2010年的作战部署状态变化很小。其中最显著的变化是美国在2014年6月宣布，已完成"民兵"–Ⅲ洲际弹道导弹上的最后一个分导式多弹头的拆除工作，因此这些导弹现在只携带一个核弹头。

1.157 从历史上看，核武器的警戒级别随着总体安全环镜、对手的部署模式、财政情况和政治压力而变化。可想而知，拥有核武器的国家不会公布核武器系统的真实警戒状态和部署地点。美国科学家联合会（FAS）的分析人士估计，美国和俄罗斯的陆基及海基弹道导弹上的很多战略核弹头都处于高警戒状态，可以在接到发射命令后的5～15分钟内作好发射的准备。[1]据说美国有920个核弹头处于警戒状态，其中陆基和海基数量几乎各占一半；俄罗斯有890个核弹头处于警戒状态，主要是陆基。[2]法国和英国分别在核潜艇上部署了80个和48个完全处于战备状态的核弹头，其警戒水平略低于美国核力量。尽管其他拥有核武器的国家的核武库规模较小，但其核力量并不处于警戒状态。

1.158 根据卡特莱特为"全球零核"组织所做的研究报告，美国早期的预警小组最多有3分钟的时间来确定核攻击迹象并向总统报告；总统最多有12分钟的时间来决定是否以同样方式报复或确定冒一下核指挥控制能力被斩首和大部分核力量被毁灭的风险；地下指挥所和核潜艇的导弹发射人

[1] Hans M. Kristensen and Matthew McKinzie, "De-alerting Nuclear Forces," Bulletin of the Atomic Scientists, 19 June 2013, http://thebulletin.org/de-alerting-nuclear-forces。

[2] Kristensen and McKinzie, "De-alerting Nuclear Forces。"

员分别有2分钟和12分钟的时间把导弹从发射井和发射管发射出去，导弹飞行30分钟（甚至更短）后到达敌方目标。①

1.159　在只有很短时间就做出发射核武器的决定存在着很大的潜在风险，美国和俄罗斯已经采取了一些措施来应对这些风险。这两个国家建立了降低核风险中心，其最初的任务是简单的政府和政府间交流的桥梁，旨在危机时期提供可靠的交流渠道。这其中包括华盛顿和莫斯科1963年建立的直接通信"热线"，帮助减少由意外或失误引发的核战争风险。（印度、巴基斯坦之间以及美国、中国之间也存在类似的"热线"。）尽管有这些措施，并且大量委员会、专家和运动组织均在呼吁，但是在延长发射决策时间上并没有改变。就像国际核不扩散与裁军委员会的报告所言，"只要美国和俄罗斯决策者在心中和行动中贯穿相互威慑的逻辑思想……就不得不承认，需要如此紧迫地采取行动，事实证明从悬崖边上快速后退比看看情况再后退要难得多。"②

1.160　俄罗斯部署的洲际弹道导弹都处于"预警即发射"的状态（"在有迹象显示其他国家向俄罗斯发起核打击时就准备发射"）。海基和空基核武器警戒水平较低。"俄罗斯重型轰炸机并不是一直部署有核炸弹，弹道导弹核潜艇也没有一直在海上巡逻。"③提高洲际弹道导弹的机动性以及增加准备和预先测量导弹发射场地的数量，有助于延长作出发射决策的时间。据说俄罗斯还在导弹发射前采取措施，以降低先进常规武器对导弹造成的风险，其中包括电子反制措施和诱饵。但是面对美国强大的常规武器，俄罗斯非常担心整个核力量的脆弱性。尽管现在他们之间发生战争的可能性极低，但莫斯科还是认为，双方解除洲际弹道导弹这个主要处于"预警即发射"状态的核力量的警戒，将会使美国的导弹更加无懈可击。④

---

① Cartwright, et al., Modernizing U.S. Nuclear Strategy, Force Structure and Posture, p. 5. See also 国际核不扩散与裁军委员会 Report, pp. 178-179。
② 国际核不扩散与裁军委员会, Eliminating Nuclear Threats, pp. 178-79, paragraph 17.42。
③ Mukhatzhanova, Implementation of the 2010 NPT Review Conference Disarmament Actions, p.29。
④ 国际核不扩散与裁军委员会, Eliminating Nuclear Threats, p. 179, paragraph 17.42。

1.161 美国已把防止洲际弹道导弹未授权发射的发射态势，同接收到国家指挥部门发射命令后即可快速瞄准目标并发射战略核力量的程序相结合。虽然美国海上核潜艇的发射状态鲜为人知，但是显然这些核潜艇具备发射核弹头的能力，无需返回岸上。虽然战略巡逻的核潜艇为了防止被探测到而保持着无线电静默，但是在敌人反潜作战力量介入之前就可接收并执行发射命令。据说在与国家指挥部门失去联系时，核潜艇指挥官展开一系列检查，以确定指挥部门是否遭到摧毁。如果显示正常，那么指挥官会收到指示具体行动的密令。

1.162 美国2010年4月的《核态势评估》报告称，美国将继续研究能够使总统有更多时间考虑是否授权使用核武器的方法。但是报告并没有表示美国将改变核力量的警戒状态，将其概括为"重型轰炸机全时段不警戒，几乎所有洲际弹道导弹都警戒，可观数量的弹道导弹核潜艇随时在海上巡逻。"[1]美国大多数部署的洲际弹道导弹都处于"预警即发射"状态。8艘或9艘弹道导弹核潜艇随时在海上巡航，其中最多5艘处于警戒状态。[2]美国2010年披露，所有的洲际弹道导弹都处于所谓的"公海瞄准"模式，即如果意外发射，那么导弹将坠落在海洋中。[3]

1.163 美国官员对目前发射状态是"高度危险"的这个观点进行了反驳，他们认为已对核力量的生存能力和执行适当指挥部门合法命令的能力进行了慎重平衡。根据美国官员的说法，通过修改发射状态来延长执行合法命令的时间会引发创造时间"窗口"的风险，敌人会试图利用这个时间"窗口"并抵消美国的战略核力量。美国军方代表也指出，在危机之中重新警戒核武器，会使敌人认为首次攻击迫在眉睫，从而扩大危机——需要指出的是，美国核战略已经包括了危机中提高警戒水平的想定。2013年6月，

---

[1] James Miller在2011年5月4日众议院军委会战略力量小组委员会上关于执行新的削减战略武器条约（START）和将来削减核弹头与运载工具计划听证会的证词。

[2] S.H. Kile, P. Schell and H.M. Kristensen, "US Nuclear Forces," in SIPRI Year book 2012, p. 313.

[3] Andrew Quinn, "U.S. reveals nuclear target: oceans," Reuters, 6 April 2010.

五角大楼公布了一份提交给国会的关于修改核力量运用战略的9页总结报告，报告重申了美国核打击计划现有的核心原则和特征。①

　　1.164　法国总有一艘战略核潜艇在海上进行威慑巡逻。英国随时都有一艘战略核潜艇在海上进行威慑巡逻，并有几天处于"通知发射"状态。1998年，英国政府拒绝了让其核潜艇不再进行海上威慑巡逻和将核弹头从导弹中拆除并单独存放在岸上的呼声。英国反对这些措施的正式理由是，这样做会降低威慑的可信性，甚至会导致不稳定的竞赛，造成"重新警戒"。②此后，英国在核武器详细技术特征、可能使用核武器情况和战备水平方面一直保持不透明的政策。国防部认为这种不透明是战略的需要，它在导弹接到发射通知的前几天、没有警戒的情况下仍保持威慑至关重要。因此，没有向公众披露更多的战备信息。③中国核力量态势似乎符合其限制使用核武器的既定观点和所宣布的仅在威慑核攻击和防止任何核讹诈时使用核武器的学说。据说中国的核武器处于低警戒状态，其核弹头和导弹及燃料分开存放。值得注意的是，按新START条约的计数规则，中国的部署核武库数量将降至为零。④

　　1.165　据认为印度和巴基斯坦的核弹头和运载系统分开存放。独立分析人士认为，印度决定不采用"预警即发射"的战略，并由此建立其核力量。据说印度的核武库分散存放在不同地点，核弹头和运载系统分开存放。不同的组织可在和平时期监护其核武器和运载系统。⑤巴基斯坦的核武器据认为处于低警戒状态。在通常情况下导弹上没有装载核弹头，导弹和弹头存

---

① 美国国防部，美国核力量运用战略报告，2013年6月12日,网址：< http://www.defense.gov/ pubs/Reportto CongressonUSNuclearEmploymentStrategy_Section491.pdf>。
② Hans M. Kristensen and Matthew McKinzie, Reducing Alert Rates of Nuclear Weapons（New York and Geneva: UNIDIR, 2012）, p. 21。
③ John Simpson, "Deterrence, Disarmament, Non-Proliferation and UK Trident," Discussion Paper 4, BASIC Trident Commission, March 2013, p. 15。
④ Kulacki, "China's Nuclear Arsenal," p. 2。
⑤ Manpreeth Sethi, Nuclear Deterrence in Second Tier Nuclear Weapon States: A Case Study of India, Centre de Science Humaine, CSH Occasional Paper no. 25, December 2009, p. 54。

放在不同的地点，尽管具体的地点不可知。有观点认为其弹头以没有组装好的形式存放，但印度武器研究单位的前官员否定了这种观点。[1]国家指挥部门对巴基斯坦的核资产进行着操作控制，其中包括发动核攻击的权力。虽然总理是国家指挥部门的最高长官，但实际上是由军方控制。[2]"双人规则"管理着核武器密码的使用，即所称的"许可的行动链"（PALS）。虽然后者的目的是防止意外发射，但巴基斯坦的安全系统脆弱，危机中难以保障安全。[3]关于以色列实际情况的信息尚无法获得。

1.166　俄罗斯、美国、法国和英国作为一方，同其他核武装国作为另一方之间的差异是：学说（中国）、没有早期预警系统（印度、巴基斯坦），以及没有控制与安全考虑（印度、巴基斯坦）。保持核武器处于高警戒状态，对于任何政治作用（胁迫和讨价还价）都是不需要的，而有些拥有核武器的国家看起来就是为了这些。

1.167　解除警戒。当拥有核武器的国家可以对核对手发起核攻击并不担心遭报复时，它需要获得可信的首次攻击能力。解除核弹头和武器系统的高警戒状态可以强化核威慑的稳定性，可使拥有核武器的竞争对手即使在双方关系趋于紧张时也不会攻击对方。虽然21世纪的安全环境与冷战时期的截然不同，但是核力量态势仍然延用了旧的模式，核弹头一直保持高度战备状态，预防敌方导弹的可能来袭。

1.168　和核恐怖主义一样，由于失误、误判或故障而发射处于高警戒状态的核武器的可能性很小，但是影响很大。在做出核决策的紧张环境下，

---

[1] Bruno Tertrais, Pakistan's Nuclear and WMD Programmes: Status, evolution and risks, EU Non-proliferation Consortium paper no. 19, July 2012, p. 5。

[2] Mark Fitzpatrick, Overcoming Pakistan's Nuclear Dangers（London: IISS/Routledge, 2014），p. 122。

[3] Pervez Hoodbyoy and Vipin Narang both argue that Pakistan's PALS are weak and could be bypassed in a crisis. Pervez Hoodbhoy, ed., Confronting the Bomb: Pakistani and Indian Scientists Speak Out（Karachi: Oxford University Press, 2013），pp. 192-94; Vipin Narang, "Posturing for Peace? Pakistan's Nuclear Postures and South Asian Stability," International Security 34:3（Winter 2009/2010），p. 69. Both cited in Fitzpatrick, Overcoming Pakistan's Nuclear Dangers, p. 137。

高警戒状态的武器会带来四倍于不必要核战争的风险：

● 意外发射（由故障导致的技术失误）。

● 低级别官员或恐怖分子篡夺了发射权（管理失败导致恶意发射）。一般认为，在发生意外发射的各种情况中，未授权发射的可能性最低，虽然在核武器危机传播中和在像巴基斯坦这样的组织和技术保障措施不够强大的国家，未授权发射的风险会有所增加。[①]

● 误解传入的警报数据（信息错误导致误判）。

● 对实际攻击做出不成熟和错误的反击（危机中决策错误导致误判）。

1.169 相反，延长决策时间的任何举措都会增加核武器带来的紧促安全边际——如极大延长从首次报告来袭威胁到做出使用核武器决策，再到实际发射核武器的时间。实际上，解除警戒措施将包括关闭系统或拆除核弹头（针对陆基核力量），或者把核力量移出打击范围，和/或拆除导弹电子部件（针对弹道导弹核潜艇）等。[②]除了解除警戒外，其他可提高海基核力量安全边际的措施包括减轻导弹杀伤力，即替换强大的、能够准确、快速摧毁加固目标的"三叉戟"导弹，代之以威力不大、速度较慢的核导弹，从而延长决策时间，降低首次攻击的诱因。[③]

1.170 无核国家一直极力主张，说降低核武器的作战状态不仅能减少意外或无意引发核战争的风险，还能切实推动核裁军和核不扩散。2007年，智利、新西兰、尼日利亚、瑞典和瑞士（马来西亚后来也加入了）首次提交了关于降低核武器系统战备水平的决议草案，该草案每年都获得联合国

---

① Cartwright, et al., Modernizing U.S. Nuclear Strategy, Force Structure and Posture, p. 5。

② 美国核潜艇每次在巡航后返回港口基地时，其装备的每枚D5和C4导弹的电子部件都会拆卸下来，防止核潜艇在靠港期间意外发射。在潜艇离港后、到达巡航区域前，将换上新的电子部件。每枚导弹重新装上电子部件大约需要90分钟，潜艇艇员通常每次会同时给两枚导弹安装电子部件。如果采取解除警戒的措施，那么潜艇离港时则无需安装电子部件。详细信息见：David E. Mosher, Lowell H. Schwartz, David R. Howell, and Lynn E. Davis, Beyond the Nuclear Shadow: A Phased Approach for Improving Nuclear Safety and US-Russian Relations（Santa Monica, CA: RAND, 2003）, p. 101; Bruce G. Blair, Global Zero Alert for Nuclear Forces（Washington DC: Brookings Institution, 1995）: pp. 88-89。

③ Mosher et al., Beyond the Nuclear Shadow, pp. 82-87。

大会三分之二以上的大多数票数通过，通常只有法国、俄罗斯、英国和美国投反对票。

1.171 一系列研究成果都强调了解除警戒的迫切需要，[1]其中包括安德鲁·布朗和杰弗里·刘易斯为美国降低核威胁倡议组织做的关于最大化总统决策时间的研究；[2]德斯·布朗、沃尔夫冈·伊申格尔、伊万诺夫和萨姆·纳恩共同撰写的题为《建设欧洲-大西洋区域共同安全》的研究论文（也是为美国降低核威胁倡议组织撰写）；[3]汉斯·克里斯滕森和马修·迈克坎齐为联合国日内瓦裁军研究所撰写的论文。[4]最近，在2014年10月，"全球零核"组织在联合国第一委员会发起了一项新倡议，准备在多年来一直大力倡导解除警戒的国家和非政府组织（瑞士联邦外交部、新西兰外交事务和贸易部、欧洲领袖网络（ELN）、降低核威胁倡议组织）召开的一次会议上，寻求对解除警戒观点的支持。[5]"全球零核"组织的发言人提请注意一些令人不安的趋势，包括其他国家——除了美国和俄罗斯之外——正在提高发射准备水平；核超级大国未能着手处理他们自己的冒险行为；网络攻击正成为处于发射准备就绪状态的核力量的一个新威胁。[6]

---

① 见generally Gareth Evans, "Nuclear Arms Control: A Realistic Global Agenda," APLN/CNND Policy Brief No. 8（Canberra: CNND,January 2014）and http://www.gevans.org/speeches/speech511.html。

② Andrew Brown and Jeffrey Lewis, "Reframing the Nuclear De-alerting Debate: Towards Maximizing Presidential Decision Time," NTI, 11 December2013,http://www.nti.org/analysis/articles/reframing-nuclear-de-alerting-debate- towards-maximizing-presidential-decision-time/。

③ Browne et al., Building Mutual Security in the Euro-Atlantic Region。

④ Hans M. Kristensen and Matthew McKinzie, Reducing Alert Rates of Nuclear Weapons（New York and Geneva: UNIDIR, 2012）。

⑤ 发言人包括NTI副主席Des Brown、瑞士的Benno Laggner大使、全球无核武器机构的Bruce Blair和新西兰外交与贸易部的Dell Higgie大使，事件细节见http://www.nti.org/about/projects/nuclear-security-project/event/2000-nuclear-weapons-de-alert-reducing- operational-readiness-way-global-zero。

⑥ 最近关于对核资产网络威胁的讨论，见Vincent Boulanin and Tanya Ogilvie-White, "网络威胁与核危险" APLN/CNND Policy Brief No. 17（Canberra: Centre for Nuclear Non-Proliferation and Disarmament, November 2014），网址: <https://cnnd.crawford.anu.edu.au/publication/cnnd/4911/policy-brief-no-17-cyber- threats-and-nuclear-dangers>。

1.172 反对解除警戒的国家（法国、俄罗斯、英国和美国）认为，物理锁、技术保障和程序等措施能够将意外发射和无意发射的风险降到最小，这些措施要求政治领导人将授权密码交给身份确定、经过一系列安全系统测试的人员，此后才能进行核武器瞄准和发射。①他们还认为，高警戒级别并没有阻碍俄罗斯和美国建立良好的战略伙伴关系。相反，狭义地理解降低核风险可能会破坏战略稳定的总体目标。不完全解除警戒或暗中再警戒，可能使潜在敌人认为受到了欺骗，刺激他们在紧张对峙期间我们还没来得及完成再警戒之前发起核攻击，从而降低危机稳定性。因此，不可逆地大幅削减现有核力量规模比降低其战备水平更佳。当核对手认识到，即使先发起突然袭击，其主要目标也不会逃脱报复性打击时，危机稳定性和核威慑就会得到增强。

1.173 这些言论都是非常值得怀疑的。②现实情况是它与核攻击警报的真假无关。在现实世界中，核武器的唯一目的只能是威慑，而不能是防御或报复。俄罗斯或美国对对方发起大规模核打击，而自己不会导致核自杀，这种情形是不可能的。即使所有部署地点固定的武器和导弹在突然袭击中被摧毁——不管敌人有多少核武器处于高警戒状态——俄罗斯也有足够多的机动洲际弹道导弹，美国有足够多的海基和空基武器来摧毁对方。就这个意义上来讲，关于警戒状态的争论是深奥而不现实的，是不切实际的。

1.174 在任何情况下，都必须将解除警戒作为降低核武器重要军事作

---

① 美国军事指挥官需要输入许多密码才能发射核武器：SAS codes（用于验证发射命令）；unlock codes（用于核武器激活和瞄准）；PALS（需要打通核武器点火的安全系统）。

② 美国和俄罗斯许多专家进行的模拟均显示，核武器降低警戒水平可强化战略稳定。详细情况见：Bruce Blair, Victor Esin, Matthew Mckinzie, Valery Yarynich, and Pavel Zolotarev, "Smaller and Safer," Foreign Affairs 89:5 (September/October 2010), pp.9-16 and "One Hundred Nuclear Wars: Stable Deterrence between the United States and Russia at Reduced Nuclear Force Levels Off Alert in the Presence of Limited Missile Defenses," Science & Global Security Archive 19:3（2011）, pp. 167-94. The technical details ofthe analysis is available at www.globalzero.org/files/FA_appendix.pdf. See also John Hallam, "Straight from the Planning Department of Hell: Maximising Decision-making Time, Lowering Operational Readiness," unpublished ms., May 2012。

用的一个战略步骤。①这是把核对手之间的关系由战略对抗转变为战略协作的必要步骤，也是巩固目前普遍认为的核武器是最后手段的观点的必要步骤。这同样具有重要的政治意义，因为除非解除警戒，否则美国和俄罗斯无法使无核国家相信，没有核武器也能完全实现国家安全目标——这导致了核不扩散、核裁军和关于解除警戒维持危机稳定性的争论。

1.7　平行的安全问题

1.7.1　弹道导弹防御

资料框1.1　弹道导弹防御小知识

在了解弹道导弹防御系统这个复杂问题之前，首先要了解什么是弹道导弹。简单来说，弹道导弹是一种飞行时间短的导弹。把火箭和其载荷送入弹道轨道的阶段，称为"助推"段。助推段一结束，火箭和弹头就会——也许会有一些制导调整——再入地球。有些导弹是完整的，即助推段结束时弹头和弹体不分离；另外有些导弹装载了分离弹头，通常使弹道导弹防御系统拦截的目标更小。先进的多弹头导弹有一根分开的后助推段"总线"，可以沿着不同的轨道部署弹头。助推段一结束，导弹/弹头就进入飞行的中段。此时通常是在外空，导弹开始释放并部署诱饵或采取其他反制措施，便于隐藏真实弹头，以躲过防御系统。当导弹/弹头再次进入大气层时，就开始进入飞行的末段。导弹释放许多轻量级诱饵后再入大气层有助于防御，但目前弹头在击中目标前飞行时间很短。

---

① 瑞士外交部、东西方研究所，以及新西兰外交部："重新拟订降低核武器警戒的水平：降低美国和俄罗斯核武库的战备水平"（New York: East-West Institute, 2009），p. 15。

弹道导弹防御系统千差万别。就目前的能力而言，美国的陆基拦截器（部署在阿拉斯加州和加利福尼亚州）主要是在中段拦截远程弹道导弹。"宙斯盾"海基系统包括：SM-3拦截器，旨在中段拦截；SM-2拦截器，旨在末段拦截。在陆基战区和战术防御系统中，末端高空区域防御（THAAD）系统和"爱国者"PAC-3系统是一种互补性末段拦截系统，末端高空区域防御是较高空的拦截，而"爱国者"是较低空的拦截。

资料来源： 安德鲁·戴维斯和杆·罗德里昂，《弹道导弹防御：澳大利亚的政策什么时候出台、有多重要和会是什么？》，（堪培拉：澳大利亚战略政策研究所，2014）。

1.175 美国2002年退出1972年签订的《反弹道导弹条约》（ABM）的阴影仍在影响着核裁军努力。ABM通过限制开发能够摧毁来袭弹道导弹的系统，来保护双方依赖于第二次打击报复能力的战略核力量威慑，从而有助于控制美国和俄罗斯之间的核军备竞赛。美国废除ABM条约，随后在欧洲部署弹道导弹防御系统，并将区域性使命延伸到中东和亚太，已经破坏了俄罗斯和中国对战略平衡的看法，刺激两国开发更先进的核武器和导弹能力。由此产生的不信任不仅阻碍了美国-俄罗斯以及北约-俄罗斯在核问题上的合作，还造成更广泛的战略紧张局势，包括美国（及其在亚太的盟国）和中国之间的紧张局势。这些动向已持续了很长一段时间，对它的关切使得国际核不扩散和裁军委员会（ICCND）强烈建议对战略弹道导弹防御设置"严格限制"，认为"这对双边和多边核裁军谈判构成了严重破坏"（建议61）。

1.176 ICCND的建议并没有引起人们的注意。事实上，美国战略学说正在提高包括弹道导弹防御在内的非核武器系统的作用。另一方面，虽然俄罗斯没有优先建立本土弹道导弹防御，①但它已经决定要维持足以击败任何未来潜在弹道导弹防御系统的核力量。这使得俄罗斯导弹的发展在一定条件下可能导致美苏《中导条约》（INF）②宣告终结——而这将会对未来的核军控和裁军产生极大影响。最近该条约已经面临着沉重的压力。2014年，美国指控俄罗斯实际和潜在地违反了该条约，理由是俄罗斯对射程超过条约规定的导弹进行了外场试射。俄罗斯也反过来指控美国正在违反该条约，原因是部署的地对空导弹发射装置能够发射射程超过条约规定的巡航导弹。

1.177　美国的导弹防御计划引起了广泛批评，因为它可能在给美国及其盟国产生安全错觉的同时，使俄罗斯和中国产生不安全的错觉——根据开展该项技术难题研究的科学研究结论，这两种情况下的错觉都会妨碍弹道导弹防御的有效性。③在回答弹道导弹防御造成不稳定这个问题时，其支持者们认为它旨在防御诸如伊朗或朝鲜这种地区国家的有限攻击，而不是为了削弱俄罗斯和中国这样的国家的核武库威慑价值。但是正如"战区"和"战略"导弹防御系统之间有差别，要开发这种只达到第一个目标而对后者无影响的系统实际上是非常困难的。

1.178　弹道导弹防御的有效性问题。评估弹道导弹防御的有效性是一项非常复杂的工作，其原因不仅仅是对手能够采取反制措施。如果能得到必要的信息，就能计算出弹道导弹飞行的轨迹。理论上，在弹道导弹飞行的任何阶段——助推段（紧随发射之后）、中段或末段（接近目标时）——

---

① 俄罗斯自20世纪60年代以来一直有积极的弹道导弹防御计划，并确实具备实施更加宏大计划的技术基础。

② 《中导条约》（INF）是美国前总统里根和前苏联总书记戈尔巴乔夫于1987年12月8日在华盛顿举行的一次首脑会晤中签署的。该条约要消除一整类核武器，并首次采用了广泛的军备控制核查机制，包括现场视察。将消除的武器包括射程在1000～5500km的中程导弹和射程在500～1000km的短程导弹。条约在终止冷战时期的核军备竞赛方面发挥了重要作用。该条约的终止将会产生重大战略影响，特别是对欧洲而言。

③ 美国国防科学委员会早期拦截导弹防御可行性的科技问题研究小组以及美国科学院研究导弹防御的国家研究理事会所做的科学评估，认为这些计划在技术上可能行不通。Philip Coyle, "The Failures of Missile Defence," The National Interest, 26 July 2012,网址：<http://nationalinterest.org/commentary/the-failures-missile-defense-7248>。

都能够摧毁。然而，在助推段和末段成功摧毁的难度巨大，甚至在远程导弹的中间飞行阶段进行拦截也是非常困难的，它需要有一种能在高空接触的快速拦截器。短程和中程弹道导弹理论上可以在"雷达监视下"飞行，而绝不会飞到旨在探测中程和远程导弹的侦察系统可以识别到它们的高度。反之，为应对短程和中程导弹而开发的导弹防御系统也不能拦截高空飞行的目标。

1.179　摧毁弹道导弹的可能性还取决于能否正确识别出真弹头，而不是诱饵或以前摧毁的弹头碎屑。防御力量必须认识并能够解决来袭导弹（比如沿低轨道飞行的导弹或进入末段控制的弹头）弹道轨道改变所引起的问题。拦截器的数量也是一个重要的因素，它与来袭核力量的规模有关。

1.180　鉴于上述这些不同的要求，可能需要"分层的"综合弹道导弹防御系统。也就是说，该综合系统的不同组成部分可对弹道导弹飞行轨迹上的不同高度和不同位置进行拦截。导弹防御系统，如用于区域防御的"宙斯盾"和"爱国者"，它们在综合弹道导弹防御系统中也会在末段拦截远程弹道导弹。北约的领导人在2010年的峰会上决定，将扩大北约主动分层战区弹道导弹防御计划的"指挥、控制和通信能力，使其防御的能力从保护核力量扩大到保护北约欧洲的人民和领土的安全"。北约表示该计划"正在分阶段实施，最终将具备区域弹道导弹防御能力，这些能力正在并行开发"。[①]

1.181　因此，短程战区导弹防御系统和国家导弹防御系统的区别是显而易见的。无论如何，没有任何国家已经接近开发成功全面综合的弹道导弹防御系统，能够保卫国家领土和主要人口中心免遭大量不太复杂的弹道导弹的攻击。基于大量远程导弹威胁的这种想定，是无法有效防御的。

1.182　仅根据这一未解决的技术难题，就可迫使美国取消弹道导弹防御计划，而且也还有其它更好的理由来使美国取消该计划。若取消该计划，

① http://www.nato.int/cps/en/natolive/topics_49635.htm。

美国每年就能节省80亿美元，[1]还能缓解和俄罗斯及中国的紧张关系，使他们能够在欧洲、中东和亚洲的其他国际问题上更敞开地合作。尽管这些激励措施可以扭转局势，但美国由于其导弹的射程（已接近欧洲和亚洲）和精确度逐渐提高，以及盟国的推动，其弹道导弹防御的野心在膨胀。

1.183　美国与其盟国的弹道导弹防御合作。尽管存在技术障碍并会产生政治影响，但美国还在继续推进其弹道导弹防御计划，其盟国也在不断深化合作与支持。自从冷战结束后，这种合作的性质就发生了重大的变化。在20世纪90年代之前，弹道导弹防御的目的仅限于保护特定的设施。随后的目的扩展到包括通过共同努力，保卫整个美国和北约成员国领土的安全。美国政府还呼吁研究亚太区域弹道导弹防御系统，让其有能力保护美国在该地区的主要盟友。自2009年9月以来，美国弹道导弹防御计划就采取了所谓的"分阶段适应性方案"（PAA），根据导弹威胁评估来按需部署弹道导弹防御系统。[2]美国还更加重视区域弹道导弹防御，重视为其盟友提供共同安全。

1.184　作为履行分担北约承诺的一部分，北约成员国通过提供雷达系统、参与联合训练演习和派遣部队保护弹道导弹防御资产等方式，协助建立美国主导的分层弹道导弹防御能力。2014年2月，美国4艘海军驱逐舰中的第1艘抵达其永久母港西班牙海军基地罗塔港——这是美国装备了"宙斯盾"弹道导弹防御系统的海军战舰首次驻扎在欧洲，并将永久驻扎。尽管有评估认为该系统将在2018年形成全面作战能力，但是目前还不能确定。

1.185　俄罗斯反对美国的弹道导弹防御计划。战略导弹防御问题已在美俄许多双边正式或非正式论坛上谈及。然而，双方的立场目前还没有调和。普京在2007年慕尼黑安全会议上简要阐述了俄罗斯的关切，他说："美

---

[1] Yousaf Butt（a nuclear physicist），"Obama, Congress should push NATO missile defense program off 'fiscal cliff'," Christian Science Monitor, 15 November 2012, http://www.csmonitor. eom/Commentary/0pinion/2012/1115/0bama- Congress-should-push-NATO-missile-defense-program-off-fiscal-cliff。

[2] 白宫，美国导弹防御政策简报：A 'Phased, Adaptive Approach' for Missile Defense in Europe, 17 September 2009。

国正在积极开发并已强化反导防御系统。虽然现在这个系统还无效，但是我们无法确切知道哪一天它会有效……我们认识到如果这一刻来临，那么我们核力量的所有可能威慑就会被抵消"。①

1.186　俄罗斯专家和官员认为，美国与亚洲和欧洲在区域导弹防御上的合作是美国广泛计划的一部分，它在为应对未来可能与俄罗斯或中国或俄中两国的任何对抗做准备。②他们不认为美国弹道导弹防御的战略基本思想是主要用于防御朝鲜和伊朗的弹道导弹能力，部分原因是他们不相信伊朗会有能力解决与远程弹道导弹制造相关的技术问题。他们认为目前正在开发远程导弹的国家（印度和以色列）或者已掌握技术知识、将在相对短时间内开发远程导弹的国家（日本）都已成为美国的朋友或盟国，而不是对手或潜在敌人。俄罗斯前总统梅德韦杰夫2008年在俄联邦议会发表首个《国情咨文》时指出，已察觉到一些困扰俄罗斯的因素，其中包括"全球导弹防御系统的建设、俄罗斯周边军事基地的部署[和]北约肆无忌惮的扩张"。③三年后，他再次强调指出，美国及其盟国设计的弹道导弹防御计划"要不了多长时间,6年到8年，就能够削弱我们的核威慑态势"。④俄罗斯寻求"明确的法律保证……可按双方同意的技术标准核查"美国导弹防御系统不直接针对俄核力量；如果分歧不解决，俄威胁要采取军事报复。⑤

1.187　北约-俄弹道导弹防御讨论。美国已经明确表示，不管俄罗斯如何关切，它不会接受任何限制其弹道导弹防御能力的义务。无论是弹道

① Vladimir Putin, Speech and Following Discussion at the Munich Conference on Security Policy, 10 February 2007。

② Alexander Kalyadin, "The Antimissile Debate: Two Trends Within the Expert Community," World Economy and International Relations Journal, 6:30（June 2012）,pp.3-13。

③ Dmitry Medvedev, Address to the Federal Assembly of the Russian Federation, 5 November, 2008。

④ 与北约国家在欧洲的导弹防御系统状况有关的声明。23 November 2011,网址：<http://eng.kremlin.ru/news/3115>。

⑤ Mansur Mirovalev, "Russia pessimistic about US missile defense talks," AP, 3 May 2012; "Russia Warns West on Antimissile Effort," Global Security Newswire, 21 August 2012.

导弹防御系统的技术性能特征，还是部署地点，美国都不会限制。①华盛顿的北约盟友比美国更理解俄罗斯的关切，部分原因是有些盟友还在沿用历史上关于弹道导弹防御及其对核威慑潜在不利影响的概念。②为了解决共同的关切，北约-俄罗斯理事会的导弹防御工作组就导弹防御所涉及的许多方面进行了对话，其中包括建议北约-俄罗斯合作。然而该工作组仍未取得任何进展。

1.188　2014年前，北约-俄罗斯的讨论没有取得进展，这反映出他们在导弹防御合作上的方案相距甚远：俄罗斯寻求综合方案，而北约更愿意讨论关于单个导弹防御系统的合作。③2012年—2013年，双方立场更加对立，俄罗斯政府于2013年秋天建议暂停对话。2014年4月，作为对乌克兰危机的回应，北约暂停了与俄罗斯的所有合作，包括关于导弹防御合作的谈判。迄今尚未设定恢复谈判的时间。

1.189　中国对美国弹道导弹防御的回应。俄罗斯反对弹道导弹防御的理由也适用于中国对导弹防御的评估、它与战略稳定的关系以及对裁军的影响。中国一直反对战略导弹防御系统的总体概念，并表示对美国与日本在亚太"宙斯盾"弹道导弹防御上的合作越来越关切。中国2010年国防白皮书指出：

中国认为，全球导弹防御计划将损害国际战略平衡与稳定，不利于国际和地区安全，并对核裁军进程产生消极影响。中国主张，各方均不应在海外部署具有战略反导能力和潜在的反导系统或开展相关国际合作。④

1.190　中国的核力量比俄罗斯少，也不如俄罗斯先进。俄罗斯的核力量在任何情况下都能够生存下来，而中国还处于建立可靠第二次核打击能

---

① Josh Rogin, "Tauscher: We will get a missile defense agreement with Russia," The Cable, 12 January 2012。

② Tanya Ogilvie-White, On Nuclear Deterrence: The Correspondence of Sir Michael Quinlan (London: IISS/Routledge, 2011）。

③ 俄罗斯倾向于建立一个相互依存的系统，在该系统中莫斯科将为北欧提供导弹防御全覆盖，预防从中东发射的导弹。北约则倾向于同各个独立系统，来实现全覆盖，北约成员国认为这样会增加成功拦截导弹的概率。

④《中国2010国防白皮书》。

力的阶段。但随军着海基和陆基核力量的不断发展和现代化，中国迟早会降低其对导弹防御影响威慑有效性的关切。

1.191　美国负责全球战略事务的助理国防部长克里登2012年3月称，美国正在与澳大利亚、日本和韩国就导弹防御合作进行讨论。对此，中方做出了坚决回应。①中国外交部一位高级官员指出，亚太地区的导弹防御系统会"对全球和地区战略稳定产生消极影响，不符合亚太地区国家的安全需要"。中国军方的一名高级官员随后也警告称，美国反导活动将迫使中国"现代化其核武库……中国不得不提高其生存能力和突防能力……否则中国难以保持核威慑的可靠性"。②

1.192　没有迹象表明中国已经决定开发国家导弹防御系统。公开的信息认为，中国准备开发导弹拦截器的目的是有助于弄懂导弹防御的相关技术问题，主要是如何突破防御，而不是真的致力于开发弹道导弹防御系统。③中国分析人员指出了美国当前和未来弹道导弹防御的漏洞——他们指出，毁坏或破坏弹道导弹防御系统所依赖的早期预警太空传感器，能降低该系统的有效性。同样，开发打击弹道导弹防御系统的海基能力也是一种降低其效能的有效方法。

1.193　中国对东北亚国家采取了外交和政治手段，表达对导弹防御的反对立场，并表示参与美国主导的区域导弹防御系统将被视为一种潜在的敌对行为。中国严厉批评美国分别与日本和韩国的双边反导合作，如果这种双边合作发展成三边或更多边合作，中国的反应将会更加严厉。2014年9月，上海合作组织（其中包括中国、俄罗斯和中亚的四个国家）宣布，"单个国家或国家集团开发单边和无限制的导弹防御系统能力，将不利于国际安全和战略稳定"。④

---

① "China Lashes Talk of Asian Missile Shield," Global Security Newswire, 12 April 2012。

② "China Warns of Response to U.S. Missile Defense," Global Security Newswire, 19 July 2012。

③ Timothy Farnsworth, "China Conducts Missile Defence Test," Arms Control Today, March 2013。

④ "Bloc Led by Russia and China Criticizes U.S. Over Missile Defense," Reuters, 12 September 2014。

1.194 日本已经在分层弹道导弹防御系统开发上大量投资。"宙斯盾"系统在日本开发计划中发挥着核心作用，美国和日本在该系统的设备开发上广泛合作。这两个国家还进行定期的联合训练和演习。2014年4月，日本修改了武器出口政策，允许那些可与伙伴间强化安全和防御合作的项目出口。韩国也有一个将在冲突中与美国军队密切协调的国家计划。这3个国家在三边对话中讨论导弹防御问题。2014年3月，日本首相安倍晋三和韩国总统朴槿惠同意，重新考虑三边导弹防御合作。①澳大利亚也正在与美国就弹道导弹防御展开合作。澳大利亚"金达莱"超视距雷达网能够侦察到亚洲发射的导弹，而且据说正在阿德莱德和墨尔本建造的新防空驱逐舰最后将装备弹道导弹防御系统。②

1.195 如果通过各种双边合作努力，建成了美国主导的亚太导弹防御系统，那么正如大家所预料的，中国很可能加快扩大其核和弹道导弹计划，并可能采取一种更为强硬的核威慑学说。2014年美国的一项提议，呼吁五角大楼导弹防御局对于把台湾早期预警雷达和新的国家导弹防御系统合并到美国更为广泛的导弹防御网的成本和好处进行研究。如果该提议被采纳，那么中国更可能会这么做。③

1.7.2 外空武器

1.196 外空武器问题有好几个方面：攻击外空目标的地基武器、攻击外空目标的空基武器，以及攻击地面目标的空基武器。所涉及的很多问题都与导弹防御的争论有关。另外，外空资产已成为监视、早期预警、目标

---

① Cheryl Pellerin, "Hagel: U.S. to Send 2 More Aegis Ships to Japan," American Forces Press Service, Department of Defense,6April 2014。

② "澳大利亚与美国可能联合部署导弹防御"，《澳大利亚人报》，2014年8月7日，网址：<http://www.theaustralian.com.au/national-affairs/defence/joint-missile-defence-on-the-cards-for-australia-and-us/story-e6frg8yo-1227015914212>。

③ Maggie Ybarra and Guy Taylor, "U.S. Missile Defense Plans in Taiwan Face Rising Opposition," Washington Times, 5 June 2014; "Taiwan to spend HK $19 billion on home-made missile defence against Beijing," South China Morning Post, 30 August 2014。

捕获、指挥和通信等军事任务越来越重要的组成部分。削弱或破坏这种资产的能力能够极大影响军事能力，同样，掌握这种资产的能力，在风险中能起到显著的威慑效果。

1.197　大多数具备卫星发射能力的国家（中国、印度、以色列、日本、朝鲜、俄罗斯、乌克兰和美国）以及欧盟都拥有核武器。阿根廷、巴西、伊朗和巴基斯坦也具备这种重要能力。南非曾拥有开发远程火箭的大型计划，但在冷战结束南非放弃核武器计划时，终止了该计划。其他一些有良好技术基础的国家正积极寻求加入"卫星发射俱乐部"，其中韩国未来十年最可能成功。

1.198　自20世纪60年代以来，军方就已使用带有日益复杂设备（摄像机和雷达）的侦察卫星来监视地球。军用卫星可以用作无线通信平台，并有助于提供准确的全球定位，使其成为越来越多国家先进军事能力的重要组成部分。除了专用的军事卫星之外，仪器的小型化和数字技术的广泛使用，使卫星能够在一个平台上搭载民用/军用载荷。军方也能够基于商业基础，利用民用卫星运营商提供的日益多样化的服务。

1.199　尽管外空"非军事化"不再是一个现实的目标，但禁止在外空放置真实武器仍是防止外空军备竞赛提议的核心观点。在日内瓦裁谈会上，国际核不扩散与裁军委员会的报告呼吁，大力支持防止外空武器化的努力（建议63）。然而，工作计划一直未获得裁谈会的通过，阻碍了防止外空军备竞赛（PAROS）国际法律文书的实质性制定进程。①在所有这些分歧的背后是大国——尤其是中国、俄罗斯和美国——之间关于战略关系的争议。中国和俄罗斯认为美国军事利用太空是其整体军事态势的一部分，它会损

---

① 防止外空军备竞赛（PAROS）争论的历史可追溯到20世纪80年代中期，当时裁谈会成立了一个防止外空军备竞赛委员会。委员会通过了几个关于建立外空相关信任措施的建议。1995年，委员会的职能扩大到另外一些问题——磋商《禁止生产核武器用易裂变材料条约》（FMCT）——从此，暂停了防止外空军备竞赛问题的讨论。详细情况见：Ambassador Paul Meyer, *The CD and PAROS: A Short History*, UNIDIR Resources, April 2011, 网址：<http://www.unidir.org/files/publications/pdfs/the-conference-on-disarmament-and-the-prevention-of-an- arms-race-in-outer-space-370.pdf>。

害他们的威慑能力，增加军备竞赛的动力，降低战略稳定。

1.200 自2002年以来，中国和俄罗斯在提出关于禁止外空武器法律文书的各种建议上发挥了领导作用。它们是一份工作文件的主要发起者，该文件旨在推敲一项未来国际法律协议的各种可能要素。2008年，中国和俄罗斯继续就此想法进行进一步细化，直到他们在当年提交了一份《防止在外空放置武器、对外空物体使用或威胁使用武力条约》（PPWT）草案的案文。①俄罗斯提议，在具有法律约束力的协议达成之前，各国暂停在外空放置武器。

1.201 对中俄共同提交的PPWT草案的讨论结果显示，有一些国家（主要是美国）认为该草案不可接受，其主要反对意见有二：第一，该草案没有充分考虑"外空武器"的定义；②第二，虽然草案的序言部分指出条约应该有效、可核查，但它未给出该机制如何运行的导则。结果是，美国及其一些盟国（也是航天大国）不愿意在中俄草案的基础上进行讨论，也不寻求制定替代方案。

1.202 2014年6月中俄提交了新的PPWT草案，它提出了一些详尽的如何处理遵守条约义务的主张。③美国对该草案的直接反应是冷漠的，主要因为它没有提出要关注利用陆基系统摧毁卫星的问题。美国官员似乎支持用不具约束力的外交倡议实现太空安全的做法。④

---

① 防止在外空部署武器以及对外空使用或威胁使用武力的条约草案（PPWT），网址：<http://www.reachingcriticalwill.org/images/documents/Disarmament-fora/cd/2008/ documents/Draft%20PPWT.pdf>。
② 提议的定义包括"特别制造或改造的、用来摧毁、损害或干扰在外空、地球表面或空气空间中的普通用途物体的功能，以及用来消灭人口和对人类至关重要的生物圈组成部分或对其造成损害的基于任何物理原理的任何外空物体。"
③ （更新）防止在外空部署武器以及对外空使用或威胁使用武力的条约草案（PPWT），CD/1985,12 June 2014, http://daccess-dds-ny.un.org/doc/UNDOC/GEN/ G14/050/66/PDF/ G1405066.pdf?OpenElement。
④ Frank Rose（Deputy Assistant Secretary, Bureau of Arms Control, Verification and Compliance）, Ensuring the Long-Term Sustainability and Security of the Space Environment, Remarks to the American Institute of Aeronautics and Astronautics, 25 September 2014。

1.203 如何定义外空武器很复杂，仍存在很大分歧。2014年草案的基本出发点和2008年的一样，重点都是放置在外空的物体（指至少绕地球一圈的装置）并限制物体的性质（指专门出于破坏目的制造和改装）。因此，从地球向外空发射的导弹和陆基反卫星武器（不对卫星进行物理破坏，只是阻断或致盲，使其不可用的一种设备）不在草案定义的外空武器范围之内。更加全面的外空武器定义应该考虑更广泛的能力，[①]但是这将不可避免地会把外空武器的讨论与导弹防御的可行性和可取性问题纠缠在一起。

1.204 PPWT谈判能否取得进展，关键要看裁谈会能否打破条约限制范围上的僵局——前景并不乐观。此外，有些已对裁谈会一旦复会后的工作重点发表过看法的国家经常强调，需要讨论核裁军和磋商《禁止生产核武器用易裂变材料条约》（FMCT），而不是优先讨论外空问题。如果（似乎很可能）裁谈会没有进展，将会更加促使一些国家集团寻求在联合国框架外推进这一进程。[②]

1.205 欧盟2008年开始起草《外空活动行为准则》草案。[③]至今已先后发布了三个版本，包括根据与其他国家进行双边磋商的结果和几个工作组的结论所做的修订。行为准则的目标是要推动采用那些基于最佳实践和加强现有行为规范的外空准则。然而，该准则并未推动成为一项具有法律约束力的协议，欧盟将其定为与其他倡议相兼容（而不是代替）的行为准则。

1.206 欧盟最近的草案[④]提供了一个框架，在这个框架下，未来可以一种各参与国都适应的节奏，进一步开展和扩大军事问题的讨论。它提出采

[①] 攻击外空目标的地基外空武器将包括：带能量或动能弹头的导弹；使卫星和导弹致盲或失效的激光器，能够摧毁远程弹道导弹在大气层外中段飞行途中的导弹。攻击外空目标的空基武器将包括：摧毁卫星的卫星；利用激光器或发射火箭去摧毁在大气层外中段飞行途中的弹道导弹的卫星。攻击地面目标的空基武器将包括：激光器；装备了常规炸药弹头的武器和动能武器。

[②] 见John Page, "Bringing the UN Disarmament Machinery Back to Life," APLN/CNND Policy Brief No. 6（Canberra: Centre for Nuclear Non-Proliferation and Disarmament, October 2013）。

[③] 委员会结论及外空活动行动准则草案，委员会文件17175/08,布鲁塞尔，2008年12月17日。

[④] 外空活动国际行动准则草案,2014年3月21日版本。

取达成一致的程序，以使各参与国降低感到被迫接受他们认为不合适的措施的危险。主要航天大国的代表在2013年到2014年间与欧盟官员磋商时明确表示，他们对当前的草案表示极少（如果有的话）异议。①然而，该草案的编写过程及其对其他进程的影响存在不确定性。行为准则始终没有完全克服这样一种烙印，即它是由一个仅限于欧盟成员国中的几个国家编写，只有美国享有参与欧盟内部讨论的特权。一些主要的国家——包括中国、印度和俄罗斯——不愿意对未经他们参与而起草的准则进行认真讨论。

1.207 尽管欧盟担保该准则旨在补充而不是代替其他进程，但是目前尚不清楚它是否能够得到中国和俄罗斯的支持。美国似乎更支持不具约束力的、笼统的准则，而不愿意达成限制其当前或未来部署计划的条约。美国对行为准则方案的支持可能会导致更多的质疑，即一个成功的准则可能将使防止外空军备竞赛的讨论转移注意力，消除其前进的势头。

1.208 联合国政府专家组（GGE）已发起第三项倡议，即在外空活动方面实施透明和建立信任措施。联合国大会（2011年）第63/68号决议指出，该专家组的目标是"促进国际合作并降低对外空活动的误解和沟通不畅的风险"，并在"有助于确保外空领域战略稳定的透明和建立信任措施的结论和建议"上达成一致。俄罗斯和中国大力支持第63/68号决议。虽然美国对决议投了弃权票，反对决议提及PPWT条约草案，但随后宣布支持该决议。②2013年，联合国政府专家组公布了一份获得一致认可的采取建立信任技术措施的报告，报告建议在自愿基础上交流国家外空政策和活动的信息、按现有法律要求进行通报，以及积极召开国家外空能力专家会议。③第68届联

---

① 欧盟2013年5月在基辅、2013年11月在曼谷、2014年11月在卢森堡举行未规定期限的协商。共有95个国家参加，每一轮有61个国家参加。网址：<http://eeas.europa.eu/non-proliferation-and- disarmament/outer-space-activities/index_en.htm>。

② Tiffany Chow, "Group of Governmental Experts on TCBMs in Outer Space Activities: Fact Sheet," Secure World Foundation, 21 June 2012, http://swfound.org/media/84703/SWF%20-%20GGE%20Fact%20Sheet%20-%20June%202012.pdf.

③ 国际专家组关于外空活动透明度和建立信任措施报告。联合国大会文件A/68/189, 29 July 2013.

合国大会通过了该报告，鼓励联合国成员国在自愿基础上通过相关的国家机制审议并实施所建议的措施。在可预见的未来，主要工作将集中在如何落实联合国政府专家组的建议以及在另外的外空可持续发展和安全倡议中的补充活动。

1.209　外空安全合作措施有助于强化外空本身的安全，也可能有助于构建更宽松的核谈判政治氛围。俄罗斯坚持认为核武器削减不能脱离更广泛的国际安全形势而单独讨论。假如能解决军事利用外空相关问题，或者假如能同意不把军事问题作为当前协议的主题，那么就有可能为新一轮战略核武器削减扫除一个障碍。

1.7.3　生化武器

1.210　国际核不扩散和裁军委员会的报告虽然重点是针对核武器，但也意识到对影响核争论的其他大规模杀伤性武器的关切，并呼吁采取强有力的行动促进《生物武器公约》（BWC）和《化学武器公约》（CWC）的普遍化，开发"更有效措施防御潜在的生物武器攻击，包括（尽管很困难）建立可行的[生物武器]公约核查制度"（建议64）。特别是，在生物武器领域的进展缓慢。《生物武器公约》的缔约国仍在为没有核查机制而感到失望。然而，离达成这样的机制还相距甚远，因为美国坚持认为不可能有有效的核查。

1.211　与全球生物武器活动相关的具体消息几乎没有。对利比亚、俄罗斯、南非、英国和美国以前的计划有一些公开报道。[①]也有一些关于正在实施的生物武器计划的指控，包括在那些曾强烈谴责生物武器并否认他们曾开展过进攻性生物武器研究的国家里。进攻性生物武器计划现状的不确定性，使包括英国和美国在内的许多国家都在开展预防生物武器的计划。这种不确定性还影响到核武器学说，包括（但不仅限于美国的情况）美国已保留其"调整（消极安全保证）的权利，而生物武器威胁的发展和扩散以

---

① http://www.armscontrol.org/factsheets/cbwprolif。

及美国拥有对抗此威胁的能力使这种调整成为正当必要的"。①

1.212　化学武器不对其他类型大规模杀伤性武器（核武器和生物武器）构成威胁，但由于其不加选择的特性并可造成可怕的伤亡而仍引起强烈的国际关注。尽管俄罗斯和美国未能在最后期限即2012年4月29日之前销毁其化学武器库（尽管其他缔约国期望并帮助他们这么做），但是《化学武器公约》执行机构——禁止化学武器组织——还是将其活动的重点逐渐从监测和核查化学武器销毁工作转移到不扩散上来。在工业化生产的全球化、适合于制造化学武器的新技术和化学化合物的出现，以及现有部分设施可以相对容易地改造或转而生产化学武器或化武前体的情况下，严格执行公约，特别是严格执行《化学武器公约》的视察条款，对公约未来的有效性至关重要。②

1.213　叙利亚内战近期引起对化学武器的最大关切。叙利亚政府2012年承认拥有化学武器，这引起一系列日益强烈的指控，并导致一个由联合国秘书长支持的国际视察小组进入叙利亚调查。③该小组的报告证实叙利亚内战中使用了化学武器，但没有说明是哪一方用的。随后叙利亚缔结了《化学武器公约》，正式申报了化学武器库，并同意运出和销毁化学武器。这一成果是在巨大的国际压力和安理会决议的双重作用下获得的，安理会决议得到有效的执行，因为它制定了清晰的标准、明确的时间表、积极的监督机制、定期报告程序，以及违反决议需承担的明确后果。这一进程显示出国际安全系统有效运作，它还提醒人们，只要动员起类似的政治意愿，最终解决核武器问题也是可能的。

1.214　《化学武器公约》目前有190个缔约国，已经接近普遍化。截至2014年8月31日（最新的消息是2014年12月31日的）：④

---

① 《核态势审议》报告，2010年4月，第viii页。
② 见Ramesh Thakur and Ere Haru, eds., The Chemical Weapons Convention: Implementation, Challenges and Opportunities（Tokyo: United Nations University Press,2006）。
③ http://www.sipri.org/yearbook/2014/08。
④ 见网址：<http://www.armscontrol.org/factsheets/cbwprolif; http://www.sipri.org/yearbook/2014/08; http://www.opcw.org/news-publications/publications/facts-and-figures/>。

● 只有4个国家（安哥拉、埃及、朝鲜和南苏丹）尚未签署公约，以色列和缅甸在1993年签署但尚未批准；

● 伊拉克、利比亚、叙利亚、①俄罗斯和美国尚未完成化学武器库存的销毁工作；

● 61608t（85%）一类化学武器已销毁；

● 14个缔约国申报了97个曾用过的化学武器生产设施，其中56个设施已经销毁，23个设施转为和平用途；

● 俄罗斯已经销毁超过3.04万t化学试剂（截至2013年8月：准备在2015年—2016年完成销毁工作）；

● 美国已经销毁约2.5万t化学试剂（截至2013年8月：美国军方认为将在2023年前完成销毁工作）。

1.7.4　常规武器

1.215　和弹道导弹防御及空基系统一样，远程常规打击系统已经出现并成为实现或维持稳定的威慑关系的重大复杂因素，这种因素很可能在未来一段时期内随着相关军事能力的提高而得到强化。显然高估或低估这些关切的强度和持久性是不对的，在保持NPT条约承认核国家拥有核武器的专有权利的同时，让核国家按照他们的意愿去进行可能的核裁军也同样是不对的，这样做就会忽视现实并导致进一步扩散。常规裁军和核裁军之间是有相互重叠的安全问题，而不是相互依存的安全问题，认识到这一点至关重要。让它们彼此挟持，很可能的情形是导致两个方面都不可能取得进展。

1.216　国际核不扩散和核裁军委员会的报告认为，"拥有核武器的国家间的常规武器失衡问题……，特别是比例相对大的美国能力需要认真解决，如果想不使它成为未来双边和多边核裁军谈判的严重障碍的话"。报告建议，重新讨论《欧洲常规武装力量条约》（CFE）涵盖的问题，"在欧洲（从大西

---

① 叙利亚在2014年6月完成对其化学武器库存的销毁。

洋到乌拉尔山脉）设立主要类型常规军事装备的全面限制额，并强制规定冗余武器的销毁"。①报告还认为，"在这种情况下，制定预防和解决冲突更合作的方案，可能会证明比完全关注武器限制措施更具建设性"（建议65）。

1.217 在报告发布以及此后一段时间（2009年末到2010年），有理由相信欧洲常规武器控制引起重新关注的前景是乐观的。欧洲安全合作组织（OSCE）主导的欧洲安全框架（"科孚岛进程"）的对话强调指出，需要重新关注此问题。俄罗斯似乎愿意重新讨论该条约的未来，尽管它没有撤销2007年做出的暂停参加该条约的决定。奥巴马政府强调，美愿意重新讨论常规武器控制的未来。奥巴马总统和梅德韦杰夫总统在2010年的双边峰会上还承诺要加强和改进欧洲常规武器控制。

1.218 2012年到2013年，在这个领域取得进展的希望渺茫，修订后的CFE条约看起来永远不可能生效，任何有意义的替代条约的谈判前景看起来也遥遥无期。2011年美国暂停与俄罗斯在CFE条约框架内合作（同时继续履行其对其他缔约国的承诺）。北约缔约国和格鲁吉亚以及摩尔多瓦也效仿了美国的做法。美国撤回了常规武器控制的联络员和谈判人员。或许最严重的是，美国和俄罗斯反复重申，CFE想要解决的基本问题已经解决，这些基本问题将不再与欧洲安全有关。

1.219 俄罗斯、美国和其他国家都表示，他们愿意考虑超越CFE的常规武器控制的替代方案。然而，还不清楚这一进程该如何组织。随着很多能力（特别是俄罗斯最在意的方面）在全球范围内使用，为北约-俄罗斯或欧洲内部的对话限定范围将是困难的。由于潜在缔约国的力量极其不对称和不平衡，任何一个欧洲范围的协议都不会基于平等的平衡。俄罗斯的目的是将美国一直坚持不受武器控制协议约束的武器种类（海军力量、导弹、无人机、太空军事资产）纳入讨论。这背后是军备控制应该致力于解决的基本分歧问题。俄罗斯的目标是抑制美国的全球力量，而北约的基本目的

---

① 国际核不扩散与裁军委员会，《消除核威胁》，第197页，第18和35段。

是稳定扩大了的联盟周围的特定"灰色地带"的军事安全。

1.220　常规武器控制的进展对核军备控制有着重要的影响。美国已经评估了一系列开发先进常规武器系统的不同方案，这些系统可以执行常规快速全球打击（CPGS）任务。目前它们都还处于研究和开发阶段。俄罗斯认为美国开发更快的全球常规打击能力可能影响到战略核军备控制。俄罗斯官员一般称这种武器为"装备常规弹头的进攻性战略武器"。普京总统说，"如果把所有影响国际安全和战略稳定的因素都考虑在内"，①并且把最终核裁军与俄罗斯希望获得的"异常精确的、效果类似的非核系统"（与美国现在正在开发系统的效果类似）联系在一起，那么俄罗斯会考虑进行进一步的核武器削减。②与此同时，美国有望会尽力保持其常规军事能力的全球优势，并将之作为维持其持续战略优势的保证和防止未来核武器削减的一种手段。

1.221　开发常规快速全球打击能力的目的是，利用实时情报，攻击难以打击却非常有价值的目标。美国这种能力的发展史可以追溯到20世纪90年代，那时对伊拉克武器开发计划的新认识，显示未来有可能需要实施急迫的军事打击，摧毁其深埋地下的目标。随着美国海外军事足迹和基地的减少，对这种有效武器的需求极可能增加。2001年后，应对所谓的全球反恐战争的作战需求进一步增加了开发这种武器的动力。到2010年，先进常规武器的使命进一步演化，重点针对特定区域的作战场景。

1.222　在对手可能寻求利用核能力来劝阻美国不要帮助其亚洲、欧洲和中东盟友的情况下，常规打击武器越来越成为延伸威慑的一部分。尽管美国似乎是唯一研究这种系统，用以执行常规快速全球打击任务的国家，但俄罗斯和中国都在积极开发极为快速的巡航导弹和武装无人飞行器（NAV或无人机）。俄罗斯和中国似乎都不太可能赶在美国之前解决超声速

---

① Reuters, "Putin Links Nuclear Cuts to U.S. Shield," Moscow Times, 27 August 2012.
② "Strong Russian Nuclear Force Deters Conflict, Putin Says," Global Security Newswire, 27 February 2012.

巡航导弹的工程问题，但目前最快速的巡航导弹却在俄罗斯。[①]中国和俄罗斯都把极快巡航导弹视为一种手段，可将美国最有价值和最严防御的海军舰艇置于危险之中，而这些舰艇是为美国提供力量投射的极其重要的工具——尤其在亚太地区。此外，中国和俄罗斯正在大力投资先进武装无人机[②]所需的技术。

1.223　关于先进常规武器系统，有两个非常有争议的问题。第一个问题是，使用这种与核武器有相似技术层面的常规武器，可能产生潜在的不稳定影响——这就是所谓的"弹头不确定"问题。[③]将远程弹道导弹——它们是按核武器运载系统开发的——改造成装备常规弹头，这种情况的"弹头不确定"最大。如果不选择弹道导弹作为远程攻击系统，由于其替代系统的技术特点不同，那么问题就会减轻。然而，歧义问题可能仍然存在，[④]很多国家，特别是俄罗斯，已经表达了对这种风险的担忧。

1.224　第二个问题涉及利用先进常规武器来削弱敌人核力量的风险，此时并没有突破核使用的"门槛"，但可能会为实施"核讹诈"或为随后对残余的、并不强大的核力量实施核攻击提供借口。然而，实现这种效果所需的这种系统的数量远远超出了当前美国的预计。尽管如此，俄罗斯还是担心先进常规武器会在一次解除武装式的首次攻击中使用，并且担心随着自己拥有的核武器数量进一步减少，其核威慑的可信性会丧失。俄罗斯还提出了先进常规武器可能影响新START条约的执行问题。将现有弹道导弹改装为执行常规武器任务将影响新START条约，因为装备常规弹头的超声速武器（或者没有携带弹头的动能拦截器）不执行任何核任务，显然不在新START条约的范围之内。

---

① Mark Gubrud, "The argument for a hypersonic missile testing ban," Bulletin of the Atomic Scientists, 2 September 2014。

② 先进武装无人机包括极高效的动力系统、空气动力学设计、情报点火控制体制、先进飞行控制、以及预防攻击无人机所依赖的信息和通信包的安全措施。

③ James Acton, Silver Bullet: Asking the Right Questions About Conventional Prompt Global Strike(Washington DC: Carnegie Endowment for International Peace, 2013)。

④ 见Amy Woolf, Conventional Prompt Global Strike and Long-Range Ballistic Missiles: Background and Issues, Congressional Research Service, 26 August 2014。

1.225 美国支持关于通过对话来提供武装力量发展方面足够的可预测性和透明，以预防"战略突袭"风险的想法。然而，美国对于谈判管理俄罗斯所关注的此类常规武器的正式规则没有任何兴趣。相反，美国已在最高级别场合向俄罗斯明确表示，它不会接受任何限制其研究、开发、测试、评估先进常规武器中的战略性概念的约束，或限制其研究武器系统的约束。

1.226 常规力量和战略核力量间日益复杂和模糊的关系影响着其他的战略二元关系。中国拥有相对较小的核力量，也担心核威慑难以在美国常规快速全球打击计划下生存。中国分析人士认为，常规快速全球打击是美国实现绝对安全的更广泛战略的一部分，"弹道导弹防御是'盾'，常规快速全球打击是'剑'，这样美国就能采取先发制人行动"。①他们认为这对中国的常规和核武器系统及其指挥和控制中心构成威胁。作为回应，中国正在寻求开发类似的系统。中国科学期刊披露，中国技术和军事机构正在开展研究应对和开发高声速、精确制导和火箭助推滑翔技术。虽然这项工作的性质和进展还不可知，但是2014年8月五角大楼官员称，中国已经在西部的一个导弹基地对一种被称为Wu-14的新型超声速滑翔器进行了第二次测试（第一次测试显然是在同一个地方进行的，时间是在2014年1月）。②这两次测试都失败了，跟美国已进行的火箭助推滑翔技术测试一样，都未得到证实。③

---

① Lora Saalman, "Prompt Global Strike: China and the Spear," Asia-Pacific Center for Security Studies, 16April 2014. Saalman cites the following key Chinese texts that use this language （and many others dealing with US CPGS）: Zhou Feng, "Xianfa zhiren de yanjin yu juedui anquan de pianzhi"（The Evolution of Preemption and the Paranoia of Absolute Security）, Jiefangjun bao（People's Liberation Army Daily）, 15 August 2007,p.5; Wang Zhijun, "Lun meiguo 'juedui anquan' shenxue zhengzhi yu aobama 'wuhe shijie sixiang,'"（On U.S. 'Absolute Security' Political Theology and Obama's 'Nuclear Free World' Thought）Guoji luntan（International Forum）, Issue 1,1 January 2010, pp. 17-18。

② Bill Gertz, "China secretly conducts second test of new hypersonic missile," Washington Times, 20 August 2014; "Missile defense buster: China tests new hypersonic glide vehicle," RT, 14 January 2014, http://rt.com/news/supersonic- china-delivery-vehicle-554/。

③ Douglas Barrie, "China's Hypersonic Test - Behind the Headlines," Military Balance Blog （IISS）, 30 January 2014, http://www.iiss.org/en/militarybalanceblog/blogsections/2014-3bea/ january-1138/barrie-china-d0a8。

1.227 关于战略常规武器的定义，以及是否需要管理并如何管理的讨论，已经成为一个现实的问题。就像俄罗斯副总理罗戈津2013年6月所宣称的那样，"事实上，我们正在经历一场军事事务的革命"，它们给国际安全增加了多层复杂性，对核学说和军备控制制度构成了压力，带来了新的风险和危险。①全球科学期刊和研究机构都在认真地讨论这个话题，包括讨论是否有可能就禁止超声速武器进行磋商。②但是迄今为止在多边外交活动中很少讨论这个问题（可能是因为很多技术还处于开发阶段）。如果这个问题不在最高领导人层面涉及，那么就会难以阻止主要大国之间相互信任和信心的降低，也难以防止对核裁军和核不扩散努力的进一步侵蚀。

1.8 调动政治意愿

1.8.1 裁军教育

1.228 国际核不扩散与裁军委员会的报告提出，需要关注"持续行动……以便更好地告知政策决策者和在核裁军与核不扩散问题上对决策者有影响的人"（建议71），并呼吁"重新重视在中、小学和大学开展核裁军和相关问题的正式教育和培训"（建议72）。

1.229 2002年12月30日，联合国大会通过了第57/60号决议，重申了裁军和不扩散教育的迫切需要，意识到了民间团体在促进这种教育上的重要作用，欢迎联合国展示裁军和不扩散教育研究成果，并传达了联大的34个短期和长期建议，"供成员国、联合国和其他国际组织、民间团体、非政府

---

① http://www.russiadefence.net/t2669-interview-with-deputy-prime-minister-dmitry-rogozin。

② 例如见Gubrud, "The Argument for a Hypersonic Missile Testing Ban"; James Acton, "Why Do We Need 'Hypersonic' Strike Weapons, Exactly?" Defence One, 17 September 2014, http://www.defenseone.com/ideas/2014/09/ why-do-we-need-hypersonic-strike-weapons-exactly/94379/; Benjamin Schreer, "The Strategic Implications of China's Hypersonic Missile Test," The Strategist, 28 January 2014, http://www.aspistrategist.org.au/the-strategic-implications-of- chinas-hypersonic-missile-test/。

组织和媒体采纳"。决议要求联合国秘书长每两年准备一份建议执行情况的报告。至今，联合国秘书长已经公布了6份报告，最近一份报告是2014年6月公布的。

1.230　报告记录很少。自2002年通过决议以来，共向联合国提交了47份报告。2010年提交了6份报告（A/65/160），是历年来提交数量最少的一年。2012年提交了10份（A/67/138），2014年提交了9份（A/9/113）。俄罗斯是唯一对联合国研究提交执行报告的核武器国家。有些国家或组织在向2015年《不扩散核武器条约》审议大会筹备委员会提交的工作文件和报告中涉及裁军和不扩散教育问题。[1]

1.231　为赢得民众对核裁军的广泛支持，迫切需要致力于开展强有力的、紧急的、可靠的和持续的全球公共教育。在这个方面，"全球零核"组织发起在多国学生中开展核裁军国际运动，这种努力受到特别欢迎。

1.8.2　民间团体的行动

1.232　虽然只有政府和政府间组织能够设立权威的标准，建立得到正式认可的国际规范，以及通过谈判达成条约，但民间团体组织也在促进全球规范和监测国家履行约定的承诺，以及反映政府进程中未适当表达的社会价值观和关切方面发挥重要作用。他们的批评和政策建议可以对政府和政府间的资源分配和政治、军事与经济实力的运用产生显而易见的后果。

1.233　在核领域，"国际防止核战争医生组织"（IPPNM）和"帕格沃什科学与世界事务会议"获得了诺贝尔和平奖。一些地区性无核武器区的产生源自于非政府组织宣言和草根运动；非政府组织已经联合起草了禁止核武器的国际核武器公约，并促成了一系列的核军备控制和裁军措施，其中包括解除"预警即发射"洲际弹道导弹的警戒。"全球零核"组织目前正

---

① 2014监督报告，pp. 85-86；"裁军与不扩散教育"，联合国秘书长报告，2014年6月30日，http://www.un.org/ga/search/view_doc.asp?symbol=A/69/113。

在寻求对其"分阶段"计划的支持，以便到2030年完全消除核武器；受到高度敬重的智库和研究中心，如卡内基国际和平基金会、蒙特雷国际问题研究院詹姆斯·马丁防扩散中心、劳特鲁斯研究所均极大地有助于我们理解核不扩散和裁军领域所面临的挑战；《原子能科学家公报》和著名的"末日之钟"团体（其手表指针停在2014年12月31日距离午夜只有5分钟的位置）提供及时的人类生存威胁和核武器、气候变化和生命科学领域新兴技术进展的信息和分析。

1.234　此外，一些联盟，如核不扩散与裁军议员组织（PNND）、国际废除核武器运动（ICAN）、中等国家倡议组织（MPI）、国际妇女和平与自由联盟（WILPF），利用广泛的网络来支持消除核武器。华盛顿的降低核威胁倡议组织（NTI）致力于通过支持由欧洲、亚太和拉丁美洲的政治、外交和军事原高级官员组成的领袖网络等，降低来自大规模杀伤性武器的全球威胁。设在莫斯科的卢森堡国际防止核灾难论坛是另一个以高层决策者为中心的组织。所有的这些组织，特别是高层决策者参加的组织，都致力于激励公众舆论，认真应对核武器带来的非常现实的威胁，并尽一切可能去实现一个核武器由多变少到最后消除的世界。

1.235　可悲的是，尽管不得不说多种高度可信和忠诚的民间团体已经做了很多有利于促进核裁军的有益工作，但是目前对核裁军和不扩散的影响很小。如果要实现一个"无核武器的世界"，或者要实现国际核不扩散与裁军委员会最初提出的"最少化"目标，那么核武器就需要成为一个主流的公共话题——如果没有大规模民众参与，核武器库存将很可能无限期保留。①在大多数国家，当问及是否愿意生活在一个无核武器世界时，绝大多数民众的回答是"愿意"。但是，不管是失误、误判还是故意，核武器使用的可能性真实存在，核武器的机会成本、对没有核武器时该如何维持和平

---

① 见John Page and Tanya Ogilvie-White, "Living with the Bomb: The Public and Nuclear Weapons" APLN/CNND Policy Brief No.13（Canberra: Centre for Nuclear Non-Proliferation and Disarmament, June 2014）。

与安全的考虑等，都不是使许多人定期聚会以寻找解决方案的问题。因此，政府在应对民众的关切上没有现实的压力，因为民众几乎不关切。通过更多地利用如何形成和改变信念的专业知识并制定促进民众参与的有效方法，必须把形成并传递能够说服和动员核武器国家的民众的核裁军信息作为优先工作。

1.236　世界公共观点网站2008年12月9日开展了一项关于民众对核武器态度的调查。①调查涉及21个国家的超过1.9万名调查对象，包括除朝鲜之外的所有核武装国家。调查对象都被问到他们是否支持国际上谈判禁止核武器协议、拥有核武器的国家都要在规定的时间内消除核武器、其他国家不允许获得核武器的观点。协议的执行要进行核查。据调查，大多数民众支持完全消除核武器。法国（86%）、中国（83%）、英国（81%）和美国（77%）的民众大力支持消除核武库；俄罗斯（69%）、以色列（67%）和印度（62%）的民众也支持达成这样的协议。巴基斯坦只有不到一半（46%）的调查对象支持消除核武器。

1.237　然而，对具体问题的回答揭示了一个更复杂的现实。英国2013年的一项调查曾问到英国是否应该完全放弃核武器，或用4艘新潜艇代替当前的海基核武器系统，或开发更便宜的核武器系统。结果是，只有20%的人认为英国应该完全放弃核武器，32%的人支持替换当前的潜艇，34%的人认为应该开发更便宜的系统。②印度2013年的一项民意调查说明了民众态度存在极大差异，发现绝大多数印度民众（79%）认为核武器对实现国家目标很重要。③尽管如此，2008年的一项全球调查显示，社会对核裁军大力支持的潜力是有的，问题仍然是怎么有效地发挥和发动它。④

----

① World Public Opinion.org, http://www.worldpublicopinion.org/pipa/articles/international_security_bt/577. php?lb=btis&pnt=577&nid=&id=。

② http://yougov.co.uk/new s/2013/07/15/trident-keep-scrap-or-downgrade/。

③ http://www.lowyinstitute.org/publications/india-poll-2013/。

④ 见 "Publics Around the World Favor International Agreement to Eliminate All Nuclear Weapons," 9 December 2008, http://www.worldpublicopinion.org/pipa/articles/international_s ecurity_bt/577.php。

1.238　皮尤研究中心2014年3月17日至6月5日开展了全球态度调查，10月公布的调查结果强化了这一观点。44个国家共48643名调查对象被问到下面5个威胁中哪个对世界的影响最大：核武器、不平等、种族信仰歧视、环境污染、艾滋病等其他疾病。在接受调查的44个国家中，10个国家（包括两个核武装国家——俄罗斯和巴基斯坦）认为核武器威胁最大，16个国家（包括中国）认为核武器威胁第二。在接受调查的9个拉丁美洲国家中，5个国家（巴西、智利、萨尔瓦多、墨西哥、委内瑞拉）认为核武器威胁最大，3个国家（哥伦比亚、尼加拉瓜、秘鲁）认为核武器威胁第二。按区域划分的媒体的调查结果显示，20%的中东人、19%的欧洲人、21%的亚洲人、26%的拉丁美洲人、22%的非洲人、23%的美国人认为核武器是对世界的最大威胁。[1]令人不解的是，这种明显的公众关切的广度，在新闻评论或政府政策上很少得到反映。

1.8.3　核武器公约

1.239　作为对国际法院（对核武器合法性）咨询意见的回应，1997年出现了一份《核武器公约》（NWC）范本，并在2007年进行了修订。它使律师、医生和科学家组成了一个有影响力的国际联盟，并吸引了许多民间军控团体的兴趣、参与和支持。它继续得到非政府组织、无核国家和联合国大会的支持。在该范本中，规定核武器国家用15年时间（有核能力的非NPT缔约国在5年时间内）消除核武器，包括解除警戒、去除部署、拆除和在国际控制下存储易裂变材料。该范本的联合国发起人认为，这一公约草案是"研究、开发、谈判并达成此类法律文书的一个有用工具"。[2]

1.240　从长远来看，达成某个此类公约毫无疑问是必要的，它将完全消除核武器纳入到国际性条约中。国际核不扩散与裁军委员会的报告虽然怀疑

---

① Pew研究全球看法项目，"中东人把宗教和种族仇恨看作是全球最大的威胁"。16 October 2014, 网址：<http://www.pewglobal.org/2014/10/16/middle-easterners-see-religious-and-ethnic-hatred-as-top-global-threat/>。
② 国际核不扩散与裁军委员会，《消除核威胁》，第225页，第20和40段。

该公约在目前发展阶段能否在这么复杂的领域仿效下面提到的《渥太华公约》和《奥斯陆公约》，成为一种有效的"运动条约"，但还是建议进一步研究，"改进和发展正在传播的《核武器公约》的概念……其目标是形成一个经过全面研究的草案，能够在多边核裁军谈判出现进展势头时告知和指导这些谈判"（建议73）。任何《核武器公约》在定稿前，都会有很多技术、法律和政治上的问题需要克服，还有一些细节需要澄清。但开始就这个话题进行审慎而持续对话这个行动本身，将能迫使各国认真思考《核武器公约》的前景，并着手解决核查、遵守和执行等"硬篮子"（hard basket）问题。

1.241 虽然国际核不扩散与裁军委员会的报告认为现在进行正式谈判还为时过早，而且《不扩散核武器条约》（NPT）审议大会仅仅提到联合国秘书长关于核裁军的五点建议，但联合国成员国以约三分之二的票数通过了一份年度决议，呼吁把禁止使用核武器公约的谈判"作为分阶段计划的重要一步，朝在规定时间内完全消除核武器的方向迈进"。[①]

1.242 联合国秘书长潘基文在2008年10月的一次具有里程碑意义的演讲（仍然是核军备控制和裁军倡议的战斗口号）中敦促所有的NPT缔约国，特别是核武器国家要通过促进核裁军的谈判，履行条约义务。在其五点建议的第一点中，他要求他们或者可以通过谈判一个"有强有力核查系统支持的核武器公约"，或者只是小小地走一步，通过协议一个"独立的相辅相成的文书框架"来履行条约义务。[②]这个框架的内容在今天是清晰可见的，包括：《全面禁止核试验条约》的生效；《禁止生产核武器用易裂变材料条约》（FMCT）的谈判、通过和生效；有法律约束力的消极安全保证（NSA）；相互不首先使用核武器的声明；所有拥有核武器的国家批准《无

---

① "联合国大会，在倡导共同立场的第一委员会高风险辩论之后，没有弥合分歧，采用了58段文字"，http://www.un.org/press/en/2012/gall321.doc.htm。

② 联合国秘书长潘基文的核裁军五点建议包含在一份2008年10月24日在纽约东西方研究所的演讲稿中（《联合国与无核武器世界安保》），网址：<www.un.org/News/Press/docs/2008/sgsmll881.doc.htm>。该计划的其他4点针对5国倡仪；重新开始的条约批准工作；更大透明度和可衡算性；以及针对WMD恐怖主义的新措施。

核武器区条约》议定书；启动透明的、渐进式的、不可逆的多边核裁军谈判。

1.243 对于达成一个包含可行核查和执行系统的《核武器公约》的渴望决不能放弃，因为它是实现最终消除核武器必不可少的国际法律框架。然而问题是，在这些核查和执行等根本问题没有解决，以及多个地缘政治问题导致核武装国家抑制该进程达成任何可能协议的情况下，现在寻求启动谈判是否会有成效。

1.244 迄今为止，国际社会已经禁止了两大类大规模杀伤性武器——生物武器和化学武器。国际社会还就禁止某些类型的武器，尤其是没有选择性和非人道的常规武器——地雷和集束弹药的条约进行了谈判。不是每个国家都签署了这些公约：集束弹药的最大使用者和生产商以及有最大反人员地雷库存的国家都没有缔结《奥斯陆集束弹药公约》或《渥太华禁雷公约》。但是这些公约有很强的约束力，直接影响着非缔约国的行为。《全面禁止核试验条约》（CTBT）也是其中一个很明显的实例，尽管需要附录2所列的所有国家全部批准才可生效，这使条约处于长久的不确定境地，但目前自愿暂停核试验（仅朝鲜除外），使条约产生了巨大的实际效果，非条约缔约国要想恢复核试验确实面临巨大困难和挑战。

1.245 然而，所有拥有核武器的国家都不参加《核武器公约》谈判，则表明公约本身有问题。这些国家坚定地认为，现在认真考虑核武器公约还为时过早，如果没有他们的参与，公约将毫无意义。事实可能并非完全如此。要达成此类文书的目标，需关注4个方面的问题：

● 它会迫使考虑妨碍公约谈判和签署的各种技术、法律和政治问题，其中包括实体基础设施和核查与执行所需的多边协议及议定书；

● 它将证明，核武器国家继续决心把第六条解释为仅仅是一种抱负，最多是与全面裁军目标相连的，这要付出很大的信誉成本；

● 尽管有核武器开发野心的非核武器国家几乎肯定不会批准《不扩散核武器条约》，但是它们通过支持该条约的这一日益陷入困境的支柱，将会获得核不扩散带来的好处；

● 或许最重要的是，谈判本身可能会在所有拥有核武器的国家中引起新的思考，并且可能有助于在他们之间开启严肃的多边核裁军谈判，作为近几年在建立信任措施方面初步意向交流之后迈出的第一步。他们还应该有助于加强民众对核裁军的参与和支持力度。

1.246 然而，即使要实现这些温和的目标，《核武器公约》谈判也必须吸引无核武器国家的重视和具有广泛代表性的参与。同样，谈判结果也必须表达无核武器国家非常广泛的共识。虽然核裁军的道路漫长且荆棘密布，但是地球的生存需要我们想方设法找到解决问题的方法。

1.247 解决核裁军具体方面问题的法律文书可有助于为最后全面的《核武器公约》谈判打下基础，或有助于成为消除核武器的一揽子条约承诺的一部分。《核武器公约》的可能变体包括：

● 一项全面的《核武器公约》（NWC）。一项全面的《核武器公约》可能取代《不扩散核武器条约》（NPT），它将包括全面禁止开发、试验、生产、储存、转让、使用和威胁使用核武器；消除现有核武器的时限要求；将拥有核武器的国家的易裂变材料置于不可逆的国际控制的条款；核查和执行规定。尽管目前核武器国家对谈判这种公约不感兴趣，但在感兴趣的政府的支持下，应该继续开展工作，完善和凝练可能的条款。上面（1.239节）提到的《核武器条约》范本可以作为这项工作的起点。

● 一项《不首先使用核武器公约》（NFU）。虽然公约本身不是核裁军措施，但是它可以建立信任，从而向核裁军迈出一步。它的主要条款是拥有核武器的国家承诺他们不会首先使用核武器。确定有效的执行机制是公约面临的一个现实困难。如上所述，只有中国和印度表示支持这样的公约，当前的地缘政治环境是一个障碍。然而，随着国际环境的改善和部分核武器国家的学说发展，存在达成公约的可能性。

● 一项《禁止使用核武器公约》。公约禁止使用核武器而不涉及拥有核武器，它将把现有禁止使用核武器的各种条款收编在内。它的主要条款是禁止任何国家对其他国家使用或者威胁使用核武器。这和《不首先使用核武器公约》一样，虽然公约本身不是核裁军措施，但是有助于形成有利于实现核裁军目标的环境。支持者认为，《禁止使用核武器公约》会得到一些拥有核武器的国家和受"核保护伞"庇护的盟国的支持，因为他们更愿意接受不完全消除核武器的安排。①然而，迄今为止，这一提议没有对任何此类国家形成吸引力，因为他们不愿赞同在任何情况下都不能使用核武器——他们仍将核报复威胁当作慑止首次核攻击的手段。这就是他们不支持下面提到的新西兰2013年向联合国大会第一委员会提交的一份声明的原因，以及他们在早期就对"人道主义后果倡议"持保留态度的原因，该倡议最初就强调了启动《核武器公约》谈判的必要性。

● 一项《禁止拥有核武器条约》。条约将禁止拥有核武器，但是不包括建立和维护"无核武器世界"所需的法律和技术安排（像全面的《核武器公约》所固有的那样）。支持者认为，这些安排可以快速在有意愿的无核武器国家中取得成功，而不需要核武器国家的支持，并且有助于扭转陷入僵局的核裁军势头。②然而这种方案有很大的缺点；《禁止拥有核武器条约》（和《禁止使用核武器公约》一样）的讨论可能在支持条约的国家和民间团体之间会扩大和深化核裁军争论，除非它们能获得一个或多个核武器国家的支持，否则实际效果有限。同样，就像《核武器公约》一样（也正如核武器国家指出的那样），还不清楚该条约将如何与NPT条约一道执行，尤其是当两个条约的履约水平出现差异时。

---

① Alyn Ware, "From nuclear taboo to a prohibition（ban）on use: The next step to a nuclear-weapon-free world?" Basel Peace Office, http://www.baselpeaceoffice.org。

② "新议程联盟"（NAC）是一些国家组成的一个国家集团，它提倡核裁军。他们起草了一份工作文件，提出了一些实现并维持无核武器世界的法律方案。详见"新议程联盟"向2015年NPT审议大会第三次会议等筹委会提交的"Article VI of the Treaty on the Non-Proliferation of Nuclear Weapons", NPT/CONF.2015/PC.Ⅲ/WP.18。

1.8.4　人道主义因素

1.248　对于坚决支持核裁军的国家和民间行为体来说，为核裁军事业创造政治动力的最有成效的方法似乎是要强调使用核武器会造成灾难性的人道主义后果。使用核武器所带来的几乎难以形容的恐怖场景使1946年联合国大会通过了第一个决议，并且自那以后成了不断再现的主题。其主要动机是，根据世界卫生组织的倡议，联合国大会向国际法庭给予核武器合法地位提出的挑战。世界卫生组织的倡议导致了1996年的咨询意见，其结论是核武器的使用是不可原谅的，除非是当某个国家的生存岌岌可危需要自卫时。这也是编制上面所述的1997年《核武器公约》范本的主要动机。但是直到最近，这种人道主义因素才在高级别国家对话中重新有所重视。

1.249　国际核不扩散与裁军委员会2009年有这样一个观点，即可以不通过传统的军备控制视角而是通过国际人道主义法来关注核裁军："由于核武器有非常不人道的巨大影响，核裁军本质上是一个人道主义责任；最重要的是要防止使用核武器，实现这一目标最有效的方法是完全消除核武器；实际上做到这一点的最好方法是——激励志同道合的政府和民间团体——通过一个聚焦于人道主义和人权的进程进行谈判"。[1]

1.250　2010年的《不扩散核武器条约》（NPT）审议大会的最后文件中也提及这个议题，它"对使用核武器所造成的灾难性人道主义后果表示深度关切，并重申需要所有成员国在任何时候都要遵守适用的国际法，包括国际人道主义法"。[2]在2012年NPT筹备委员会上，16个国家发表了一份"关于核裁军人道主义因素的联合声明"，瑞士大使班诺·拉格尼尔代表16国发表了这份声明，指出"彻底解决核武器的人道主义后果至关重要"。[3]筹备委

[1] 国际核不扩散与裁军委员会，《消除核威胁》，第218~219页，第20和18段。
[2] 2010 NPT审议大会，后续行动1的结论与建议（核裁军）A（原则与目标）v。
[3] "Joint Statement on the humanitarian dimension of nuclear disarmament," New York, 22 October 2012, http://www.psr.org/resources/joint-statement-on-the.html。

员会主席将这一问题总结如下：

缔约国重申对使用核武器所造成的灾难性人道主义后果表示深度关切。许多缔约国强调了他们的严重关切，即在这样的事件中，这些人道主义后果将不可避免和无法向受影响灾区提供紧急救援。他们希望能在当前审议周期内解决使用核武器所造成的人道主义后果的问题。①

1.251 联合国大会第一（裁军）委员会保持了这个势头，2012年10月22日，瑞士大使拉格尼尔代表34个国家发表了相同的联合声明。声明指出，核武器"独特的破坏力和不可控制的后果"意味着所有区分战士和平民、相称原则和预防措施的国际人道主义法律规则"完全适用于"核武器。禁止造成不必要痛苦或者多余伤亡以及对环境造成严重、长期损害的条款也适用于核武器。只要核武器存在，它们就会对人类的生存构成威胁。核武器的"灾难性人道主义后果……牵涉到整个国际社会"。任何情况下都必须不允许再使用核武器。"保证这一点的唯一的方法是在有效的国际控制下，全面、不可逆和可核查地消除核武器"。②

1.252 人道主义后果运动继续加快步伐。2013年3月，挪威主办了一次关于核武器人道主义影响的会议，来自127个国家以及几个联合国组织、红十字会和民间团体的代表出席了会议。③2014年2月13日至14日，墨西哥主办了关于核武器人道主义影响的第二次会议，有146个国家、联合国、红十字会国际委员会、红十字会新月运动和民间团体组织出席会议。第二次会议在奥斯陆会议的基础上，分析了核爆炸所造成的公共卫生、人道主义救援、经济、发展和环境问题、气候变化、食物安全和风险管理领域的后果。④第

---

① "Chairman's factual summary," (Working paper), paragraph 9; Preparatory Committee for the 2015 Review Conference of the Parties to the Treaty on the Non-Proliferation of Nuclear Weapons, Vienna, 30 April-11 May 2012, NPT/CONF.2015/PC.I/WP.53; http://www.un.org/disarmament/WMD/Nuclear/NPT2015/PrepCom2012/documents.html。

② "核裁军人道主义层面的联合声明"。

③ http://www.regjeringen.no/en/dep/ud/selected-topics/humanitarian-efforts/humimpact_2013.html?id=708603。

④ http://www.sre.gob.mx/en/index.php/humanimpact-nayarit-2014。

三次会议于2014年12月8日至9日在奥地利维也纳举行，有158个国家出席，其中包括4个拥有核武器的国家（印度、巴基斯坦、英国和美国）。①《奥地利保证》委托奥地利与志同道合的国家合作，"填补禁止和消除核武器的法律空白"。②

1.253 在2013年的联合国大会第一委员会上，新西兰代表125个国家发表了一份声明，重申"为了人类的生存，在任何情况下，永远不再使用核武器"，"保证不再使用核武器的唯一方法是消除它们"。③在此次会议上，澳大利亚代表17个国家发表了一份（与新西兰）平行的声明，对新西兰的声明表示欢迎，对"核武器爆炸造成毁灭性即刻和长期的人道主人影响"表示关切。④一年之后的2014年10月20日，尽管澳大利亚主导的集团仍在坚持，⑤但是支持新西兰主导的人道主义后果声明的联合国成员国已经增加到155个。这让人回想起当年呼吁达成《全面禁止核试验条约》的一个类似决议，当时对它的支持逐渐、稳步增长，导致该条约最终于1996年获得通过。

---

① 维也纳会议主席的摘要详见：http://www.bmeia.gv.at/fileadmin/user_upload/Zentrale/Aussenpolitik/Abruestung/HINW14/HINW14_Chair_s_Summary.pdf。

② 见：http://www.bmeia.gv.at/fileadmin/user_upload/Zentrale/Aussenpolitik/Abruestung/HINW14/HINW14_Austrian_Pledge.pdf。

③《核武器人道主义后果联合声明》，2013年10月21日，http://www.un.org/ disarmament/special/meetings/firstcommittee/68/pdfs/TD_21-0ct_CL-l_New_Zealand-（Joint_St）。

④《核武器人道主义后果联合声明》，2013年10月21日，http://unrcpd.org/wp-content/uploads/2013/10/ND21_0ct_joint-statement.pdf。

⑤ 澳大利亚显然对保留新西兰文本中的"在任何情况下"的表述感到为难，认为陈述应该是这样的："为了人类生存，永远不要再使用核武器。"

第二章　核不扩散

2.1　概述

2.1　《核不扩散条约》（NPT）有一项非常直白的认识作基础：没有核武器的国家不试图去获取它，拥核国家在完成核裁军的道路上稳步前进，而所有缔约国都在核能的和平应用上通力合作。但多年来，一个令人担忧的义务不平衡却越来越明显。尽管不扩散义务是有法律约束力的，必须接受国际原子能机构（IAEA）的核查并在联合国安理会备案，但依照核武器国家（NWS，译注：指NPT缔约的五个核武国家）约定，核裁军承诺却是有条件的，不受国际组织的核查，也没有强制执行和时限。尽管核不扩散机制从NPT条约诞生之日起就在不断地加强（虽然还未达到必需的程度），但裁军的努力令人深深失望。

2.2　核武器国家在防止核扩散方面所作的强调和所赋予的意义，比他们在核裁军方面所做的要多得多。裁军被视作他们的内部事务，根据他们自己的条件和时间来安排。而另一方面，核不扩散却真的成了一个全球共担的责任。这一态度将核不扩散机制置于日渐增加的压力以及对主要是西方国家为增强核不扩散所作努力的强烈抗拒的情绪之中。尽管NPT在控制核扩散方面的至今记录良好，但是联合国时任秘书长科菲·安南的"威胁、挑战与改革问题高级别研究小组"在2004年12月就明确警告："我们正在一步一步走向一个关口，在这个关口，对不扩散制度的侵蚀可能变得无法逆转，导致扩散将会瀑布般奔泻。"

2.3　2010年NPT审议大会再次重申了以往审议大会上的号召，呼吁全球一致遵守条约；呼吁尚未行动的国家签署全面保障监督协定及其附加议定书并使之生效；呼吁对IAEA保障机制定期地进行评估审议；呼吁对和平目的的核活动中用的所有资源或特殊易裂变材料进行全面保障的应用。尽管在有些方面取得了一些进展，但总的来说，已取得的成绩显然不能令人满意。

2.4　保障机制。2010年7月1日—2014年11月20日，有7个国家的全面保障监督协定生效，有23个国家的附加议定书生效，但直到2014年11月20日，仍有12个NPT无核武器缔约国尚需将全面保障监督协定生效，5个有显著核活动的国家还未开始就附加议定书问题与IAEA进行谈判。虽然很多国家（尤其是核供应国集团的成员）认为附加议定书应当作为一个普遍承认并接受的核供应条件，但另一些国家（特别是不结盟运动的成员国）却强调附加议定书的自愿性，拒绝接受将附加议定书纳入现行的保障标准的努力，尤其是因为他们把这视作一些国家决心进一步加固核不扩散义务和核裁军义务之间的不平衡的证据。

2.5　IAEA正在逐步推进国家层面的保障监督方法的发展和执行。这是一个反复迭代式的进程，其中IAEA对所能获取的所有信息的分析是保障监督机制规划、执行和评估的基础，同时也是继续保障监督机制发展的基础——从完全依赖核材料衡算的体系到重点聚焦于探测的改革。通过在符合条件的国家推动"一体化保障监督"的采用（这是IAEA对该国不存在未宣布的核材料和核活动怀有信心的表现），国家层面的方法可以使IAEA"有区别地评估哪些国家的核项目会有更大的风险"，由此将其有限的资源最有效率地运用。有些国家把这种做法贴上了"歧视性"的标签，并呼吁这一体系的重心回归到传统的核材料衡算上来。

> 对保障监督和核查的总体评价为：**有些进展**。越来越多的全面保障监督协定和附加议定书已经生效，但有些国家想要将附加议定书作为现有保障标准的一部分的想法仍然遭遇很大阻力。IAEA推出的国家层面的保障方法被一些国家批评为带有歧视性（尽管是非强制执行的），他们希望获得足够的重视，使保障方法从信息主导和关注侦测的方法回到传统的核材料衡算的方式上来。

2.6 遵约和执行。2010年的NPT审议大会在应对缔约国不遵守条约或退出的行为方面毫无进展，尤其是在面临伊朗和其他不结盟运动国家的强烈反对的情况下。尽管联合国安理会通过了相关决议，对朝鲜在2006年、2009年和2013年进行核试验的行为提出了严正批评，但还并没有明确（如同国际核不扩散与裁军委员会报告中建议的）对未来可能的退出NPT行为"可初步认定为对国际和平与安全的威胁，并将由此带来《联合国宪章》第七章所含的有可能所有惩罚性后果"。

2.7 从2005年9月IAEA理事会最早发现伊朗违约的行为起，已经有六份联合国安理会决议指向伊朗，要求其停止核浓缩和后处理活动。从IAEA递交给理事会的定期报告来看，伊朗并没有暂停它的铀浓缩活动；它在一些未决问题上也没有给国际社会一个满意的答复，导致对其核项目可能的军事应用产生关切。根据全面保障监督协定，IAEA有权核查伊朗所宣布的未转移核材料是否属实。然而，它至今仍然无法给出一份对于伊朗不存在未宣布的核材料和核活动的确切证明，因此也没有办法得出结论说伊朗境内所有的核材料都是用于和平用途的。为换取部分制裁的解除，伊朗在2013年11月签署了一份临时协定，缩小了伊朗部分核活动和核材料的规模，但事实证明还是未能在已约定延期的截止时间——2014年11月24日之前，达成全面解决方案。伊朗和联合国安理会五个常任理事国（五常）和德国（五常加一）已经将谈判截止时间再延后到2015年6月30日。

> 对遵守和执行情况的总体评价：**没有进展**。2010年NPT审议大会在不遵守和退约问题上毫无进展，并且到目前为止无所作为。五常和德国通过谈判打破目前与伊朗的僵局的努力有了一些进展，但是还不足以在2014年达成协定。

2.8 IAEA的财力资源。近年来IAEA的经常性预算有一定程度的增长，但这未能持续，其经费仍不足，使IAEA难以完成其职责，也难以达到成员国的预期。重要项目仍需要预算外捐款的支持。与资金有关的讨论是复杂而带有政治性的。IAEA的压力在于要更具成本效益，同时又不能降低对保障执行的注意力。一部分国家希望该机构对核安保投入更多精力，而另一些国家，尤其是发展中国家，则认为这更像是进一步缩减了可用于发展核能和平利用的经费。他们希望将优先项目以及更多经费放在技术合作上。由于有些国家认为，IAEA因至少部分迫于预算压力而正在形成的国家层面的保障方法，是有歧视性的，并且是主观的、不可信的，这就使这一讨论更加复杂化了。

> 对IAEA的资金总体评价：**有些进展**。近年来IAEA的定期预算有了适度的实质性的增长，但是经费仍不充足，不足以完成它的职责，也难以达到成员国的预期。

2.9　出口控制。2010年NPT审议大会敦促所有成员国确保他们与核相关的出口没有被应用在核武器的发展，并鼓励他们在制定国家出口控制制度时吸收多边的指导原则和协定。现在越来越多的国家（即便不是国际出口控制体制的成员）正在运用这些指导原则。截至2014年5月，近九成的联合国成员国已经递交了关于履行或计划执行联合国安理会第1540号反恐决议条款的国家报告。但是，因为很多国家没有响应1540号决议委员会的要求递交进一步的报告，因此对于国家执行程度的判断是很困难的。

2.10　自核供应国集团在2008年决定免除印度对触发清单物项需应用全面保障监督的要求以来，围绕着这一最重要的核出口控制机制产生了争议。这引发了一系列问题，包括协定解释的一致性、核供应国集团指导原则应用的一致性，以及整个核不扩散体系的可信度问题，已经有国家批评NPT偏向核国家。

2.11　国际核不扩散与裁军委员会报告建议给核供应国集团与NPT之外的国家的合作协议制定一个"基于标准的方式"，从而可为按新规则进行进一步的例外安排确立条件，而不是按旧规则给予免除，可是，要说服巴基斯坦或以色列接受比印度更为严格的条款，或是让印度在已经获得满意的协议的情况下做出更多承诺，比如批准《全面禁止核试验条约》（CTBT）和停止未受保障监督的易裂变材料生产，都将会十分困难。中国决心向巴基斯坦提供更多核反应堆，这影响了核供应国集团的信用问题。2010年11月，美国声明支持印度加入核供应国集团和其他国际出口控制机制。尽管核供应国集团内部有支持印度加入集团的呼声出现，但并没有一致意见。

> 对出口控制的总体评价为：**有些进展**。越来越多的国家正在出口控制的制定中吸收多边指导原则。但核供应国集团2008年决定免除印度的全面保障监督要求，以及中国决定向巴基斯坦提供更多核反应堆，这些都破坏了这一关键机制的可信度，并在给与NPT之外国家的合作协议基于标准的方式上毫无进展。

2.12　无核武器区。2010年NPT审议大会鼓励进一步建立无核区，并鼓励核武器国家批准现有无核武器区条约中与其相关的议定书。现在已有建议要在东北亚和北极设立无核武器区。俄罗斯在2011年4月批准了《佩林达巴条约》的第一号和第二号议定书，5个核武器国家都在2014年5月签署了中亚无核武器区第一号议定书。美国总统巴拉克·奥巴马已经向美国参议院递交了《拉罗汤加条约》和《佩林达巴条约》的议定书以寻求批准，但还没有迹象表明该议定书能获准通过。

2.13　2010年的NPT审议大会重申了1995年有关中东地区决议的核心重要地位，并呼吁联合国秘书长在2012年召开会议，邀请所有中东国家参加，探讨在中东构建一个无核武器和大规模杀伤性武器区。原定于2012年12月17日在赫尔辛基召开的一次会议被延期举行。各方对这次会议的安排已有某些有限的进展，但是关于何时召开却没有达成一致。众所周知，在中东的安全和政治大环境下建立无核武器区是一项艰巨的任务，但若会议无法召开，将会对NPT2015年的审议进展产生负面影响。

> 对无核武器区的总体评价：**进展极小**。没有新的无核武器区建立。只在议定书的批准方面有一些动作。NPT审议大会敲定的2012年召开的中东无核武器区会议被延期。关于这次会议的安排已有某些有限的进展，但是关于何时召开却没有达成一致，这会对2015年NPT审议大会产生负面影响。

2.14　其他核不扩散机制。在2003年，针对预防大规模杀伤性武器及其运载系统和相关材料向受关切的国家和非国家行为体的运输，美国提出防扩散安全倡议（PSI）。这一倡议已经得到超过100个国家的支持。国际核不扩散与裁军委员会建议防扩散安全倡议"应在联合国系统下重组，成为一个中立组织"，但这条建议目前为止还没有被认真考虑。

2.15　具有核性能的导弹的扩散持续引发关切。在这些技术得以持续传播，但尚无专门管理导弹研发、试验、生产、获取、转移、部署或使用的全球性文书的情况下，国际社会试图制定各种方法来增加透明度，抑制或制止导弹扩散的速度。这些努力都有了一定的收获。然而，在过去的十年里，许多国家已获得了近程和中程弹道导弹的技术，而印度、伊朗、以色列、朝鲜和巴基斯坦则一直在发展远程弹道导弹的能力。

> 对其他不扩散机制的总体评价：**有些进展**。防扩散安全倡议已经得到超过100个国家的支持，这使得与大规模杀伤性武器相关的非法运输变得更难。然而，尽管有许多尝试性的约束，弹道导弹技术还是在继续扩散。

2.16　核试验。在2010年NPT审议大会上，核武器国家承诺将"尽快地"批准CTBT并在此同时不开展核试验。在5个核武器国家中，中国和美国尚未批准CTBT。在2010年5月尚未批准CTBT的9个附件二国家当中，只有印度尼西亚一个国家后来批准了。许多美国参议员仍然坚持反对美国批准，而且提案若遭到参议院第二次反对，这对CTBT的最终生效的前景将是一个重大挫折。所有5个核武器国家都在继续自愿暂停核试验，但是至少三个国家（俄罗斯、英国和美国）（可能还有中国），开展了少量核材料"在临界点以下"的试验——在高度的压力下使用了常规炸药，没有产生持续的核连锁反应。在拥有核力量的非NPT缔约国里，除朝鲜以外都自愿暂停了核试验，但朝鲜却在2013年进行了又一次核试验，并威胁还要进行多次。

> 对核试验的总体评价：**进展极小**。在2010年5月尚未批准CTBT的9个附件二国家中——其中包括美国、中国、印度、巴基斯坦和以色列，只有一个国家（印度尼西亚）后来批准了这个条约。不过，除朝鲜外的所有核武装国家都仍维持自愿暂停核试验，朝鲜则在2013年进行了又一次核试验，并威胁还要进行多次。

2.17　易裂变材料。在2010年NPT审议大会上，所有国家都同意裁军谈判会议应当"立刻开始就禁止为核武器或其他核爆炸装置生产易裂变材料条约进行磋商"，他们还邀请联合国秘书长在2010年9月召开了一次高层会议，来支持裁谈会的工作（行动15）：会议如期举行但是收效甚微。自从1996年完成CTBT谈判后，裁谈会还没能够在哪一年执行其工作方案。近年来，巴基斯坦始终在阻止采纳裁谈会的任何工作方案，因为如果不先就条约应包含现有武器级易裂变材料库存达成一致，它是不会同意"禁产条约"（FMCT）谈判的，它认定在这一方面它与印度相比处于劣势。

2.18　在5个核武器国家中，只有中国还没有宣布停止生产武器用易裂变材料。美国声明其拥有210t军用需求外多余高浓铀。俄罗斯已将核武器上分离出的高浓铀转化为低浓铀，并通过美俄高浓铀交易协议将其卖给了美国用于核能发电站。在2013年11月计划结束时，一共清除了500t原武器中的高浓铀，这大约相当于20000枚核武器的含量。

2.19　俄罗斯、英国和美国都表明有军事需求外的多余钚。美国和俄罗斯在2000年9月签署了《钚管理与处置协议》（PMDA），并有意向安排从

2018年开始，在IAEA的监督下，通过将其转化为混合氧化物燃料并用于核电反应堆的方式，承诺每方处置34t多余武器级钚。中国和法国都声称在国防需求之外没有多余的易裂变材料库存。

2.20 中国被认为未再生产核武器用的高浓缩铀和武器级钚，尽管它自己并没有声明。然而，之前被用于这些用途的设施目前的状态并不清楚。法国位于马尔库尔和皮埃尔拉特的军用易裂变材料生产设施已经被拆除。俄罗斯的铀浓缩工厂现在已经被标记为民用设施，它最后一个在运转的钚生产反应堆也在2010年关闭了。英国唯一的本土高浓缩铀源在1962年停止了高浓缩铀生产，在1982年正式关闭，现在也一直处于停用状态。其原先关闭的钚生产反应堆成为英长期停止使用计划的对象。

2.21 大部分美国的高浓缩铀是在两个气体扩散厂中生产的，它们都在1964年停止了用于武器的高浓缩铀生产。其中一个正在拆除的过程中，另一个在2010年被批准净化并退役。美国最后的14个钚生产反应堆在1987年关闭了。美国也已经开始解除萨凡纳河流域上5个重水钚生产反应堆的运转。汉福德9个反应堆中的5个也在2005年被"隔离保护"起来。另一个目前正在建造隔离保护设施，接下来还有两个也在计划中。最后剩下的一个反应堆将被改建为博物馆。

> 对易裂变材料的总体评价为：**进展极小**。在开展全球性禁止核武器用途的易裂变材料生产的谈判方面毫无进展——这是核不扩散和核裁军政策目标的一项核心。非NPT缔约的核武装国家目前在这些生产方面发展显著，但即便加上核武器储备，他们的库存量还是远远低于NPT缔约的核武器国家。核武器国家已经有许多年没有生产新的高浓缩铀和武器级钚，他们之中至少有4个国家已经将原本为这些目的而建的设施关闭或改作他用；中国的情况还不清楚。俄罗斯和美国正在减少多余高浓缩铀的库存，并有了一个已经生效的多余钚处置协定。

2.2 目标与总体战略

2.22 所有核不扩散努力最为重要的目标，就是确保不再有国家寻求获得或者成功获得核武器。从NPT条约和审议大会的成果以及国际委员会的报告中的语言，可将支持这一目标的战略提炼如下：

- 各种表现形式的保障监督；

  — 遵守与执行；

  — IAEA；

  — 出口控制；

  — 无核武器区；

- 防止现有NPT成员国中的无核武器国家出现反弹，比如伊朗；

- 找出新的创新机制与方案，以使非NPT缔约国的核武装国家（印度、以色列和巴基斯坦）能够参与到类同于NPT的全球准则中来；

- 确保CTBT生效；

- 缔结"禁产条约"。

2.23 NPT条约和审议大会成果。在NPT的第一条到第三条中，列出了国家的核不扩散义务。在第一条中，每个有核武器的缔约国承诺不转让核武器或其他核爆炸装置，并不协助或鼓励任何无核武器国家制造或以其他方式取得这种武器。第二条则要求每个无核武器的缔约国承诺不接受、制造或以其他方式取得核武器或其他核爆炸装置。

2.24 在第三条第一款中，无核武器的缔约国同意接受按照IAEA的保障监督制度来核查本国根据本条约所承担的义务的履行情况；第三条第二款则约束缔约国不将源材料、特种可裂变材料，或"特别为加工、使用或生产特种可裂变材料而设计或配备的设备或材料"提供给任何无核武器国家，除非这种源材料或特种可裂变材料"受本条所要求的各种保障措施的约束"。

2.25 与第六条中的裁军承诺类似，这些义务在这些年来通过一系列条约审议大会逐渐成形。在这一点上，在1995年NPT审议和延长大会中采纳的《核不扩散与核裁军的原则和目标》有着特殊重要性。其申明了以下问题的重要性：

- 普遍遵守该条约；

- IAEA作为负责核查各国根据条约第三条第一款签署的保障监督协定的义务遵守情况以及调查和报告明显或可能违约情况有决定权的机构；

- 还未完成此项工作的缔约国应签署第三条所要求的全面保障监督协定并使其生效；

- 应定期审议IAEA保障监督制度，持续增强其有效性，以及增强机构侦测未申报核活动的能力；

- 非NPT缔约国加入IAEA全面保障监督协定；

- 作为新的核供应安排的条件之一，应接受IAEA全面保障监督机制[①]以及有国际法律约束力的不获取核武器或其他核爆炸装置的义务；

- 把军用转为和平用途的易裂变材料置于机构的保障监督之下；

- 维持安全、衡算、核材料实物保护和运输等各方面的高标准；

- 确保IAEA拥有其有效执行职责所需的财务和人力资源。[②]

2.26 这些原则和目标在后续的NPT审议大会中大都得到了重申。正如下文进一步讨论的，通过IAEA附加议定书范本的出现，这些原则和目标得到了加强，但由于全面保障条款作为核供应的前提条件的削弱而有所弱化。

2.27 在过去的十年里，核不扩散和核安保的目标有了更多重合点，在后"9·11"的环境中，核安保问题得到了更多重视。与这一趋势相符，在2010年NPT审议大会的最后文件中，在核不扩散项下将近三分之一的行动要点是核安保事项（在下一章中单独论述）。其中，大会鼓励各国"保持尽可能高的核材料和核设施安全和实物保护标准"（行动40）；呼吁《核材料实物保护公约》（CPPNM）所有缔约国尽快批准该公约的修正案，并鼓励它们

---

① "全面保障监督"（有时亦称"全范围"保障监督）的目的是为了核查核材料并没有从民用转用于核武器或其他核爆炸装置，其基本保障措施是通过现场核查进行核材料衡算，也通过控制和监视方法予以支持（比如密封和摄像措施）。因其要求一国当前的和未来的核活动都应接受保障监督，故称之为"全面"。

② 联合国文件NPT/ConF.1995/32（第一部分），附录：决定二：核不扩散与核裁军的原则和目标。

在修正案生效前，根据修正案的目标和宗旨采取行动（行动42）；①呼吁所有缔约国"提高在其境内查明、阻止和中断核材料非法贩运的国家能力"（行动44）；以及鼓励尚未加入《制止核恐怖主义行为国际公约》（ICSANT）的所有缔约国尽快加入本公约（行动45）。

2.28　国际委员会。联合国秘书长2004年的威胁、挑战与改革问题高级别研究小组报告中认定了对核不扩散体系的两大主要威胁。一是NPT缔约国利用这一条约来发展完整的或是初步的核武器能力，计划在被发现并受到谴责时，或是在可以进行武器化的时候，便退出这一条约。②朝鲜在2003年确认退出NPT，并在2006年、2009年和2013年开展核武器试验，便是这方面的一个实际例证，现在也有某种担忧认为伊朗会是另一个这样的例子。

2.29　第二个也与此紧密相关的对核不扩散体系的威胁在于整个体制有可能崩溃。在对于NPT法律性和规范性约束力的信心受到侵蚀的情况下，可能导致核武器瀑布式大扩散（先进核技术与军民两用技术的不断传播使之更易发生）美国和其他国家在20世纪60年代，在NPT谈判和通过之前就有这样的预测。③

2.30　各类关于核不扩散与核裁军的国际委员会（包括1996年的堪培拉委员会、2006年的布利克斯委员会、1999年的东京论坛、2009年的国际核不扩散与裁军委员会，以及拥有更宽泛职责的2004年的威胁、挑战与改革问题高级别研究小组）都在很大程度上同意推进有效核裁军、预防核武器扩散和增强全球不扩散规则等方面所需要采取的行动步骤。在它们共同主题中最显著的是呼吁：

● 一个强有力的IAEA，拥有足够的权威和资源来全面而有效地履行其

---

① 《核材料实物保护公约》适用于用于和平用途的核材料的国际运输。该修正案会扩大此公约的涵盖范围，尤其是针对在国内使用、储存与运输的核材料开展实体保护，以及防止核材料和设施受到蓄意破坏。
② 《一个更安全的世界：我们的共同责任》。威胁、挑战与改革问题高级别研究小组报告（纽约：联合国，文件A/59/562，2004年12月2日），第38页，第108段。
③ 《一个更安全的世界》，第38-39页，第109~111段。

职责；

● 更强的保障监督机制，包括争取对全面保障监督协定和附加议定书的全球支持、签署与生效，将其作为新的全球保障标准——特别是在1997年附加议定书范本出现之后应逐渐变得更为有力；

● 将核燃料循环的多边化（国际燃料库、浓缩、燃料后处理以及废燃料储存设施）作为减少扩散风险的一种方法——通过减少各国建立国家级燃料循环设施的动因；

● 随着替代方法的出现，在民用研究项目中逐步淘汰高浓铀（以及在能源项目中淘汰分离钚）；

● 由联合国安理会牵头负责，坚决要让退出NPT的前缔约国为其在缔约期间做出的违约行为负起责任。

2.31　在2010年5月NPT审议大会准备阶段发布的国际核不扩散与裁军委员会报告做了以下建议：核不扩散努力应同时关注供求两个方面，方法包括"说服各国核武器并不能使其国家安全或其他利益得到提升"，以及使"各国购买或制造核武器变得尽可能地困难"（建议4）。报告建议了四项保障和执行重点（建议41）供大会参考：

● 建议所有国家接受附加议定书，并鼓励其获得全球性采用，接受附加议定书应成为国家核出口的前提条件；

● 发布宣言，明确退出NPT的前缔约国无权将其缔约期间获得的核材料、设备和技术用于非和平目的；

● 建议安理会明确，退出NPT将可初步认定为对国际和平与安全的威胁；

● 建议各国将以下条款作为核出口的一个前提条件——在任何退约情况下保障监督协定都继续有效。①

2.32　除了第一个建议有部分成为成果文件外（行动28"鼓励各国……

---

① 国际核不扩散与裁军委员会（加雷斯·埃文斯与川口顺子联合主持），《消除核威胁：全球决策者们的一份务实议程》（堪培拉和东京：核不扩散与核裁军国际委员会，2009年），第257~258页。

签署附加议定书并使之生效"，行动30则支持全球在一个无核世界中运用全面保障监督和附加议定书），其他建议都未能进入NPT审议大会成果文件。对附加议定书和全面保障监督协定的这种根深蒂固的抵触，不愿支持其成为现有保障标准，以及不结盟运动中强硬成员反对在不遵守和退出问题上出现任何形式的进展，将在下文论述其原因。

2.33　认识到NPT条约之外的三个核武装国家——印度、巴基斯坦和以色列——不太可能在"短期内"加入条约，国际核不扩散与裁军委员会的报告建议鼓励三国加入"会有相同核不扩散与核裁军义务的并行的文书和安排之中"（建议17），并建议"只要三国满足硬性的客观标准，展现出对核裁军和不扩散的承诺，并签约承担这一领域特定的未来义务"，它们就可以拥有NPT同等的用于和平目的的核材料和技术（建议18）。

2.34　在多边核不扩散与核裁军的进程中，想要容纳那些被NPT定义排除在核武器国家范围（1967年1月1日前制造并试爆核装置）之外的拥核的IAEA成员国，这并不容易，它们也不太可能作为非核武器国家加入这一条约。目前，这一努力在很大程度上是由印度推动的（涉及印度希望正式成为核俱乐部的一员，以及美国与此一致的商业和战略目标），这对于条约阐释的一致性和核供应国集团指导意见的阐释和运用一致性都已经提出了一些问题，并在那些批评NPT对"有核"国家有偏向的国家中，对整个核不扩散机制的可信度也成问题。另外，与印度新的核合作在核不扩散与核裁军方面至今并没有带来什么实质收益，例如，印度暂停为核武器用易裂变材料的生产或签署CTBT。

2.35　国际核不扩散与裁军委员会报告意识到这些问题，建议核供应国集团与NPT之外国家采取"基于标准的方式开展合作"（建议15），从而可为按新规则进行进一步的例外安排确立条件，而不是按旧规则给予免除，但是目前这一做法尚未被采纳。与印度、巴基斯坦和以色列的交流应以互惠为基础，在这些国家接受关键的NPT同等核不扩散与核裁军义务的情况下，才可以开展民用核合作。为使这样的安排能够起效，应制定一套新的国际文书，因为非NPT的核武装国家根据定义是无法加入NPT的。①核供应国集团的有关问题将在本章后边作进一步论述。

2.3　《不扩散核武器条约》的保障监督与核查

2.3.1　"全面"保障监督机制：传统的材料衡算

2.36　根据NPT第三条第一款，IAEA负责与无核武器缔约国进行保障监督制度安排的谈判，此安排允许该机构核查他们对条约各项义务的履行情况，"以防止将核能从和平用途转用于核武器或其他核爆炸装置。"②

2.37　《全面保障监督协定》(INFCIRC/153)。在全面保障监督协定框架下，各国承诺接受"针对对其领土范围内的、受其管辖或在其控制下的任何地方进行的一切和平核活动中的一切源材料或特种易裂变材料"的保障监督，"实施专为核查此类材料不被转用于核武器或其他核爆炸装置"。《全面保障监督协定》的目的是"早期查出这种危险"以阻遏其转用。③其基本保障方法是通过现场视察开展的核材料衡算，并予以控制和监视（比如说，封隔和摄影）。

2.38　2010年NPT审议大会重申了前几次审议大会的呼吁——应在和平核活动中的一切源材料或特种易裂变材料中应用全面保障监督机制（行动24），还呼吁尚未行动的国家在IAEA的协助下（行动29）实现全面保障监督协定生效（行动25）。

2.39　在与尚未行动的NPT非核武器装缔约国完成全面保障监督协定谈判方面，已经取得了持续进展。在2010年7月1日到2014年11月20日期间，全面保障监督协定在7个国家生效（安哥拉、波黑、黑山、莫桑比克、刚果共

---

① 参见约翰·卡尔森，"将NPT相关承诺扩展到非NPT缔约国的挑战与机遇"，亚太领袖网络/核不扩散与核裁军中心《政策简报》第15期（堪培拉：核不扩散与核裁军中心，2014年9月）。
② IAEA文件INFCIRC/153，基本承诺。
③ IAEA文件INFCIRC/153，第28段。

和国、多哥和瓦努阿图）。在同时期内，未使全面保障监督协定生效的国家数目降至12个，其中有6个已签协定但尚未生效。[①]截至2014年6月30日，181个国家（以及中国台湾）同IAEA签署保障监督协定已生效。

2.40　小数量议定书（SQPs）。根据小数量议定书，一国若有很少或没有核活动，就可免受其全面保障监督协定中规定的大多数保障程序约束。2005年由IAEA理事会批准通过的小数量议定书修订版标准文本中，缩小了免除范围，一国若已有核设施或正在计划中，则不能免除。小数量议定书修订的特别重要意义在于赋予IAEA权限，可使之通过视察来核查小数量议定书国家的初始库存报告。

2.41　2010年NPT审议大会鼓励所有尚未行动的小数量议定书的缔约国"修订或解除该议定书"。在2010年7月1日至2014年8月5日间，有少数议定书在14个国家进行了修订（安道尔、安提瓜和巴布达、萨尔瓦多、加蓬、冈比亚、危地马拉、科威特、毛里塔尼亚、摩尔多瓦、新西兰、巴拿马、圣马力诺、斯威士兰和津巴布韦）。同一时期，加纳和尼日利亚解除了其小数量议定书。截至2014年9月26日，60个国家接受了符合理事会批准的修改文本的小数量议定书。[②]

2.42　自愿提交协定。根据自愿提交协定，IAEA从核武器国家的合格设施清单上选取设施，并针对该设施的核材料实施保障监督。这种保障的目的是"核查确证核材料未从和平活动中撤回，除本协定规定的情况外"。选择特定一个设施的出发点之一是其"可以满足从该国其他已完成协定中产生的法律义务"的能力。[③]五个核武器国家都有自愿提交协定和附加议定书在生效。

2.43　2010年NPT审议大会呼吁在核武器国家的和平核设施中更广泛地应用保障监督机制（行动30）。但是在此之后，在自愿提交协定约束的国家

---

① 网址：<http://www.iaea.org/Publications/Factsheets/English/nptstatus_overview.html>。
② 联合国文件GC（57）/RES/13，2013年9月，联合国文件GC（58）/RES/14，2014年9月。
③ IAEA保障与核查：《2010年保障声明》，第7页，网址：<http://iaea.org/OurWork/SV/Safeguards/es/es2010.html>。

中，并没有看到民用核设施的保障应用范围有所扩大。在核武器国家中更广泛地应用保障监督，会要求IAEA的保障预算显著增加，这在目前看来是不可能的。

2.44　INFCIRC/66/Rev.2.文件。根据以文件INFCIRC/66/Rev.2（1965年）为基础的保障监督协定，它只运用于三个非NPT缔约国的核武装国家（印度、以色列和巴基斯坦）的特定核材料、设施及其他项目，以此保证其仅用于和平用途。这些协定对于核武器项目并无实质性影响。

2.3.2　附加议定书：核实不存在未宣布的活动

2.45　在20世纪90年代，推动更强势的保障监督机制出现了较大的紧迫性，因为有证据显示伊拉克有着秘密的核武器项目，朝鲜的初始保障信息宣布中有着不符事实的地方。[①]作为回应，IAEA理事会在1997年5月批准了附加议定书范本（INFCIRC/540），给予IAEA进入更多相关站点获取更多信息的权限。

2.46　全面保障监督协定和附加议定书的生效和全面执行，可使IAEA既能核查所公布的和平用途核材料不被转用，又能确定是否有未宣布的核材料和核活动迹象。

2.47　国际核不扩散与裁军委员会报告建议所有国家都接受附加议定书并应用，并且将加入此议定书作为所有国家核出口的一个前提条件（建议5和41）。尽管很多国家，特别是核供应国集团的成员国，都在主张附加议定书应被普遍承认并接受，作为核供应的一个条件，而其他一些国家，特别是不结盟运动的一些国家否定将附加议定书作为现有保障标准的努力，主要原因是它们把这一行为视作一些国家决心要进一步加固核不扩散义务和核裁军义务之间的不平衡的证明。

---

① 杰克·博瑞斯顿和查尔斯·D·弗格森，"增强核保障：以特别委员会来拯救局面？"http://www.armscontrol.org/act/2005_12/DEC-Safeguards。

2.48　因此，2010年NPT审议大会仅仅同意"鼓励"尚未行动的缔约国"尽快签署附加议定书并使之生效，并在生效之前先暂时执行起来"（行动28）。不过，大会主席在条约运行情况的概述中提到，"诸多"国家认为全面保障监督协定和附加议定书合在一起是IAEA保障体系的有机组成部分，以及两项协定中包含的措施代表着"有所提升的核查标准"。①尽管应由各国自行决定是否缔结附加议定书，但使议定书生效是一种法律义务。同时，在呼吁"核武器国家中的和平用途核设施更广泛地接受保障监督机制"时，大会对于"**一旦实现核武器的完全消除**，全面保障监督机制和附加议定书就应得到普遍应用"这一点达成了一致（行动30；重点由笔者添加）。

2.49　在2010年7月1日至2014年11月20日间，以附加议定书范本为基础的各项附加议定书在23个国家生效。②在IAEA的总计162个成员国中，147个国家已经签署了附加议定书，或是已经就附加议定书得到了IAEA理事会的批准。截至2014年11月20日，124项附加议定书得到生效。近九成拥有显著核活动的NPT非核武器缔约国都已有附加议定书生效。同一时期里，几内亚（2011年）、几内亚-比绍（2013年）、缅甸（2013年）和老挝人民民主共和国（2014年）已签署附加议定书但尚未生效。③五个NPT缔约国和三个拥有显著核活动的非NPT缔约国都尚未与IAEA启动附加议定书谈判。④

---

① 联合国文件NPT/CONF.2010/L.2（2010年5月27日）：最终文件：第一部分：条约实施情况审议，第18和19段。

② 阿尔巴尼亚、安道尔、安提瓜和巴布达、巴林、波斯尼亚和黑塞哥维那、哥斯达黎加、冈比亚、印度、伊拉克、吉尔吉斯斯坦、墨西哥、摩尔多瓦、黑山、摩洛哥、莫桑比克、纳米比亚、刚果共和国、圣基茨和尼维斯、斯威士兰、多哥、阿联酋、瓦努阿图和越南。

③ 网址：<http://www.iaea.org/safeguards/documents/sir_table.pdf>。一项有关格陵兰岛的丹麦附加议定书在2013年3月生效。

④ 阿根廷、巴西、埃及、以色列、朝鲜、巴基斯坦、叙利亚和委内瑞拉。巴西和阿根廷声称——尽管不太让人信服——作为巴西-阿根廷核材料衡算和控制机构（ABACC）的成员，他们面对附加议定书处境特殊。设施内的全部核材料，或者是在设施外地点中的超量核材料（只要超过文件INFCIRC/153第37段中的可免除额度上限），都属于"显著核活动"范畴。以色列和巴基斯坦都不是NPT缔约国。

2.3.3 "国家层面"和"一体化"的保障监督：聚焦探测和信息驱动

2.50　2010年NPT审议大会呼吁就IAEA保障机制做定期评价和评估（行动32）。IAEA保障机制并不是一成不变的，随着时间流逝出现各种新的挑战，保障机制也做出了相当多的改变。最近保障机制发展的两个重要因素，一是附加议定书的发展以加强IAEA探测未宣布的核材料和核活动的能力，二是转向"国家层面"的做法，以提升保障机制的有效性和效率。

2.51　直到第一次海湾战争（1990—1991年），IAEA的保障机制都主要关注有关国家所公布的核材料和设施。这一做法未能探测到萨达姆·侯赛因秘密寻求核武器的行动，朝鲜、伊朗、利比亚和叙利亚也没有公布本国的全部核活动。

2.52　为了挽回自身受损的可信度，IAEA在理事会的支持和参与下，开始制定可选的、更可靠有效的视察做法，用以探测未宣布的活动。由于各地在建和运行的反应堆越来越多，需受保障机制约束的设施数目和核材料数量也不断增加，这一视察需要的紧迫性也与日俱增。但IAEA的反应受制于以下四个因素：更多商用规模的核燃料循环装置在建；更多设施和材料置于IAEA保障监督之下；IAEA的资源没有，在可预见的将来也不太可能有相应的增加；以及多数国家在负责任地管理和平用途的核活动方面有着可证实的记录。将这四个因素综合来看，IAEA若想要更有效和高效地运行，就不得不在运作中要更有针对性，专注于存在可能关切的国家中，而不是四处分散注意力，将其不足的资源散落在机械化地视察每一个有核设施和核活动的国家。

2.53　在过去二十多年中，这一动因促使IAEA逐步地制定和实行现在称之为"国家层面"的方法来计划、执行和评估保障机制。这是一种反复迭代的进程，其中计划未来保障目标和活动的基础是对IAEA所能获取的所有信息的评估（即，信息不仅由当事国本身提供，也会来自于其他国家，也包括从视察和访问、商业卫星图像，以及诸如核贸易和非法贩卖的国际数据库等途径获取的信息）。IAEA认为，国家层面做法拥有弹性，能够对变化做出应对，因此有助于确保对国际社会所作的和平利用核能的保证是可信的、实时的。①

2.54　作为这一做法的重要一步，截至2014年11月，一体化保障（"在全面保障监督协定和附加议定书框架下，IAEA可用的所有保障方法的最优组合"②）在53个国家得到执行，比2010年增加了6个国家。一体化保障方法的采用，是IAEA对一国不存在未宣布的核材料和核活动有信心的表现，因而允许对某些设施采用缩减的保障方法。这可以使IAEA对可能的未公开活动投入更多注意力，通过"有区别化地评估哪些国家的核项目会有更大的风险"，将其有限的资源最有效率地运用。③

2.55　有一些国家对国家层面/一体化保障提出了关切，包括提到这样的做法与其说是有针对性，不如说是有歧视性，以及国家层面这个概念的制定并没有充分引入IAEA理事会的参与。它们呼吁IAEA保障操作回到基于核材料衡算的系统。也有一些关切认为IAEA可能会被最有力量的国家或者其最强大的资金支持者挟持。IAEA和伊朗的最近冲突历史也被一些国家放到这一说法中来讨论，认为IAEA的核扩散判断会被"主观的结论和未充分查证的第三方信息"所误导。④然而，IAEA增强保障体系和制定"国家层面"方法的工作早在2005年IAEA理事会初步发现伊朗违反保障机制之前就已经有良好发展了。

2.56　在2012年IAEA大会上采纳的一项决议要求IAEA总干事"向理事

---

① 联合国文件GC（55）/16，2011年7月26日。

② 国际核核查系列第三期"前言"，《IAEA保障术语汇编》，2001年版（维也纳：IAEA，2002年）。

③ 马克·希波斯，"IAEA保障机制计划"，2012年11月20日，网址：<http://carnegieendowment.org/publications/index.cfm?fa=view&id=50075 >。

④ 希波斯，"IAEA保障机制计划"。

会就保障机制国家一级方法的概念化和发展情况做出报告。"①在2013年8月根据这一要求做了报告。作为对持续关切的回应，总干事在2014年9月又进一步对理事会做了报告。机构认为国家层面方法对于保障体系的未来效力和效率而言都是至关重要的。IAEA和成员国之间的协商还在继续，旨在明确与"国家层面"概念有关的各项事宜。IAEA总干事天野之弥曾强调说："国家层面这个概念并不是、也不会意味着对某一部分国家或者本机构的某一部分带来任何附加的权利或义务，也不涉及对现有权利和义务的阐释做出任何修正。"②

2.57　增强科技基础。2010年NPT审议大会鼓励各国"通过成员国之间以及与IAEA的合作，进一步发展用以先进保障的强健的、灵活的、有适应性的、经济高效的国际科技基础"（行动34）。为了维持保障的有效性并控制其成本，以及为应对未来的保障挑战，比如易裂变材料禁产条约的核查，增强IAEA的保障科技基础是至关重要的。还有一个挑战就是需要确保IAEA可以调用足够数量的专家人员，使之能够履行其保障任务。

2.58　IAEA在继续执行其《2012—2017年中期战略》以及其保障监督司的《2012—2023年长期战略计划》。后者提出了一个概念性框架，涵盖保障执行、法定权力、技术能力（专家资源、设备和基础设施）和为本机构核查工作顺利开展而必需的人力、财力资源。③持续的预算压力导致机构依赖于成员国的支持以开展保障研究、发展和执行支持等需求。

2.59　IAEA在广泛战线上开展工作，来增强保障系统的有效性和效率。除了附加议定书、针对小数量议定书的行动以及国家层面做法的发展之外，在核设施层面也在寻求改进，比如通过远程监督、双重封隔和监视等技术。IAEA在继续为保障新型设施和燃料循环做准备，比如说地质处置库、高温

---

① 联合国文件GC（56）/RES/13，2012年9月。

② 致IAEA理事会的介绍性声明，2014年9月15日。

③《2012—2023年长期战略计划》的摘要可见网址：<http://www.iaea.org/safeguards/documents/LongTerm_Strategic_Plan_（20122023）-Summary.pdf>。

冶金处理厂和激光浓缩设施等。对IAEA保障信息技术系统的彻底改进会包括加强对密级信息的保护——这也是一些IAEA成员国提出的关切。运用从航天和卫星传感器传来的高分辨率商业卫星图像也在继续带来效用和效率方面的好处。2013年，IAEA从22个不同的对地观测卫星获取了460张商业卫星图像，以支持保障核查活动。①拥有多个不同的图像提供国，可使IAEA有更大信心认为图像是精准的，其中没有为了强化哪一国的主张而被篡改的部分。

2.60　通过其"创新核反应堆和燃料循环国际项目"以及通过与第四代核能系统国际论坛的合作，IAEA致力于提升针对未来核能系统的保障。IAEA针对核材料和环境样品做分析的能力也在得到提升，包括通过计划于2015年中期完成的"提升保障分析服务能力"项目。②

2.61　推广和促进工作。正如IAEA自己观察到的，"原子能机构保障的有效性和效率在很大程度上取决于国家核材料衡算与控制系统和地区核材料衡算与控制系统的有效性以及负责保障执行的国家当局或地区当局（SRAs）与原子能机构的合作水平。"③为此，IAEA在国际、地区和国家层面都在为负责保障执行的国家当局或地区当局相关人员提供培训。在2012年3月，IAEA发布了综合的"国家执行全面保障监督协定及附加议定书指导原则"。另外，IAEA咨询顾问服务可以针对国家核材料衡算与控制系统的建立和加强为各国提供顾问和建议。自项目于2004年启动至2014年6月底，总计已经开展了19个此类任务团的工作。

2.62　IAEA继续鼓励并促进更广泛的遵守保障机密行为，这与大会的GC（44）/RES/19号决议（2000年9月）所罗列的行动计划以及IAEA在2010年9月经过更新的"促进缔结保障监督协定和附加议定书行动计划"相一致。GC（44）/RES/19 号决议中呼吁：

---

① 联合国文件GC（58）/16，2014年8月5日。
② 联合国文件GC（58）/16，2014年8月5日。
③ 联合国文件GC（58）/16，2014年8月5日。

● 总干事进一步努力同各国，特别与那些拥有重要核活动的国家缔结保障监督协定和附加议定书行动；

● 原子能机构及成员国就如何缔结和实施保障监督协定和附加议定书向其他国家提供协助；

● 成员国及秘书处在努力促进缔结保障协定和附加议定书方面加强协调。①

2.63　IAEA在2014年6月的执行情况报告中汇报了IAEA"促进缔结保障监督协定和附加议定书行动计划"正在进行的执行细节。其中包括自2010年6月以来开展11项地区间、地区内和次地区内的推广活动，以及与IAEA成员国和非成员国开展的磋商活动。2014—2015年度的计划活动包括在亚洲、太平洋和加勒比海地区开展地区推广活动，推动全面保障协定和附加议定书缔结生效工作及小数量议定书修订工作，以及持续的双边推广行动。②

2.64　在地区层面，亚太核保障网络（APSN）在2009年10月1日正式投入运行，并在2014年8月至9月间举行了第五次全体大会。该网络的主要目标是"与IAEA紧密协作，通过培训、职业发展、经验分享等活动，增强在亚太地区保障体系执行的质量、有效性和效率"。③亚太核保障网络力求"在有意于提升保障能力的国家间共享核保障信息、知识及操作经验"。在全体大会之外，亚太核保障网络也在2012年开展了技术专题研讨会和磋商活动，并发布了一份报告——"保障监管机构的基础及良好实践"。④

---

① 联合国文件GC（55）/16，2011年7月26日。

② IAEA，"旨在推动保障协定和附加议定书缔结的行动计划"（2013年7月1日到2014年6月30日），第2、3页，网址：<www.iaea.org/safeguards/documents/sg_actionplan.pdf>。

③ 约翰·卡尔森，"通过地区合作加强保障：建立亚太保障网络"，网址：<http://www.dfat.gov.au/asno/publications/strengthening-safeguards-through-regional-coopeartion>。

④ 网址：<http://www.apsn-safeguards.org/resources.htm>。

2.4 《不扩散核武器条约》的遵约与执行

2.4.1 总体遵约情况

2.65 在确定一国是否遵守其保障义务方面，IAEA拥有相关职责、权威以及专业知识。联合国安理会对强制执行负有责任。根据IAEA《规约》的第七条C款，本机构的核查人员须向总干事就任何国家不遵守保障义务的情况做出报告。之后，报告会转呈理事会，由理事会转交所有成员国、联合国安理会和联合国大会。安理会作为保障遵守情况的最后保证人的历史记录充其量是拼凑的，这又对国家是否违反保障义务这一问题造成了不确定性。一项违约的调查结论也可依照INFCIRC/153文件第19段的规定作出，该段规定理事会如果"在对总干事提交至理事会的相关信息进行审查后发现本机构无法核查是否有核材料转移……至用于核武器或其他核爆炸装置"的情况，则可根据《规约》第十二条C款规定作出报告。①

2.66 被发现过有不遵守情况的国家有伊拉克（1991年）、罗马尼亚（1992年）、朝鲜（1993年）、利比亚（2004年）、伊朗（2005年）和叙利亚（2011年）。在这六国中，伊朗和叙利亚目前被国际社会判定为有违反保障义务的不遵守情况。②两国都是NPT的缔约国和IAEA的成员国，其全面保障协定已经生效（但附加议定书尚未生效）。2011年6月，IAEA理事会宣布叙利亚并未遵守其与本机构的保障协议约定义务，并将此问题报告给联合国安理会。该决定来自IAEA的一项发现——在2007年8月，以色列在代尔祖尔摧毁的一个设施"极有可能"是一个尚未宣布的核反应堆。最近IAEA向理事

---

① 参见约翰·卡尔森，"定义不遵守行为：NPT保障协定"，《今日军控》第39期（2009年5月），第22-27页，网址：<www.armscontrol.org/act/2009_5/Carlson>。
② 目前，朝鲜在另一个分类中，因为其核问题的解决方案成了一个在政治进程中（即六方会谈）讨论的主题。IAEA的角色主要是在此前的协议框架下监督宁边的冻结情况，现在，IAEA处于待命状态，如果六方会谈恢复，IAEA将根据各方的要求采取行动，但是截至2014年底，还看不到重新启动会谈的前景。

会做出的报告显示，在保证机构出入代尔祖尔以及三个疑似功能性站点方面未能取得进展。伊朗问题将在下文中论述。朝鲜退出NPT，而后又以一个核武装国家的形象出现的问题在上文第一章中已作过论述。

2.67　面对尤其是来自伊朗和其他不结盟运动国家的反对，2010年NPT审议大会在不遵守和退约问题上未能取得任何进展，仅仅强调了"解决所有不遵守保障义务的问题，都应与IAEA《规约》和成员国相应的法律义务完全一致的重要性"，以及呼吁各国与（国际原子能）机构开展合作（行动27）。

2.68　有一些IAEA成员国尽管不一定构成严格的不遵守情况，但它们并没有完全履行其全面保障监督协定的义务。[①]2013年IAEA保障声明中记录了有些国家并没有根据全面保障协定建立国家级的核材料衡算和控制系统，还记录到以下情况：并不是所有国家和地区有关部门都"拥有必要的权力、资源、技术能力或（区别于核设施运营者的）独立性"，以及有一些国家当局并没有为核材料以及核设施的衡算和控制系统提供足够的监管，"以确保传输给IAEA的数据具有所需要的精确性和精准度。"[②]

2.4.2　伊朗

2.69　伊朗有一个日渐增长而越来越先进的核项目，包括专门用于铀转化和浓缩、重水生产、研发、发电和核医学同位素生产的各项设施。针对伊朗的核活动的担忧是来自于它取得铀浓缩和其他有扩散敏感性的技术，又不能够为其民用核能项目作出明确说明，并且这些技术都是秘密获取以及用于伊朗没有向IAEA宣布的核活动的——这是违反其NPT和全面保障协定义务的。由此，有怀疑认为伊朗在寻求发展核武器，或是为了很快能

---

① 在一份加密的IAEA报告中特别提到巴西、埃及、叙利亚和泰国有保障执行的缺陷问题，该报告在2013年被透露给媒体。参见皮埃尔·戈尔德施密特，"最新IAEA保障执行报告所曝光的严重缺陷问题"，2013年6月25日，网址：<http://carnegieendowment.org/2013/06/25/iaea-safeguards-implementation-reprot-for-2012-countries-of-concern>。

② 网址：<http://www.iaea.org/safeguards/documents/Statement_for_SIR_2013_GOV_2014_27.pdf>。

够获得核武器而准备的技术基础，这一怀疑又因伊朗核项目中可能有一些军事方面内容的迹象而更甚。伊朗否认其核项目中有军事内容，也承诺与IAEA一起合作来解决这些担忧。

2.70　国际核不扩散与裁军委员会报告呼吁安理会常任理事国（五常）和德国（+1）、安理会和IAEA成员国继续努力来达成"针对伊朗核能力和意图问题的一个经过协商、各方满意的决议，其中伊朗浓缩项目中任何因素的保留都要通过一套入侵性极强的视察和核查机制，以此让国际社会相信伊朗既没有、也不寻求发展核武器。"（建议60）

2.71　在2011年11月IAEA保障报告的附件中，本机构对伊朗核项目中的可能军事内容做出了详细的阐述。①这也是第一次在一个文件中罗列了"有关核爆炸设施发展"的一系列活动②，包括核弹头、导弹载荷设计和烈性炸药实验。③伊朗驳回了这份报告，称其方法论具有欺骗性，其结论是错误的。④IAEA曾表示其在2011年11月之后又取得了更多确证信息。⑤

2.72　在2005年9月IAEA理事会初步发现不遵守情况后，伊朗已经成为六项联合国安理会决议的主题，要求其停止浓缩和后处理活动。⑥联合国和另外一些国家以及欧盟分别对伊朗的一系列商业和金融制裁在逐步增加，对伊朗经济产生了显著影响。自2013年8月伊朗总统哈桑·鲁哈尼上任以来，伊朗表现出了有准备解决针对其核项目的担忧，由此，制裁有所

---

① NPT保障协定与安理会关于伊朗伊斯兰共和国之决议的有关条款的执行情况——总干事所作报告》（维也纳：IAEA理事会，文件GOV/2011/65，2011年11月8日）。

② 核威胁倡议（NTI），"伊朗：核问题"，2012年7月，网址：<http://www.nti.org/country-profiles/iran/nuclear>。

③ S. 凯尔，"伊朗与核扩散关切"，《SIPRI年鉴2012：军备、裁军与国际安全》（牛津：牛津大学出版社，2012年），第366~373页。

④ "伊朗使节批判IAEA行为"，伊朗英语新闻电视台，2011年11月22日，网址：<http://www.presstv.ir/detail/211406.html>。

⑤ 《NPT保障协定与安理会关于伊朗伊斯兰共和国之决议的有关条款的执行情况》，IAEA文件GOV/2014/10，2014年2月20日。

⑥ 联合国文件S/RES/1696（2006年7月31日），联合国文件S/RES/1737（2006年12月23日），联合国文件S/RES/1747（2007年3月24日），联合国文件S/RES/1803（2008年3月3日），联合国文件S/RES/1835（2008年9月27日），及联合国文件S/RES/1929（2010年6月9日）。

缓和。

2.73　鲁哈尼明确表示伊朗并没有准备放弃任何权利，包括铀浓缩，但是愿意针对其核项目的担忧着手解决。五常和德国（五常+1）之间的谈判在2013年10月后得以恢复。2013年11月，一份联合行动计划得到各方同意，明确了在六个月期限内采取第一步行动。伊朗的主要承诺包括了转化或稀释浓缩铀储备的浓度至低于高浓缩（20%）以下；限制现有的浓缩项目；不开展新的浓缩或后处理项目以及开展更强的保障和监督。反过来，"五常+1"同意不再进行新的核相关制裁并暂停或暂缓另外一些制裁。联合行动计划为一个双方同意的全面解决方案制定了目标。据此，为换取各种措施来确保伊朗核项目的和平性质，所有多边的和各国的核相关制裁将得到解除。①为了监督联合行动计划的执行情况，一个由"五常+1"国家代表组成的联合委员会得以建立。IAEA也在提供核相关措施的核查。

2.74　2013年11月11日，IAEA和伊朗单独签署了一项联合框架协议，双方同意在核查活动中进行合作，以解决所有现在的和先前的问题。此后，IAEA确认伊朗已经执行了联合框架中列出的几项实际措施，但是2014年5月之后进展有所停滞。其2014年11月的报告指出，伊朗尚未停止所有铀浓缩相关活动或所有重水相关活动，也并未执行其附加议定书。因此，IAEA"仍然对伊朗可能存在未经披露的有军方机构参与的核相关活动表示担忧，包括与导弹核弹头发展相关的活动。"②

2.75　"五常+1"和伊朗之间在2013年2月启动了针对一项全面解决方案的讨论，但是在起初的六个月期限里并未能达成协议，自2014年7月起谈判又延期了四个月。但在2014年11月24日的截止日期前，谈判仍未结束，于是当天在日内瓦宣布各方同意再次延期至2015年3月1日，以便达成一个高层次的政治协议，而后在7月1日确认协议涉及的所有技术细节。同

---

① 网址：<https://www.iaea.org/sites/default/files/publications/documents/infcircs/2013/infcirc855.pdf>。
②《NPT保障协定与安理会关于伊朗伊斯兰共和国之决议的有关条款的执行情况》，2014年11月7日，网址：<http://www.iaea.org/sites/default/files/gov2014-58.pdf>。

时，伊朗将获许每月从被冻结资产中使用7亿美元。这一谈判的前景仍然不明朗，德黑兰和华盛顿两方反对任何协议的强硬派都可能动员起来反对任何达成的协议，特别是考虑到从2015年1月开始共和党将掌控美国参议院。

2.76　据报，双方尤其在三组问题上存在分歧。①首先，伊朗希望运行9500台左右的离心机，而"五常+1"希望将数字降到4000~5000台。（最初，德黑兰希望运行全部19000台离心机，而其他方希望少于2000台。）鉴于伊朗第一代离心机的低效率，若能达成6000台左右的妥协，那伊朗将会需要12个月时间来反向操作，才能生产足够制造一枚炸弹的浓缩铀。第二，目前放宽的制裁有限，同时也是暂时而可逆的。伊朗希望协议一旦达成，所有剩余制裁即刻解除，但是其他方希望在一个为期十年的时期内分阶段消除制裁。从西方国家的观点来看，解除制裁是非常简单的，但是将废除的制裁架构重新搭建起来则有更多问题，也会为德黑兰打开一个机会窗口来向武器化的道路进一步前进。从伊朗的角度看，解除制裁的权力属于美国国会。如果不能在全面协议达成的时间来完成此事，谁也不能确定美国国会是否会同意美政府终止所有制裁机制的要求。第三，伊朗希望协议持续五年，而其他方希望达成十年期协议。

2.4.3　对退约的反应

2.77　缔约国如果断定"与本条约主题有关的非常事件已危及其国家的最高利益"，则有权退出本条约（第十条）。如在第一章中讨论到的，在美国声称平壤已承认正运行着一个秘密铀浓缩项目之后，朝鲜在2003年1月宣布退出NPT——这是目前唯一一个这样做的国家。有一些国家仍然对朝鲜退

---

① 特别参见萨姆·琼斯和纳吉姆·博佐尔格梅尔，"最终协议谈判搁置，外交官着眼伊朗问题临时协定"，《金融时报》，2014年11月22日，网址：<http://www.ft.com/intl/cms/s/0/94aa2f2e-717f-11e4-818e-00144feabdc0.html#axzz3KmmWQI4l>；及英国广播公司（BBC）新闻，"伊朗核危机：和谈能否成功？"2014年11月25日，网址：<http://www.bbc.com/news/world-middle-east-11709428>。

出NPT的合法性持怀疑态度，质疑是什么"非常事件"可以为其正名。无论如何，IAEA从此就未曾在朝鲜执行保障，同时实际上，退约现在应被视为既成事实。

2.78　国际核不扩散与裁军委员会报告建议，退出NPT的国家应无权将缔约期间获取的核材料和科技用于非和平目的（建议10）。同时提到，各国应将此作为其核出口的一个条件——在接收国退出协议的情况下，保障协议仍保持有效（建议11）。

2.79　2010年NPT审议大会最终一致的成果文件没有提到任何退出协议的问题，尽管大会主席对协议执行情况的回顾摘要（第120段）中，在重申对退出权的普遍承认同时，也记录了"许多"国家表达的意见——根据国际法，退约的国家仍然对其退出前所承诺义务中的违反情况负有责任，而且显然（尽管较隐晦地提到）也应承担核供应国的保障义务。文件也提到（第122段）"诸多"国家认可核供应国有特权对退约的情况"考虑纳入拆除和（或）退还的条款"。

2.80　为了试图逃避因为违反协议义务而产生的追责，朝鲜退出了NPT，而后又运用了其在NPT缔约期间生产的钚来制造核武器。这一行径破坏了NPT的全部三个支柱——核裁军、核不扩散和在核能和平利用中开展合作，使各国对条约的信心受挫，使所有缔约国受到损害。NPT认识到，任何退约都是一项严重的问题，对于全球和平和安全都是潜在威胁。因此，第十条要求退约国应在退出前三个月将此事通知所有其他缔约国和联合国安理会，并提供该国认为已危及其最高利益的非常事件的说明。遗憾的是，当朝鲜2003年宣布退出时，安理会并未尽到其责任，无所作为。

2.81　通过1887号决议（2009年9月24日），安理会确实承诺在未来会毫不拖延地处理任何国家的退约通知，包括其解释说明中对事件的描述，并一国对其退出前违反NPT的情况仍负有国际法责任。即便如此，尽管这一决议得以通过以及还有对朝鲜在2006年、2009年和2013年核武器试验的其他严厉批评，但安理会还是未能如国际核不扩散与裁军委员会报告所建议的明确表示以后的任何退约"将被初步认定为对国际和平和安全的威胁，导致以《联合国宪章》第七章规定的所有惩罚性措施"（建议9）。

2.82 对于多数国家而言，鉴于其所牵涉到的主权问题和条约法律性问题，任何尝试撤销退约权的举动都会是"一座太遥远的桥"。不过，2015年审议大会如能就退约问题的某些共识达成一致，这将完全符合历次NPT实践和条约条款（包括第三条、第四条和第六条中的关键义务）这将完全符合历次NPT审议大会解释过和详细阐述过的。

2.5　国际原子能机构（IAEA）的资源

2.83 IAEA是保证核能和核科技的安全、有保障及和平使用的牵头国际组织。IAEA是打击从NPT机制内扩散的国际努力的最重要部分，其秘书处拥有2500名专业和辅助人员。尽管拥有自主性，IAEA是联合国系统的成员，每年向联大会议作工作报告。一些无核武器区也把其地区核查系统联接到IAEA的全球视察机制中。应对核风险，其采取三管齐下的战略：预防核材料非法及非和平用途使用；及时探知任何此类行为；以及在核风险很明显的情况下，迅速决断地向安理会送交报告。其有三个主要的工作领域：确认核材料和核活动（诸如发电）未被用作军事目的；保护民众和环境不受辐射的危害；发展并推动核能的和平应用。

2.84 2010年NPT审议大会呼吁缔约国"确保对IAEA继续拥有政治、技术和财务等方面的全力支持，以使IAEA能够根据条约第三条所要求的那样有效地履行职责，运用保障制度"（行动33）。国际核不扩散与裁军委员会报告则提得更多，吸取了"2008年塞迪洛委员会"的关于IAEA到2020年及以后的作用的报告中的许多建议，[1]其建议一次性注资修缮核保障安全分析实验室；显著增加其经常预算的支持，不受"实际零增长"的限制；保证

---

① 《为了和平与繁荣加强全球核秩序：现今至2020年及以后IAEA的作用》，维也纳：IAEA，2008年。

未来资金充分，足以支持IAEA的中长期规划（建议13）。

2.85　塞迪洛委员会认识到，为了允许所需的"在核反应堆和燃料循环、安全、安保等方面工作的扩展并进一步支持通过核应用和技术合作满足人类基本需求"，有可能会需要在2020年前将经常预算翻番。报告认为，"IAEA的规约职能（包括核能、核应用、核的发展、安全、安保和保障等）应当全部由各国摊派会费来支持"，同时，尽管仍然基于协商目标，技术合作基金应当是"在多年期的基础上可预见的、有保证的"。不过，接收国应被要求支付技术合作的某些费用。①

2.86　IAEA的经常预算近年来有一定程度的实际增长，尽管依赖预算外（自愿）捐款的核心问题仍然未能解决。在2009年，为2010年做的经常预算比2009年的水平实际增长了2.7%，然后2012年较2011年水平增长了2.1%。②这一趋势未能持续。2013年，IAEA争取2014年经常预算较之2013年水平增长2.1%，但在长时间艰难的谈判之后，IAEA理事会只好将2014年经常预算的增长限制在0.3%，而2015年经常预算比起2014年水平则是零增长。③

2.87　经常预算仍然不足以允许IAEA履行其职责，达到成员国的期望。重要的项目一直依赖于预算外捐款。这样的经费是无法预估的，其水平不确定，而且经常限制于特定用途，造成项目执行、效率和前瞻规划等方面的问题。据预计，2014年和2015年的预算外资金分别为5740万欧元和5590万欧元。④相比而言，IAEA的2014年经常预算，包括资本预算和1.4%的价格调整，是3.498亿欧元。在一些关键领域，对预算外捐款的依赖是一种惯

---

① 《为了和平与繁荣加强全球核秩序》：建议9（3）、9（5）以及9（6）。
② 《2010—2011年度IAEA项目与预算》，特别参见第iii，1，3和6页；网址：<http://www.iaea.org/About/Policy/GC/GC53/GC53Documents/English/gc53-5_en.pdf>。
③ IAEA 2014—2015年度预算数字来自于《2014—2015年度IAEA项目与预算》，网址：<http://www.iaea.org/About/Policy/GC/GC57/GC57Documents/English/gc57-2_en.pdf>。
④ 看起来，比起第一卷《核现状》报告中所用的2012年（1.138亿欧元）和2013年（1.074亿欧元）预计数额，2014年和2015年的预计预算外捐款资金有大幅下降。但是，2012年和2013年的预计数额中包含了一笔一次性1.495亿美元的资金，承诺用于助力IAEA成立一个低浓缩铀燃料储备库。

性——举例来说，2014年将近80%的核安保花费预计来自预算外捐款。而把核安全和安保合在一起，2014年在这些领域一半的花费将来自预算外捐款。

2.88 关于财力资源的辩论是复杂而具有政治性的。IAEA的压力在于既要更具成本效益，同时又不能降低对保障执行的注意。其在加强全球核安保努力方面的工作有理事会的批准，也在几届核安全峰会中得到了全球领导人的支持，但是一些IAEA成员国质疑IAEA在核安保方面的参与，暗示说这些活动会进一步减少发展核能和平利用方面的可用资源。一些国家也有担忧说，IAEA越来越多运用国家层面的做法来进行保障工作（这至少有一部分也是出于预算压力），认为这是歧视性的、主观和不可靠的，因此这一辩论变得更复杂化了（见上面的论述）。

2.89 同时，2011年9月7日，在位于塞伯斯多夫的环境样本实验室中又正式开设了新的清洁实验室分支。这强化了IAEA的核分析和取证力量。塞伯斯多夫同时在建设一个新的核材料实验室，预计将于2014年底投入使用。前者可以保证没有发生未宣布的核活动，后者则可以保证，在成员国宣布本国境内所持有的核材料类型和数量时，其提供的信息是精准的。[1]

2.90 IAEA的分析实验室网络还在继续扩张，以此来促进核材料和环境擦拭样本的分析工作。这一网络目前包括本机构的设施以及在9个成员国和欧盟委员会中的20个实验室。自2010年6月以来，奥地利、巴西、法国和韩国的实验室加入到了这一网络中；阿根廷、比利时、加拿大、中国、捷克、德国、匈牙利、荷兰和美国的实验室则正处于初步评估阶段或是资质认定流程的不同阶段。[2]

2.91 国际核不扩散与裁军委员会报告建议，应考虑"由塞迪洛委员会或后续的小组对IAEA的组织文化进行一次外部评估，特别是有关透明度和信息共享的问题"（建议14）。此建议至今尚无采纳的动向。

---

[1]《未来40年的保障机制》，网址：<http://www.iaea.org/newscenter/news/2011/cleanlabext.html>。

[2] 联合国文件GC（55）/16，2011年7月26日，第6页；联合国文件GC（56）/14，2012年7月25日，联合国文件GC（57）/17，2013年7月30日，联合国文件GC（58）/16，2014年8月5日。

2.6　出口控制

2.6.1　总体情况

2.92　国际社会目前已对国家出口控制的必要性，有了广泛的认可。此举旨在降低合法的、和平目的的核贸易和商业活动为核武器计划提供协助的风险。这一发展是在回应技术发展，以及核扩散威胁和核工业商业行为两者的性质变化。

2.93　有些出口控制义务来自于NPT本身，特别是根据条约第一条，核武器国家"不协助、鼓励或诱导任何无核武器国家制造或以其他方式取得核武器或其他核爆炸装置"。根据第三条，所有缔约国不向任何无核武器国家提供和平用途的源材料、特种可裂变材料，或特别为加工、使用或生产特种可裂变材料而设计或配备的设备或材料，除非其接受保障机制约束。

2.94　将NPT义务转化成治理机制的努力在1971年促成了非正式组织桑戈委员会的成立（命名于组织来自瑞士的创始主席）。委员会的39个成员包括五个核武器国家。①组织通过协商一致的方式作出决策，对成员无法律约束力。委员会对以下概念的定义达成了统一理解——什么情况是"特别为加工、使用或生产特种可裂变材料而设计或配备的设备或材料"，以及关于"在公平商业竞争的基础上"管理出口的条件和程序，这些在NPT中是缺失的。②这使委员会能够建立一份核相关材料和设备的"触发清单"，作为指导如何辨识应受保障机制约束的项目。委员会指导原则为供应设立了三个条件：非核爆使用保证，IAEA保障要求，以及一个再出口条款——要求接收

---

① 桑戈委员会成员国包括：阿根廷、澳大利亚、奥地利、白俄罗斯、比利时、保加利亚、加拿大、中国、克罗地亚、捷克共和国、丹麦、芬兰、法国、德国、希腊、匈牙利、爱尔兰、意大利、日本、哈萨克斯坦、韩国、卢森堡、荷兰、挪威、波兰、葡萄牙、罗马尼亚、俄罗斯、斯洛伐克、斯洛文尼亚、南非、西班牙、瑞典、瑞士、土耳其、乌克兰、英国和美国。

② 桑戈委员会，网址：<http://www.zanggercommittee.org/Seiten/default.aspx>。

国接受再出口物品的保障要求。

2.95 核供应国集团（具体讨论见下文）是在前一年印度的"和平核爆炸"为滥用和平用途转让的核技术提供证据后的1975年建立的。桑戈委员会旨在促进各国一致执行NPT第三条第二款规定的国家义务，聚焦在运用实际方法来定义并实现这些义务，而核供应国集团则具有更广泛的职责，覆盖更广泛的核相关军民两用物品，如今已是一个更为重要的机制。与其先前的机构一样，核供应国集团包括了五个核武器国家，通过协商一致开展工作。其指导原则是由各参与政府根据本国法律和许可证制度的情况执行的。①

2.96 这并不是现在仅有的两个出口控制相关安排（这里暂且不讨论防防扩散安全倡议——本章后续会进行论述——这一倡议更多是出口拦截而不是这里所讨论的控制）。在诸如无核武器区条约中，也暗含这一安排（本章后续会进行讨论），这些条约条款中也对NPT的核扩散敏感材料和设备出口条款作了多方面的补充和强调。

2.97 更具体地说，对核恐怖主义的担忧促使核贸易国际法律法规框架产生了更多显著变化。安理会1540号决议（第三章中会有更具体讨论）设立了应履行"适当的、有效的"出口控制的法律义务，对所有国家有约束力。②越来越多的国家已就下列内容做出报告：已到位的对核武器相关材料的相关立法、执法手段和出口许可规定；管理相关辅助服务交付比如中介商或金融服务的法律和法规；以及作为辅助执法的加强边境控制情况。截至2014年5月，近九成联合国成员国已经递交了国家报告，说明为执行决议条款已经采取的或计划中的方法，③但是事实上，各国对1540委员会要求的针对

---

① 核供应国集团，网址：<http://www.nuclearsuppliersgroup.org/en/>。核供应国集团的成员国包括：阿根廷、澳大利亚、奥地利、白俄罗斯、比利时、巴西、保加利亚、加拿大、中国、克罗地亚、塞浦路斯、捷克共和国、丹麦、爱沙尼亚、芬兰、法国、德国、希腊、匈牙利、冰岛、爱尔兰、意大利、日本、哈萨克斯坦、韩国、拉脱维亚、立陶宛、卢森堡、马耳他、墨西哥、荷兰、新西兰、挪威、波兰、葡萄牙、罗马尼亚、俄罗斯、塞尔维亚、斯洛伐克、斯洛文尼亚、南非、西班牙、瑞典、瑞士、土耳其、乌克兰、英国和美国。

② 联合国文件S/RES/1540（2004年4月28日）。

③ 网址：<http://www.un.org/press/en/2014/dc3496.doc.htm>。

国家执行方法行动计划的自愿跟进报告就不太积极了。

2.98　2010年NPT审议大会，在其成果文件的行动35中，敦促各国确保核相关出口未被不当使用于协助核武器发展，并鼓励各国在制定国家出口控制方面吸收多边指导原则和意见（行动36）。越来越多的国家，尽管不是核供应国集团或桑戈委员会的成员，也确实在为此目的运用这些指导原则。另外，行动44呼吁各国"提升本国探测、阻止和干扰核材料非法贩卖的能力"，并根据其相应的国际法律义务"建立和执行有效的防止核武器扩散的国内控制"。

2.99　然而，这些温和的劝导被以下一些呼吁所抵消，如呼吁"各缔约国，尤其是发展中国家，均有充分获得和平用途核材料、设备和技术信息的合法权利"（行动38），以及消除在核转让和国际合作的方面[①]"任何与条约精神不符的过度限制"（行动39）。机制成员坚持认为其指导原则与NPT中规定的各国义务是一致的，在遵守其条约义务的情况下不阻碍NPT缔约国之间的核贸易。大会主席注意到，"诸多"国家相信"有效而透明的"出口控制是一种重要手段，可以促进"用以核能和平利用的设备、材料、技术信息最大程度的交流。在这些国家看来，这取决于对核不扩散有信心的一种氛围的存在"。

2.100　自2010年NPT审议大会以来，若干NPT缔约国和印度展开了民用核能合作协议，最近的是澳大利亚（已签署，尚未生效），[②]在2014年末，还有这样的协议正在谈判中。行动37中极为宽松的措辞（"在作出核出口决定时，应考虑接收国是否已经将IAEA保障义务生效"）看起来似乎足以应付这样的事件，但在相关核出口至NPT之外的拥核国家时，并不可能做出确凿结论说这样的出口并未"直接或间接地"协助这些国家核武器的发展（行动35）。在一份递交给澳大利亚议会条约联合常设委员会的关于澳大利亚–印度协议的报告中，前澳大利亚保障与不扩散办公室总干事（1989年—

---

① 联合国文件NPT/CONF.2010/L.2（2010年5月27日）：最终文件草案：第一部分："条约实施情况审议"，第27段。
② 当核供应国考虑和印度的核合作协议时，其考虑的问题包括印度的核裁军和核不扩散政策及纪录，与印度的合作会不会影响到以上因素；印度的军用和民用核项目之间的区分程度；与印度拟议中的供应协议与该国和其他核伙伴之间协议的一致性。

2010年）特别提出了以下关切，即印度的军用和民用核项目并未完全区分，印度–IAEA协议则在一定程度上允许核材料在保障设施中移进、移出，在与IAEA的协议中存在有弹性的替代语言和免除条款，以及印度拒绝对在与澳大利亚的协议中的材料作出说明。[①]

表2.1　印度的民用核能合作

国家	日期	合作类型
阿根廷	2010年9月23日	核能和平利用合作协议
澳大利亚	2014年9月5日	核能和平利用合作协议（已签署，未生效）
加拿大	2010年6月29日	民用核能合作交易协议，签定于多伦多，2013年9月生效
法国	2006年2月20日	关于用于和平目的的核能发展的联合宣言
法国	2008年1月26日	关于印度从法国获取核设备和燃料的条件的联合声明
法国	2008年9月30日	发展核能和平利用的协议
法国	2008年12月19日	印度核能有限公司和法国核能公司阿海珐之间签订的为印度提供300t铀的协议
法国	2010年12月6日	在和平利用核能合作中保护机密技术数据和信息的协议
哈萨克斯坦	2011年4月16日	民用核能合作协议
蒙古	2009年9月14日	和平利用放射性矿物质和核能的协议
纳米比亚	2009年8月14日	和平利用放射性矿物质和核能的合作协议
韩国	2011年7月25日	核能和平利用合作协议

① 约翰·卡尔森，"向条约联合常设委员会所呈递的报告"，2014年11月2日，澳大利亚议会，网址：<http://www.aph.gov.au/Parliamentary_Business/Committees/Joint/Treaties/28_October_2014/Submissions>。

（续）

国家	日期	合作类型
俄罗斯	2008年12月6日	在库丹库拉姆建设四个核反应堆的协议
	2009年12月8日	民用核能合作协议
	2010年3月12日	核能和平利用合作协议
英国	2010年2月11日	民用核能合作联合宣言
美国	2008年10月10日	民用核能协议（123协议）

2.6.2 核供应国集团

2.101 在1975年成立以后，核供应国集团沿袭着桑戈委员会已经开展的工作，采用了自己的核转让指导原则，旨在确保核物质不转移到不受保障监督的核燃料循环或核爆炸活动中。接收国政府被要求为此提供正式的保证。指导原则同时要求在转让敏感核设施、材料和技术时需特别谨慎进行；接收国政府采用恰当的实物保护措施；以及纳入更强的再出口条款。IAEA在1978年发布了这一指导原则（INFCIRC/254）。

2.102 在1990年NPT审议大会中，有一个委员会对第三条条款执行情况的审议工作对核供应国集团产生了重大影响，特别是其提出的建议核供应国向非核武器国家转让核供应品的一项必要条件是要求其在目前和未来的所有核活动都接受IAEA保障监督"（即全面保障）。[1]

2.103 此建议，以及伊拉克通过从核供应国集团参加国政府获取不在该集团现有指导原则涵盖范围内的军民两用物品积极从事秘密的核武计划的证据，促使核供应国集团在1992年：

● 针对可能会"对未受保障的核燃料循环或核爆活动有显著贡献的"核相关军民两用设备、材料、软件和相关技术转让，制定并采用了有关指

---

[1] IAEA信息通告，1997年9月16日。

导原则。随后这也作为IAEA的INFCIRC/254文件第二部分发布了；①

● 建立相互交换军民两用相关出口的拒绝信息的程序；

● 将与IAEA签署全面保障监督协定作为未来向非核武器国家提供核转让的一个条件。

2.104 全面保障条款在之后的1995年NPT审议和延期大会上被采纳。此要求仅适用于专门用于核用途的物品，即核供应国集团控制清单第一部分中定义的所谓"触发清单"物品：核材料、核反应堆以及相关设备、用于反应堆的非核物质、用于核材料后处理、浓缩和转化的以及用于燃料制备和重水生产的工厂及其他设备，以及与以上各项相关的技术。事实上，这些物品经常被称为触发清单物品，正因为其"触发"全面保障。

2.105 在1992年于华沙进行的核供应国集团全体会议上，核供应国集团同意，向非核武器国家转让触发清单上的物品"不应获得批准，除非该国与IAEA的协议生效，明确要求在其当前和未来和平核活动中，针对全面和特殊可裂变材料运用保障机制。"②但是，转让并不是始终被禁止的。指导原则的第一部分第四条（a）中表示，"在极为特殊的情况中，当转让被认为是现有设施安全运行所必需的，且保障机制已运用于该设施时"，转让可以进行。对核相关的军民两用设备、材料、软件和相关技术的转让会运用不同的条件（不包括全面保障要求）（控制清单的第二部分）。在其2011年全体大会中，核供应国集团同意加强其针对敏感浓缩和后处理技术转让的指导原则。

2.106 一致性和可信性问题：印度案例。国际出口控制机制有时候被非成员国家描述为一个供应国的小团体，旨在强化现有的不平衡——这是通过否定国家对核技术的使用权利来强化核不扩散与核裁军义务与和平使用核能之间的不平衡，有悖于NPT的第四条。为了改善形象，并鼓励非成员国将该机制出口控制清单和指导原则作为履行NPT核不扩散义务的一种合理

① 核供应国集团，网址：<http://www.nuclearsuppliergroup.org/en/>。

② 伊恩·安东尼和维塔利·费琴科，《核出口控制机制改革：核供应国集团的未来》（斯德哥尔摩：斯德哥尔摩国际和平研究所，2004年）。

而直接的方式，该机制开展了一些向外拓展的项目，这也仅仅取得不太大的成功。

2.107　但是核供应国集团有一个特殊的信用度问题，这是由2008年9月在美国的强硬压力下做出的一个决定引发的——使印度免除核供应国集团针对触发清单上的物品应用全面保障的要求。有主张认为，核供应国集团这样做错过了一个"使印度承诺执行负责任的核不扩散政策"的机会。美国当时刚与印度谈判一项双边和平利用协议（"123"协议），这使印度免于做出一项所有NPT的非核武器缔约国需要做的保证——"为了获取民用核能技术，先要否定其核武器计划"。[①]这项协议一则未对印度的核计划做出任何限制："本协议应采取不阻碍或以其他方式干涉军事核设施的方式执行"（第四条）；二则未将印度对转让所得的核材料进行后处理的权利作出限制："依据本协议，双方同意对方进行后处理或以其他方式对转让所得的核材料从形式上或内容上做出改变"（第六条第三款）。

2.108　不过，核供应国集团免除印度相关核贸易限制的决定，系基于印方经过谈判所作的一系列承诺：将其民用项目从军用核设施中分离出来，并将一些民用设施置于IAEA保障机制下；签署并执行一项有关于保障机制下的民用核设施的附加议定书；遵循核供应国集团指导原则和控制清单；避免向未获得相关技术的国家转让浓缩及后处理技术；单方面暂停核试验；在易裂变材料禁产条约上同其他国家开展合作。

2.109　尽管上面所列的情况有一些明显的积极因素，但正如国际核不扩散与裁军委员会所主张的：

　　　这一协议最主要的本质问题是它将与印度进行核贸易的所有核不扩散关卡都去除了，只换取了极少有重要作用的核不扩散与核裁军承诺。有意见认为，有部分控制（民用设施接受保障监督）

---

① 皮埃尔·戈尔德施密特，"核供应国集团的会员资格：针对NPT非缔约国启用基于标准的方法"，2011年5月24日，网址：<http://carnegieendowment.org/publications/index.cfm?fa=view&id=44147>。

会比没有要好。但是新德里方面并未被要求承诺签署CTBT或保证暂停用于核武器的易裂变材料生产，不管是单边承诺，或甚至说与巴基斯坦和中国的对等承诺。①

2.110　印度得到NPT核供应国的正式认可，成为一个现有全球核不扩散与核裁军框架以外的有全面资质的核贸易伙伴，这只能破坏《核不扩散条约》的完整性，并损害核供应国集团作为条约第三条保障条款可靠和一贯的执行手段的可信度。不可否认，印度核不扩散的记录比起巴基斯坦来要好些，也比以色列更为透明，但其特殊性只是因为核供应国集团做出了这样的选择。核供应国集团这样做只会火上浇油，为那些认为NPT及其支持的出口控制机制仅是精英国家集团选择性执行核不扩散规范的工具的国家增添了口实，说该集团为了商业和战略目的，可以随意篡改、变通自己的规则。

2.111　在2010年11月访印期间，巴拉克·奥巴马宣布支持印度获取核供应国集团和其他三个出口控制机制（与导弹扩散（导弹及其技术控制制度）、生化武器（澳大利亚集团）和常规武器（瓦森纳协定）有关的机制）成员国资格。尽管印度的重点在于核供应国集团，但它认为本国已具备所有这四个机制成员的资质，因为它对核不扩散和有效出口控制作了坚定承诺，也有能力生产受机制监管的物品和技术。

2.112　在2011年6月诺德惠克的会议上，核供应国集团第一次考虑了这一问题。当时并未期望做出决定——事实上最后也没有。显然，美国向集团建议了两种可能向前推进的方法："一是修改准入标准，'以准确描述印度的状况'；二是'承认'这些标准（又称'应考虑因素'），并不是'法律规定的标准'，候选国无需满足所有这些标准。"②尽管在核供应国集团中有

---

① 核不扩散与核裁军国际委员会报告，第10.7段。
② 丹尼尔·霍纳，"核供应国集团修订敏感出口规则"，2011年7月/8月刊，网址：<http://www.armscontrol.org/act/2011_%2007-08/Nuclear_Suppliers_Group_NSG_Revises_Rules_Sensitive_Exports>。

些国家支持印度成为成员国，但是并没有达成共识。[1]2014年6月26—27日在布宜诺斯艾利斯召开的核供应国集团最近一次全体大会后发表的公开声明中，仅仅提到本次会议"对2008年《与印度民用合作声明》各项事务交换了信息，并就印度与核供应国集团的关系进行了讨论"。[2]

2.113　核供应国集团的信用问题因为中国明显地要向巴基斯坦供应更多的核反应堆而进一步受损。在2004年加入集团时，中国向核供应国集团发出过正式通知，它有一个既有承诺要向巴基斯坦供应两个核反应堆（"恰希玛"一号和二号）。因为这些并不是新的承诺，中国声明这些都是根据核供应国集团的全面保障指导原则有效的"老祖父"项目。[3]中国当时并未提及未来核反应堆出售的计划，但是在2010年9月，它宣布有意向巴基斯坦供应另外两个反应堆（"恰希玛"三号和四号），[4]预计将分别在2016年和2017年投入运行。这四个反应堆都是受IAEA保障机制约束的。2013年，巴基斯坦宣布，中国供应的反应堆会用于卡拉奇附近的两个新核电站中，有报道称巴基斯坦还在与中国谈判另外三个反应堆的供应事宜。[5]

2.114　中国也许会继续坚称在1991年与巴基斯坦的核合作协议下，任何数量的核反应堆都可以"不追溯"，这符合核供应国集团的指导原则，但是其核供应国集团的同仁不太可能觉得这一主张有说服力。然而，在他们针对印度的决定之后，他们不再有强有力的理由来进行争辩，也没有可用

---

① 例见弗雷德里克·达尔，"外交官称——针对与印度的联系问题，核出口国集团意见不一"，路透社，2014年7月2日，网址：<http://uk.mobile.reuters.com/article/lexusForwardLiving/idUKKBN0F71AL20140702>。

② 核供应国集团全体会议，公开声明，布宜诺斯艾利斯，2014年6月26—27日，网址：<http://www.nuclearsuppliersgroup.org/images/2014_PublicStatement_BA.pdf>。

③ 所谓的"不追溯"条款指的是核供应国集团指导原则第一部分第4（c）段，其中提到关于"触发清单"物品的全面保障要求不适用于1992年4月3日之前订立的协议或合同。

④ "中国称巴基斯坦核协议是'和平的'"，英国广播公司新闻，2010年6月17日，网址：<http://www.bbc.co.uk/news/10340642>。

⑤ 萨义德·夏，"巴基斯坦从中国购买三个核电站的事正在谈判中"，《华尔街日报》，2014年1月20日，网址：<http://online.wsj.com/news/articles/SB1000014240527023047570045793 32460821261146>。

的解决争议的正式机制。

2.115　集团成员们可能会继续表达保留意见，并向中国施压要求更多信息，但是，由于印度的特例已成事实，加上之前的美国-印度民用核能协议，以及早先俄罗斯也诉诸"不追溯"条款来为自己与印度在20世纪90年代的核贸易做解释，中国若是感到有任何特别的压力需要改弦易辙，那倒让人惊讶了。同时，核供应国集团在1992年采用了全面保障要求，"当时看来是一项重要成果受到欢呼"，现在却无疑有一个空子，给了NPT缔约国"抱怨的好理由，因为核供应国集团成员国的行径是对NPT第四条的一种嘲弄，赋予了非NPT缔约国印度和巴基斯坦以与NPT缔约国相同的利益，却没有相应的义务。"⑥

2.116　国际核不扩散与裁军委员会报告虽然承认印度这一特例安排的缺陷，但同时建议核供应国集团考虑以下方式来挽回这一局面——发展"以一系列基于标准的做法来处理与NPT之外国家的合作协议，将以下因素纳入考虑，比如CTBT的批准情况、结束不受保障的易裂变材料生产的意愿，以及这些国家在核设施和材料以及控制核相关出口方面的历史情况"（建议15）。这将为根据新的规则对进一步的例外安排确立条件，而不是又从之前的条款中产生豁免。

2.117　皮埃尔·戈尔德施密特对这一建议形成了更为具体的意见，列出了非NPT缔约国为成为核供应国集团的成员应达成的条件，特别是：⑦

● 保证遵守NPT第一条、第三条第2款、第六条的要求；

● 与IAEA形成自愿性的协议并使之生效，其中非NPT缔约国应承诺将所有现有军用核场址以外的新核设施列在设施清单中，根据INFCIRC/66型保障监督协定，受IAEA保障机制约束；

● 批准生效保障协定的一项附加议定书；

---

⑥ 弗雷德·麦克戈德里克，"出口控制机制的未来：核供应国集团面临的挑战"，2011年1月/2月刊，网址：<http://www.armscontrol.org/print/4642>。
⑦ 戈尔德施密特，"核供应国集团的会员资格"。

● 无重大违反IAEA保障协定记录；

● 承诺不将核供应国集团指导原则中明确的物品出口或转让至非核武器国家，除非其与IAEA已经存在生效的全面保障协定和附加议定书；

● 存在相应的法律措施，可以保证核供应国集团指导原则的有效执行不受干扰，包括出口许可监管、执法手段和违法处罚等；

● 承诺与IAEA和核供应国集团成员分享"全部"拒签（许可证）的信息；

● 已签署并批准CTBT；

● 在CTBT正式生效之前，承诺单方面遵守暂停核爆试验；

● 全面执行在《联合国宪章》第七章框架下有关核扩散或恐怖主义议题的所有联合国安理会决议（特别是1540号决议）；

● 遵循《导弹及其技术控制制度》，配套相应的出口控制立法安排；

● 已批准《核材料实物保护公约》及其2005年的修正案；

● 成为《制止核恐怖主义行为国际公约》缔约方；

● 同意立即启动就禁止为核武器及其他核爆炸装置生产易裂变材料相关条约的谈判，并争取在五年以内完成谈判。

2.118　挑战在于，如果巴基斯坦以及以色列有兴趣加入核供应国集团，如何劝服它们接受比印度的条件要更为严格的条件。而同样具有挑战性的是，在印度已经得到了自己想要的安排的情况下，如何说服其做出更多承诺（例如，批准CTBT，以及结束不受保障的易裂变材料生产）。

2.7　无核武器区

2.7.1　总体情况

2.119　无核武器区将NPT的范畴推深、拓宽，并将NPT缔约国的无核武器地位定义植入到其他基于条约的协议中。[1]因此，几轮NPT审议大会都

---

① 拉梅什·塔库尔（编辑），《无核武器区》（伦敦/纽约：麦克米伦和圣马丁出版社，1998年）。

重复确认，对现有的无核武器区表示支持，并鼓励更多无核武器区的建立。第一个无核武器区是1959年在（无人居住的）南极洲建立的。自那时起，在拉丁美洲和加勒比地区、南太平洋、东南亚、非洲和中亚建立了另外五个无核武器区（表2.2）。蒙古也在法律层面宣布本国是一个国家级的无核武器区。所有的无核武器区都寻求至少两件事情：第一，禁止在区域内指定的领土上获取、试验、驻扎以及使用核武器；第二，包含有约束核武器国承诺不对无核武器区的成员国使用或威胁使用核武器的议定书。①

2.120　2010年NPT审议大会鼓励更多无核武器区的建立，还鼓励"所有有关国家……批准无核武器区条约及相关议定书，有建设性地协商合作，使所有无核武器区条约的有关法律约束性条款生效，包括消极安全保证"（行动9）。在中东（下文讨论）和东北亚（同在下文讨论）地区也有新的无核武器区建议。国家前元首和政府前首脑交流理事会也曾建议在北极地区探索建立无核武器区。②俄罗斯在2011年4月批准了《佩林达巴条约》的第一号和第二号议定书。2014年5月，五个核武国家都签署了中亚地区无核武器区的第一号议定书。2011年5月2日，奥巴马总统将《拉罗汤加条约》和《佩林达巴条约》的议定书递交美国国会参议院批准——这是签署后的第十五年了——但是至今没有迹象明确什么时候参议院能够批准。

表2.2　世界无核武器区

无核武器区	开放签署日期	生效日期	参与国家数
拉丁美洲（特拉特洛尔科条约）	1967年2月14日	1969年4月25日	33
南太平洋（拉罗汤加条约）	1985年8月6日	1986年12月11日	13

---

① 除本段中提到的条约，《外层空间条约》（1967年）以及《海床条约》（1972年）也分别禁止在太空和海床进行核武器或其他大规模杀伤性武器的布点。

② 参见埃尔尼·雷格尔，"在北极地区设立无核武器区并探寻合作安全机制"，亚太领袖网络/核不扩散与核裁军中心《政策简报》第16期（堪培拉：核不扩散与核裁军中心，2014年10月）。

（续）

无核武器区	开放签署日期	生效日期	参与国家数
东南亚（曼谷条约）	1995年12月15日	1997年3月27日	10
非洲（佩林达巴条约）	1996年4月11日	2009年7月15日	37
中亚	2006年9月8日	2009年3月21日	5

注：五个核武国家都认可蒙古自我宣布的国家级无核武器区地位，并向蒙古提供了消极安全保证，承诺尊重其无核武器国地位。

其他包含无核化条款的条约包括《南极条约》《关于各国探索和利用包括月球和其他天体的外层空间活动所应遵守原则的条约》（外层空间条约）《关于各国在月球和其他天体上活动的协定》（月球协定）以及《禁止在海床和洋底及其底土安置任务核武器和其他类型的大规模毁灭性武器条约》（海床条约）。

资料来源：网址：<http://www.un.org/disarmament/WMD/Nuclear/NWFZ.shtml>;<http://www.opanal.org/opanal/Tlatelolco/P-Tlatelolco-i.htm>;http://www.forumsec.org/resources/uploads/attachments/documents/SPNFZ%20Status%20Report.pdf>;http://www.au.int/en/sites/default/files/pelindaba%20Treaty.pdf>。

2.121　《拉丁美洲及加勒比地区禁止核武器条约》，即特拉特洛尔科条约。该条约禁止拉丁美洲及加勒比国家通过任何方式试验、使用、制造、生产或获得任何核武器，亦不得以任何方式接受、储存、安置、部署和拥有任何核武器。缔约国也被要求分别与IAEA完成相关协议，对其核活动应用保障机制。IAEA在开展特别视察时拥有排他权力。

2.122　该条约有两项议定书。第一号议定书中缔约方同意在本区域内的本国领土上应用条约的关键条款，法国、英国和美国已经签署并批准这一议定书。所有核武国家都已经签署并批准第二号议定书（表2.3），承诺尊重条约的目标及条款，并向缔约国提供消极安全保证（即：承诺不使用核武器攻击非核武国家）。不过美国的做法有两项重大保留。第一，寻求保留其对"相关国际法规则"的解释，由此，签约各方保留"排他权力和法律能力……拥有允许或拒绝非缔约方的中转和运输的特权"。第二，对其消极安全保证做了限定，明确缔约国的武装攻击若是由核武器国家支持的，便与条约下的缔约国自身义务有所冲突。①

2.123　迄今尚无缔约国违反条约的记录。但是在2012年2月，阿根廷指责英国派遣有核能力潜艇到南大西洋，违反了其第一号议定书下的承诺。英国副首相尼克·克莱格驳斥这项指控没有根据，这一事件没有进一步追究。②

表2.3　核武国家批准无核武器区条约议定书的日期

	中国	法国	俄罗斯	英国	美国
特拉特洛尔科					
第一号议定书	不适用	1992年8月24日	不适用	1969年12月11日	1981年11月23日
第二号议定书	1974年6月12日	1974年3月22日	1979年1月8日	1969年12月11日	1971年5月12日
拉罗汤加					
第一号议定书	不适用	1996年9月20日	不适用	1997年9月19日	尚未
第二号议定书	1988年10月21日	1996年9月20日	1988年4月21日	1997年9月19日	尚未
第三号议定书	1988年10月21日	1996年9月20日	1988年4月21日	1997年9月19日	尚未
佩林达巴					
第一号议定书	1997年10月10日	1996年9月20日	2011年4月5日	2001年3月12日	尚未

① 网址：<http://www.armscontrol.org/documents/tlatelolco>。
② "尼克·克莱格表示：'阿根廷的核潜艇指控毫无根据'"，英国广播公司新闻，2012年3月27日，网址：<http://www.bbc.co.uk/news/uk-politics-175241714>。

（续）

	中国	法国	俄罗斯	英国	美国
第二号议定书	1997年10月10日	1996年9月20日	2011年4月5日	2001年3月12日	尚未
第三号议定书	不适用	1996年9月20日	不适用	不适用	不适用

注：所显示日期为批准书交存的时间。

东南亚（曼谷）条约的一项议定书系对五个核武国家开放签署，但是五国均未签署。

中亚（塞米巴拉金斯克）条约的一项议定书已由五个核武国家签署，但是均未批准。

资料来源： 网址：<http://www.un.org/disarmament/WMD/Nuclear/NWFZ.shtml>。

2.124　《南太平洋无核区条约》，即拉罗汤加条约。该条约禁止缔约国在南太平洋无核区内外（依据附件中的定义）的任何地方生产或获取任何核爆炸装置，以及拥有或控制此类装置。缔约国也承诺不供应核材料或设备，除受IAEA保障机制约束情况外，禁止在其领土内安置及试验任何核爆炸装置。各国承诺，不向区域内任何海域倾倒放射性废料和其他放射性物质，并防止其他人的倾倒行为。每个缔约国可以自行决定是否允许外国船舶和飞机停留以及过境，不管其是常规的或核动力的，以及是否携有核武器。本条约开放供南太平洋论坛的任何成员签署。三个有权签署国家尚未签署本条约（马绍尔群岛、密克罗尼西亚联邦和帕劳，其中帕劳是联合国托管理事会前成员，由美国进行托管，现和美国形成"自由联系"关系）。

2.125　该条约有三项附加议定书。第二号议定书（规定向缔约国提供消极安全保证）和第三号议定书（禁止在本区域内任何地方进行核试验）都已经获得了除美国外所有核武国家的批准。第一号议定书，各方同意在区域内的本国领土中运用条约关键条款，得到了法国和英国的批准。

2.126　美国国务卿希拉里·克林顿在2010年5月3日对2010年NPT审议大会上说，本届政府准备将条约议定书递交至美国国会参议院批准。奥巴马总统在2011年5月向参议院递交了所有三项议定书，望能争取参议院的批准同意。参议院至今未对此事采取任何行动。

2.127　有问题提到，向印度（非NPT缔约国）售铀的多项决定和协议是否有可能或有潜在可能违反南太平洋（以及非洲和中亚）无核武器区条约。这三个区域禁止向任何不受NPT第三条第1款所谈到的IAEA全面保障的非核武国家进行原料、特殊易裂变材料和设备的转让。澳大利亚（以及在《佩林达巴条约》和《塞米巴拉金斯克条约》中，南非、纳米比亚和哈萨克斯坦）都有在原则上决定或具体签署协议向印度售铀，或是有报告在考虑这样做的情况。

2.128　有些批评者认为，这些可能违反无核武器区遵守情况的协议证明了，"《印美民用核能合作协议》驾着一套马车扬长穿过NPT机制针对与非NPT国家进行核材料交易的禁令"。但是其他人认为，从法理上看，印度在NPT框架中不具有地位，既不是核武器国家也不是非核武器国家，因此并不受这些非核武器区禁令的限制；而且，在一些民用核活动中，也受设施相关的IAEA保障机制约束。还有一些人认为，2008年核供应国集团给予印度"清白豁免"，也确认了这一解释，即与印度的核材料贸易并没有同NPT产生不一致。①

2.129　《东南亚无核武器区条约》，即曼谷条约。该条约禁止缔约国在区域内外发展、生产、获取或试验核武器，以及在区域内或通过本区域安置和运输核武器。每个缔约国可自行决定是否允许外国船舶和飞机停留以及过境。缔约国承诺不向本区域任何地方的海中倾倒，或向大气中释放任

---

① 不同意见的法律分析，参见唐纳德·R·罗斯维尔，《澳大利亚在南太平洋无核武器区条约框架下的义务及其对印售铀》，国际废除核武器运动（ICAN），2011年11月23日，网址：<www.icanw.org/files/ICANW~Legal%20Opinion~FINAL.pdf>；及卡尔曼·A·罗伯森，"澳大利亚向印度供应铀的合法性"，《安全挑战》8:1期（2012年秋季刊），第25～34页。尽管这两篇分析都针对南太平洋无核区的框架进行讨论，但因为其他无核区有着大致相同的条款，两篇分析对这三个案例都有广泛相关性。

何放射性材料或垃圾，或在陆地上弃置放射性材料。缔约国也被要求分别与IAEA达成协议，为自身的和平核活动运用全面保障机制。本无核区不仅包括缔约国领土，也包括缔约国的大陆架和专属经济区。本条约开放供所有东南亚国家签署。

2.130 本条约的唯一一个议定书开放供五个核武国家签署，并要求各方承诺"尊重本条约……不对构成违反本条约或其议定书的任何行为提供帮助"。本议定书也要求各方承诺不对本条约缔约国或在本区域内使用或威胁使用核武器。五个核武器国家都尚未批准这一议定书（但下面也提到中国的部分）。最主要的考虑是这一条约的地理范畴（包括了缔约国的大陆架和专属经济区），及其对国际水域自由通航权的影响。

2.131 2012年7月12日在金边召开的东盟外长会上，本来可望结束长时间的谈判并举行签署仪式，但因法国、俄罗斯、英国和美国逾期递交其保留意见而致使该进程推迟。①在2012年11月金边举行的东盟领导人峰会前夕，重新安排的签署仪式又再告推迟，②使东盟国家十分失望。③对于中国担心的这一条约应用的地理范围对其南中国海的领土要求有所影响的问题，通过一项单独的谅解备忘录予以解决。该备忘录明确了"缔约国和中国对该条约和议定书运用范围的理解"。④在2014年6月的会议中，东盟外长同意继续就议定书的未决事宜与核武器国家沟通。

2.132 《非洲无核武器区条约》，即《佩林达巴条约》。该条约禁止研究、发展、制造和获取核爆炸装置，以及试验及部署任何核爆炸装置。各国可自行决定外国船舶和飞机停留和过境。条约也禁止针对核设施发动任

① "四核武国家推迟原计划下周进行的《东南亚无核武器区条约》议定书签署"，新华社，2012年7月8日，网址：<http://news.xinhuanet.com/english/world/2012-07/08/c_131702340.htm>。
② "大国尚无签署《东南亚无核武器区条约》议定书的预期"，《环球安全新闻专线》，2012年11月15日。
③ "在即将举行的第21次东盟领导人峰会上不会签署《东南亚无核武器区条约》议定书"，新华社，2012年11月15日，网址：<http://news.xinhuanet.com/english/world/2012-11/15/c_131976633.htm>。
④ "四核武国家推迟原计划下周进行的《东南亚无核武器区条约》议定书签署"。

何攻击。缔约国承诺不在区域内任何地方倾倒放射性垃圾以及其他放射性物质。缔约国应分别与IAEA达成协议，为自身和平核活动运用全面保障机制。这一区域包括非洲大陆的领土、非洲联盟岛屿成员国和非盟考虑认为属于非洲的所有岛屿。本条约开放供非洲所有国家签署。

2.133　八个国家（喀麦隆、乍得、科摩罗、刚果、加纳、几内亚–比绍、纳米比亚和赞比亚）在2010年NPT审议大会后正式加入了这一条约。目前，条约拥有37个缔约国，其中16个尚待批准。摩洛哥在1996年4月签署并批准了这一条约，但它并不是非盟成员国。

2.134　本条约有三项附加议定书。第一号和第二号议定书（分别是对缔约国提供消极安全保证，以及禁止区域内任何地方进行核试验）已经得到除美国外所有核武国家的批准。第三号议定书，其中明确各方同意在区域内本国领土中运用条约关键条款，已经获得除西班牙外的所有有权签署方的批准。美国国务卿希拉里·克林顿在2010年5月3日对2010年NPT审议大会说，本届政府在准备将条约议定书递交至美国国会参议院批准。奥巴马总统在2011年5月向参议院递交了第一号和第二号议定书，望能保证参议院的批准同意。参议院至今未对此事采取任何行动。

2.135　中亚无核武器区。《塞米巴拉金斯克条约》要求缔约国不得在任何地方开展研究、发展、制造、储存或利用其他方式获取、拥有或控制任何核武器或其他核爆炸装置。本条约有五个缔约国：哈萨克斯坦、吉尔吉斯斯坦、塔吉克斯坦、土库曼斯坦和乌兹别克斯坦。条约有一项议定书（关于消极安全保证），在2014年5月纽约举行NPT筹备委员会会议的周边会议上所有五个核武国家均已签署。

2.136　蒙古的无核武器地位。2012年9月，五个核武国家和蒙古签署了"关于蒙古自己宣布的无核武器地位的平行政治宣言"。[①]安理会五常，虽此前

---

① 美国国务院，"五个联合国常驻代表支持蒙古的无核武器地位"，《媒体合集》，2012年9月18日，网址：<http://www.state.gov/r/pa/prs/ps/2012/09/197873.htm>。

未曾承认过任一单一国家的无核武器地位，重申了在2000年10月的联大会议中有关蒙古无核武器地位所作出的安全保证，并同意"尊重蒙古的无核武器地位，不会为任何可能妨碍这一地位的行为提供帮助"。[①]

2.137　拟议中的东北亚无核武器区。有建议希望在东北亚地区建立无核武器区，以此作为巧妙处理朝鲜核武器问题困局的一种途径。任何正式接受朝鲜拥有核武器的行径都会对防止核扩散至韩国和日本带来极大困难，同时大大增加本区域内产生使用核武器的军事冲突的风险。但是如果国际政策要致力于可核查地、永久地推翻朝鲜的拥核地位，就必须要解决平壤担心外部攻击的不安全忧虑。

2.138　有可能的一个方法是，作为一项东北亚全面和平与安全协议的一部分，建立一个区域性无核武器区，其中包括朝鲜和韩国、日本，也许还包括蒙古。与其他无核武器区条款一致，这些缔约国应保证不在本国领土内获取、制造、试验或部署核武器，也不允许相关储存。本条约的核武国家缔约方（中国、俄罗斯和美国）应同意不在本区域内储存核武器，并通过其他方式支持本条约的目标。其应将消极安全保证拓展至遵守条约的无核武器国家的缔约方。法国和英国应被要求针对适用于核武国家的条约条款作出类似承诺。

2.139　考虑到应适应朝鲜核武器计划所需的拆除时间，条约可以包含一个转型期，可以"这样安排：在三个核武器国家（美国、俄罗斯和中国）和两个非核武器国家（日本和韩国）批准条约以后，条约即告生效"，但是"如果该条约的条款在朝鲜半岛一直未能完全事实生效"，日本和韩国可以保留"其在三年或五年后退出条约的权利"。[②]

---

① "五个联合国常驻代表支持蒙古的无核武器地位"，法新社；"主要大国认可蒙古的无核武器地位"，《曼谷邮报》，2012年9月18日，网址：<http://www.bangkokpost.com/news/asia/312850/major-powers-recognize-mongolia-as-nuclear-weapons-free>。

② 莫尔顿·H·哈尔佩林，"对于东北亚无核武器区的建议"，美国鹦鹉螺安全与可持续发展研究所，2012年1月3日，网址：<http://nautilus.org/napsnet/napsnet-special-reports/a-proposal-for-a-nuclear-weapons-free-zone-in-northeast-asia/>。

2.7.2 中东

2.140 2010年NPT审议大会强调"促进全面执行1995年有关中东问题决议相关进程的重要性"。大会进一步同意，在与区域内各国协商的基础上，联合国秘书长和1995年决议的共同发起方（俄罗斯、英国和美国）将在2012年召开一次会议，"由中东地区所有国家参与，旨在建立中东无核武器及其他大规模杀伤性武器区。"NPT审议大会行动计划中，准备任命一位协调员，"负责通过与区域内各国进行协商支持1995年决议的执行……并从事2012年大会举办的筹备工作。"协调员已任命（芬兰外交部国务次长雅克·拉雅瓦），中东无核武器及大规模杀伤性武器区会议地点也已选定（赫尔辛基）。

2.141 作为全球共同努力的一部分，来为区域国家的初次聚会创造合适条件，欧盟在布鲁塞尔主办了两次非正式二轨会议（2011年7月和2012年11月），探讨举行中东无核武器及其他大规模杀伤性武器区大会事宜；IAEA（2011年11月）在维也纳也召开了延期许久的"建立中东无核武器及大规模杀伤性武器区可行相关经验"论坛。论坛参与方，其中包括除伊朗外的"中东所有国家"，建议"继续共同工作争取建立中东无核武器区；考虑以发表善意声明作为打破目前僵局的第一步；最充分和建设性地使用国际议程中的每一个机会；找出具体、实际的建立信任措施"。[①]

2.142 原有计划暂定于2012年12月17日在赫尔辛基举行为期三天的中东无核武器及大规模杀伤性武器区会议。但是在11月23日，美国宣布，"因为中东地区的目前条件，以及事实上本区域国家还未就会议的可接受条件达成一致意见"，2012年不会有相关会议。[②]2013年全年，就这一会议进行筹划的努力一直在继续，但是会议再告延期。大会协调员拉雅瓦向2014年NPT

[①] IAEA，"中东无核武器区论坛闭幕"，网址：<http://www.iaea.org/newscenter/news/2011/nwfz-forum-closes.html>。

[②] 维多利亚·纳兰德，"2012年中东无大规模杀伤性武器区会议"，新闻通稿，2012年11月23日，网址：<http://www.state.gov/r/pa/prs/2012/11/200987.htm>。

大会筹备委员会会议报告称，在进一步与中东地区各国以及会议召集方协调讨论后，会议筹办有了一些进展。

2.143 在2011年12月2日，联大会议未经表决通过了《建立中东无核武器区》的决议（A/RES/66/25号）。[①]在投票解释中，以色列提到，其仍"致力于中东最终发展成为一个无生化武器、核武器及弹道导弹的愿景"。它建议，应从"适度的"建立信任措施开始，然后"建立和平的关系，达成和解，促成互相承认和睦邻友好，辅之以各项常规武器和非常规武器控制的措施"。之后，"在适当的时候"可以建立一个"可互相核查的"无核武器区。[②]2012年12月，以色列再一次加入对此决议表示赞同的行列，并提到地区安全的脆弱性和地区对话机制的缺位，在这样的条件下"不可能建立信任、缓和紧张气氛"。[③]以色列在2013年和2014年联大会议也对中东无核武器区决议（A/C.1/68/L.1和A/C.1/69/L.1）表示赞同。[④]

2.144 正如朝鲜的情况一样，有人认为，鉴于"国际规范中存在这样一个与之相悖的逻辑——需要用武力来保障核垄断"，以色列可以考虑通过同意中东无核武器区，以放弃自身的核武器来换取伊朗终止其不断发展的核武力量。[⑤]但是，就和在东北亚地区一样，有一个问题被回避了，即无核武器区是否能够为区域内共同安全创造条件，还是只有在区域内没有冲突张力的时候才可以就此开展谈判。这个问题是以色列和阿拉伯国家之间在怎么做可以促成中东无核武器区的建立所存在的分歧之核心。

---

① "联大会议严重担忧联合国裁军机制情况，特别是裁军谈判会议情况，兹邀请各国探索方案"，网址：<http://www.un.org/News/Press/docs//2011/ga11182.doc.htm>。
② 比亚特丽丝·芬恩（编辑），《2010年NPT行动计划监测报告》（日内瓦：日内瓦安全政策中心，瑞士联邦外交部，以及"实现重要愿望"组织，2012年），第48页。
③ "在利害攸关的一委辩论前夕——在争取达成共同立场而尚未弥合分歧之际，联大会议通过了58项条文"，网址：<http://www.un.org/News/Press/dos//2012/ga11321.doc.htm>。
④ 在中东地区建立无核武器区，以色列的立场解释，2013年10月31日，网址：<http://www.un.org/press/en/2014/gadis3513.doc.htm>。
⑤ 乌里·巴尔-约瑟夫，"为什么以色列应该以其核武力量做交易"，《外交事务》，2012年10月25日，网址：<http://www.foreignaffairs.com/articles/138224/uri-bar-joseph/why-israel-should-trade-its-nukes>。

2.145　目前中东地区前景暗淡的安全和政治环境对创造一个无核武器区来说是特别不利的。应对这样一个大背景，对起步阶段的中东无核武器及大规模杀伤性武器区会议的期望必须要现实一些——举办这样一次会议本身就是一个重大成果。2013年10月，国际易裂变材料专家小组（IPFM）发布了一个报告，明确了为最终中东地区实现无核武器和其他大规模杀伤武器可采取的初步步骤。①报告中建议的方法包括以色列结束钚和高浓缩铀的生产，并将其持有的此类材料更多地置于保障机制，以此作为最终消除此类材料的步骤之一，另外在本地区中，不再进行钚分离，不使用高浓缩铀或钚为燃料，不开展国家浓缩计划，并启动地区核查安排的讨论。

2.8　《不扩散核武器条约》以外的条约和机制

2.8.1　防扩散安全倡议

2.146　"防扩散安全倡议"（PSI）是美国在2003年提出的，旨在预防大规模杀伤性武器及其运载系统和相关材料向有关国家和非国家行为体的运输。其核心目标包含在所有支持认可"防扩散安全倡议"的国家都承诺的《拦截原则声明》中。其中包括对拦截努力的支持、相关信息的快速交换和国家司法当局的能力的加强以促进拦截。通过为参与国和观察员举办研讨会和演习，"防扩散安全倡议"有助于反扩散的能力建设。参与到这一倡议的国家数量已经从初创期的11个到目前的104个，包括安理会五常中的四个（中国除外）。②

2.147　国际社会对朝鲜运输的检查更严紧了，这一挑战促使朝鲜更多地在运用替代性运输方法，包括使用外国籍船舶和飞机——但是已经看

---

① 弗朗克·N·冯·希珀尔，萨义德·侯赛因·穆塞万，哈罗德·A·费福森及奇亚·米安，《中东地区易裂变材料控制：迈向中东无核武器和其他大规模杀伤性武器区的一步》，国际易裂变材料专家小组研究报告第11号，2013年10月，网址：<http://fissilematerials.org/library/rr11.pdf>。

② 2014年5月22日，越南成为第104个宣布支持防扩散安全倡议的国家。防扩散安全倡议参与国名单列在网址：<http://www.state.gov/t/isn/c27732.htm>。

到，至少说在有些情况下，这也会受制于拦截努力。这些活动有多少可以归因于"防扩散安全倡议"还有待探讨，特别是因为倡议本身的特点——其设计时考虑到要适应一系列不同的可行选项，包括不公开的、仅涉及直接受影响的倡议支持国以及中转或目标国的双边和诸边外交和情报交流。2014年3月6日，联合国安理会朝鲜制裁问题专家小组的最终报告提出，朝鲜"对其军火贸易以及其他受禁活动非常坚持，未服从安理会决议"，并且"更多地在使用多层面的规避技术"。专家小组记录在案地认为"现有制裁的总体执行情况应作重大改进"的强烈看法。[1]

2.148　国际核不扩散与裁军委员会建议，"防扩散安全倡议""应在联合国系统下重组，成为一个评估情报、协调和资助活动，以及对从有扩散关切的国家进出的可疑材料进行拦截提出一般性或具体的建议或作出决定的中立组织"。[2]这对解决那些不愿在联合国框架外运作的国家（包括支持该倡议的国家）的关切将要走很长一段路。该倡议还是很大程度上由美国主导，这一建议有助于赋予倡议本身更广泛的的议题关注，更大的国际"合法性"——尽管已有100多个国家接受其指导原则，这一倡议仍被问及是不是真的缺乏合法性？更大的合法性可以掌握相应的成本，减少情报信息流，拉长决策时间，使得完成实际、及时、有效的拦截要比现在更难。无论如何，目前并无任何迹象表明"防扩散安全倡议"已严肃认真地考虑这一建议了。

2.8.2　导弹扩散

2.149　越来越先进而广泛使用的弹道导弹和巡航导弹技术，以及用导弹运载常规弹头或大规模杀伤性武器弹头实现快速精准打击的能力，都加大了由导弹持有国带来的威胁感，增加了国际紧张，进一步削弱了各方对核不扩散体系的诚信度和长期努力的信心，使得各方扭转核威慑主义的鞭

---

[1] 根据决议1874号（2009年）所成立的专家小组所作的报告，2014年3月6日，网址：<http://www.un.org/ga/search/view_doc.asp?symbol=S/2014/147>。
[2] 核不扩散与核裁军国际委员会，《消除核威胁》，第96~97页。

策力变小（请见第一章关于导弹防御的论述）。由于这些科技的持续传播，而同时又没有任何"全球一致认可的专门用来管理导弹的发展、试验、生产、获取、转让、部署或使用的规则或工具"，[①]国际社会尝试了各种精心设计的方法来增加透明度，遏制或降低导弹扩散的速度。

表2.4重点列出了全球各国的导弹拥有情况，所列国家拥有射程超过500km的弹道导弹或陆基、海基、空基巡航导弹。

表2.4　拥有射程超过500km的弹道导弹和巡航导弹的国家（2014年）

国家	拥有弹道导弹的国家	拥有巡航导弹的国家
美国	x	x
俄罗斯	x	x
法国	x	x
中国	x	x
沙特	x	—
伊朗	x	（x）[*]
叙利亚	x	
朝鲜	x	
韩国	（x）	x
中国台湾地区	—	x
以色列	x	—
印度	x	（x）
巴基斯坦	x	x

---

① 潘基文，《导弹问题的各个方面》。秘书长的报告（纽约，联合国文件A/63/176，2008年7月28日），网址：<http://www.un.org/ga/search/view_doc.asp?symbol=A/63/176&referer=http://www.un.org/disarmament/WMD/Missiles/SG_Reports.shtml&Lang=E>。

（续）

国家	拥有弹道导弹的国家	拥有巡航导弹的国家
英国	x	x
土耳其	（x）	（x）
德国	—	x
西班牙	—	x

*括号表示导弹正在研发中。

资料来源： 国家航空航天情报中心（NASIC）2013年：弹道导弹与巡航导弹威胁，网址：<http://fas.org/programs/ssp/nukes/nuclearweapons/NASIC2013_050813.pdf>；"世界核力量"，《斯德哥尔摩国际和平研究所2014年年鉴：军备、裁军与国际安全》，第287~313页。斯德哥尔摩国际和平研究所军备转让数据库，网址：<http://www.sipri.org/databases/armtransfers>;军控协会：全球弹道导弹库存，2014年7月，网址：<http://www.armscontrol.org/factsheets/missiles>;核威胁倡议，网址：<http://www.nti.org/media/pdfs/design_characteristics_iran_missiles_3.pdf?_=1360355163>。

2.150　导弹及其技术控制制度。该机制于1987年建立，旨在解决不断增长的对于具有核能力导弹的广泛使用引发的国际担忧。[1]与其他出口控制机制一样，导弹及其技术控制制度指导原则没有法律约束力，成员国有责任运用本国法律系统来执行该原则并作出相应执法。该机制的有效性有赖于所有导弹科技持有国和供应国的合作，但是并没有包括所有这些国家。[2]在其公开声

---

[1] 导弹及其技术控制制度，网址：<http://www.mtcr.info/english/index.html>。

[2] C.阿尔斯特姆，"弹道导弹防扩散问题：2002年行为准则"，《SIPRI2013：军备、裁军与国际安全》（牛津：牛津大学出版社，2003年），第749~759页。导弹及其技术控制体系成员国包括：阿根廷、澳大利亚、奥地利、比利时、巴西、保加利亚、加拿大、捷克共和国、丹麦、芬兰、法国、德国、希腊、匈牙利、冰岛、爱尔兰、意大利、日本、韩国、卢森堡、荷兰、新西兰、挪威、波兰、葡萄牙、俄罗斯、南非、西班牙、瑞典、瑞士、土耳其、乌克兰、英国、美国。

明中，该机制"对全球导弹扩散活动，特别是对中东、东北亚、南亚地区正在进行的导弹计划表示担忧，这又在刺激其他地区的导弹扩散活动"。①

2.151　1992年，这一机制的范围拓宽了，包括了所有有核、化学或生物武器运载能力的导弹和无人机。出口控制在两个类别中运用：最严格的（类别I）包括有能力运载超过500kg的有效载荷、运载距离超过300km的完整火箭系统和无人机，及其生产设施和重要辅助系统；而较为宽松的类别II包括不含在类别I内的完整火箭系统和无人机，以及一系列军民两用项目。②

2.152　导弹及其技术控制制度的成功包括中止了阿根廷、巴西、埃及和南非的弹道导弹计划，以及在前东方阵营国家销毁了苏联时代的"飞毛腿"导弹库存。尽管韩国一直到2000年才加入导弹及其技术控制制度，但在此之前它与美国已经开展了长期（5~6年）的双边探讨，运用导弹及其技术控制制度的指导意见（500kg/300km）为韩国弹道导弹设置射程和有效载荷的限制。韩国虽然在2012年决定放弃射程限制，但其有效载荷限制仍然有效。

2.153　尽管台湾尚未宣布其是否遵循导弹及其技术控制制度的指导原则，但事实上已经采用了这些原则，即便是在20世纪80年代曾经发展远程导弹的时候。话说回来，台湾的弹道导弹研究和发展基地并没有解散，其目前状况并不透明。

2.154　在过去十年，许多国家获得了近程及中程弹道导弹技术，而诸如印度、伊朗、朝鲜和巴基斯坦等国已经开展了远程弹道导弹相关的研发。

2.155　防止弹道导弹扩散海牙行为准则（HCOC）。2011年9月，导弹及其技术控制制度成员发布了一份防止弹道导弹扩散行为准则草案，并建议其得到全球支持。这份草案在一系列出席者众多的国际会议中得到考虑，

---

① 导弹及其技术控制制度全体声明，罗马，2013年10月14—18日，网址：<http://www.mtcr.info/english/press/Italy2013.html>。

② 导弹及其技术控制制度，"装备、软件和科技问题附录"，网址：<http://www.mtcr.info/english/annex.html>。

而后在2002年11月于海牙举行的会议中得以签署。①该行为准则呼吁各签署国每年提供以下相关信息，包括弹道导弹系统（巡航导弹不涵盖在该行为准则内）、卫星运载火箭以及陆基试验发射站，以及根据行为准则规定的发射前通知机制提供发射弹道导弹/卫星运载火箭的数量及各种类型。

2.156 欧盟在推动海牙行为准则的全球参与方面起了重要作用，并且试图通过下列方法扩展海牙行为准则的范畴：通过拓宽参与，包括将其他现有倡议（比如印巴双边通知安排）引入到海牙行为准则框架下；将行为准则扩展，包括巡航导弹和近程导弹；开发一套标准基线模板供报告使用。但是，这些变化都还没有得到一致同意。②2014年，海牙行为准则的签署国数量达到137个。然而，很多拥有弹道导弹的国家仍未加入，包括北亚和中东地区的国家，这使其规范效力受到了限制。

2.157 联合国政府专家小组。在联合国的支持下，从2001年至2008年间，历届政府专家组在会议间隔中进行会面。尽管他们一致认为导弹扩散对国际和平和安全造成了威胁，但是他们并没能就威胁的规模和范围，包括讨论中应重点关注哪些导弹，达成一致意见。

2.158 不过，第三次也是最后一次小组讨论明确了未来应予以考虑的一些议题，"虽不一定能在所有议题上达成一致"。这些议题包括：导弹不断增长的军事影响、可以装备常规或非常规弹头的事实、不断提升的机动性、巡航导弹越来越多被用作常规弹药的场区外发射运载系统、导弹和卫星运载火箭之间的相似性，以及"在不妨碍太空相关科技和平利用的情况下解决安全忧患"的相关需求。小组一致认为需要"按部就班地开展工作"，其中应包括改善国家出口控制、采用自愿性透明和建立信任措施方

---

① A·哈里斯，"防止弹道导弹扩散国际行为准则"，英美安全信息理事会记录，2002年7月18日，网址：<http://www.basicint.org/pubs/Notes/2002international_code.htm>。防止弹道导弹扩散海牙行为准则全文可见：网址：<http://www.hcoc.at/index.php#>。

② "欧盟与防止弹道导弹扩散海牙行为准则"，欧洲评议会文件，2009年4月，网址：<http://www.consilium.europa.eu/uedocs/cmsUpload/EN-missiles_balistiques.pdf>。

法、和平解决争端以及推动外太空和平利用。[1]

2.159 拓宽《美苏关于销毁中短程导弹条约》范围的建议。国际核不扩散与裁军委员会报告建议，致力于控制导弹扩散的全球努力应当继续，但是也警示说，1987年美苏签订的销毁中短程导弹条约（下称《中导条约》）多边化尝试的失败不应当被任一方作为退出的借口（建议62）。在2008年2月的裁军谈判会议（CD，裁谈会）中，俄罗斯提出了一个类似于《中导条约》的条约，向全球开放参与。在2008年11月，法国在一份题为"禁止近程及中程地地导弹条约的基本要素"的报告中提出了类似的建议。[2]不过，《中导条约》包括了射程在500~5500km的陆基弹道导弹和巡航导弹，法国的建议希望降低禁用的门槛至150km或300km。在2008年法国作为欧盟轮值主席国期间，欧盟曾支持探讨全球《中导条约》的可行性，但是到目前为止俄罗斯和欧盟都没有实际就此议题开展工作。鉴于诸多国家都已发展近程和中程导弹，并没有考虑要放弃该技术，扩展版《中导条约》的前景并不乐观。

2.160 《中导条约》自身也受到很大压力。2014年7月，美国称俄罗斯违反了其《中导条约》义务，就条约禁用的陆基巡航导弹开展了试验工作。[3]俄罗斯否认了美方的发现，坚称所涉及的导弹射程应列入洲际弹道导弹的类别，并不属于《中导条约》范畴，又对美方的条约遵守情况反而提出了担忧。[4]俄罗斯称，筹划中的美国导弹防御系统有部分可以用于发射违反《中导条约》的巡航导弹。在美国，有声音呼吁美国应退出《中导条约》，以

---

① 潘基文，《导弹问题的各个方面》。

② 俄罗斯外长谢尔盖·拉夫罗夫在裁军谈判会议全体会议上的发言，日内瓦，2008年2月12日，网址：<http://www.mid.ru/brp_4.nsf/sps/111B7DD616FD1472C32573EE0024A63D>；萨科齐总统致联合国秘书长潘基文信函，2008年12月5日，网址：<http://www.francetnp.fr/IMG/pdf/Letter_from_Nicolas_Sarkozy_to_Ban_Ki-Moon.pdf>；"美对法方所提全球中程核武器条约建议的回应"，维基解密电报，2008年12月24日，网址：<http://www.cablegatesearch.net/cable.php?id=08STATE134228>。

③ "对军控、不扩散及裁军协定与承诺的遵守与履约情况"，美国国务院，2014年7月，网址：<http://www.state.gov/documents/organization/230108.pdf>。

④ "外长称——美方就俄罗斯违反《反导条约》的声明毫无根据"，《俄通社–塔斯社》，2014年7月30日，网址：<http://en.itar-tass.com/russia/742972>。

此来回应所指认的俄罗斯违约行为，[1]而俄罗斯也曾在过去以退约做过威胁。《中导条约》目前的问题所带来的影响要超过它对欧洲安全的直接贡献。《中导条约》消除了一整类核武器，也因此具有相当重要的意义，是美俄核武器削减可以达成成果的具体实际的体现。从更即时的角度看，《中导条约》的破裂会进一步破坏已然艰难的未来美俄核武器控制协议的大环境，也减损对现有协议的信心。

2.9　核试验

2.161　CTBT禁止在任何环境下为民用（"和平用途"）或军用进行任何核爆炸。在1996年9月10日，联大会议压倒性的多数成员国通过了这一条约。自条约通过以来，仅进行过少数几次核武器试爆，包括1998年的印度和巴基斯坦，以及过去十年里的朝鲜（图2.1、表2.5）。截至2014年12月31日，183个国家签署了CTBT，其中163个国家已经批准。但是，CTBT尚未正式生效，受制于一项前提要求——附件二中的全部44个有核反应堆的国家都必须签署和批准。[2]

2.162　在2010年NPT审议大会上，所有核武器国家都承诺"尽快"批准CTBT，并承认"在鼓励附件二国家，特别是鼓励尚未加入NPT而继续在进行未受保障的核设施运行的国家签署和批准该条约方面负有特殊责任"。（行动计划10）。在条约尚未生效的前提下，所有NPT缔约国承诺"对核武器试爆或任何其他核爆炸、使用新型核武器技术或任何可能违背条约目标宗

---

[1] 例见，斯蒂芬·皮弗，"莫斯科导弹疑云：俄罗斯是否真的违反了《反导条约》"，网址：<http://www.brookings.edu/research/opinions/2014/01/31-moscow-missile-mystery-russia-violating-inf-pifer>，以及比尔·格茨，"决策圈内：俄罗斯被指出现重大条约违反行为"，《华盛顿时报》，2014年6月11日。

[2] 附件二国家包括：阿尔及利亚、阿根廷、澳大利亚、奥地利、孟加拉、比利时、巴西、保加利亚、加拿大、智利、中国、哥伦比亚、朝鲜、埃及、芬兰、法国、德国、匈牙利、印度、印度尼西亚、伊朗（伊斯兰共和国）、以色列、意大利、日本、墨西哥、荷兰、挪威、巴基斯坦、秘鲁、波兰、罗马尼亚、韩国、俄罗斯联邦、斯洛伐克、南非、西班牙、瑞典、瑞士、土耳其、乌克兰、英国、美国、越南和扎伊尔。

旨的活动保持克制。"各国进一步同意现有的核武器试爆暂停应继续得到维持（行动计划11）。

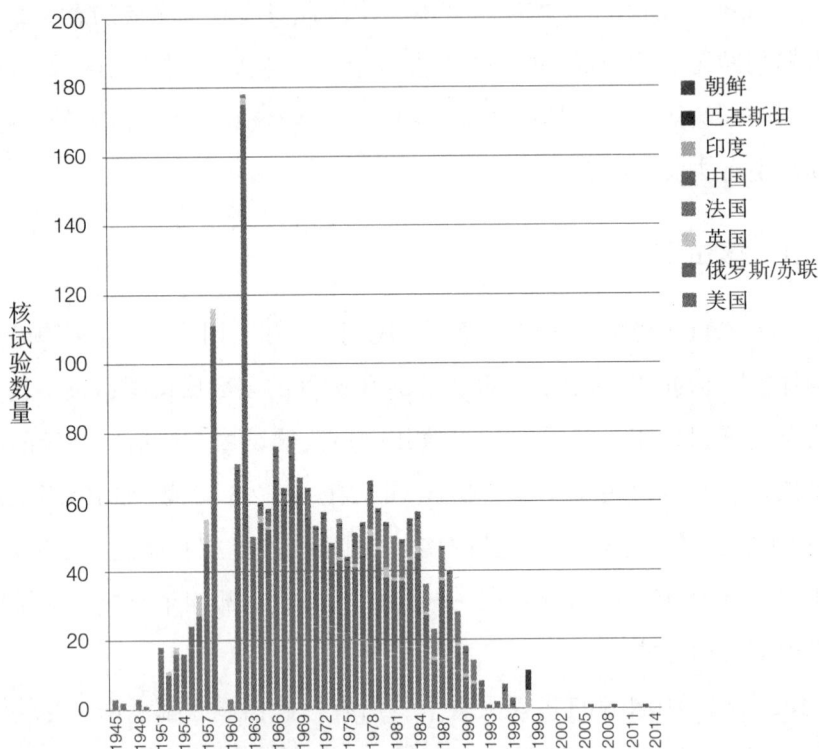

资料来源：《SIPRI年鉴2014》第350~351页。

图2.1　估计的核爆炸次数（1948年—2014年）

表2.5　核爆炸数量估计（1948年—2014年）

国家 年份	美国	俄罗斯/ 苏联	英国	法国	中国	印度	巴基 斯坦	朝鲜
1945	3							
1946	2							
1947								
1948	3							

（续）

国家 年份	美国	俄罗斯/ 苏联	英国	法国	中国	印度	巴基 斯坦	朝鲜
1949		1						
1950								
1951	16	2						
1952	10		1					
1953	11	5	2					
1954	6	10						
1955	18	6						
1956	18	9	6					
1957	32	16	7					
1958	77	34	5					
1959								
1960				3				
1961	10	59		2				
1962	96	79	2	1				
1963	47			3				
1964	45	9	2	3	1			
1965	38	14	1	4	1			
1966	48	18		7	3			
1967	42	17		3	2			
1968	56	17		5	1			
1969	46	19			2			

（续）

国家\年份	美国	俄罗斯/苏联	英国	法国	中国	印度	巴基斯坦	朝鲜
1970	39	16		8	1			
1971	24	23		5	1			
1972	27	24		4	2			
1973	24	17		6	1			
1974	22	21	1	9	1	1		
1975	22	19		2	1			
1976	20	21	1	5	4			
1977	20	24		9	1			
1978	19	31	2	11	3			
1979	15	31	1	10	1			
1980	14	24	3	12	1			
1981	16	21	1	12				
1982	18	19	1	10	1			
1983	18	25	1	9	2			
1984	18	27	2	8	2			
1985	17	10	1	8				
1986	14		1	8				
1987	14	23	1	8	1			
1988	15	16		8	1			
1989	11	7	1	9				
1990	8	1	1	6	2			

（续）

国家年份	美国	俄罗斯/苏联	英国	法国	中国	印度	巴基斯坦	朝鲜
1991	7		1	6				
1992	6				2			
1993					1			
1994					2			
1995				5	2			
1996				1	2			
1997								
1998						5[a]	6[b]	
1999								
2000								
2001								
2002								
2003								
2004								
2005								
2006								1
2007								
2008								
2009								1
2010								
2011								

（续）

国家 年份	美国	俄罗斯/ 苏联	英国	法国	中国	印度	巴基 斯坦	朝鲜
2012								
2013								1
2014								

a．印度声称其进行了五次核试验，但是斯德哥尔摩国际和平研究所采用的方法
　　得出结果为两次。

b．巴基斯坦声称其进行了六次核试验，但是斯德哥尔摩国际和平研究所采用的
　　方法得出结果为两次。

资料来源：《SIPRI年鉴2014》英文版第350、351页；《今日军控》，网址：
　　　　　　<http://www.armscontrol.org/act/2008_05/lookingback>。

　　　　2013年1月24日，朝鲜的官方通讯社——朝鲜中央通讯社（朝通
社）发布一项声明，宣布朝将进行"一次高水平的核试验"，以回
应联合国安理会对朝鲜发射火箭的谴责，指责朝鲜违反了联合国的
制裁决议。核爆炸于格林尼治时间2月12日2：57（当地时间11：57）
进行。几个小时后，朝通社宣布称，这是朝鲜第三次成功的地下核
试验，"使用了与以往不同的小而轻但威力大的原子弹，是一次安
全、完美的高水平试验"。见《SIPRI年鉴2014》英文版第346页。

　　2.163　在2010年5月举行第八次NPT审议大会时尚未批准CTBT的九个
附件二国家中，后来仅有印度尼西亚一个国家对条约做了批准（2011年12
月6日）。在其他八个中，中国、埃及、伊朗、以色列和美国都签署了条约，
而朝鲜、印度和巴基斯坦尚未签署。五个核武国家都继续保持核试爆自愿
暂停，尽管其中至少有三国（俄罗斯、英国和美国）以及可能包括中国，
都开展了少量核材料的"次临界"试验，在高压下使用了常规炸药，没有
产生持续的核连锁反应。正如在上一章中讨论过的，所有NPT缔约和非缔约

的核武装国家都正在逐步发展核武器系统现代化的长期计划。

2.164 NPT核武器缔约国。中国仍然维持其核试爆的自愿暂停，但是可能开展了一些核材料的"次临界"的试验。①中国尚未批准CTBT，但是支持此条约尽早生效，也参与CTBT组织筹备委员会的相关工作，并在准备国家的履约工作。②在2011年1月，奥巴马总统和胡锦涛主席（时任）发布了共同声明，重申两国对CTBT早日生效的支持。③北京方面在2014年5月纽约举行的NPT筹备委员会会议第三次会议期间，重申了这一立场，提到中国"不会成为CTBT早日生效的障碍。"④

2.165 中国已将该条约呈交其全国人民代表大会，据称正在进行"依据有关宪法程序的批准手续"。⑤很多专家相信，这一程序的正式完成会在美国的批准之后很快跟进，但是中国从未谈及其国内批准程序的状态，也并未承认或暗示别国的批准与此有何联系。⑥中国不太可能在美国之前批准CTBT，这是因为中国想首先弄清楚，如果有修订想法的话，美国参院会加进什么新的条件。但是中国被敦促进行批准工作，包括针对核不扩散与核裁军的亚太领袖网络在2014年10月的会议中呼吁中国"批准CTBT，不应等

① 高卡尔·木卡赞诺娃，《执行2010年NPT审议大会通过的结论与裁军行动1~22条行动建议：监测报告》（蒙特雷，加拿大：詹姆斯·马丁防扩散研究中心，蒙特雷国际问题研究所，2012年4月），第48页。

② 维亚纳·萨斯特里，"全面禁止核试验条约生效的黯淡前景"，2012年1月9日，国防研究分析所，网址：<http://www.idsa.in/idsacomments/ThePoorProspectsoftheCTBTEnteringIntoForce_cvsastry_090112>。

③ 美国白宫新闻秘书办公室，"中美联合声明"，2011年1月19日，网址：<http://www.whitehouse.gov/the-press-offcie/2011/01/19/us-china-joint-statement>。

④ 中国代表团在2015年NPT审议大会第三次筹备会上关于核裁军问题的发言，2014年5月2日，网址：<http://www.china-un.org/eng/hyyfy/t1155272.htm>。

⑤ 张炎大使向《全面禁止核试验条约》第十四条会议所作发言，2003年9月4日，网址：<http://ctbto.org/fileadmin/content/reference/article_xiv/2003/statements/0309_pm/0409_am/05_china_e.pdf>。

⑥ 例见"国际核不扩散与裁军委员会联合主席加雷斯·埃文斯与川口顺子的联合记者招待会"，核不扩散与裁军国际委员会，2009年2月15日，网址：<http://国际核不扩散与裁军委员会.org/Pages/090215_jpc_evans_kawaguchi.aspx>;迪普提·朝贝，"莫等美国"，《全面禁止核试验组织纵览》，2009年4月，网址：<http://www.ctbto.org/fileadmin/user_upload/pdf/Spectrum/2009_April_Spectrum12_p10-11.pdf>。

待美国或任何其他必要方首先完成流程，或至少可以应寻求与美国进行谈判争取同步批准"。①中国这样的举动可成为一项展现领导力的行为，也会是一项重要的信心建设。

2.166　法国和英国都已批准CTBT，并维持其核试爆的自愿暂停。英国开展了核材料的"次临界"试验。②在2010年11月，法国和英国宣布，两国决定在核库存管理方面开展合作，"通过在法国瓦尔杜克新设的一个联合设施中开展一项前所未有的合作，模拟核弹头和核材料的性能"，以支持双方"各自的独立核威慑能力，保证长期的活力、安保和安全。"③俄罗斯已经批准CTBT，维持其核试爆的自愿中止。它开展了核材料的"次临界"试验。④

2.167　美国维持其核试爆的自愿中止。它开展了核材料的"次临界"试验。⑤在2009年4月，奥巴马总统在布拉格承诺"寻求一个无核武器世界中的和平和安全"，作为其承诺的一部分，他保证"即刻、积极地"推动美国批准CTBT。⑥尽管本届政府明确希望说服参议院，并一直在持续为此开展工作，自1999年参议院拒绝同意批准条约以来，形势的变化对美国和CTBT都更有利，但尚未再次递交CTBT由参议院批准。奥巴马总统也许会在其第二任期内积极地将CTBT送回参议院讨论，但是仍有很大数目的参议员坚决反对美国批准（条约批准需要三分之二多数同意），政府也未为参议院重新考虑条约设置时间表。本条约若要最终能够生效，美国的批准是至关紧要的。参议院若再一次否决，则将基本肯定，条约生效还需要等待许多年。在乌克兰的地缘政治动荡和2014年11月美国中期选举之后，美国参议院重新考虑

---

① 亚太领袖网络，《胡志明市裁军宣言》，2013年10月，网址：<http://www.a-pln.org/sites/default/files/apln-analysis-docs/HCMCDisarmDecFinPublic22x123.pdf>。

② 木卡赞诺娃，《2010年NPT审议大会裁军行动：监测报告》，第48页。

③ 2010年英法峰会防御及安全合作宣言，网址：<http://www.number10.gov.uk/news>，2010年11月2日。

④ 木卡赞诺娃，《2010年NPT审议大会裁军行动：监测报告》，第48页。

⑤ 木卡赞诺娃，《2010年NPT审议大会裁军行动：监测报告》，第48页。

⑥ 巴拉克·奥巴马总统发言，布拉格哈德恰尼广场，2009年4月5日（华盛顿特区：白宫新闻秘书办公室，2009年），网址：<http://www.whitehouse.gov/video/The-President-in-Prague#transcript>。

CTBT批准的前景看起来更为遥远。

2.168 非NPT缔约的核武装国家。印度尚未签署CTBT，但是自1998年以来维持其核试爆的自愿暂停。2005年，在一份为美国和印度继续开展双边和平核能合作奠定基础的两国联合声明中，印度承诺继续其单边中止核试爆。印度是否能够开展核材料"在临界点以下"的试验不得而知，但是普遍认为其并不具备此项能力。巴基斯坦尚未签署CTBT，但自1998年以来一直维持其核试爆的自愿暂停。同样地，巴基斯坦是否能够开展"次临界"试验也不得而知，但是一般认为不太可能。以色列应该至少开展过一次核试验，但是从未确认。以色列已签署但是未批准CTBT。以色列是否开展过核材料的"次临界"试验未可知。朝鲜未签署CTBT，并在2006年、2009年和2014年开展了爆炸装置试验。在2012年2月，平壤方面表示承诺暂停核试验，但是后续又收回承诺。2014年11月，应对联合国指称其违反人权的相关动作，朝鲜威胁将开展进一步的核试验。

2.169 推动生效工作。在2010年NPT审议大会上，所有已批准CTBT的国家都认识到促进条约生效的双年度会议的重要性（行动计划12），并承诺推动条约在国家、区域和全球层面的生效和履行（行动计划13）。同时，还鼓励CTBT组织来完善条约核查机制的发展，"包括对全球监测系统（IMS）的尽早完善和初步运作"（行动计划14）。

2.170 已批准国家和签署国的代表，包括五个核武器国家，参加了2013年9月27日的第八届促进CTBT生效双年度会议。与会国再次通过了一系列"促进条约早日生效及普遍化的具体步骤"。其中包括：

● 鼓励更多的国家签署和批准条约；

● 一致认为批准国可"继续选择协调员，通过同所有有意愿国家开展非正式协商来推动合作，旨在推动进一步的条约签署和批准"；

● 呼吁CTBT组织筹备委员会继续推广对条约的理解，包括"核查科技在民用和科学方面应用的益处"，以及继续其国际合作活动，包括研究小组、研讨会、培训项目等；

● 要求临时科技秘书处继续在批准程序和履约措施等方面为各国提供法律援助。①

2.171 在2013年9月26日，成立了一个名人小组，来支持和补充推动CTBT生效的努力，同时也重新激活了为实现这一目标的国际努力。CTBT组织开展了非常广泛的全球拓展和能力建设项目，包括为维持和改善CTBT核查机制提供培训和其他相关协助。

2.172 解决核查和核库存可靠性方面的关切。尽管CTBT尚未生效，但对条约的支持性核查框架（国际监测系统，或称IMS）的建设和委任工作一直在继续。2013年9月举行的条约第十四条生效大会的最终宣言中强调了继续维持"建设核查机制的各个有机组成部分"的动力的重要性。各国承诺继续提供"所需的政治方面的和具体的支持，以便于筹备委员以最高效、低耗的方式完成各项工作，包括逐步建立核查机制的现场视察这一支柱，以及国际监测系统覆盖范围的逐步发展。"②在2010年4月，总计划为337项全球监测系统设施（运用一系列技术，包括地震、放射性同位素、水声、次声）中的255项得到了认证。此后，这一数字又上升到279项（表2.6）。

表2.6　全球监测系统设施（2014年12月）

设施	数量
已认证	279
已安装	20
建设中	19
计划中	19
总计	337

截至2014年12月，总计划337项全球监测系统站点中已有279项得到认证，纳入全球监测系统，已占这一网络的80%以上。请见网址：<http://www.ctbto.org/>

①《最后宣言及促进全面禁止核试验条约生效的措施》，促进全面禁止核试验条约生效会议，纽约2013年9月27日。
②《最后宣言》，促进全面禁止核试验条约生效会议，2013年9月27日。

和网址：<http://www.heritage.org/research/reports/2013/03/international-monitoring-system-as-a-nuclear-test-verification-tool>。

资料来源及注释：

　　CTBT组织网站上提供了一张交互式地图，显示各个全球监测系统站点的位置、类型和运行情况，请见网址：<http://www.ctbto.org/map/>。

　　2.173　在五个核武器国家中（有三个已经批准了CTBT），只有美国因担心条约对其"核库存管理计划"效力的影响，其批准工作有可能受阻。由于这个原因，以及由于有些国家存在着对CTBT承诺做出欺瞒或违约的可能性，使得一些（也很可能正是能起到决定性作用的少数）参议员不想同意美国的批准。白宫委托国家研究委员会对一份2002年探讨CTBT有关技术考量担忧的报告进行审议和更新，在2012年3月30日发布了这份报告。主要内容包括：

● 如果世界上任何地方进行了即使是远低于1000t量级的试验，全球监测系统地震波侦测的信心水平也可达90%；

● 美国国家技术手段提供超过全球监测系统水平的监测能力，可以专注于监测与美国所关切的国家；

● 不管有无CTBT条约，拥有不同程度核技术水平的国家都有可能发展较低能力的武器，但这不需要美国以重新核试验来进行有效应对。[①]

　　2.174　根据报告委员会主席的话，"只要国家完全致力于安保其武器库存，并为此提供足够的资源，在可预见的未来，美国都有技术能力来维持安全、可靠的核武器水平，不需要开展地下核试验。"[②]

[①] "关于全面禁止核试验条约背后的技术问题的新报告中指出，美国储备安全及国际监测能力有所提升"，2012年3月30日，网址：<http://www8.nationalacademies.org/onpinews/newsitem.aspx?RecordID=12849>。

[②] 艾伦·D·威廉姆斯，英国石油首席科学家及撰写报告的委员会主席：《全面禁止核试验条约：美国面临的技术问题》，网址：<http://www8.nationalacademies.org/onpinews/newsitem.aspx?RecordID=12849>。

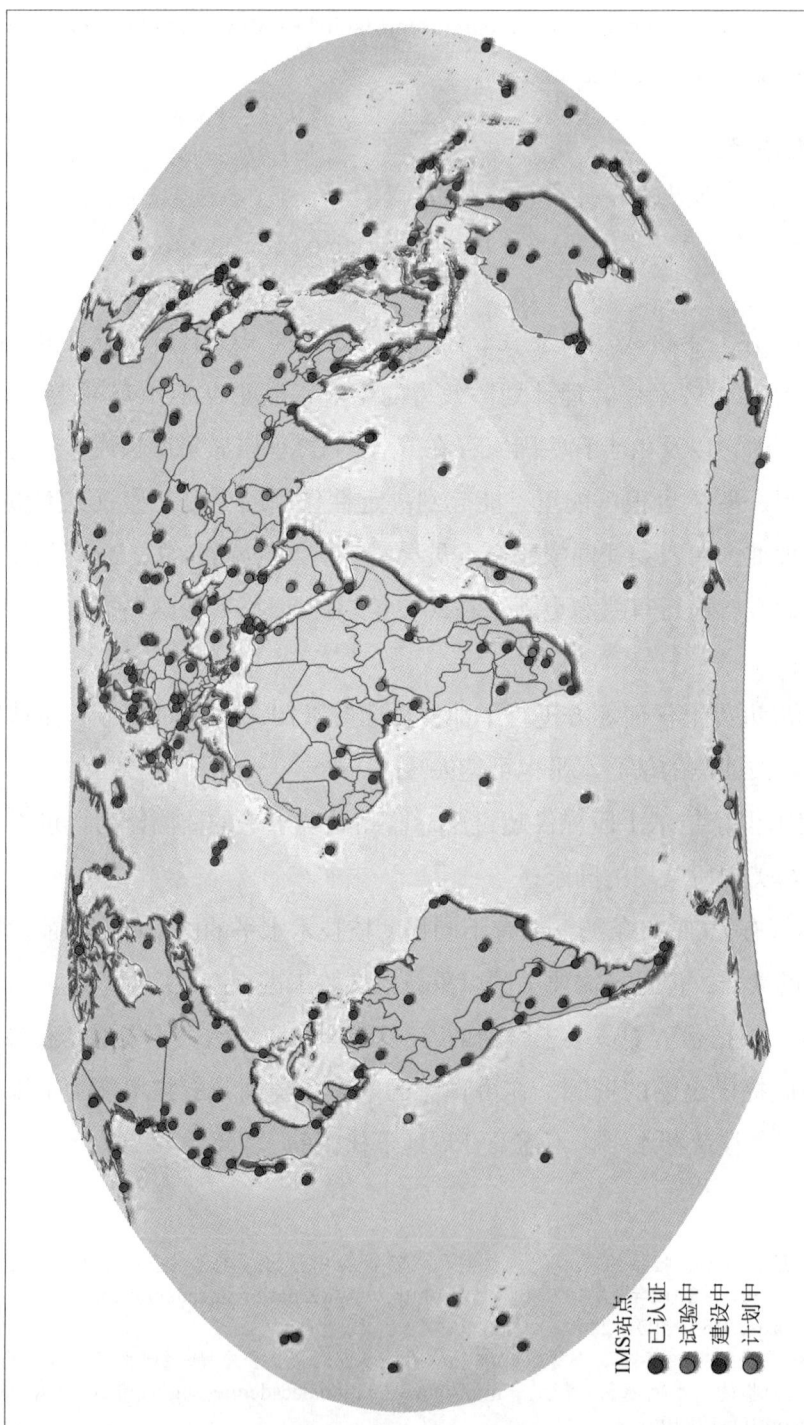

地图2.1　2014年世界各地的IMS核查机制监测站点

2.10　易裂变材料

2.175　裂变材料禁产条约：裁军谈判会议。应该说，比起全球核不扩散与核裁军议程中的其他议题，参与这一议题的决策者较多，投入的力量较大，而产生的实际效果却较小。1993年12月，联大会议通过了一项决议，建议"在最恰当的国际论坛中谈判一项……禁止核武器或其他核爆炸装置用的易裂变材料的生产"。①而"最恰当的国际论坛"便是日内瓦裁军谈判会议。在1995年3月，在特别协调员（来自加拿大的裁军大使）杰拉德·E·香农的建议下，裁军谈判会议决定设立一个特设委员会，就易裂变材料禁产进行谈判。"香农授权"基于1993年联大的初始决议，允许代表针对公约的适用范围提出任何相关考虑供讨论，特别是在包括易裂变材料的未来生产的同时也包含现有储存。②特别委员会进程失败了，但是"香农授权"仍然存在。

2.176　1995年的第五届NPT审议大会上，除了呼吁缔结一项禁止核试验的条约以及呼吁全球致力于削减核武器库存规模外，也敦促以"香农授权"为依据，"即刻开始并尽早结束"核武器用易裂变材料的禁产条约谈判。③五年后，第六届NPT审议大会敦促裁军谈判会议"同意一项工作计划，其中包括尽快启动这一条约的谈判，并争取在五年内完成谈判"。④

2.177　然而，自1996年禁止核试验条约谈判结束以来，裁军谈判会议始终未能同意并执行这样一项工作计划。对于裁军谈判会议下一步议程中的四个主要议题——核裁军、易裂变材料禁产条约、防止外空军备竞赛⑤以及消极安全保证——如何设置优先项目，在安理会五常之中存在旷日持久

---

① 联合国文件A/RES/48/75L（1993年12月16日）。

② "香农授权"，网址：<http://www.fas.org/programs/ssp/nukes/armscontrol/shannon.html>。

③ 联合国文件NPT/CONF.1995/32（第一部分），附件：核不扩散与核裁军的原则和目标，网址：<http://disarmament.un.org/wmd/npt/1995dec2.htm>。

④ 第6（15）条第一部分，<http://www.acronym.org.uk/official-and-govt-documents/2000-npt-review-conference-final-document-13-steps>。

⑤ 对于是否需要就防止外空军备竞赛（PAROS）议题达成新的国际文书这个问题，特别是中国、俄罗斯和美国存在分歧，美方认为并无需要。

的意见分歧。在这四个议题中，只有易裂变材料问题需要即刻开展条约谈判。裁军谈判会议以前对于启动禁产条约谈判的努力在若干问题上碰壁，这些问题包括是否纳入现有易裂变材料储存、恰当的保障措施、核查以及与并行的核裁军条约谈判相联系等。[1]近年来，几乎所有注意力都集中在巴基斯坦，它一直反对裁军谈判会议通过一项工作计划，因为在尚未就条约涵盖现有易裂变材料储存这一条件达成一致意见的情况下，它不会同意禁产条约谈判，认为它在这一方面与印度相比处于特别明显的下风。

2.178　除了巴基斯坦，许多无核国家也认为，在禁止核武器用易裂变材料的未来生产之外，禁产条约也应解决核武器国家——特别是俄罗斯和美国——现有的大量易裂变材料储存问题。仅仅禁止未来生产的禁产条约，会允许核武装国家自由使用现有易裂变材料储存来生产更多核武器，严重削弱禁产条约的裁军目标。然而，若要将所有现有易裂变材料储存（包括核武器中的储存）都纳入禁产条约的义务，将意味着要求加入禁产条约的核武装国家完全放弃其核武器。这种全面涵盖核储存的做法在目前来看是不现实的，而若坚持这样一项条款，则会使得最有可能在近期内取得的成果——禁止未来生产，成为不可能。不过，储存问题还需要在谈判中去得到解决，核武装国家也应该会需要对现有储存做出一定的承诺。

2.179　一个可能的解决方法是，在民用项目之外现有易裂变材料储存的国家同意逐步将冗余储存纳入禁产条约的覆盖范围。国际核不扩散与裁军委员会建议，采取一个分阶段的方法，将第一优先事项放在设置生产上限上；然后应致力于确保对现有武器之外的易裂变材料被纳入不可逆转的和可核查的非爆炸使用的承诺；在核武器裁减安排达成一致后，将通过核武器拆除获得的易裂变材料也纳入到这一承诺项下。国际核不扩散与裁军

---

① S·凯尔，"关于生产用于核爆的易裂变材料的禁令"，《SIPRI年鉴1997：军备、裁军与国际安全》（牛津：牛津大学出版社，1997年），第387~388页；S·凯尔，"易裂变材料禁产条约"，《SIPRI年鉴2007：军备、裁军与国际安全》（牛津：牛津大学出版社，2007年），第506~513页；S·凯尔，"易裂变材料禁产条约"，《SIPRI年鉴2008：军备、裁军与国际安全》（牛津：牛津大学出版社，2008年），第361~362页。

委员会也呼吁开展一项中间步骤——所有核武装国家依据自愿公开其易裂变材料储存以及自身认定的武器所需之外的冗余储存数量，并将这些冗余材料以切实可行的最快速度纳入IAEA保障机制，并尽快将这些材料转化成不能用于核武器的形式（国际核不扩散与裁军委员会建议22~25）。

2.180　在2010年NPT审议大会中，所有国家再次同意裁军谈判会议应"即刻开始对禁止核武器或其他核爆炸装置用易裂变材料生产的条约谈判"，并要求联合国秘书长在2010年9月召开一次高级别会议，以支持裁军谈判会议的此项工作。国际核不扩散与裁军委员会报告也同样鼓励所有国家在裁军谈判会议中就禁产条约进行谈判并"尽早谈出结果"（建议22）。作为中间步骤，所有核武装国家应宣布或维持中止生产核武器用易裂变材料（建议23）。

2.181　裁军谈判会议在2010年和2011年未能就工作计划达成一致。在2012年3月，裁军谈判会议埃及轮值主席提出了一项工作计划草案建议，其中呼吁就每一项谈判会议议题设立工作组。易裂变材料工作组就应根据"香农授权"讨论与易裂变材料禁产的多边条约相关的各项要素。[1]这显然是希望，运用不太侧重于取得成果的语言（即谈论条约相关要素）能够足以将巴基斯坦带到谈判桌上；然而事实并不如此。巴基斯坦以措辞模棱两可为由拒绝了埃及的建议。巴基斯坦不希望裁军谈判会议"变得与此谈判不相干，但是如果让它被迫在其国家安全和裁军谈判会议的未来之间作抉择，巴基斯坦的国家安全仍会是优先事项"。[2]一项工作计划再次未获通过之后，裁军谈判会议又展开了更多轮次针对"关键事项"无疾而终的讨论，在9月14日结束2012年度会议时，没有取得任何可以展示的结果。

2.182　在2013年，僵局仍在继续，裁军谈判会议未能就工作计划的三项建议达成一致意见。在2013年8月，裁军谈判会议成立了一个非正式工作组，进行了三次会面，但是也未能为2013年度会议带来工作计划。在2014

---

① 联合国文件CD/1993/Rev.1，2012年3月14日。

② "裁军谈判会议未能就工作计划草案达成一致意见"，2012年3月15日，网址：<http://www.unog.ch/80256EDD006B9C2E>。

年会议重新开始之际，又再成立了非正式工作组，但是工作组和其他望能制定一项可接受的工作计划的努力再告失败。2014年度裁军谈判会议结束时，与其1996年以来的每一届会议都一样，并未能就其实质议程促成任何进展。

2.183 易裂变材料禁产条约：联合国的审议。联合国秘书长潘基文在2010年9月24日召开了一次振兴裁军谈判会议的工作和推进多边裁军谈判高级别会议。在闭幕词中，秘书长认识到对联合国裁军机制目前状况的"广泛关切"，"特别是裁军谈判会议的僵局，这已经危及其可信度，其相关性也受到质疑"。若不能解决这一问题，"可能会使各国诉诸裁军谈判会议以外的替代安排"。潘基文委任裁军事务相关咨询委员会针对会议中提到的问题进行一次审议。他提到，他将在委员会建议的基础上考虑对此采取进一步行动，包括成立一个高级别知名人士小组。[1]

2.184 秘书长在2011年1月26日的日内瓦裁军谈判会议上发表讲话，警告其成绩记录已被"蒙上缺乏活力的阴影"，继续这样的不作为会"危及其作为多边谈判论坛的未来前景"。他提醒裁军谈判会议，在上一年9月于纽约举行的高级别会议上，与会各方"一致强调，裁军谈判会议的有限成员机制是一项特权。协商一致机制亦是。会议的成员必须承认，随着这种特权而来的是责任"。[2]

2.185 联大会议在2011年7月在纽约进行了为期三天的会议，来跟进2010年的多边裁军高级别会议。摆在联大会议面前的是秘书长裁军事务顾问委员会的报告，而报告中显然未能就任何具体的行动方向达成一致。委员会只能作出以下建议：

● 秘书长"坚持鼓励裁军谈判会议寻求一切方法来实现目前僵局的突破"，其方法可包括"鼓励会议在工作计划上取得进展，以促进在CD/1864

---

① "秘书长在振兴裁军谈判会议工作和推进多边裁军谈判高级别会议上的总结发言"，纽约，2010年9月24日，网址：<http://www.un.org/sg/statements/index.asp?nid=4808>。

② "秘书长警示裁军谈判会议：过去十数年的僵局危及这一全球多边谈判机制的信誉"，日内瓦，2011年1月26日；网址：<http://www.un.org/News/Press/docs/2011/sgsm13367.doc.htm>。

文件中取得共识的基础上开展四项核心议题的工作"；①

　　● 若设立高级别知名人士小组，秘书长应要求该小组"就振兴联合国整体裁军机制，特别是振兴裁军谈判会议的方法提出建议"；

　　● 秘书长应"继续提升公众认知，并鼓励公民社会团体和非政府组织为克服旷日持久的僵局的各种方法贡献力量。"②

　　2.186　秘书长更明确地表达了自己的观点。他认为："联合国裁军机制并没有可指责的要为目前僵局负责的根本性问题，当然也并不存在通过改变各国政策还无法克服的问题。问题并不在车辆本身，而是司机。重中之重，是需要政策优先事项和多边裁军目标之间更紧密的联系。"他预料"没有什么快速解决问题的方法"，但是相信，如果裁军谈判会议仍然处于僵局，联大会议有"责任介入……裁军谈判会议不应被一两个成员国家一直挟持下去"。③

　　2.187　安理会五常从他们的角度明确表示，尽管存在着明显的缺陷，"但作为唯一常设的多边裁军谈判论坛……裁军谈判会议仍应在就裁军重要问题进行实质性谈判方面发挥主要作用。"五常重申其支持"立即开始在**裁军谈判会议**上就易裂变材料禁产条约进行谈判。"（重点由笔者添加）④

　　2.188　2011年12月，联大会议通过了关于"禁止生产核武器或其他核爆炸装置用的易裂变材料条约"的一项决议。⑤由加拿大提案的这项决议的覆盖范围比先前相关提案更有雄心，其中提到如果裁军谈判会议"未能在2012年度会议结束前同意并执行一项全面工作计划"，联大决心"考虑不同选项"供禁产条约进行谈判。

---

① 在2009年，裁军谈判会议确实通过了一项工作计划（联合国文件CD/1864），该计划以建立专门议题的工作组为基础。然而，巴基斯坦阻拦其执行，因而工作计划的授权于年底失效。
② 潘基文，《裁军事项咨询委员会的工作》，秘书长的报告（纽约：联合国，联合国文件A/66/125，2011年7月11日）。
③ "在2010年多边裁军谈判高级别会议之后的联大会议上，秘书长在发言中谈及'日益增长的信任危机'"，纽约，2011年7月27日，网址：<http://www.un.org/News/Press/docs/2011/sgsm13723.doc.hmt>。
④ 法国常驻联合国代表杰拉德·阿劳德先生代表五常以国家身份所作发言，2011年7月27日，网址：<http://www.franceonu.org/spip.php?article5694>。
⑤ 联大会议决议66/44（2011年12月2日）。

2.189　在2012年联大会议上，加拿大促使了一项决议的通过，向前推进了一小步，决议中提请秘书长向各成员国征求对于禁产条约的意见，并"设立由25个国家成员组成的政府专家组"来"就可促成条约的各项可能要素做出建议"。政府专家组应基于协商一致方式运作，分别于2014 年和2015 年每年在日内瓦召开两次为期两个星期的会议，并在2015年向联大做出报告。邀请裁军谈判会议"注意"这份报告并"酌情考虑采取进一步行动"。[①]

2.190　2014年3月，政府专家组进行了第一次会议，并在2014年8月进行了第二次会议。第三次会议将在2015年1月举行，最后一次将在2015年3月进行。政府专家组主席向2014年联合国大会第一委员会做了报告，表示两次政府专家组会议极富成效，就禁产条约应继续作为优先事项问题达成了广泛一致。[②]尽管细化禁产条约的可能要素颇有意义，但核心问题仍然是裁军谈判会议的结构问题，使任何一国都能阻挡各国支持禁产条约谈判的普遍意愿。

2.191　在裁军谈判会议上谈判禁产条约有其优势，特别是能由所有核武装国家共同参与，但这并不能成为无限度忍让现有僵持的正当理由。联合国成员国需要解决这一问题——裁军谈判会议是否仍是禁产条约和其他核裁军与核不扩散谈判的有效载体，如果需要，是否可作出其他替代性安排。就此而言，联大一委已经采取的鼓励禁产条约相关行动的动作，可以是裁军谈判会议相关议题开始向一委转移的一个表现，如果裁军谈判会议继续僵持，这一进程还有可能加速。2014年联大一委的禁产条约相关决议（A/C.1/69/L.20）欢迎政府专家组的工作以及在裁军谈判会议上就禁产条约展开非正式讨论，该决议以173票支持、1票反对（巴基斯坦）和5票弃权获得通过。

2.192　2014年NPT筹备委员会主席向2015年审议大会主席做出的建议中重申了立即开始在裁军谈判会议上就禁产条约展开谈判的重要性。在相关谈判尚未完成期间，应继续保持中止核武器用易裂变材料的生产。

---

① 第67届联大一委决议草案A/C.1/67/L.41，2012年10月19日。
② 政府专家组主席伊利莎·戈伯格发言，2014年10月20日，网址：<http://reachingcriticalwill.org/disarmament-fora/unga/2014/statements>。

2.193 不再需要用于军事目的的易裂变材料。2010年NPT审议大会鼓励核武器国家向IAEA公布"由各自指认的不再需要用于军事目的"的全部易裂变材料，"并将这些材料以切实可行的最快速度纳入IAEA或其他相关国际核查机制下"（行动计划16）。大会鼓励所有国家支持有法律约束力的核查安排的发展，"以保证由各核武器国家指认的不再需要用于军事目的的易裂变材料可以进行不可逆转的消除"（行动计划17）。

2.194 美国在各核武国家之中"是最为透明的"，[1]就其高浓铀和钚储存都做了详细宣布。英国则已经宣布了其易裂变材料总储存。[2]其他核武器国家尚未做出相关宣布。

2.195 在五个核武器国家中，唯独中国尚未宣布结束核武器用易裂变材料的生产，不过据信其已经超过二十年没有生产这类材料了。[3]据认为中国在1987年后就已经停止生产高浓铀，在大约三年后已经停止了钚生产。[4]在国际易裂变材料专家小组清单上的中国铀浓设施都标明为民用。[5]中国没有提供易裂变材料储存信息。但是据估计它有16t（±4t）的武器级高浓铀和1.8t（±0.5t）的武器级钚。[6]中国宣布，没有在其国防需要之外的多余武器级易裂变材料储存。

2.196 法国在1996年开始停止了所有核武器用易裂变材料的生产。它未提供易裂变材料总储存信息。不过，据估计，法国有约为6t（±1t）的武器级钚储存。[7]法国现有军用高浓铀储存量是一个巨大的未知数，不过应该远低于此前估计的26t（±6t）军用高浓铀，可能是约在10t（±2t）或6t（±2t）级别。截至2013年12月，法国向IAEA宣布拥有1.3t的民用未辐照高

---

① IPFM，《2013年全球易裂变材料报告》，第6页，网址：<http://fissilematerials.org/library/gfmr13.pdf>。

② IPFM，《2013年全球易裂变材料报告》，第31页。

③ IPFM，《2013年全球易裂变材料报告》，第35页。

④ IPFM，《2010年全球易裂变材料报告》，第97页。

⑤ IPFM，《2013年全球易裂变材料报告》，第24页。

⑥ IPFM，《2013年全球易裂变材料报告》，第13、21页。

⑦ IPFM，"国别报告：法国"，2013年2月4日，网址：<http://fissilematerials.org/countries/france.html>。

浓铀库存。①法国未宣布任何国防需要之外的多余易裂变材料。

2.197 在1989年苏联宣布其停止生产高浓铀之前，其已经事实停产。俄罗斯拥有各核武器国家中最大的高浓铀储存——据估计截至2013年底有636t（±120t）未辐照的存量。②根据1993年美俄高浓铀交易（"兆吨换兆瓦计划"）协议，从拆除的俄罗斯核武器上取下的高浓铀被转化为低浓铀卖给美国。直至该项目在2013年11月结束为止，总计有500t武器级的高浓铀得到消除，相当于约20000枚核武器数量。稀释的高浓铀被运至美国，制造成核燃料，用于美国的核电站中。"在美国生产的商用核能将近一半来自于俄罗斯核武器中取得的核燃料。"③这个项目并不受IAEA核查。据估计，在2013年稀释项目结束时，俄罗斯的高浓铀总持有量降至约665t，如果不计入舰艇的乏燃料和民用的高浓铀的话，在636t左右。"以每个弹头20kg计，这存量足以用于超过30000枚核弹头。"④2012年，俄罗斯曾宣布恢复少量高浓铀的生产，以用于舰艇和快中子反应堆燃料。⑤

2.198 俄罗斯在1994年9月正式停止武器级钚的生产，不过作为对西伯利亚地区托木斯克和热列兹诺哥尔斯克城市供电的发电厂，有三个钚生产反应堆仍在继续运行。根据1997年美俄《钚生产反应堆协议》，俄罗斯保证不将此反应堆中生产的钚用于核武器项目。⑥这一协议要求停止武器级钚生产。该协议的监测条款保证两国关闭的反应堆不再重启，⑦以及在1994年后在思韦斯克和热列兹诺哥尔斯克反应堆中生产的钚不会被用作军事目的。⑧俄罗

---

① IPFM，《2013年全球易裂变材料报告》，第12、13页；法方截至2013年12月31日的INFCIRC/549执行报告。

② IPFM，《2013年全球易裂变材料报告》，第10页。

③ "美国核军工管理局宣布消除450公吨俄武器用高浓缩铀"，《新闻通稿》，2012年7月9日，网址：<http://nnsa.energy.gov/mediaroom/pressreleases/450tons070912>。

④ IPFM，《2010年全球易裂变材料报告》，第58页。

⑤ IPFM，《2013年全球易裂变材料报告》，第3页。

⑥ IPFM，《2010年全球易裂变材料报告》，第46页。

⑦ 美国核军工管理局条约与协定，网址：<http://nnsa.energy.gov/aboutus/ourprograms/nonproliferation/treatiesagreements>。

⑧ 网址：<http://dtrip.dtra.mil/tic/synopses/ppra.aspx>。

斯武器级钚储备据估计约在128t（±8t）。[1]尽管俄罗斯并没有将其冗余军用钚列在其对IAEA的 INFCIRC/549宣布中，但它公布了总计约50t冗余钚储量（37.8t未辐照过）。[2]

2.199　美国和俄罗斯在2000年9月签署了《钚管理与处置协议》。在2010年4月两国修订了该协议，并于2011年7月生效。两国暂定将从2018年起在IAEA核查机制下开展冗余钚的处置。在协议中双方承诺通过将钚转化为混合氧化物燃料的方式，至少处置34t冗余武器级钚。根据美俄两国每枚核弹头平均含4kg钚的推断，美国核安全管理局估算，该项目中涉及的68t钚足以制造17000枚核武器。

2.200　经修订的《钚管理与处置协议》降低了议定的钚处置速率，从此前的每年不低于2t变成每年不低于1.3t。同时，协议允许俄罗斯将钚用作快中子增殖反应堆燃料，这被国际易裂变材料专家小组认为是"一项有争议的策略，因为俄罗斯计划最终将再度分离出钚，为其计划中的钚增殖反应堆群提供启动燃料"。[3]

2.201　英国在1995年4月18日宣布其"停止爆炸用途的可裂变燃料生产"。2006年，英国宣布截至2002年3月31日，其拥有约21.9t高浓铀储备，其中包括舰艇的反应堆乏燃料里的高浓铀。根据国际易裂变材料专家小组的估计，至2012年，其中大概有0.7t高浓铀在核动力潜艇中消耗。其余量，21.2t的高浓铀，被认为有10~15t的未辐照高浓铀，其中应该会有一些被用于舰艇推力。英国并没有提供其军用高浓铀分配的细节，但是已经宣布截至2011年底，其高浓铀中1.4t是民用的。[4]

2.202　截至2012年，英国拥有3.2t武器级钚储存。英国在其INFCIRC/549宣布中包括了未辐照的分离的军用钚冗余量。英国宣布拥有4.4t军用需求外

---

[1] IPFM，《2013年全球易裂变材料报告》，第20页。

[2] IPFM，《2013年全球易裂变材料报告》，第80页。

[3] IPFM，《2011年全球易裂变材料报告》，第17页。

[4] IPFM，《2010年全球易裂变材料报告》，第71~72页；《2011年全球易裂变材料报告》，第10页；《2013年全球易裂变材料报告》，第12页。

冗余钚（包括4.1t在欧洲原子能共同体保障机制下的非武器级钚）。①英国尚未开始处置冗余钚。目前它正在考虑一系列民用钚处置的选项："继续长期储存（处置前状态）；在处置后作为燃料再利用；以及以切实可行的最快速度迅速固化并处置。"②政府目前倾向于将钚作为混合氧化物燃料再利用。不过，处置冗余钚的新设施还需10年或者更远的将来。③

  2.203 美国从1964年起停止生产核武器用高浓铀，不过直到1992年它都在继续生产高浓铀（丰度高于96%的铀235）用于舰艇推力。2006年，美国宣布截至2004年9月30日，其高浓铀储备约为690t（包括舰艇的乏燃料）。由于逐步在稀释已宣布的210t军用需求外的冗余高浓铀，将其用于核电工业，据估计截至2013年底，美国未辐照高浓铀的数量已减至475t。④2012年，美国从其已公布的军用需求外冗余材料储备中又撤回24t，并定为"将稀释"；这些材料目前留作舰艇燃料用。⑤

  2.204 美国在其INFCIRC/549宣布中包括了未辐照的军用钚冗余量。它公布拥有总计61.5t的军用需求外冗余钚。截至2013年，美国分离钚的军用储备为42.6t，44.4t分离武器级铀被公布为军用需求外冗余量。⑥有少量被指认为军用需求外的冗余易裂变材料（高浓铀和武器级钚）是在IAEA保障机制下的，但并没有公开统计数字可以确证。

  2.205 1997年的美俄《钚生产反应堆协议》要求停止生产武器级钚。这一协议的监测条款保证两国关闭的反应堆不再重启。⑦为执行美俄《钚管理与处置协议》，美国开始在南卡罗来纳州萨凡纳河基地建造一个混合氧化物

---

① 奥布赖特和沃尔荣德，"INFCIRC/549各国的民用分离钚——清点储备"；IPFM，《2010年全球易裂变材料报告》，第77页；IPFM，《2013年全球易裂变材料报告》，第18页。

② 英国核退役局，网址：<http://www.nda.gov.uk/strategy/nuclearmaterials/plutonium>。

③ "英国仔细分析钚发电站利弊"，《环球安全新闻专线》，2012年7月10日。

④ IPFM，《2010年全球易裂变材料报告》，第28页；《2011年全球易裂变材料报告》，第9页；IPFM，《2013年全球易裂变材料报告》，第11页。

⑤ IPFM，《2013年全球易裂变材料报告》，第8页。

⑥ IPFM，《2013年全球易裂变材料报告》，第18、19页；及来自IPFM的其他信息。

⑦ 美国核军工管理局条约与协定，网址：<http://nnsa.energy.gov/aboutus/ourprograms/nonproliferation/treatiesagreements>。

生产设施。美国意在将其在协议框架下承诺处置的34t冗余钚制造成混合氧化物燃料，用于商用核电反应堆。然而，长时间的推迟和混合氧化物生产设施的成本提升促使美国已开始探索钚处置的替代计划。美国公共服务供应商也不愿意承诺在自己的反应堆中使用混合氧化物。[①]因此，混合氧化物设施的建设被置于"冷备份"模式中，而其他钚处置选项尚在研究之中。[②]并不是所有冗余钚都适合于制造成混合氧化物燃料。至少其中有一些就会被送至新墨西哥州的废物隔离试验场中作地质储存处置。送到这一站点的钚并不受IAEA监测。国际易裂变材料专家小组认为这"为未来所有核查美国钚生产和处置的国际尝试"带来了"很大的不确定因素"。[③]

2.206　印度据悉已生产高浓铀和武器级钚。关于印度易裂变材料生产和持有情况的官方信息非常稀少。据信，高浓铀生产主要用于印度的核潜艇推进用（反应堆）项目。国际易裂变材料专家小组2013年的报告估计印度拥有2.4t（±0.9t）的高浓铀储备和0.54t（±0.18t）的武器级钚储备。[④]印度没有宣布任何军事需求外武器级易裂变材料冗余储备。

2.207　与印度一样，巴基斯坦在继续生产军用易裂变材料。由于巴基斯坦易裂变材料生产历史和能力的不确定性，很难精准估计其持有情况。高浓铀生产主要用于巴基斯坦的核武器项目。国际易裂变材料专家小组2013年的报告估计巴基斯坦拥有2t（±1.2t）的高浓铀储备和0.15t（±0.05t）的武器级钚储备。[⑤]巴基斯坦没有宣布任何军事需求外武器级易裂变材料冗余储备。

2.208　外界对以色列的易裂变材料生产能力知之甚少。以色列"可能曾生产过军用浓缩铀"。[⑥]根据国际易裂变材料专家小组2013年的报告估计，

---

① "混合氧化物燃料加工厂和钚处置"，美国国会研究部，2014年3月28日，网址：<http://fas.org/sgp/crs/nuke/R43125.pdf>。
② 美国核军工管理局预算，网址：<http://www.nnsa.energy.gov/aboutus/budget>。
③ IPFM，《2011年全球易裂变材料报告》，第18页。
④ IPFM，《2013年全球易裂变材料报告》，第13、21页。
⑤ IPFM，《2013年全球易裂变材料报告》，第14、21页。
⑥ IPFM，《2011年全球易裂变材料报告》，第3页。

以色列的武器用钚储备在0.84t左右。[①]

2.209　朝鲜拥有一个铀浓缩厂，但不清楚该厂或可能还有第二个浓缩厂是否生产过高浓铀。自2013年9月以来，朝鲜似乎已重启此前关闭的宁边反应堆运行。据估计，朝鲜已经生产了足以用于6~10枚弹头的武器级钚（更多详情请参见表1.2）。

2.210　易裂变材料生产设施。2010年NPT审议大会鼓励所有尚未采取行动的国家开始拆除其武器级易裂变材料生产设施，或将其转化用作和平用途（行动计划18）。中国的武器用高浓铀生产在两个站点进行：兰州气体扩散厂（1964年至1980年）和和平气体扩散厂（1975年至1987年）。中国在这些站点也生产研究反应堆用高浓铀和舰艇反应堆用低浓铀。中国现在在陕西省汉中市和甘肃省兰州市的两个气体离心机浓缩厂进行民用低浓铀生产。中国可能已经将兰州自主离心机厂的产能翻番。[②]

2.211　中国在两个站点生产武器级钚：甘肃省玉门市附近的酒泉原子能联合企业（钚生产反应堆和后处理设施），以及四川省的广元钚生产联合企业（钚生产反应堆和后处理设施）。据信两个站点的武器级钚生产都已停止。[③]

2.212　法国的武器级易裂变材料生产设施在皮埃尔拉特（高浓铀）和马尔库尔（钚生产反应堆），均已在1996年退役。[④]在2008年3月，尼古拉·萨科齐总统邀请国际专家来观察设施的拆除。自此也进行过若干次站点访查。[⑤]法国在太平洋的核试验设施也在1998年拆除。

2.213　在1949年到1963年间，苏联建设了四座用于铀浓缩的大型气体扩散厂，在20世纪90年代初期均已转型运用气体离心技术，也都作为民用

---

① IPFM，《2013年全球易裂变材料报告》，第20页。
② IPFM，《2013年全球易裂变材料报告》，第17页。
③ IPFM，《2010年全球易裂变材料报告》，第98~103页。
④ IPFM，《削减并彻底消除核武器：关于核裁军挑战的国家观点》（2010年）；《2008年全球易裂变材料报告：易裂变材料（禁产）条约的适用范围与核查问题》（2008年）；网址：<www.fissilematerials.org>。
⑤ IPFM，《2010年全球易裂变材料报告》，第85页。

设施使用。俄罗斯最后一个在运行的钚生产反应堆（位于热列兹诺哥尔斯克）于2010年4月关闭。热列兹诺哥尔斯克后处理厂在2012年完成了反应堆最后一批乏燃料的后处理，也已关闭。①

2.214　英国的高浓铀有两个来源：位于卡彭赫斯特气体扩散厂的自主生产，以及来自在1958年英美共同防务协定框架下美国的供应。卡彭赫斯特的高浓铀生产在1962年停止。此后，这个厂站用作未受保障机制监督的低浓铀生产。1982年关闭，现已退役。英国武器级钚多数生产于塞拉菲尔德的六个钚反应堆（两个位于温德斯格尔堆以及四个位于考尔德赫尔的反应堆）。另有四个位于查佩尔克洛斯（Chapelcross）的军民两用反应堆，也在为英国核武器项目生产钚。所有的后处理都在塞拉菲尔德完成。在1957年的一场石墨着火之后，温德斯格尔堆被关闭。在2003年3月考尔德赫尔的反应堆被关闭，2004年6月关闭查佩尔克洛斯的反应堆。在目前的退役计划中，这些反应堆结构拆除工作会在站点清理流程的后期完成（2041—2065年温德斯格尔，2105—2117年考尔德赫尔，2116—2128年查佩尔克洛斯）。②

2.215　美国多数高浓铀在两个气体扩散厂生产，分别位于田纳西州橡树岭和俄亥俄州朴茨茅斯。橡树岭在1945年到1964年间生产武器用高浓铀，此后至1985年生产核燃料用低浓铀。朴茨茅斯在1956年到1964年间生产武器用高浓铀。此后，也主要生产核电站用低浓铀。至1992年，朴茨茅斯也生产一些用作舰艇反应堆的高浓铀，"当时，因为冷战后第一批美国武库裁减而产生的冗余武器级高浓铀数量极大。后续美国舰艇反应堆就设计为使用这种铀作为燃料。"③橡树岭的拆除工作正在进行之中。2010年8月，美国能源部授予了一份朴茨茅斯厂的清污和退役合同。

---

① IPFM，《2013年全球易裂变材料报告》，第20页。
② IPFM，《2010年全球易裂变材料报告》，第72、76、83页；《2011年全球易裂变材料报告》，第10页。
③ 弗朗克·冯·希珀尔，"美国易裂变材料生产公布情况的一致性检验"，《科学与环球安全》19:1期（2011年）。

安加尔斯克（俄罗斯）

六所村（日本）
Rokkasho (JP)

陕西（中国）
Shaanxi (CN)

新乌拉尔斯克（俄罗斯）
Novouralsk (RU)

塞弗尔斯克（俄罗斯）
Seversk (RU)

兹拉斯诺亚斯克（俄罗斯）
Zelenogorsk (RU)

Angarsk (RU)

宁边（朝鲜）Yongbyon (KP)

兰州（中国）Lanzhou (CN)

Gadwal &
Kahuta (PK)
加瓦尔及卡胡塔
（巴基斯坦）

Rattehalli (IN)
拉特哈里（印度）

Qom &
Natanz (IR)
库姆及纳坦兹
（伊朗）

卡彭赫斯特（英国）
Capenhurst (UK)

Urenco Almelo (NL)
铀浓缩公司阿尔默洛
站（荷兰）

Urenco.
Gronau (DE)
欧洲铀浓缩公司格劳
瑙站（德国）

Georges Besse II (FR)
乔治·贝斯Ⅱ期（法国）

Piketon, Ohio (US)
派克顿, 俄亥
俄, 美国

Paducah (US)
帕迪尤卡（美国）

Urenco Eunice (US)
欧洲铀浓缩公司尤尼
斯站（美国）

Areva Eagle Rock (US)
阿海珐鹰岩站（美国）

雷森迪（巴西）
Resende Enrichment (BR)

Pilcaniyeu (AR)
皮尔卡尼耶乌（阿根廷）

铀浓缩设施
● 运行中
● 其他

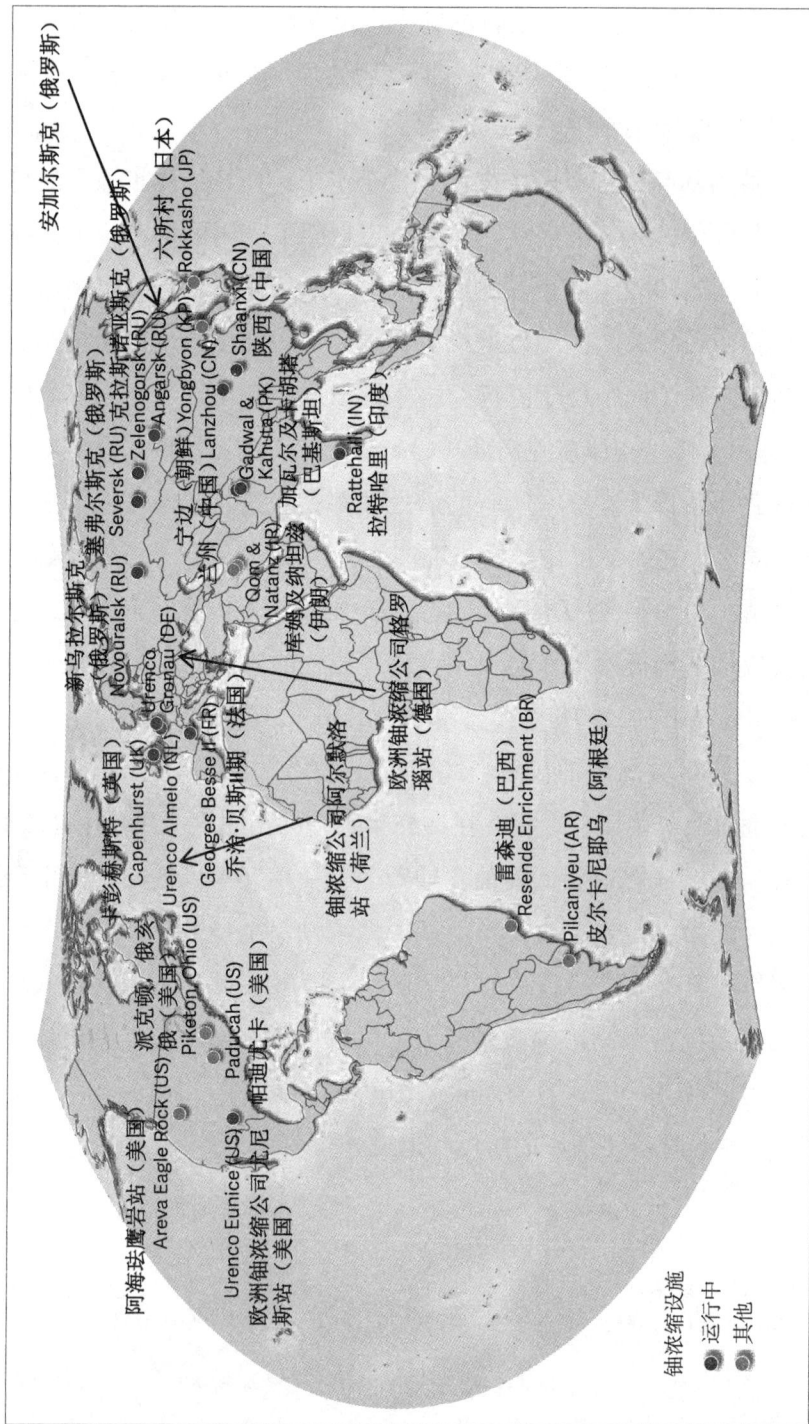

地图2.2 铀浓缩站点（2014年）

地图2.3　后处理站点（2014年）

Rokkasho (Japan) 六所村（日本）

JNC Tokai (Japan) 日本核燃料开发机构东海村站点（日本）

Yongbyon(DPRK) 宁边（朝鲜）

Lanzhou (China) 兰州（中国）

Tarapur(India) 塔拉普尔（印度）

Kalpakkam (India) 卡尔帕卡姆（印度）

Mayak (Russia) 马亚克（俄罗斯）

Nilore (Pakistan) 尼罗尔（巴基斯坦）

Chashma (Pakistan) 恰希玛（巴基斯坦）

Trombay (India) 特朗贝（印度）

Sellafield (UK) 塞拉菲尔德（英国）

La Hague (France) 阿格（法国）

Dimona (Israel) 迪摩纳（以色列）

Savannah River Site (USA) 萨凡纳河基地（美国）

后处理厂
运行中
关闭
其他

2.216　在其易裂变材料生产的高峰时期，美国总共运行14个钚生产反应堆：9个在美国能源部的华盛顿州汉福德场中，5个在其南卡罗来纳州萨凡纳河场中。在20世纪60年代关闭了9个反应堆，有5个则继续运行至20世纪80年代，进行氚生产，用在"推动"气体中，以提升核武器中裂变触发器的生成量。剩余反应堆最终都在1987年关闭。美国开始退役萨凡纳河的5个重水钚生产反应堆。汉福德的9个反应堆中有6个被"隔离保护"起来——部分拆解，其中内核被包起来以防止核泄漏。还有2个正待进行同样处理，而剩下的反应堆已变成博物馆。[①]

2.217　印度正在显著增加其易裂变材料生产能力。据了解，位于迈索尔拉腾哈里的现有离心浓缩站点近年来能力提升并扩张了。在吉德勒杜尔加地区正在进行第二个浓缩综合站点的建设，和拉腾哈里一样也不受保障机制约束，因此还有可能会用作武器用高浓铀生产。印度在两个反应堆中进行过武器级钚生产——锡鲁斯（加拿大-印度反应堆，CIRUS）和德鲁瓦。锡鲁斯反应堆，曾为印度1974年第一次核试验生产钚，经过50年的运行，在2010年12月关闭。[②]印度计划建造两个新的钚生产反应堆。2011年1月，在塔拉普尔新落成了一个后处理厂，加入到了印度现有三个后处理厂的行列：孟买的特朗贝站，塔拉普尔现有的一个站点和卡尔帕坎姆的卡尔帕坎姆原子能后处理工厂。还有更多后处理厂在建造中或计划中，包括要为计划中的快中子增殖反应堆提供燃料。如果用于这一目的，印度的快中子增殖反应堆原型机可以每年生产超过100kg的武器级钚，可以显著提升印度的武器级钚生产能力。[③]

2.218　据了解，巴基斯坦自20世纪80年代以来运用气体离心技术生产武器级高浓铀，自20世纪90年代末期以来已拥有可正常运转的钚生产反

---

① IPFM，《2010年全球易裂变材料报告》，第28~30页；木卡赞诺娃，《2010年NPT审议大会裁军行动：监测报告》，第60页。

② IPFM，《2013年全球易裂变材料报告》，第21页。

③ IPFM，《2011年全球易裂变材料报告》，第10~11、19、23页；IPFM，《2013年全球易裂变材料报告》，第21页。

应堆。巴基斯坦在其位于卡胡塔的离心浓缩站点生产武器用高浓缩铀。另外有可能在加瓦尔有另一个浓缩厂在运行。巴基斯坦正在显著提升其生产武器级钚的能力。在库夏巴有两个运行中的生产反应堆：自1998年起第一个开始运行，自2009年末或2010年初起第二个开始运行。2013年初似乎在库夏巴又启动了第三个反应堆的运行，库夏巴地区的第四个生产反应堆可能会在2015年中期左右完成。[①]后处理工作是在拉瓦尔品第附近的新实验室后处理设施中进行的，该设施于2000年起运行。拥有更大产能的恰希玛后处理设施位于坤甸核综合设施中，其建设可能正在进行或者已经完成。[②]

2.219　外界广泛认为，以色列在迪摩纳反应堆中进行过核武器用钚的生产，也在内盖夫核研究中心的设施中进行过迪摩纳废燃料的后处理。迪摩纳反应堆自1963年起开始运行。[③]

2.220　朝鲜在宁边5MW核电反应堆里进行过武器级钚生产，在其宁边后处理厂中进行过反应堆中废燃料的后处理。作为六方会谈协议的部分，5MW反应堆的冷却塔在2008年被破坏，但是朝鲜似乎自2013年9月以来重启了反应堆运行，2014年反应堆又可能关闭，进行重整改造。据了解，宁边后处理厂似乎继续处于待命状态，但目前没有运行。朝鲜正在宁边建设一个轻水反应堆，截至2014年10月尚未开始运行。轻水反应堆并不常用于武器用钚生产，但可以用于此用途，这使得外界有所担忧——这个轻水反应堆可以显著提升朝鲜生产武器级钚的能力。2010年，朝鲜披露了位于宁边的唯一一个已知浓缩厂，声称该厂意在生产低浓铀燃料，会用在目前

---

① 奇亚·米安，"巴基斯坦启动第三座库夏巴钚生产反应堆运行"，IPFM博客，2014年6月30日，网址：<http://fissilematerials.org/blog/2014/06/pakistan_begins_operating.html>。IPFM，《2011年全球易裂变材料报告》，第11、19页；IPFM，《2013年全球易裂变材料报告》，第21页。

② 核威胁倡议国家资料：巴基斯坦：设施：核，网址：<http://www.nti.org/country-profiles/pakistan/facilities/>。

③ 核威胁倡议国家资料：以色列：设施：核，网址：<http://www.nti.org/country-profiles/israel/facilities/>。

在建的轻水反应堆中。据信，朝鲜在运行宁边浓缩厂，并在显著地扩大。[1]
根据韩国媒体报道，朝鲜在宁边又完成了一个新的离心浓缩设施，并正在
运行。[2]

[1] 戴维·奥布赖特和塞雷纳·科勒尔-弗冈提尼，"宁边：尽管5MW反应堆可能已经关闭，但离心机浓缩站点得到扩张"，2014年10月3日。
[2] "朝鲜新核设施可能增加武器用燃料：报告"《路透社》，2014年11月5日，网址：<http://uk.reuters.com/acticle/2014/11/05/uk-northkorea-nuclear-idUKKBN0IP0A420141105>。

第三章　核安保

3.1　概述

3.1　"核安保"是指为解决盗窃和贩卖核与放射性材料（包括为了潜在核扩散者的利益）、破坏核设施，以及恐怖分子获取和使用核武器导致的相关风险而采取的措施。尽管全球核安保近期取得了一些进展，但仍然不足。由于重大核安保事件会造成世界范围的深远影响，因此有效的核安保必须引起全球重视。然而，大多数国家都把核安保主要当作国家层面的问题处理，没有足够重视国际标准的制定、改进和应用。

3.2　核安保制度由协议、条例、决议和导则组成。2010年前，有的协议、条例、决议和导则已制定或通过，有的接近定稿。自两年一届的核安全峰会（已召开三届，分别是2010年华盛顿、2012年首尔、2014年海牙，第四届将于2016年在芝加哥召开）召开以来，核安保在国家层面上的执行取得进一步进展。然而，俄罗斯2014年底宣布将不参加2016年的芝加哥峰会，为即将达成有意义的成果蒙上阴影。目前部分国家正在加速批准条约和实施几个项目，从而可以在峰会上公布取得的成果。但是，核安保制度仍然远远落后于核安全、保障监督和核军备控制制度。拥有核与放射性材料的国家，目前的核安保制度几乎完全依赖于国家保护和控制系统。不仅如此，它还有着致命性的漏洞：没有将核材料（钚和高浓铀）置于军事管制之下。核安保制度需要通过有效的监测要求和制度，并在授权、程序和制度强力推动的支持下，更加全面、综合和强化。

3.3　全球核安保架构。就全球范围而言，核安保的发展不及保障监督和核安全。核安保制度主要由三部分组成：国家法律法规；国际协议、文书和制度；临时自愿合作措施。其中，主要的国际协议、文书和制度包括：《核材料实物保护公约》（CPPNM）（1980年），主要用于国际运输途中的核材料安保；CPPNM 2005年修订案，将公约的适用范围扩大至保护国内使用的核材料和保护核设施免遭破坏；《制止核恐怖主义行为国际公约》（ICSANT）；联合国安理会（UNSCR）第1540号决议（2004年4月28日）；国际原子能机构（IAEA）导则，如INFCIRC/225/Rev.5《核材料和核设施实物保护基本原则》和INFCIRC/153；各种多边、地区和双边协定和倡议。

3.4　国际社会已广泛认识到需要建立有效的核安保。《不扩散核武器条约》（NPT）第八次审议大会的最终文件（2010年）强调"对所有核材料进行有效实物保护并强化实物保护方面的国际合作至关重要"，并支持改进核安保。到目前为止，已举办了三届核安全峰会：第一届于2010年4月12至13日在华盛顿举办，第二届于2012年3月26至27日在首尔举办，第三届于2014年3月24至25日在海牙举办。核安保是"国际核不扩散和裁军委员会"（国际核不扩散与裁军委员会）的重要议题，该委员会2009年的报告中包含了大量关于加强国际核安保制度的建议。

3.5　《核材料实物保护公约》现有151个缔约国，也就是说还有近四分之一的国家没有加入。截至2014年12月，《核材料实物保护公约》2005年修订案生效所需要的101国家中，只有83个国家提交了批准文书。它迟迟不能生效与国际社会对核安保标准持续关切形成了鲜明对比。

3.6　IAEA《核安保丛书》是IAEA的出版物，其内容涉及"防止、探测和应对核与其他放射性材料及其相关设施被盗、破坏、非授权接触、非法转移或其他恶意行为"。涉及的领域有：核安保基本法则、建议、实施指南及技术导则。其中，INFCIRC/225/Rev.5是一套不具法律约束力的导则，它是国际核材料和核设施实物保护制度的基石，已被很多成员国的国内法吸收采纳。有效的核安保，要求所有核供应国将INFCIRC/225的条款（并要求接收国是《核材料实物保护公约》的缔约国）列入双边核供应协定中。

3.7　《制止核恐怖主义行为国际公约》是具有法律约束力的重要多边法律文书，它规定缔约国有义务采取措施，防止和惩罚核恐怖主义，加强核安保国际合作。该公约于2007年正式生效，但远未普及，目前共有115个国家签署、99个国家批准。

3.8　联合国安理会通过的第1540号决议，旨在通过改进和增强核安保国际合作而打击核恐怖主义。决议已取得某些方面的显著进展，但尚未完全实施。

3.9　IAEA理事会2003年批准了《放射源安全和安保行为准则》，2004年批准了补充准则。它们建立了详细的、不具法律约束力的国际最佳实践标准指南，以防止放射源滥用，包括可用于制造"脏弹"的放射源。截至2014年12月，123个成员国表示支持该行动准则，63个国家支持补充准则。按成员国的需要，持续提供地区性和全球性帮助对于有效控制放射源至关重要。

3.10　全球合作机制为核安保的改进做出了重要贡献，尤其是那些冷战结束后建立的、旨在降低前苏联加盟共和国的核与放射性材料、技术和专业知识泄露风险的机制。其中，最成功且最有效的机制是"合作降低威胁计划"（CTR或纳恩–卢格计划）。俄罗斯2012年10月宣布，它将在2013年5月终止该计划，因为它不再需要外国的帮助，并且担心核安保信息泄露。俄美核安保合作因2014年乌克兰危机受到进一步影响，虽然双方看起来仍在"计划层面"继续开展合作。另外一项对核安保产生重要贡献的倡议是"八国集团"（G8）总经费为200亿美元的"全球合作伙伴计划"。该计划原定于2012年期满，但已延长至2022年。"全球打击核恐怖主义倡议"（GICNT）由俄罗斯和美国于2006年联合发起，截至2014年12月，其成员国已增至85个，另有4个观察员国。

> 全球核安保架构的总体评价：**有些进展**。一些国家兑现了核安全峰会上的许多承诺，另外一些国家批准了《核材料实物保护公约》及其修订案，更多国家正在利用IAEA的工具和服务，成员国间开展了合作。然而，NPT 2010年审议大会以及国际核不扩散和裁军委员会2009年提出的建议并未完全采纳，即支持普遍采用《核材料实物保护公约》；达到该条约2005年修订案生效所需批准的成员国数量，使其早日生效。核安保架构中的许多方面都没有相应措施，无法判断成员国是否履行承诺，拥有的军事目的用敏感核材料（大约占总数的85%）是否符合国际标准或国际保证的要求。

3.11　IAEA的作用。IAEA在强化国际核安保方面发挥着领导者的作用——尤其是通过实施"2014—2017年核安保计划"（第4个此类计划）所提供的服务与支助——然而，IAEA的这种作用并没有在其核安保工作资金上得到反映或足够的反映，因为这项工作的资金没有保障，主要依赖于自愿捐款。除了资金问题，还需要进一步考虑是否应该扩大IAEA在核安保领域的授权和责任。

> IAEA作用的总体评价：**有些进展**。在核安保问题上，IAEA提供了广泛的咨询服务和其他援助，IAEA的核心作用是要使核安保可预见而稳定的预算为必不可少的。

3.12　国际合作。IAEA 2011年出版了一份关于保护核设施计算机安全的参考手册，几个国家和组织就这个问题举办了讨论会和活动。共有125个国家加入了"突发事件和走私数据库"（ITDB）。诸如美国"兆吨换兆瓦计划"之类的国际合作，提供了训练、技术援助和设备，强化了探测和拦截能力。但是，在核安保问题上关于国家秘密和主权的历史性偏见仍然存在，导致透明度不高，责任心不强，并可能因漏洞而引起全球性后果。这反映出在开发与实施最佳核安保标准上的国际合作不足，尽管已证明开发和共享此类满足商业秘密或军事敏感信息要求的标准是可行的。

国际合作的总体评价：**有些进展**。探测和阻挠非法贩卖方面的国际合作取得了重大进展，但还需要扩大，差距依然存在。成员国需要在开发和共享核安保最佳实践方面更全面合作。2014年核安全峰会建立在早期进展的基础之上，但俄罗斯随后决定不参加2016年峰会，美俄核安保合作充满不确定性，这些都可能造成潜在的严重后果。

3.13　国家核安保监管。截至2014年5月，联合国将近90%的成员国都提交了关于联合国安理会第1540号决议实施办法或实施计划的国家报告。然而，许多国家的报告缺乏具体内容，许多国家还没有对1540委员会提出的关于提供更多信息的要求作出回应。继续按成员国的要求提供援助至关重要。

国家核安保监管的总体评价：**进展显著**。联合国安理会第1540号决议在核安保领域发挥了至关重要作用，通过立法手段禁止核武器扩散的国家数量显著增多，但在国家实施层面还需要作出更多努力。

3.14　军用和民用敏感核材料。就民用核材料而言，国际上在消除冗余武器级钚和将高浓铀稀释为低浓铀的努力方面持续取得进展。工业发达国家帮助许多其他国家完成了这种转换工作，但在禁止高浓铀的民用方面缺乏动力。就非民用核材料而言，美俄都承诺消除大量冗余武器级钚，并在2013年12月完成了俄罗斯500t高浓铀掺混稀释为低浓铀的工作。但是，持有的任何军事目的敏感核材料都不接受任何国际标准或保证的要求，如IAEA核安保导则或《核材料实物保护公约》及其2005年修订案。这些军用核材料也没有采取使外界对其核安保有效性保持信心的国际最佳实践交流、共享信息、外部同行评审或其他自愿制度（只有美俄两国进行了双边合作）。联合国安理会第1540号决议在敦促成员国保护民用和军用核材料免遭非国家行为体获取，以用于制造核、生、化武器方面影响深远。但是，1540号决议缺乏有效的监测制度，成员国只需向1540委员会提交关于实施行动的国家报告，但报告通常不完整，国际监测偏弱，是"鼓励"执行而不是"强制"执行。

> 军用和民用敏感核材料的总体评价：**有些进展**。虽然在最少化民用高浓铀使用方面取得进展，但成员国在禁止使用此类材料方面态度勉强。除了旨在保护敏感核材料不被非国家行为体获取的联合国安理会第1540号决议以及美俄两国的双边合作外，持有的军用目的敏感核材料都不接受任何国际标准或担保的要求。

3.15　核取证。核取证需要继续开发和增强，目的是提高能力，获取有关脱离管控的核材料的源头、生产和历史等方面的信息。IAEA特别出版了核取证工具、程序的说明，并给成员国提供了这方面的培训。

> 核取证的总体评价：**有些进展**。除了部分成员国在国家层面正在开展的重要工作之外，IAEA通过自己的活动和与成员国组织讲习班或其他培训等方式，继续帮助成员国建设核取证能力。

3.16　核工业的作用。人们已经认识到——包括在三届核安全峰会上——核安保责任需要成员国政府管理部门和核工业界共同承担。但是，公私机构开展合作以强化核安保的效果不大，世界核安保研究所（WINS）一直在领导实施一项重要工业培训倡议，但这个领域依然需要开展更多工作。

> 核工业作用的总体评价：**进展极小**。通常认为有效的核安保能够引起核工业界的极大兴趣。还需要开展更多工作，找到可操作的合作方式，使核工业界和政府管理部门能够携手改进核安保。

3.17　核安保与核安全的相互关系。核安全与安保之间的相互关系已经在核安全峰会上得到确认，核安全和安保间的交叉部分需要在核设施的监管、设计和运营中反映出来，包括风险评估和培训。

> 核安保与核安全相互关系的总体评价：**有些进展**。IAEA与成员国合作，提供培训和其他援助。建成了一些培训中心，强调采取综合的保障监督、安全和安保措施。

3.18　核安保文化。在缺乏普遍性的、有约束力的核安保标准和足够的透明度、问责机制的情况下，建立强有力的核安保文化至关重要。IAEA在广泛咨询的基础上，组织了培训活动和讲习班。IAEA的国际实物保护咨询服务（IPPAS）项目在帮助成员国开发和改进国内核安保方面成效显著。

> 核安保文化的总体评价：**有些进展**。IAEA不断增多的活动促成了一些进展。但是，由于缺少监测，且成员国也没有报告最佳实践标准和建议的履行情况，因此并不清楚是否有真正意义上的核安保文化。

3.2　目标和总体战略

3.19　核裁军、防核扩散和和平利用核能是NPT机制的三大支柱，特别是自2001年的"9·11"恐怖袭击事件之后，人们对核安保的关切加大，主要原因如下：一是担心携带自杀性炸弹的敢死恐怖组织对获取放射性和易裂变材料或袭击核设施感兴趣；二是发生了许多核材料、部件和技术非法贩卖的案例；三是俄罗斯及前苏联加盟共和国核设施安保薄弱问题未解决；四是最近发生了几起核安保事件（见资料框3.1）。

资料框3.1　核与放射性材料安保事件（1998—2014年）

根据IAEA的说法，在1993年到2014年间，全世界范围内共发生了超过2470起核与放射性材料非法贩卖、盗窃、丢失事件，其中16起涉及非授权持有高浓铀或钚。[1]最近发生的7起非授权持有高浓铀事件中，5起发生在黑海地区。[2]全球范围内发生的事件包括：[3]

- 1998年，发现俄罗斯一核武器设施的内部人员试图偷盗18kg高浓铀；

- 2006年，俄罗斯公民Oleg Khinsagov在格鲁吉亚被捕，他当时随身带有100g高浓铀，正试图寻找买家购买几千克高浓铀；

- 2007年11月8日，两伙武装人员从两个方向闯入南非位于比勒陀利亚的佩林达巴核研究设施，破坏了层层安保防护网，进入中央控制室达45分钟后逃离，但没有带走任何核材料。据信该场址贮存的武器级高浓铀足以制造25枚核弹[4]，当时处于"锁定"安保状态；

- 2012年4月，同样是对上述南非核设施，发生了另一起袭击安保措施的事件，后被定性为"常规"犯罪。南非国家核监管部门发言人Gino Moonsamy表示，"幸亏有足够的实物保护措施，核与放射性材料才没有被接近、丢失或盗窃"；[5]

---

[1] 2014 Fact Sheet, IAEA Incident and Trafficking Database, http://www-ns.iaea.org/security/itdb.asp。

[2] Lyudmila Zaitseva and Friedrich Steinhausler, "Nuclear Trafficking Issues in the Black Sea Region," Non-Proliferation Paper No. 39（EU Non-Proliferation Consortium,April 2014）, p. 1。

[3] Peter Goodspeed, "Ongoing nuclear threat looms over Seoul summit," National Post（Toronto）, 24 March 2012;Jonathan Tirone, "Missing nukes fuel terror concern as Obama drawn to Seoul," Bloomberg News, 23 March 2012, http://www.bloomberg.com/news/2012-03-22/missing-nukes-fuel-terror-concem-as-seoul-meeting-draws-obama.html, "Another infiltration reported at South African atomic site," Global Security Newswire, 13 July 2012, http://www.nti.org/gsn/ article/new-infiltration-reported-south-african-atomic-plant。

[4] Goodspeed, "Ongoing nuclear threat looms over Seoul summit"。

[5] "Another infiltration reported at South African atomic site," Global Security Newswire, 13 July 2012。

- 2008年5月，核弹从北达科他州一座基地消失，没有得到适当控制，事件发生后，美国3名"降低国防威胁机构"的工作人员被解职；

- 2009年，存放在一个核裂变容器内的大约100g高浓铀（似乎来自前苏联已退役的核工厂）在鹿特丹的一所存放废弃金属的院子里被发现；

- 2010年11月，比利时激进分子突破了北约警卫线，暴露出位于Kleine Brogel的一所核武器基地的安保措施薄弱；

- 2011年，摩尔多瓦官方逮捕了6名人员，他们当时正在走私4.4g武器级高浓铀。他们密谋以3100万美元出售9kg高浓铀。现在俄罗斯籍主犯仍逍遥法外；

- 连续打击无法消除国际社会对于"恐怖分子突破巴基斯坦警卫线的风险"的担忧。[1]2012年8月16日清晨，数名身着部队制服和自杀性背心的武装人员袭击了巴基斯坦距离伊斯兰堡约60km的位于Kamra的Minhsa空军基地，[2]2012年9月，巴基斯坦发现了塔利班在该国的分支（巴基斯坦塔利班运动）袭击该国位于Dera Ghazi Khan的一座最大核设施的计划，巴军方一名官员称它将是来自巴基斯坦塔利班运动的"前所未有的严重安全威胁"；[3]

- 2013年8月13日，伊朗Tabriz大学的一个钚–铍中子源被盗，初步调查结果显示，它是在有防护的情况下被转移的；

---

[1] Banyan, "Nuclear profusion," The Economist, 25 August 2012。

[2] "Gunmen storm militaryair base in Pakistan," BBC News, 16 August 2012, http://www.bbc.co.uk/news/world- asia-19278302。

[3] Abdul Manan, "Taliban threat: Nuclear site in DG Khan cordoned off" The Express Tribune, 6 September 2012, http://tribune.com.pk/story/432295/taliban-threat-nuclear-site-in-dg-khan-cordoned-off/。

> ● 2013年12月，墨西哥盗贼偷窃了一辆卡车，当时卡车正在将一个装有钴-60的装置运往处置中心，盗贼被捕后该装置被找到；
>
> ● 同样是2013年，另外一个钴-60源在加拿大失踪，至今仍未找到。
>
> 上述事件表明，迫切需要提高国际核安保标准。

3.20　当然，这些问题可以从两个相反的方向解读：第一，上面所言事件均是危言耸听，夸大了事件的严重程度，它们最后都没有造成任何严重后果；第二，上面所言事件意味着核安保领域面临巨大风险，政府管理部门必须高度警惕，成功防止每一次偷窃和袭击。

3.21　上面的事件也涉及贮存和运输途中的核武器失去临时安保控制，事件要么真的已发生，要么是得到了错误的袭击警报。但事实是截至目前，这些危险都未造成严重后果，更不用说是灾难性后果了。然而不幸的是，无法保证这种运气能够永久保持下去。毕竟，谎报狼来了的小男孩最终还是被狼杀死吃掉。

3.22　自2003年以来，IAEA对核安保的定义是：防止、探测和应对偷窃、破坏、非授权获取、非法转移或其他针对核与放射性材料或相关设施的恶意行为[①]。更加全面的核安保概念还应包括制度以及保护、控制和执法措施，以便：

● 防止、探测、应对那些利用易裂变材料和放射源从事核恐怖、非法转移或偷窃易裂变材料和放射源，以及破坏核与放射性设施的行为；

● 提升核安保文化；

---

① IAEA, Nuclear Security Plan 2010-2013, document GQV/2009/54-GC（53）/18（17 August 2009）, p. 1 n2。

● 强化全面、综合和全球性的制度，并最终建立一套国家法律、协定、文书和系统。

3.23　美国奥巴马总统2009年4月5日在布拉格发表演讲中提出了"无核武器世界"的构想，还宣布开启"新的国际性努力，在4年时间内保护全世界所有薄弱性核材料的安全"。[1]其理由是为了降低核恐怖主义风险，据奥巴马称，这种风险对全球安全造成了最紧迫、最严重的威胁。

3.24　《制止核恐怖主义行为国际公约》第2条关于核恐怖主义的定义是：从事制造、寻求、持有、使用或威胁使用放射性物质或装置的任何个人，目的是致使死亡或人体受到严重伤害，致使财产或环境受到重大损害，或者强迫某一自然人或法人、某一国际组织或某一国家实施或不实施某一行为。[2]

3.25　"防止恐怖主义袭击必须次次成功……而恐怖分子只需成功一次。每次事件都符合这种说法。但在每次事件中，逻辑正好相反：恐怖分子必须在每个阶段都成功，而防御系统只需成功一次"。[3]尽管实施成功的核恐怖主义行动对恐怖分子来说十分困难，但由于会造成潜在后果，因而每一次都必须作为严重威胁加以对待。

3.26　一些制度已经完善，另外一些制度已颁布，要将核恐怖主义作为对国内法和国际法的挑战，要求各国使用并在必要时强化国内法律体系，以打击核恐怖主义；以国际法为基础、以联合国为重要国际合作和行动的平台，以应对核恐怖主义威胁；以其他方式鼓励和促进国家间合作，以解决挑战。然而，一旦多边标准更加严格，国际制度扩大到监测成员国履行

---

① Remarks by President Barack Obama, Hradcany Square, Prague, 5 April 2009（Washington DC: White House, Office of the Press Secretary, 2009）, http://www.whiteh0use.g0v/vide0/The-President-in-Prague#transcript。

② http://untreaty.un.org/cod/avl/ha/icsant/icsant.html。

③ Michael Levi, quoted in International Commission on Nuclear Non-Proliferation and Disarmament（国际核不扩散与裁军委员会）, Eliminating Nuclear Threats: A Practical Agenda for Global Policymakers（Canberra and Tokyo: 国际核不扩散与裁军委员会, 2009）, p. 47, paragraph 4.26。

情况，那么在核安保文化领域开发并广泛采纳国际最佳实践就会因为涉及国家主权而受到抑制。

3.27　正如下文描述的那样，核安保的目标是：确保核武器和核材料安全，不被非授权获取和被盗；确保制造和存储核武器和放射性材料的设施安全，不会遭到破坏；防止恐怖分子和犯罪分子获取、制造和使用核爆炸装置。

3.28　确保核安保可采取下列策略：

● 为保护核设施、核武器和核材料不被盗和破坏，可采取下列措施：

　　—最少化核武器和易裂变材料贮存场址的数量；

　　—强化所有场址的安保；

　　—鼓励将高浓铀稀释为低浓铀；

　　—降低全球核武器和易裂变材料库存的规模；

　　—将所有冗余的军用和民用易裂变材料库存置于国际监测之下；

● 防止、探测和应对国际运输途中核材料的被盗和破坏；

● 防止、探测和应对任何核材料的非法贩卖；

● 防止、探测和应对任何使用核材料和放射源实施恐怖主义的行为；

● 鼓励采用严格的、可靠的核与放射性材料及库存控制系统；

● 强化由国内法律法规、双边和多边协定、联合国决议和国际导则组成的核安保制度，充分有效实施上述策略。

3.29　这些描述源于三届核安全峰会（分别于2010年在华盛顿、2012年在首尔、2014年在海牙召开）取得的成果、NPT第八次审议大会（2010年召开）最终文件以及国际核不扩散和裁军委员会（2009年召开）的报告。第四次可能也是最后一次核安全峰会将于2016年在芝加哥举办，其目的是强化、巩固、提升和激励许多现有的国家、多边和合作制度与结构体系，确保核安全，防止核走私。峰会十分重要，因为它彰显了美国总统在应对核挑战这种关键领域的领导地位，并将其规格提升到全球领导人峰会的级别。

3.30　2014年1月，"降低核威胁倡议组织"（NTI）出版了第二版《核材

料安保指数》报告。①报告分5个领域（数量与场址、安保与控制措施、全球
准则、国内承诺和能力、风险环境），细分为19项指标，针对"枪、卫兵和
大门"和核材料管制与责任实践。其研究结论是：尽管各国在保护核材料
安全和强化全球安保上取得进展，但还在如下方面存在不足：

- 现有的全球核安保法律基础依旧薄弱；

- 参与全球外部同行评审依旧有限；

- 全球85%的武器可用核材料库存依旧用于军事项目，并且不受现有
国际核安保制度的监测。

3.31　军备控制协会和全球安保合作伙伴对两年前的2012年核安全峰会
上做的13份联合声明的进展进行了评估，它的结论是对第二版NTI指数报告
的补充。②联合声明是特设的、参与国自由选择达成的自愿性协议，旨在改进
重点领域易裂变材料的安保水平，从技术合作程序到完善国内立法和采取
最佳实践。在2012年的核安全峰会上，53个与会国中的42个国家至少签署了
一份联合声明。

3.3　全球核安保架构

3.32　核安保制度主要包括三个部分：国际协议、文书和制度；临时和
自愿的合作措施；国家法律法规。迄今为止召开的三届核安全峰会重申了
国际协议、文件和制度的重要性，以及它们对强化核安保和防止核恐怖主
义袭击的国家努力的支持。三届核安全峰会还重申，各国拥有开发与利用
和平目的核能的权利，加强核安保的措施不应妨碍各国行使这一权利。

3.33　在2010年、2012年和2014年的核安全峰会上，与会领导人一致认
为，所有国家都有确保其管制的核材料和核设施安全，在需要时向他国寻

---

① NTI Nuclear Materials Security Index: Building a Framework for Assurance, Accountability, and Action, Second Edition（ Washington DC: Nuclear Threat Initiative, January 2014 ）.

② Michelle Cann, Kelsey Davenport and Sarah Williams, The Nuclear Security Summit: Assessment of Joint Statements（ Washington DC: Arms Control Association, March 2014 ）.

求援助，在他国需要时提供援助的义务。与会领导人利用参加峰会的机会重申了确保受国家管制的核材料不因被盗、转移而丢失，按要求持续评估威胁和提升安保水平，以及同他国共享信息、交流最佳实践的承诺。

3.34　核安保制度在国际层面主要由下述几个部分组成：

● 《核材料实物保护公约》（CPPNM），主要适用于国际运输途中的核材料安保，它的修订案将公约适用范围扩大到保护国内使用的核材料安全和保护核设施免遭袭击；

● 《制止核恐怖主义行为国际公约》（ICSANT）；

● 联合国安理会第1540号决议；

● IAEA导则，如INFCIRC/225/Rev.5《核材料和核设施实物保护基本原则》和INFCIRC/153；

● 各种多边、地区和双边协定和倡议①，特别是"合作减少威胁项目"（CTR）的后续计划、"G8全球合作伙伴计划"和"全球打击核恐怖主义倡议"（GICNT）。

3.35　所有上述这些内容都在NPT 2010年审议大会上受到高度关注。大会强调"最重要的事情是对所有核材料进行有效实物保护，需要加强实物保护领域的国际合作"，大会的最终文件对《核材料实物保护公约》2005年修订案表示欢迎，再次重申IAEA通过建立"一套全面的核安保导则"在加强国际合作、按成员国要求帮助其强化核安保方面的重要作用。文件还认为需要在IAEA的支持下，强化国际合作和协调，"防止、探测和应对核与其他放射性材料的非法贩卖"。特别重要的是，大会指出，"尽管核安全和安保是国家的责任，但基于最佳实践的原则，IAEA应在制定核安全标准、核安保导则和相关公约方面发挥重要作用"。

---

① "加强全球核安保体系"，关于核安保优先事项的全球对话（Washington DC: Nuclear Threat Initiative, 10 July 2012），p. 2。

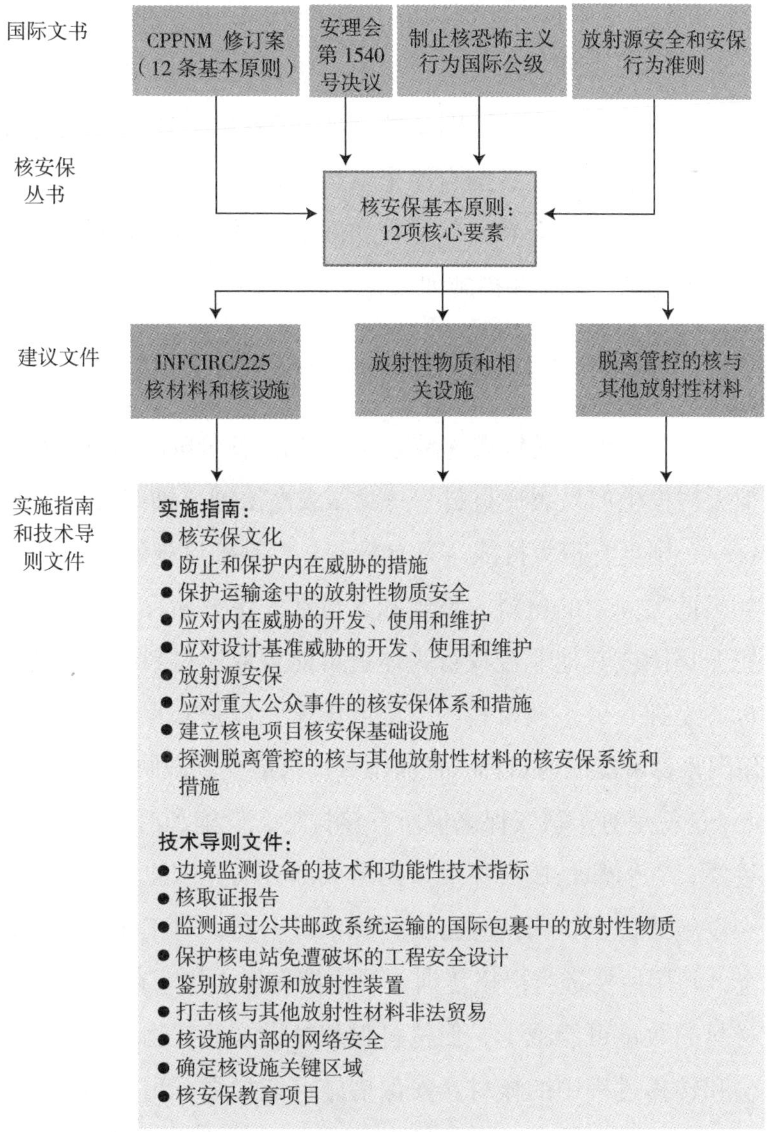

国际文书

| CPPNM 修订案（12 条基本原则） | 安理会第 1540 号决议 | 制止核恐怖主义行为国际公级 | 放射源安全和安保行为准则 |

核安保丛书

核安保基本原则：12项核心要素

建议文件

| INFCIRC/225 核材料和核设施 | 放射性物质和相关设施 | 脱离管控的核与其他放射性材料 |

实施指南和技术导则文件

实施指南：
- 核安保文化
- 防止和保护内在威胁的措施
- 保护运输途中的放射性物质安全
- 应对内在威胁的开发、使用和维护
- 应对设计基准威胁的开发、使用和维护
- 放射源安保
- 应对重大公众事件的核安保体系和措施
- 建立核电项目核安保基础设施
- 探测脱离管控的核与其他放射性材料的核安保系统和措施

技术导则文件：
- 边境监测设备的技术和功能性技术指标
- 核取证报告
- 监测通过公共邮政系统运输的国际包裹中的放射性物质
- 保护核电站免遭破坏的工程安全设计
- 鉴别放射源和放射性装置
- 打击核与其他放射性材料非法贸易
- 核设施内部的网络安全
- 确定核设施关键区域
- 核安保教育项目

图3.1　全球核安保机制

资料来源：IAEA Nuclear Security Series, No. 20, 2013, Nuclear Security Fundamentals, Objective and Essential Elements of a State's Nuclear Security Regime, http://www-pub.iaea.org/MTCD/Publications/PDF/Publ590_web.pdf.

IAEA, Nuclear Security Series Publications, http://www-ns.iaea.org/security/nss-publications.asp.

3.36　大会还对不具有法律约束力的《放射源安全和安保行为准则》予以支持，并鼓励所有没有加入《核材料实物保护公约》的国家尽快加入并批准2005年修订案，"使之尽快生效"。大会还提到2010年4月在华盛顿召开的首届核安全峰会，欢迎各国自愿采取行动，最少化民用机构的高浓铀使用，鼓励各国增进核安全和安保最佳实践的共享，其中包括加强与核工业界和私营机构的对话。这些措施列入大会最终文件的第40~46项行动。

3.3.1　1980年《核材料实物保护公约》

3.37　制作一枚粗糙核爆炸装置所需要的基本知识和技能可以很方便获得，但大规模生产易裂变材料——武器级高浓铀（铀–235丰度90%以上）或分离钚——则具有很大挑战。只有具备必要基础设施的国家才可能做到。但是，如果此类国家的材料、设施和人员在安保方面存在问题，那么恐怖分子、犯罪集团或其他非授权行为体就可能盗取核材料甚至核弹。他们选择的目标不是拥有最多核材料的设施或国家，而是安保最薄弱的设施或国家。任何国家都可能成为目标，任何国家都可能受到威胁。

3.38　这就是对于核安保来说所有核材料、设施和活动的实物保护措施都至关重要，它们都是核安保最重要组成部分的原因之所在。这就要求与核工厂和设施的警卫、门禁和防护屏障系统一样，对工作人员的背景进行全面考查，聘用后要进行严格培训，灌输核安保文化。在"整个核安保链"里，核材料的数量可能减少，但核材料和核设施的实物保护则可能需要强化，运输和转移过程中的核材料安保措施可能加强，出口和边境控制也可能更加严格。总之，不论是高浓铀还是分离钚，即使是用于和平目的，都必须受到核安保控制，且严格程度不亚于核武器用高浓铀和分离钚，或美国国家科学院所言的"库存核武器安保标准"[①]。

[①] 大规模杀伤性武器委员会，《恐怖武器：使世界无核武器及生化武器》（斯德哥尔摩：大规模杀伤性武器秘书处，2006），第84页。但是，虽然"贮存武器的标准"适用于钚金属，但没有必要适用于所有材料，例如混合氧化物粉末或燃料组件中的钚。

3.39　《核材料实物保护公约》于1979年10月26日在维也纳达成，1980年3月3日在维也纳和纽约签署，1987年2月8日生效。它不仅建立起一整套国际运输途中核材料的实物保护措施，还就被盗核材料的保护、收回和返还建立了国家间合作总体框架。到2014年年底，共有151个缔约国①。也就是说，全世界大约还有四分之一的国家没有加入。埃及、马来西亚和泰国参加了一届或两届核安全峰会，但仍未批准或加入《核材料实物保护公约》。

3.40　鉴于2001年的"9·11"恐怖袭击事件，2005年召开了一次外交会议，旨在强化《核材料实物保护公约》。2005年7月8日，通过了公约修订案，公约名称改为《核材料和核设施实物保护公约》。这次修订被认为是强化核安保的一项重大措施。按照最初的公约，实物保护责任涉及的范围是国际运输途中的核材料安保，而公约修订案还要求成员国保护国内和平目的使用、存储和运输途中的核材料及核设施的安全。另外，它还将范围扩大到国家间就查明下落和收回被盗或走私的核材料，减轻核设施遭破坏导致的放射性后果的合作措施。至少三分之二的成员国批准，修订案才会生效。到2014年底，在所需的101个国家中，只有83个国家批准②。

3.41　2001年9月11日（当日恐怖分子袭击了纽约和华盛顿），IAEA理事会通过了12项"核材料和核设施实物保护基本原则"。这些原则已编入CPPNM修订案（第三条），修订案一旦生效，即对成员国适用。

3.42　表3.1概述了《核材料实物保护公约》及其修订案和《制止核恐怖主义行为国际公约》当前的基本状态。尽管《核材料实物保护公约》在2010年4月华盛顿第一届核安全峰会之前就已广泛（并不是普遍地）接受，但峰会看上去在促进更多国家加入另外两个法律文书上发挥了作用。在最近四年里，加入《核材料实物保护公约》修订案的成员国几乎翻番，自华盛顿峰会以来共有41个国家加入，加入《制止核恐怖主义行为国际公约》

———————

① http://www.iaea.org/Publications/Documents/Conventions/cppnm_status.pdf。
② http://www.iaea.org/Publications/Documents/Conventions/cppnm_amend_status.pdf。

的国家也增加了约四分之一（自2010年4月以来共52个国家加入）。

表3.1　CPPNM、CPPNM修正案和ICSANT的现状（截至2014年12月）

	通过时间	生效时间	成员国数量	签署但不是成员国的数量
《核材料实物保护公约》（CPPNM）	1979.10.26	1987.02.08	151	1
《核材料实物保护公约》修订案	2005.07.08	—	83	N/A
《制止核恐怖主义行为国际公约》（ICSANT）	2005.04.13	2007.07.07	99	46

资料来源：http://www.iaea.org/Publications/Documents/Conventions/cppnm_status.pdf;

　　　　　http://www.iaea.org/Publications/Documents/Conventions/cppnm_amend_status.pdf;

　　　　　http://treaties.un.org/Pages/ViewDetailsIII.aspx?&src=TREATY&mtdsg_no=XVIII~15&chapter=18&Temp=mtdsg3&lang=en

　　3.43　2013年，共有10个国家批准或是官方接受《核材料实物保护公约》修订案：比利时（1月22日）、法国（2月1日）、乌兹别克斯坦（2月7日）、塞浦路斯（2月27日）、斯洛伐克（3月7日）、阿尔巴尼亚（4月26日）、亚美尼亚（5月22日）、古巴（9月26日）、马耳他（9月26日）、加拿大（12月3日）。①2014年，新增了12个国家：牙买加（1月10日）、哥伦比亚（2月18日）、秘鲁（3月27日）、吉布提（4月22日）、韩国（5月29日）、日本（6月27日）、塔吉克斯坦（7月10日）、布基纳法索（8月7日）、多米尼加共和国（9月22日）、爱尔兰（9月22日）、新加坡（10月22日）、卡塔尔（11月11日）。

---

① http://www-ns.iaea.org/conventions/physical-protection.asp?l=42。

3.3.2　2005年《制止核恐怖主义行为国际公约》①

3.44　各国如何才能防止、调查和惩罚核恐怖主义行为，改进与其他国家执法和司法方面的合作？经过7年谈判，特设小组在俄罗斯提案的基础上，终于完成了《制止核恐怖主义行为国际公约》草案的编写，并且由于"9·11"袭击事件的发生，其重要性和关注程度提升，终于在2005年4月13日举行的联合国大会上获得一致通过。公约规定，以致人死亡或受到严重伤害或致使财产受到重大损害为目的而持有或谋求获取放射性装置或材料的行为属于犯罪行为。在孟加拉国向联合国秘书长递交批准文书、成为第22个缔约国的30天后，公约于2007年7月生效。截至2014年12月31日，共有115个国家签署了公约，其中99个国家批准公约。②

3.45　公约引起高度关注的背景是，俄罗斯"冷战"后面临"核丢失"问题。国际媒体连篇累牍地报道，前苏联大量浓缩的易裂变材料处于没有衡算的状态，导致人们担心其中或许多材料可能经国际边境走私，出入中亚。③《核材料实物保护公约》只涵盖和平目的的核材料，不适用于军用核材料。

3.46　《制止核恐怖主义行为国际公约》和联合国安理会第1540号决议密切相关，旨在实现三个目标：保护广泛的核目标免遭袭击；惩罚在国内实施核恐怖犯罪活动的渗透分子；促进防止和调查核恐怖主义行为，起诉并驱逐恐怖分子方面的国际合作。为了达到这些目标，公约要求成员国在国内法中将公约确定的犯罪行为定为犯罪，并根据犯罪程度将犯罪者绳之以法。

3.47　公约涵盖的范围扩大到一系列活动和潜在目标，包括核电站和反应堆、试图或者威胁实施恐怖活动或加入恐怖组织的个人。为了促进"起诉或驱逐"制度，这些犯罪行为被清晰地定性为"非政治犯罪"，以便从事

---

① http://untreaty.un.org/cod/avl/ha/icsant/icsant.html。

② http://treaties.un.org/Pages/ViewDetailsIII.aspx?&src=TREATY&mtdsg_no=XVIII~15&chapter =18&Temp=mtdsg3&l ang=en。

③ Rohan Perera, "Historical context for the International Convention for the Suppression of Acts of Nuclear Terrorism," http://untreaty.un.org/cod/avl/ha/icsant/icsant.html。

这种活动的任何个人都不得按"政治犯"为由来阻碍驱逐。

3.48　在采取一切必要措施保护放射性物质安全时，公约督促各成员国考虑IAEA的相关建议和作用。各成员国一旦探测、发现了非授权放射性物质，必须采取措施使其无害，确保采取IAEA的保障监督措施，达到IAEA实物保护和健康安全标准，并确保归还相应成员国。

3.49　《制止核恐怖主义行为国际公约》的制定谨慎，尽可能覆盖面广，以充分填补《核材料实物保护公约》的范围和实际情况间的差距。[1]然而，《制止核恐怖主义行为国际公约》在处理涉及超过一国的跨国犯罪时能力有限，当犯罪活动发生在某一个国家且犯罪者和受害者均是该国公民时，公约也不适用。[2]公约也不受任何特定监测制度的控制，它的履行属于成员国的责任。

3.50　公约没有法律属性，也无法解决使用和威胁使用核武器的问题。公约关注的焦点是具有恐怖主义特征的特定行为人员的个人犯罪责任。由于部分成员国要求公约也必须解决使用或威胁使用核武器的问题，即国家行为体的行为也必须纳入公约范畴，因而公约文本推迟了几年后才达成。其余国家反对这种要求，认为作为现行公约基础的法律制度具有执法特征，应将唯一焦点放在具有恐怖主义特征的特定行为人员的个体犯罪责任上面，国家责任问题由其他国际法原则另行解决。这个问题因而搁置，即国家在武装冲突时使用核装置的问题不受公约约束，但也没有表示或暗示此类行为不会受到惩罚。

3.3.3　联合国安理会决议

3.51　2004年第1540号决议。2004年4月28日，联合国安理会通过了

---

[1] "UN officials call for stronger global measures to counter nuclear terrorism," 28 September 2012, http://www.un.org/ apps/news/story.asp?NewsID=43106&Cr=nuclear&Crl=#. UG6uMVG2WZR。

[2] 0. Jankowitsch-Prevor, "International Convention for the Suppression of Acts of Nuclear Terrorism," OECD/NEA, Nuclear Law Bulletin 76（2005）。

第1540号决议，第一次要求联合国所有成员国承担具有约束力的责任，按照《联合国宪章》第七章采取并实施有效措施，应对大规模杀伤性武器（WMD）及其运载工具和相关材料向非国家行为体的扩散。争议的焦点是联合国安理会是否有权根据《联合国宪章》第七章，将类似于"立法"总体责任强加于成员国，在经过7个月的磋商后，决议获得一致通过。①自2004年起，第1540号决议已经成为国家和国际社会应对恐怖主义广泛活动的法律基础。

3.52　1540号决议的目标是，确保任何国家和非国家行为体都不能成为大规模杀伤性武器扩散的源头和受益者。它重申大规模杀伤性武器（WMD）扩散对国际和平与安全构成了威胁，对WMD恐怖主义以及WMD材料、武器和发射系统非法贩卖构成的威胁表示关切，要求所有成员国采取如下措施：

● 颁布并执行法律，禁止非国家行为体开发、获取、转移或使用WMD；

● 实施强有力的国内控制、实物保护、衡算和边境控制措施，防止向非国家行为体扩散，禁止对此类扩散提供支助或资金；

● 控制便于非国家行为体扩散的资金和服务的流向；

● 建立全体委员会，监督决议实施情况。

3.53　2011年4月20日，联合国安理会第1977号决议获得一致通过，它将1540委员会的有效期延长了10年。为了促进委员会的工作，成立了由8位专家组成的专家组，处理技术问题。2012年6月29日通过的联合国安理会第2055号决议又将专家组成员数量增至9名。然而，2014年只剩下6名专家，他们分别来自中国、德国、墨西哥、巴基斯坦、南非和英国。②几年来，专家组的构成一直是敏感的政治话题，任命非常复杂，既要求专家个人具备扎实

---

① C. Ahlstrom, "Appendix 11A. United Nations Security Council Resolution 1540: non-proliferation by means of international legislation," SIPRI Yearbook 2007（New York: Oxford University Press, 2007）, p. 461。

② http://www.un.org/en/sc/1540/committee/expert-group. shtml。

的专业知识，又要求按照"均衡地理分布"的原则能够代表发达国家和发展中国家。

3.54　联合国安理会第1540号决议的实施意味着每个国家的行动将会极大地增强与控制敏感物项出口和限制对扩散者的支助（包括资金）相关的国际标准，以确保非国家行为体（包括恐怖分子和黑市网络）不会获得核、生、化武器及其发射系统和相关材料。[①]

3.55　1540号决议要求所有成员国在决议通过后的6个月内，向1540委员会提交关于决议实施进展的报告。截至2004年10月28日，59个成员国（包括欧盟）提交了第一份报告。[②]联合国安理会第1673号决议（2006年4月27日通过）指出，并非所有国家都递交了第一份报告，全面实施决议依然是一项长期任务。1540委员会要求提交进一步的报告，但许多国家没有作出回应，这导致难以评估决议实施情况，难以确定哪些国家在履行1540号决议的义务方面需要帮助。自2004年至今，有些国家已经递交了6份或7份报告，而有些国家只递交了1份报告。为了解决这个问题，1977号决议（2011年4月20日通过）鼓励成员国向1540委员会递交国家行动计划，重点是报告决议实施进展，确立优先需要帮助的领域。截至2014年12月，只有14个国家递交了这一计划。因此，尽管成员国有义务向1540委员会报告其实施决议所采取的步骤，但国家报告并不完整，国际监督有限，更多的是"鼓励"遵守而不是"强制"遵守，采取的实质行动还远远不够。

3.56　联合国安理会其他决议。联合国安理会第1373号决议（2001年9月28日通过）呼吁所有成员国防止和削弱恐怖主义融资，并宣布任何向此类活动提供和收集资金的行为都是犯罪。任何实施或试图实施恐怖主义行动，参与或支助实施恐怖主义活动以及代表恐怖分子的个人或组织的资金、金融资产和经济来源都将被立即冻结。为此，决议责成各成员国统一立法、

---

① 还可见前面关于不扩散的第二章中涉及安理会第1540号决议的内容。
② Ahlstrom, "Appendix 11A. United Nations Security Council Resolution 1540," p. 468。

提交报告，并建立由安理会15个成员国组成的打击恐怖主义委员会（CTC），以监督成员国执行情况，增强国内反恐能力。①

3.57 1373号决议的内容十分广泛，包含国内立法、国内执行机构和国际合作等领域。第4条将决议与核安保联系起来，指出国际恐怖主义同核材料和其他潜在致命性材料之间存在紧密联系，强调需要国家和国际层面相互协调，以增强全球应对这种对国际安全构成的严重威胁的能力。

3.58 根据1535号决议（2004年3月26日通过），安理会还成立了打击恐怖主义执行理事会（CTED），以帮助反恐委员会开展工作，并协助监督决议的执行。②1624号决议（2005年9月14日通过）是与实施恐怖主义行动诱因相关的。它打击的对象是总体的恐怖主义，只是在序言中号召成员国优先考虑签署《制止核恐怖主义行为国际公约》时提到了核恐怖主义。1624号决议同样用于指导反恐委员会的工作，并要求成员国向委员会报告决议的实施情况。1624号决议引导反恐委员会与成员国对话，通过传播最佳法律实践和促进信息交流的方式，帮助成员国提升反恐能力。另外，反恐委员会还通过传播最佳实践，提供技术、资金、监管和立法专业知识，增进国家、地区及国际组织间合作等方式，帮助成员国提升能力。但是，反恐委员会既没有资源也没有能力监督成员国是否履行了联合国安理会规定的义务。

3.59 按照1624号决议的要求，反恐执行局准备了两份报告，总结了联合国各成员国提交报告的情况，指出只有不到一半的成员国提交了关于1624号决议实施措施的报告③。2129号决议（2013年12月17日通过）将反恐执行局的有效期延长至2017年底，号召2015年12月31日前做一次中期评估，

---

① Information on the CTC is available atwww.un.org/Docs/sc/committees/1373。

② United Nations, "About the Counter-terrorism Committee," http://www.un.org/en/sc/ctc/aboutus. html。

③ 2008年1月18日安理会分委会主席依照关于反恐的第1373（2001）号决议写的信提交安理会主席，S/2008/29。

并呼吁增进反恐执行局和1540委员会及专家组的合作。[1]

3.3.4　放射源

3.60　IAEA理事会于2003年9月批准了《放射源安全和安保行为准则》，一年后又通过了补充条款。它适用于放射源从最初生产到最终处置全寿期安全和安保的政策、法律和条例的制定和协调。[2]它也适用于《核材料实物保护公约》没有涉及到的放射性废物。[3]行为准则比国际公约的内容更详细、更具体，其范围涵盖高活性放射源的国家登记、放射源国际贸易、安保要求、尽快向潜在受影响国家通告放射源丢失情况或潜在跨境影响的事件等领域。它还为成员国设置了若干原则，以确保其领土范围内的放射源安保，确保员工得到培训，确保建立信息和沟通渠道。2004年的补充条款建议，各成员国都要设定联络站。但需要指出的是，行为准则不适用于军事或国防计划用的放射源。

3.61　到2014年12月，共123个国家表示支持2003年的行为准则，其中63个国家还支持补充导则的全部条款，只有4个国家（马达加斯加、巴拉圭、土库曼斯坦和乌兹别克斯坦）没有设立国家联络站。但是，有些国家没有对IAEA提出的自评估调查问卷作出回应。[4]

3.3.5　全球合作机制

3.62　美国管理的降低威胁计划。自20世纪90年代初和"冷战"结束以来，美国开展了一系列计划和项目（主要是在前苏联领土上），旨在降低核

---

[1] S/RES/2129 (2013). Full text available at http://www.un.org/en/sc/ctc/resources/res-sc.html。

[2] http://www-ns.iaea.org/tech-areas/radiation-safety/code-of-conduct.asp。

[3] 但是根据1997年《乏燃料管理安全和放射性废物管理安全联合公约》，涉及放射性废物。

[4] http://www.iaea.org/Publications/Documents/Treaties/codeconduct_status.pdf. The list of national points of contact is published by the IAEA at http://www-ns.iaea.org/downloads/rw/imp-export/import-export-contact-points.pdf; and the directoryofnational regulatorybodies is published at http://www-ns.iaea.org/downloads/rw/code-conduct/reg-auth- directory.pdf。

与放射性材料脱离安全监管造成的风险。①国防部从1991年开始负责管理"合作降低威胁计划"（CTR或纳恩-卢格计划）。该计划是由美国两名参议员萨姆·纳恩和理查德·卢格倡议的，因而用他们的名字命名。

3.63　"合作降低威胁计划"设立的一整套项目是最成功和有效的。它按照商定的程序，帮助前苏联各加盟共和国销毁了核、化学和生物武器，并销毁了相关基础设施；将用于制造核武器的材料运到中央贮存场和更安全的贮存场址；升级改造敏感场址周围的安保周界并筛选那里的工作人员；在边境通道安装监测设备。该计划已促使消除极其大量的核材料，使国际合作常态化，并加强了核裁军和核不扩散准则。从2003年开始，"合作降低威胁计划"设立了几个与核安保有关的新项目。防止大规模杀伤性武器扩散倡议是一项生物安全工作，用于帮助合作方加强边境控制，包括在边境通道和其他合适地方安装监测和探测设备。

3.64　2004年，许多计划（不包括合作降低威胁计划）合并为"全球降低威胁倡议"（GTRI），它由美国能源部（DOE）管理。这些计划旨在将反应堆燃料转换、运走核材料和实物保护等措施相结合，减少和保护世界范围内安保措施薄弱的核与放射性材料。2011年提出的"锁定全球核材料计划"，旨在对保护俄罗斯武器可用核材料安全和其他工作提供支持。2012年，上面提到的许多工作合并到"全球核安保计划"（Global Nuclear Security Program）。

3.65　截至2014年5月29日，"全球降低威胁倡议"及其之前的计划转换或核实关闭了88座高浓铀研究堆和同位素生产设施；运走或确认处置了5140kg高浓铀和钚，这些材料足够制造205枚以上的核弹；保护了哈萨克斯坦BN-350反应堆有关的能制造775枚以上核弹的高浓铀和钚的安全；保护世界范围内1700多个放射性场址的安全；在美国找回36000多个丢弃和废弃的

---

① 见Amy F. Woolf的《不扩散与帮助减少威胁：美国在前苏联的计划》（Washington DC: Congressional Research Service 7-5700, 6 March 2012）。

放射源；从俄罗斯找回放射性活度总计达数百万居里的810个放射性同位素热电池①。

3.66　该计划每年的经费为5亿美元，覆盖的范围比1992年启动时扩大了两倍。但是，莫斯科2012年10月宣布，它要在2013年5月终止该计划，因为它不再需要外国的帮助，并担心核安保信息泄露。2013年6月，在纳恩-卢格计划终止前，巴拉克·奥巴马总统和弗拉基米尔·普京总统达成一项协议，继续美俄核安保合作，虽然协议的形式简短。新协议将在2003年《俄罗斯联邦多边核环境项目框架协定》（MNEPR）下运作，而且双方在2013年6月14日签署了相关议定书。根据新框架的条款，美国同意继续开展与核安保有关的大部分工作，但是双方联合开展的导弹、轰炸机和化学武器拆除工作停止②。

3.67　2014年春，俄罗斯"吞并"克里米亚，军事介入乌克兰，导致美俄关系急剧恶化，对MNEPR造成潜在严重影响。对两国继续实施该计划所带的好处的质疑声音加大③。2014年1月，美国媒体报道，俄罗斯准备提前结束与美国的双边核安保合作，并且2015年不准备实施新的项目。④奥巴马政府的官员承认，他们担心如果目前协议在2014年底前终止时却没有达成新的项目，那么会影响联合安保工作。⑤2014年10月中旬，俄罗斯外交部将该国的决定转交美国国务院，称俄罗斯将不会参加2016年的核安全峰会，原因

---

① "GTRI: Reducing Nuclear Threats," NNSA Fact Sheet, 29 May 2014, http://nnsa.energy.gov/mediaroom/factsheets/ reducingthreats。

② Justin Bresolin, "Fact Sheet: The Nunn-Lugar Cooperative Threat Reduction Program," The Center for Arms Control and Non-Proliferation, July 2013, http://armscontrolcenter.org/publications/factsheets/fact_sheet_the_cooperative_threat_ reduction_program/。

③ Nickolas Roth, "United States Should Chew Gum and Walk on Nuclear Security," Nuclear Security Matters, 19 November 2014, http://nuclearsecuritymatters.belfercenter.org/blog/united-states-chew-should-chew-gum-and-walk-nuclear- security; Bresolin, "Fact Sheet: The Nunn-Lugar Cooperative Threat Reduction Program。"

④ 例如见Michael R. Gordon的 "Russia to curtail nuclear security efforts with US," New York Times, 13 November 2013。

⑤ Gordon, "Russia to curtail nuclear security efforts with US。"

是俄罗斯受到许多问题的困扰，包括对以前峰会和即将召开的峰会主办国之外的所有与会国的歧视。[①]美国官员后来宣布，尽管对俄罗斯不参加核安全峰会的决定表示失望，但美国仍将与俄罗斯在"计划层面"上开展诸如MNEPR项目的合作。据发言人Jen Psaki所言，美国没有收到俄罗斯关于取消核安保合作的"正式通知"，而且仍然认为"我们双方在促进核安保方面有共同的利益和共同的责任"。[②]

3.68　美国政府其他部门也有关于核安保的重要且积极的计划。"国际核材料保护计划"尤其值得关注。它是能源部的一个综合计划，它的"第一防线计划"涉及核材料保护和合作。该计划的目的是防止"与大规模杀伤性武器有关的材料、技术和专业知识的传播；探测世界范围内大规模杀伤性武器的扩散；提供国际核安全；消除冗余核武器可用易裂变材料库存"。[③]该计划以此解决敌对国家或恐怖主义集团获取大规模杀伤性武器、材料、专业知识或技术的危险。为达到这些目的，该计划对大量不同民用和军用场址（主要在俄罗斯）的安保升级提供了支持，它还支持了减少武器可用核材料数量或对核恐怖分子不感兴趣的项目。

3.69　能源部还实施了"第二防线计划"和"大型港口倡议"，这些计划由国家核安全管理局（NNSA）负责管理，[④]旨在降低核与放射性材料走私风险，尤其是降低此类材料走私到美国的风险。能源部的计划还包括重点关注放射性散布装置的项目，它们已经与其他项目一道合并到"国际核材料保护计划"中。自2012年12月以来，这些计划都面临越来越大的经费削

① 这解释了俄罗斯没有派代表参加2014年10月在首都华盛顿的"sherpa"会议筹备会的原因。Karen De Young, "Russia to skip Nuclear Security Summit scheduled for 2016 in Washington," Washington Post, 5 November 2014。
② "US to Continue Nuclear Security Cooperation with Russia: State Department," 15 November 2014, http://sputniknews. com/us/20141115/1014753942.html。
③ Department ofEnergy, FY2004 Congressional Budget Request, Budget Highlights, DOE/ME-0023, February 2003,p.25。
④ NNSA是2000年国会在能源部内建立的一个半自治机构，负责美国核武器的管理与安保、核不扩散，以及海军堆计划。

减压力。国家核安全管理局在2015财年预算申请报告中，将全球降低威胁倡议和国际核材料保护计划的预算分别减少了25%和27%，这是这些计划的预算连续第3年削减。[①]

3.70　2002年八国集团全球合作伙伴计划（G8—GP）。"全球合作伙伴计划"是八国集团（G8）（加拿大、法国、德国、意大利、日本、俄罗斯、英国和美国）共同实施的一项倡议，致力于防止恐怖分子或其庇护者获取或开发核武器、化学武器、放射性武器或生物武器、导弹，或有关的设备和技术。该计划2002年在加拿大卡纳纳斯基斯的G8峰会上发起。200亿美元的该计划最初是在俄罗斯和乌克兰开展相关项目，但现已扩大到处理世界范围内大规模杀伤性武器和材料的扩散问题。G8之外的一些国家也参加了该计划，包括澳大利亚、比利时、捷克共和国、丹麦、芬兰、匈牙利、爱尔兰、荷兰、新西兰、挪威、波兰、韩国、瑞典、瑞士和乌克兰，还有欧盟。欧盟的最新成员匈牙利也于2013年12月加入。该计划原定2012年到期，但已延长到2022年。在乌克兰事件后，俄罗斯作为G8的成员国资格于2014年3月被暂停——事情进一步发酵，[②]2014年俄罗斯是八国集团的主席国，并准备在当年的6月4日—5日在索契主办G8峰会，但它却被5月在布鲁塞尔召开的会议排除在外。

3.71　全球合作伙伴计划取得的成就包括：[③]

● 加强了俄罗斯和乌克兰的核与放射性材料的衡算、控制和实物保护。

● 销毁了2万t以上的化学武器。

● 拆除了核潜艇，安全取出和贮存了乏燃料。

---

① Kingston Reif, "Fact Sheet: FY2015 Budget Request for Nuclear and Radiological Material Security and Nonproliferation Programs," The Center for Arms Control and Non-Proliferation, 16 April 2014, http://armscontrolcenter. org/issues/nuclearterrorism/articles/fact_sheet_fy_2015_budget_request_for_nuclear_and_radiological_material_security_ and_nonproliferation_programs/。

② US Department of State, "G8 Global Partnership," http://www.state.gOv/t/isn/184759.htm。

③ US Department of State, "G8 Global Partnership," http://www.state.gOv/t/isn/184759.htm。

● 通过加强边境安保能力，改进了核与放射性材料探测以及防止非法走私的工作。

● 雇用有大规模杀伤性武器和导弹专业知识的科学家、技术人员和工程师，引导他们将工作转向和平目的。由全球合作伙伴计划参与方资助的莫斯科国际科学技术中心和乌克兰科学技术中心为过渡期中的科学家提供了经济上的支持。在本报告撰写期间，还不清楚暂停俄罗斯G8成员国资格和推迟美俄科学交流会对该中心的工作会产生怎样的影响。

3.72 全球打击核恐怖主义倡议（GICNT）。它是一个国际合作伙伴计划，旨在单独或共同执行一套共享的核安保原则。该倡仪是2006年7月15日由布什总统和普京总统在圣彼得堡建立的，它的任务是通过开展加强合作国计划、政策、程序和协作能力的多边活动，提高全球防止、探测和应对核恐怖主义的能力。该倡仪的8个指导性原则是：①

● 改进核与放射性材料的衡算、控制和保护；

● 加强民用核设施安保；

● 探测和阻止核与放射性材料非法贩卖；

● 提高核与放射性材料搜寻、没收和建立安全控制的能力；

● 确保不给寻求获取或使用核与放射性材料的恐怖分子提供庇护和资源；

● 确保建立足够的法律框架，打击与核恐怖有关的活动；

● 应对和减轻核恐怖主义的后果；

● 促进信息共享，防止和应对核恐怖主义行为。

3.73 美国和俄罗斯是"全球打击核恐怖主义倡议"的联合主席国，韩国是2015年的执行与评估组协调国。该倡议在改进全球核与放射性探测架构方面做出了一些努力，包括在主要海港和空港安装辐射探测设备。截至2014年12月，该倡议有85个成员国，另有4个观察员组织（IAEA、欧盟、联

① http://www.state.gov/documents/organization/145499.pdf。

合国毒品与犯罪办公室、国际刑警组织）。①阿根廷、墨西哥、菲律宾、泰国和越南于2010年加入；新加坡2011年加入；阿尔及利亚、阿塞拜疆和马来西亚2012年加入。2010年的全会指出，核探测（荷兰任工作组组长）和核取证（澳大利亚任工作组组长）这两项工作优先开展；2011年，全会将应对和减轻后果（摩洛哥任工作组组长）列为第三项优先工作。

3.74 "全球打击核恐怖主义倡议"鼓励合作方和正式观察员之间通过专家级讲习班、研讨会、演习和其他活动，实现信息共享。截至2014年12月，共举办了近50次多边活动和7次高级别会议，分享最佳实践和教训，以加强各方和整个集体防止、探测、慑止和应对核恐怖事件的能力。在2013年墨西哥主办的全会上，3个工作组提交了研究成果。此外，澳大利亚提交了一份简报，内容是关于把联合工作组和交叉学科活动列入2013—2015年度"全球打击核恐怖主义倡议"工作计划的重要性，该计划继续把建立核探测、核取证和应对与减轻后果的能力建设作为优先工作。②

3.75 迄今为止，"全球打击核恐怖主义倡议"还没有受到乌克兰紧张局势的影响。2014年3月20日，在克里米亚被"吞并"的紧张国际形势下，"全球打击核恐怖主义倡议"发布了一份联合声明称，其联合主席国（俄罗斯和美国）"仍应致力于和GICNT的参与国合作，开展各项主要工作和活动，促进核安保协作和核安保目标的实现"。③从那时以后，未发布过有关该话题的正式声明。下一次全会在2015年由芬兰主办。

---

① US Department of State, "Partner Nations List" for the GICNT, http://www.state.gOv/t/isn/c37083.htm。

② US Department of State, "2013 Global Initiative to Combat Nuclear Terrorism Plenary Meeting Joint Co-Chair Statement," 24May 2013, http://www.state.gOv/t/isn/rls/prsrl/2013/210575.htm。

③ Joint Statement on the Contributions of the Global Initiative to Combat Nuclear Terrorism [GICNT] to Enhancing Nuclear Security, 20 March 2014, http://www.state.gOv/r/pa/prs/ps/2014/03/223761.htm。

3.4 国际原子能机构的作用

3.76 正如第二章所讨论的，IAEA负有把NPT提出的向无核武器国家提供和平利用核能援助的承诺同（核能）安全和不转为武器用途的保证结合起来的主要国际机构责任。由于核安保是较近一段时期才受到关注，因此IAEA的经费分配和议程中没有将其列为IAEA的优先事务。但即使如此，由于IAEA有专业知识、机构可信性和合法性，并且由于缺少可操作的核安保替代方案，因此IAEA现在仍发挥着领导者作用（如果是默认的话）。独有的现状是：与保障监督相比，IAEA没有获得履行相应核安保职责的授权；通过按成员国要求提供咨询服务的方式，加强全球核安保制度的技术能力；需要增加IAEA核安保工作的资源——2010年NPT审议大会以及2010年、2012年和2014年的核安全峰会作出的决定中均反映了这些情况。

3.77 2010年NPT审议大会鼓励所有成员国"扩大对IAEA相关计划的支持"，并采用IAEA关于核材料和核设施的实物保护建议；鼓励IAEA帮助成员国加强核材料管制的国内监管（行动41和行动46）。所有3次核安全峰会都强调了IAEA核安保作用的重要性。最近一次峰会的联合公报强调，"在未来数年IAEA的作用至关重要"，鼓励"在政治、技术和财政上给IAEA提供更大支持（包括通过IAEA的核安保基金），以确保IAEA有开展核安保活动所需的资源和专业知识"。①

3.78 对于IAEA的所有作用，其核安保职责没有覆盖军事和国防计划中的核材料，核安保的责任主体是各个国家。因此，近期的工作重点是使现有框架普遍化和全面执行，填补现有安排的空白。在2012年的首尔和2014年的海牙核安全峰会上，成员国对上届峰会所承诺的核安保制度执行情况的自愿报告的程度令人鼓舞，即国家/政府首脑在峰会外交上作出自愿

---

① "The Hague Nuclear Security Summit Communique," http://www.government.nl/documents-and-publications/ directives/2014/03/25/the-hague-nuclear-security-summit-communique.html。

承诺后，遵守具有法律约束力的国际义务的基准有了很大提高。[1]

3.4.1 制定导则

3.79 IAEA出版了《核安保丛书》，"对有关防止、探测和应对涉及核与其他放射性材料及其相关设施的偷盗、破坏、非授权获取和非法转让或其他恶意行为"提供了具体的指导。[2]这些导则涉及的领域有：核安保基本法则、建议、实施指南及技术导则。自2012年以来，IAEA总干事建立的核安保指导委员会的责任是，向IAEA提出关于撰写和审查丛书的建议。委员会由IAEA所有成员国的代表组成，目标是提高质量、增加透明度，并鼓励成员国在开展核安保领域国际出版物工作时有一致性和连贯性。国际组织和非政府机构的代表可以参加委员会的会议。最近《核安保丛书》的出版物包括《重大公共事件的核安保系统和措施》（2012年），以及迄今为此丛书中出版的最重要文件《国家核安保制度的目标和基本元素：核安保基本法则》（2013年）。[3]后者综合了IAEA专家和成员国在核安保、安全与保障监督领域现有的国际核安保手段和经验。

3.80 在《核安保丛书》中，一般将"信息通告225"（INFCIRI/225）作为国际核材料与核设施实物保护制度的基石。INFCIRI/225于1975年第一次出版，后修订了4次，它是一套导则，而不是条约或有约束力的决议，也不需要法律承诺、签署或批准。这使评估成员国执行情况成为了问题。

3.81 2011修订版（INFCIRI/225/Rev.5）反映了核恐怖主义威胁，以及用《核材料实物保护公约》2005年修订案提出的新安保标准来修订该文件的必要性。它采用了实物保护制度的概念和实物保护分级方案，以考虑威胁

---

① 核安保管理专家组（NSGEG），《提高核安保机制的凝聚力：简要报告和初步政策建议》（Muscatine, Iowa: Stanley Foundation, September 2012），第6页。

② IAEA 网址：http://www.iaea.org。

③ Objective and Essential Elements of a State's Nuclear Security Regime: Nuclear Security Fundamentals, IAEA Nuclear Security Series No. 20（February2013）,http://www-ns.iaea.org/security/nss-publications.asp?s=5。

的性质、严重性与可能性、材料的相对吸引力，以及被盗或破坏的可能后果。该文件包括迅速找回失踪核材料及减轻破坏后果的导则，还包括关于首次着手发展和平利用核能的国家在实物保护上的建议。

3.82　INFCIRI/225/Rev.5已成为国际标准，许多国家的国内法律都吸收采纳。但是，因为《核安保丛书》是各国自愿采纳的，因此不可能了解各成员国在多大程度上理解和应用。各成员国的义务写在与IAEA达成的全面保障监督协定（CSA）之中，有些情况还写进了附加议定书，其中部分义务与《核安保丛书》中的有交叉。

3.83　IAEA导则已被作为和平核合作的条件，写入一些供应国的双边协定中。美国和阿联酋民用核合作协议的"第123条"④就是这方面一个很好的实例。在双边协定中包含此要求，已成为将INFCIRI/225作为法律约束力应用到特定成员国的一种手段。美国有26个核合作协定要求合作国保证对来自美国的核材料采取实物保护措施。美国核管会（NRC）、国务院和能源部访问合作国，以检查实物保护措施情况⑤。澳大利亚、加拿大和欧洲原子能共同体（EURATOM）的国家也有类似的双边协定。此外，《佩林达巴条约》和《塞米巴拉金斯克条约》分别在非洲和中亚建立了无核武器区（见第二章），也要求成员国采用相当于IAEA建议的安保措施。

3.84　尽管许多国家抵制建立一个正式和永久性的核安保制度，但是在核安全峰会和2013年核安保大会期间进行的讨论，表明有一些国家开始考虑这一问题⑥。在这方面，2014年3月取得一项重大进展，当时三届核安全峰会的主办（美国、韩国和荷兰）发布了一份关于加强核安保执行力的

---

④ 指的是依照《原子能法案》第123部分签署的协议，通常称为"123协议"。

⑤ "Options for Strengthening the Global Nuclear Security System," Global Dialogue on Nuclear Security Priorities（Washington DC: Nuclear Threat Initiative, 2 October 2012），p. 8, https://www.nti.org/media/pdfs/Options_for_ Strengthening_the_Global_Nuclear_Security_System_4.pdf?_=1353437739。

⑥ Tanya Ogilvie-White, "Hard-Won Progress at the Nuclear Security Summits," Australian Outlook, 4 April 2014, http://www.internationalaffairs.org.au/australian_outlook/hard-won-progress-at-the-nuclear-security-summits/。

联合声明。声明表示，支持IAEA核安保基础，承诺满足IAEA三份最重要导则文件的建议内容：INFCIRI/225/Rev.5、《放射源安全和安保行为准则》以及IAEA关于脱离管控的核与其他放射性材料的核安保建议。[①]"加强核安保执行力倡议"是2014年核安全峰会的一项重要成果，得到35个与会国的支持。[②]

3.4.2 咨询与外部同行评审服务

3.85 IAEA还按成员国的要求提供核安保领域的咨询和外部同行评审服务，尤其是通过诸如核安保咨询支助服务和核安保出版物向成员国提供专业支助。IAEA已帮助成员国制定了核安保改进与支助的综合计划。在与受援国协商后，IAEA起草了核安保综合支助计划（INSSP），该计划是基于各种技术服务的研究成果和建议，结合了成员国的具体需要。典型的核安保综合支助计划包含与核安保有关的五方面工作：立法和监管框架、防止、探测、应对和可持续性。核安保综合支助计划明确了成员国的需求、成员国的责任实体和组织，以及开展商定活动的时间范围。

表3.2 IAEA的核安保咨询服务

核安保咨询服务	缩写	目标
国际核安保咨询服务	INSServ	保进成员国确定广泛的核安保要求和措施
国际实物保护咨询服务	IPPAS	评估成员国现有实物保护安排
国家核材料衡算与控制系统咨询服务	ISSAS	按成员国的需要，提供改进其国家衡算与控制系统的建议和意见

① 《强化核保安执行》（2014年3月25日）。
② 阿尔及利亚、亚美尼亚、澳大利亚、比利时、加拿大、智利、捷克共和国、丹麦、芬兰、法国、格鲁吉亚、德国、匈牙利、以色列、意大利、日本、哈萨克斯坦、立陶宛、墨西哥、摩洛哥、荷兰、新西兰、挪威、菲律宾、波兰、韩国、罗马尼亚、西班牙、瑞典、土耳其、乌克兰、阿拉伯联合酋长国、英国、美国和越南。

（续）

核安保咨询服务	缩写	目标
国际专家组	ITE	监测成员国遵守或执行防止核恐怖主义国际文书的情况
综合监管评审服务	IRRS	支持成员国提高国内监管机构的有效性，执行国家安全法律法规
核安保综合支助计划	INSSP	提供核安保能力建设总体方案

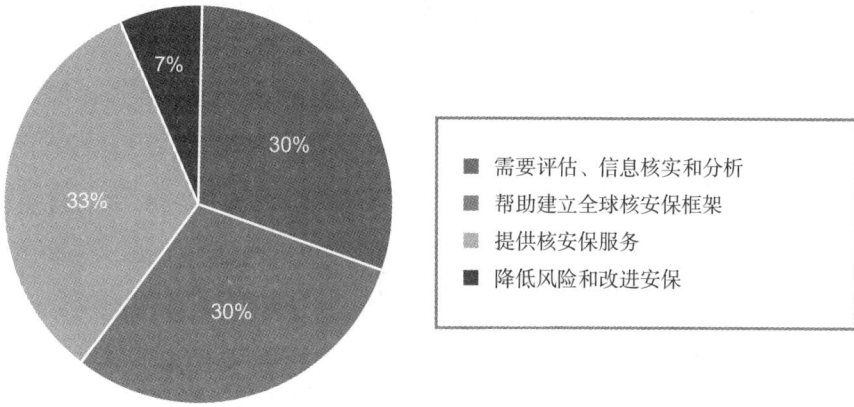

图3.2　执行2014—2017年核安保计划所需资源

子计划	2013年资源需求*	百分比
需要评估、信息核实和分析	1372728	30.2
帮助建立全球核安保框架	1342588	29.5
提供核安保服务	1496854	32.9
降低风险和改进安保	336642	7.4

*这一栏的数字只表示经常预算。IAEA在执行核安保计划方面的实际支出是这一数字的4倍多，大部分来自预算外捐款。

资料来源：Document GC（57）/2, The Agency's Programme and Budget 2014—2015（preliminary estimates）。

3.86　制定核安保综合支助计划使IAEA、受关注国和这项工作的任何资金捐助者，能够从技术和资金角度规划和协调活动。该计划还允许一些成员国在国内作出并执行必要的核安保改进，而无需外部支助。IAEA最近的数据显示，截至2013年底，机构已经与67个成员国一道制定和/或执行了核安保综合支助计划。①

3.87　IAEA 2002年建立了核安保基金（一个自愿资助机构），首次详细制定了核安保计划，打击核安保风险，支持成员国执行核安保文书。当前的核安保计划实施时间是2014—2017年，它是第4个计划，包括7个要素：②

- 需要评估、信息和网络安全；
- 外部协调；
- 支持全球核安保框架；
- 协调研究项目；
- 通过自评估和/或外部同行评审进行评估；
- 人力资源发展；
- 降低风险和改进安保。

3.88　前三个核安保计划（分别是2002—2005年、2006—2009年和2010—2013年）很大程度依赖于预算外（自愿）捐款。第四个计划也可能如此，除非明确指出IAEA的核安保活动需要更可靠的资金流。③IAEA第四个核安保计划2015年的经常预算总计660万美元，大约是2015估算的2453万美元预算外捐款的四分之一。④自愿捐款的大约一半资金特别用于5.3.2子计划的"材料与设施核安保"。根据IAEA2013年度报告，2013年，17个成员国⑤、欧

---

① http://www-ns.iaea.org/security/inssp. asp?s=4&l=26。
② http://www.iaea.org/About/Policy/GC/GC58/GC58InfDocuments/English/gc58inf-8_en.pdf。
③ GOV/2013/42-GC（57）/19, 2 August 2013, p. 12。
④ The Agency's Programme and Budget 2014-15, Table 17, p. 134, http://www.iaea.org/About/Policy/GC/GC57/ GC57Documents/English/gc57-2_en.pdf。
⑤ 澳大利亚、比利时、加拿大、中国、爱沙尼亚、芬兰、法国、意大利、日本、荷兰、新西兰、韩国、罗马尼亚、俄罗斯联邦、西班牙、英国和美国。

盟和一家私有公司捐助者为核安保基金捐款。①

3.4.3　弥补差距

3.89　由于核安保是全球核机制的"第四个支柱"（另外三个是核裁军、核不扩散和和平利用核能），相比其他三个支柱，它缺少明确的权力、资源和管理体系。首脑峰会的好处在于它有助于打破政治壁垒，克服官僚作风，而且核安全峰会一般都得到了较好评价。根据军控协会2012年3月和2014年3月发布的研究成果，成员国在批准国际公约、保护和运走高浓铀和钚库存、建立举办会议和开展培训活动的新核安保示范中心，以及提供新资金支持高浓铀转换和材料运走等方面均取得显著进展。②2014年3月的研究成果详述了2012年核安全峰会上13个联合声明（自愿政治承诺）的进展情况。取得的显著成就包括：

- 建立国家立法执行手段；

- 扩大和建立衡算及跟踪放射源的额外国家登记系统和数据库；

- 举办了一次改进运输安保工作的会议和演习，以制定最佳实践导则；

- 为燃料的制造和测试开发低浓铀燃料粉末，以帮助研究堆从使用高浓铀转换为低浓铀；

- 在IAEA的协调下，建立核安保培训和支持中心；

- 为2015年前把欧洲所有医用同位素生产设施从使用高浓铀转换为使用低浓铀采取步骤；

- 在"全球合作伙伴计划"的防止大规模杀伤性武器和材料扩散工作小组下，启动5个关于核和放射性安保的新项目；

- 对十几年来在苏联时期核试验场上开展的武器可用材料安保工作进

---

① http://www.iaea.org/Publications/Reports/Anrep2013/anrep2013_full.pdf。

② Michelle Cann, Kelsey Davenport and Margaret Balza, The Nuclear Security Summit: Assessment of National Commitments（Washington DC: Arms Control Association, March 2012）; Michelle Cann, Kelsey Davenportand Sarah Williams, The Nuclear Security Summit: Assessment of Joint Statements（Washington DC: Arms Control Association,March 2014）。

行了总结；

● 使未参加核安全峰会的国家有针对性地参加核安保原则；

● 在"全球打击核恐怖主义倡议"的支助下，举办一系列核安保演习、讲习班和研讨会。

3.90 2014年"NTI核材料安保指数报告"也认为自2012首尔核安全峰会以来核安保取得了重大进展，并确定取得显著进展的三个领域分别是：减少核材料数量、强化实物保护措施；通过了旨在更好保护设施内和运输途中核材料安全的新国内法律法规。[①]然而，仍有大量工作需要做，尤其是在综合制度建设方面。报告提醒人们注意这样一个事实，即还没有保护核材料安全的有效全球化体系：核材料安保没有共同的国际标准和实践；没有必要授权和所需资源的管理机构，以进行充分监管；没有让成员国对松懈安保程序负责的机制。[②]其结果是，成员国间的核安保方案差异很大，建立时没有充分考虑风险。例如，一些持有武器可用核材料的成员国不要求设施建设场址配备武装警卫，以保护其安全，免遭袭击；一些成员国不要求内有武器用核材料的设施的运营者在设计安保系统时解决内部威胁风险。

3.91 显然，核安保架构仍存在很大空白。倡议有很多，但是否需合并到IAEA、由其统一管理尚未达成一致意见。目前，IAEA缺少合并这些倡议的权限和资源。它实施核安保计划，理事会寄希望于总干事的核安保年报，但是在制度上核安保并不是IAEA的核心工作。而且，IAEA现有核安保活动的范围绝大部分仅限于无核武器国家的核材料安保。核武器国家将全球85％的武器用材料用于非民用这一事实，应使人们集中精力考虑2016年最后一届核安全峰会后可能出现的情况：如果核安全峰会由IAEA的相关进程取代，那么85％的相关材料就会马上被排除在讨论之外。

3.92 尽管如此，自2010年核安全峰会以来，IAEA的核安保工作更加

---

① 《NTI核材料安保索引》，第二版。
② 《NTI核材料安保索引》，第二版，第7页。

突出、显性和重要。IAEA加强核安保的专门办公室发挥了全球领导者的作用，并提供宝贵的技术信息、导则、培训和支助。但是，除了从根本上缺乏监管军用核材料的权限之外，IAEA也没有制定强制性核安保基本标准和监测并强制遵守这些标准的权力。对安全、安保和保障监督措施进行定期、独立评审应该成为国际标准。IAEA作为联合国（也就是世界上）首要的核监管机构，必须获得通过谈判以达成具有约束力的制定全球核安保标准协议的权力。IAEA还必须拥有通过监测国家执行，确认这些标准的遵守情况的权力和责任。IAEA应在制定国际标准、促进合作和应要求提供外部同行评审上发挥领导者的作用。

3.93　一个严重的问题是IAEA的经常预算没有预期和稳定资金的支持，开展如此宏大的事业，年度预算在3.44亿欧元（2014）才算适度。与联合国体系中大部分领域的趋势一样，IAEA核安保活动的资金都是通过核安保基金的预算外捐款获得，也就是基于"自愿"，而不是基于"摊派"。最终结果是，融资的基础既不安全也不充分。正如总干事2013年8月指出的那样，如果预算外捐款按估计的数量减少，那么问题将会更加严重。[1]经常预算拨付的资金需要增加，以覆盖让最大数量成员国受益的活动，包括维护"事件和防止非法贩卖数据库"、编制《核安保丛书》的导则，以及制定帮助成员国执行这些导则的教育与培训计划。预算外资金的问题之一是，它们趋向于直接提供给让成员国个体或国家集团受益的活动。

3.94　《2014—2017年核安保计划》还强调了捐助者对其自愿捐款作出限制所导致的融资难题，该问题使机构的核心活动难以获得资金支持。[2]与大部分国际组织一样，IAEA也面临着成员国推迟拨款和欠费的问题。2010年9月（当年召开了首届核安全峰会），大约60个成员国欠费合计近9000万欧元；前几年近50个成员国的欠费累计1560万欧元。[3]2013年9月，近80个成员

---

① GOV/2013/42–GC（57）/19, 2 August 2013, p. 12.

② GOV/2013/42–GC（57）/19, 2 August 2013, p. 12.

③ 总干事报告，《对机构财政资助的声明》，GC（54）/INF/9,2010年9月27日。

国所欠的经常预算资金合计近1.06亿欧元。[①]一半以上的欠费是美国欠的，巴西、多米尼加共和国、德国、希腊、伊朗、葡萄牙、西班牙和委内瑞拉也欠了很多会费。

3.95 IAEA会成为核安保合作的主要机构吗？这是2014年核安全峰会讨论的重要问题之一。核安全峰会进程总是被设想为一个特设临时机制，而不是一个常设机构。如何保持所需的承诺是一个严重的问题。尽管通过核安全峰会的"礼品篮"（解决具体核安保问题的国家承诺和联合承诺）取得了重大进展，但是把世界上大批首脑集中起来，一起宣布本质上并不是重要且渐进式的措施，既不可行也不实际。一种方案是，在2016年第四次核安全峰会后由IAEA接管其议程。

3.96 要使对IAEA的响应成为制度，就需要开展大量说服工作，还会要求极大加强IAEA的权限、授权和权力。IAEA的许多成员国担心，将核安保预算列入经常预算的同时却冻结经常预算，这会取代他们认为更重要的活动（尤其是IAEA技术合作计划）。目前，各成员国希望从IAEA获得自愿帮助和支助，通过服务、导则和建议帮助其提高国内监管、保护、控制与衡算系统，而无需向IAEA提交强制性执行报告。

3.97 连同这项工作开发所谓的保障监督"国家级方案"（见第二章的讨论），引起一些成员国的更大不满，他们认为IAEA正在逐渐成为执行西方国家优先事务（核不扩散、反恐）的工具，而以牺牲全球关注的问题（裁军和发展）作为代价。例如不结盟运动（NAM）组织坚持认为："旨在加强核安全和安保的措施和计划不得用作妨碍、拒绝或限制发展中国家无歧视地开展研究、生产与和平利用核能的不可剥夺权利的托词或借口。"[②]

3.98 核不扩散和裁军中心认为这方面的不满理由不成立，而且IAEA

---

① Report by the Director General, Statement of Financial Contribution to the Agency, GC（57）/INF/7,13 September 2013, p. 6 of Annex。

② 不结盟运动第16次峰会最终文件, 2012年8月26-31日, NAM 2012/Doc./Rev,2,第65页。网址：<http://nam.gov.ir/Portal/File/ShowFile.aspx?ID=212cfdbf-6dbc-4185-a4f5-01fe30a0c772>。

努力解决的问题是全球性的，应该由国际社会全体成员共同承担。然而，在可预见的未来，难以想象有足够多成员国会同意给予IAEA权限、入侵式授权和权力，而目前的现状——IAEA应要求服务，提出不具约束力而事实上已成为国际核安保标准的建议——还将继续下去。因此，2013年IAEA大会上的国家声明和2014年核安全峰会与NPT筹备会均支持IAEA核安保活动，但没有表示会大力支持将IAEA核安保权限扩大到超出协调和咨询的作用。这样做的一个代价是不同国家会在解释上不一致，在执行IAEA导则上不均衡。

3.99　另一种可能是谈判达成一个类似于《联合国气候变化框架公约》（UNFCC）的核安保框架公约，①把现有不同的且规定宽松的核安保公约、法规和标准合并。这样一个公约会建立一个达成一致的大框架，制定共同原则，作出政治承诺，建立一个定期评审机制（例如每两年或五年举办一次定期会议）。易裂变材料工作组（FMWG）认为，框架公约要解决目前没有专门标准的"自愿、无约束、不透明的国家承诺、双边和多边专项计划，以及法律约束力模糊的措施等大杂烩"问题。该工作组还表示，IAEA应该是该公约的执行机构，以监测和评估各国执行国际标准和要求的情况。②但是，考虑到UNFCCC讨论的问题仍然敏感，与这个问题同时开展工作可能没有好处。

3.100　一个更主流的观点是，只能由国家采取步骤（因为国家有合法的权力和资源），而且没有必要起草新的法律文书（需要执行已有的文书）或建立新的协调机制（如果我们已经有太多的机制）。IAEA是，而且将继续是杰出的技术资源，但这可能无助于使该机构或核安保事业成为管理中的主要角色。NTI发起的核安保全球对话提出的结论是：虽然有法律约束力的制度将来也许可取，但是在目前还没有对这种制度的必要性达成一致的情况下就寻求它，那么很可能会推迟在自愿机制下可行的、迫切需要开展的

---

① As argued by Kenneth C. Brill and Kenneth N. Luongo, "A security system commensurate with the risk of nuclear terrorism," Bulletin of the Atomic Scientists, 16 April 2012.

② FMWG,《防止21世纪核恐怖：政策建议》（Washington DC: January 2012），第8页。

核安保升级工作。[1]2014年核安全峰会关于加强核安保执行力的联合声明是当前形势下达成的最好方案，在声明中有35个国家承诺要执行IAEA导则提出的建议内容。

3.5　国际合作

3.5.1　总体情况

3.101　严重的核反应堆事故——三哩岛、切尔诺贝利和最近的福岛核反应堆事故——促使成员国对核安全管理工作开展实质性审查，并进行了重大改进。由于发生核恐怖事件的风险加大，因此在改进核安保管理工作以确认和弥补国内、国际安保漏洞时，必须优先解决和防止重大安保危机，而不是优先进行危机后果管理。核安保责任重大。但因为核安保失效造成的经济和安全后果对于一些国家或所有国家来说都可能是灾难性的，因此"其他政府和全球民众都拥有深入了解全球核安保体系是否运作良好的权利"。[2]任何一个地方出现重大核安保漏洞或危机，都可能对每个地方造成不可接受的风险和威胁。任何单个国家靠本国制定充分的核安保标准和国家执行标准都是不够的。另外，在尽早探测、防止袭击、偷盗和破坏以及找回丢失的核材料方面，都要求有加强的国际标准和衡算措施。保护世界上最危险材料的安全，是全世界所有国家的普遍责任，是全人类的共同责任。

3.102　然而核安保远落后于核安全和保障监督。关于国家秘密和主权的历史性偏见必须给透明度和衡算要求与标准让路。核安全、安保和保障监督都很重要，拥有和平和/或军用核计划的国家既要按国际标准管理其军、民核计划，又要让国际社会监督是否满足标准要求。

---

[1]《加强全球核安保体系》，关于核安保优先事项的全球对话（Washington DC: Nuclear Threat Initiative,2012年7月10日），第2页。
[2]《加强全球核安保体系方案》，第7页。

3.5.2　信息交流

3.103　成员国未被要求报告《核材料实物保护公约》及其修订案或 IAEA核安保建议的遵守情况。除了缺少报告机制之外，也没有审查机制。核安全有强制性的外部同行评审机制，世界核电运营者协会（WANO）成员都接受这种评审。但《核材料实物保护公约》却没有此类同行评审机制，也没有任何其他类型的外部评审机制，没有任何形式的国际视察体系或规定。信息共享与交流[1]以及国家业绩和报告的外部评审，能建立起国际信任，可以作为可能未被国家主管部门发现的漏洞的检查，使成员国向其他成员国相互提供支持和援助，促进最佳国际实践的开发。但是，对于核恐怖主义的风险和危险尽管有着高度关注和认识，而核安保却缺乏最低限度的透明、报告和衡算机制。[2]

3.104　2005年，国际刑警组织启动了GEIGER项目，旨在收集和分析涉及核与放射性材料的非法贩卖和其他非授权活动的信息。[3]2010年，IAEA向所有成员国开放了核安保信息通道，以便提供一个"交互式知识环境，加强核安保合作，促进联合活动的开展，共享相关信息"。[4]

3.105　2012年核安全峰会联合公报鼓励成员国共享最佳实践，2014年核安全峰会联合公报强调核运营者在核安保领域承担主要责任，以及核工业界和政府间深入对话的重要性。核安保标准和最佳实践在确保核安保方面起着补充和类似作用。"标准"是根据权限、惯例或一般做法制定的。它

---

[1] 出于保护国家安全或商业秘密的原因，有些信息须继续保密。但另外一些信息可以和其他政府、IAEA或信任的盟友和盟国基于保密的原则共享。

[2] 应指出的是，这方面的有些报告是通过联合国安理会第1540号决议的国家报告中做的。使用这些报告，可在某种程度上了解各国履行特定承诺的情况。

[3] CBRNE 防恐单位, 国际刑警组织, 网址：<http://www.interpol.int/Crime-areas/Terrorism/CBRNE-Terrorism- Prevention-Programme/Radiological-and-Nuclear-Terrorism-Prevention-Unit>。

[4] IAEA,《2011年核安保报告》, GC（55）/21, 2011年9月5日。

定义了目标：性能要求、指标、导则或特征。^①它是静态的，代表了对目标的一致判断——即最低水平的赞成。它在政治上或制度上有权威性，但更改可能很缓慢。IAEA INFCIRC/225/Rev.5是主要的核安保标准文件。

3.106 相比之下，"最佳实践"是一种方法或技巧，它的结果总是优于其他手段得到的结果。它描述的是一个过程，而不是一个目标，旨在达到一个最佳业绩水平。最佳实践有助于标准的执行，也有助于通告其成果。最佳实践产生于许多个体和组织以及许多国家政府和工业界的经验，而且一直在发展。

3.107 仅有的现行计划是IAEA和世界核安保研究所（WINS）自愿运作的。WANO是在切尔诺贝利核事故后成立的，作为核电厂运营者的论坛，旨在共享最佳实践和交流反应堆安全方面的教训。仿照WANO，2008年9月在维也纳成立的世界核安保研究所，它促进核工业安保专业人员之间共享信息和经验，促进培训和最佳实践，开发外部同行评审体系。迄今大部分工作都集中在编制最佳实践指南上。在咨询了工业界和政府利益相关者之后，世界核安保研究所用多种语言出版了30个最佳实践指南，其中6个在2013年进行了修订和更新。^②

3.108 IAEA和世界核安保研究所的工作都表明，开发和共享保护商业或军事敏感信息秘密的最佳实践是可行的。世界核安保研究所提供的最佳实践指南，涉及的主题从核安保文化到威胁评估、有效的核安保监管和执行。它提供了一个基于自愿原则、按需实施安保管理的外部同行评审机制。它向核安保职业经理和运营者提供培训，从而建立了一个核安保"实践社区"。截至2013年底，世界核安保研究所在18个国家共组织了49个讲习班，培训了1797名人员。^③2014年，培训内容主要集中在三个优先领域：通过设计实现安保、内部预防、保护移动源安全。

---

① 对标准和最佳实践的描述是从《加强全球核安保体系方案》第2~3页中总结出来的。
②《适应新挑战》，2014年世界核安保研究所年度报告，第14页。
③《适应新挑战》，第16页。

3.109 加拿大和日本帮助世界核安保研究所主办核安保最佳实践讲习班，并提供了资金。加拿大承诺为与俄罗斯的新双边安保合作提供1亿美元。日本2010年12月建立了一个新的核不扩散和核安保综合全面地区支持中心，并资助核探测与核取证技术研发。日本和美国还建立了一个双边核安保工作组，以推进合作及协调。中国、印度、哈萨克斯坦、法国、意大利、沙特阿拉伯和韩国也建立或承诺建立核安保卓越中心、培训中心，举办讲习班和会议，美国经常为此提供协助。[①]核材料管理研究所和核走私国际技术工作组召开的会议，也成为重要的信息交流和标准制定论坛。

3.5.3 敏感核信息的安全

3.110 信息安全的定义是：保护信息的秘密、完整和可用。[②]过去几年里，新形式的核安保威胁在技术上发生了很大变化。2011年，伊朗位于纳坦兹燃料浓缩设施中的IR-1离心机失效率极大提高。[③]一种名为"震网"病毒的计算机代码是离心机失效的原因，尽管伊朗官员否认病毒造成了离心机严重损坏。此次事件是世界上第一起此类事件，[④]它增加了国际上对由于信息安全缺陷导致的核安保威胁的认识。由于对这个问题的关注度不断增加，IAEA在2011年出版了《核安保丛书》——核设施的计算机安全的参考手册。该出版物强调了损害信息安全从而攻击核设施的几种具体情况，即：

- 通过收集信息实施攻击，旨在策划和实施进一步恶意攻击核设施；
- 瘫痪或损害对核设施安全至关重要的一台或若干台计算机属性的攻击；
- 同时用几种方案（例如实际侵入目标场址）实施损害一台或若干台

---

① 见Cann, Davenport and Balza, Nuclear Security Summit, pp.8-11。

② "核设施上的计算机安全" IAEA《核安全系列丛书》No. 17（2011），网址：<http://www-pub.iaea.org/ MTCD/Publications/PDF/Publ527_web.pdf>。

③ D. Albright, P. Brannan, and C. Walrond, "Did Stuxnet take out 1,000 centrifuges at the Natanz enrichment plant? Preliminary assessment," Institute for Science and International Security（ISIS）, ISIS Reports, 22 December 2010, http://isis-online.org/isis-reports/category/iran/。

④ "Iran says nuclear programme was hit by sabotage," BBC News, 29 November 2010, http://www.bbc.co.uk/news/ world-middle-east-11868596。

计算机的攻击。

3.111 IAEA最近的出版物《国家核安保制度的目标和基本元素》（《核安保丛书》第20号）也是为了解决信息安全问题。即将出版的《核安保敏感信息的保护和保密》（《核安保丛书》第22号）同样提出了此问题，它将为有效的敏感信息保护和保密框架的制定提供指导，包括：必要的法律法规、确定可能被列为敏感信息的信息资产、考虑敏感信息的共享和披露，以及保密方法。①

3.112 几个国家最近宣布了他们正在采取的自愿措施以确保有效保护敏感核信息方面的信息。②美国2009年发布正式条例，要求核电厂运营者提交网络安全执行进度表。澳大利亚将网络安全列入国家设计基准威胁，并开始制定核安保相关信息分类的具体导则。澳大利亚在2013年的国际实物保护咨询服务（IPPAS）任务中，包含了一次核设施信息安全和网络安全的审查安排。③比利时和荷兰采取了同样措施，挪威计划在2015年也这样做。④2013年12月，法国通过了一项关于网络安全的法律，以及新的核材料保护和控制条例，包括要求运营者承担报告网络安全事件的强制性义务。加拿大、捷克共和国、匈牙利和韩国正在制定符合IAEA导则和最佳实践的保护电子数据与数据系统的国家标准。

3.113 2012年的核安全峰会上，英国起草的核信息安全多国声明得到31个国家的支持，2014年的核安全峰会上得到35个国家的支持。荷兰在2014年主办核安全峰会时大力推动该倡议，认为保护为恶意目的获取或使用核材料，或破坏核设施基于控制系统的信息技术所需的敏感核信息、技术和专门知识是基本要求。作为此倡议和其他倡议的一部分，几个国家和组织举办了几次讲习班和其他活动，对核电厂工作人员进行信息安全培训，包

---

① http://www-ns.iaea.org/security/nuclear_security_series_forthcoming.asp?s=4&135。
②《英国关于核信息安全声明：最新进展》，核安全峰会，海牙，2014年3月。
③ Tanya Ogilvie-White and David Santoro, Preventing Nuclear Terrorism: Australia's Leadership Role（Canberra: Australian Strategic Policy Institute, January 2014）。
④《英国关于核信息安全声明》。

括世界核安保研究所分别于2011年在维也纳、2012年在多伦多和2013年在阿姆斯特丹举办的信息安全专门讲习班。在此基础上，世界核安保研究所2014年出版了题为《运营者信息安全：挑战与机遇》的国际最佳实践导则。

3.114 除了这些积极的进展之外，仍需要继续努力减少网络漏洞，包括：①

● 在核工业机构执行网络安全战略，包括网络设计基准威胁，以最高的"网络保健"标准培训员工；

● 成员国采取措施，实施重大网络事件（像在法国发生的事件）强制报告制度；

● 在核工业界建立专门针对网络安全的公私机构合作伙伴关系；

● 采用额外的认证系统，对核设施准备用的软件和硬件进行认证；

● 执行IAEA核安保综合支助计划和国际实物保护咨询服务中关于网络安全要素的任务；

● 在2016年核安全峰会上扩大和加强核信息安全的多国声明，以及现有缔约国采取证明其履行承诺和证明该倡议有价值的措施（例如，继续报告自愿措施）；

● 建立具法律约束力的制度，禁止对民用核基础设施进行网络攻击；

● 建立一个处理重大网络安全事件的国际响应中心（如俄罗斯所提议的那样）。

3.5.4 运输安保

3.115 放射性物质运输途中的安保责任由各国承担，但是与核安保其他所有领域一样，国际合作也十分重要。IAEA《核安保丛书》提供了实施必要规定的指导，其中第9号专门针对放射性物质运输，包括国际运输途中

---

① 见Vincent Boulanin and Tanya Ogilvie-White, "网络与核危险," APLN/CNND 政策简报No. 17（Canberra: Centre for Nuclear Non-Proliferation and Disarmament, November 2014）。

的安保①。丛书中的其他导则也涵盖了这个问题。②核安全峰会（NSS）也增强了运输安保意识和国家合作。2012年核安全峰会上，一项由日本发起的、旨在提升运输安保的联合声明得到了法国、韩国、英国和美国的支持。这也直接促成了2013年12月12日—14日日本东京的联合桌面演习的举办，大家共享成功实践，强化合作并推动运输工作的不断改进。③参加桌面演习的人员有来自五个核武器国家和其他观察员国的官员和专家，以及IAEA、世界核安保研究所、世界核运输研究所和日本核能安全组织的代表。该次演习的报告④在2014核安全峰会上和与会人员分享，为修改完善一项新联合声明发挥了作用。新的声明强调了开发新技术提升运输安保的重要性；鼓励开展更多的合作训练（包括利用核安保卓越中心开展活动）；共享成功经验。⑤这些目标在2014年核安全峰会公报的第31段也有所体现。⑥

3.5.5　打击非法贩卖

3.116　IAEA 1995年建立并运行了"突发事件和走私数据库"（ITDB），它是一个记录走私事件和其他非授权的涉及核与其他放射性材料的活动和事件的信息系统。其他的活动包括没收样本的分析，协助各国进行边境控制、测试探测和监测设备，以及开展培训课程。IAEA鼓励所有成员国加入ITDB，到2014年已有125个国家加入。目前数据库共收录了加入国1993年1月—2013年12月报告并得到确认的2477个事件。其中，424个涉及非授权持

---

① IAEA，《放射性材料运输安全》，《核安全丛书》No. 9（Vienna: IAEA, 2008）。
②《核材料与核设施实体保护核安保建议书》的第三章和第六章（no. 13）；《为核电计划建立核安保基础结构》的第五章和第六章（no. 19）；《国家核安全的目标与基本元素》的第三章（no. 20）。
③ https://www.nss2014.com/sites/default/files/documents/joint_statement_on_transport_security_final.pdf。
④ https://www.nss2014.com/sites/default/files/documents/ttx_report_transport_security_final.pdf。
⑤ https://www.nss2014.com/sites/default/files/documents/joint_statement_on_transport_security_final.pdf。
⑥ https://www.nss2014.com/sites/default/files/documents/the_hague_nuclear_security_summit_communique_final.pdf。

有和相关犯罪活动，664个涉及被窃和丢失，1337个涉及其他非授权的活动和事件。另外的69个事件，所报告的信息不足以判定事件类别。[①]仅2013年就有1461个事件被确认并收录，其中6个涉及持有和相关犯罪活动，47个涉及被盗或丢失，95个涉及其他非授权活动。

3.117　ITDB记录的信息显示，仍存在着获取未安保的核和其他放射性材料的途径；尽管并不是所有国际边界均统一实施了有效控制，但有效的边境控制措施有助于探测到走私；准备参与走私这种材料的有个人，也有组织。最臭名昭著的案例（尽管是核不扩散领域而不是核安保领域）是巴基斯坦阿巴杜·卡迪尔·汗运营的地下核装备市场，它提醒我们探测、拦截和惩罚核与两用部件、材料、技术和技能的暗中交易是多么紧急和迫切。另一方面，这么做也能防止它们非授权和非法获取并使用。一旦被转移，脱离监管，一些敏感的核材料将很难被探测出来，尤其是少量的情况下。新技术正帮助我们解决这些难题，其中包括英国开发的一种仪器，它能探测到试图从机场和港口偷渡的核材料[②]。2012年，美国、欧盟和IAEA启动了一项名为"非法走私辐射评估计划"（ITRAP+10）测试行动的联合倡议，旨在评估一些新探测技术并达成共同目标。美国一项新的研究表明，X射线成像经增强后，能检测到藏匿在包裹中的克量级高浓铀，这也许能促进阻止核走私的新工具的开发。[③]

3.118　由于明显的原因，执法部门和情报机构很少公布他们在探测和阻挠核材料和部件的非法走私方面的努力。但是我们也知道，重大合作正在开展。例如，NNSA在美国"第二防线计划"中开展了"大型港口倡议"，

---

① IAEA Incident and Trafficking Database（ITDB），Incidents of Nuclear and Other Radioactive Material out of Regulatory Control 2014 Fact Sheet, http://www-ns.iaea.org/security/itdb.asp。

② Oliver Wright, "Dirty bomb terror threat breakthrough: British scientists build machine to detect smuggling of nuclear materials," The Independent, 2 November 2012。

③ A.J. Gilbert, B.S. McDonald, S.M. Robinson, K.D. Jarman, T.A. White and M.R. Deinert, "Non-invasive material discrimination using spectral X-ray radiography," Journal of Applied Physics 115:2（April 2014）。

目的是预防和应对核与放射性材料走私事件。该倡议提供了培训、技术支持和设备，以强化伙伴国港口探测和拦截能力。意大利、新西兰、挪威和阿拉伯联合酋长国也对美国和几个资助伙伴国发起的"核走私外联倡议"作出了贡献，该倡议已有一些重点国家以双边形式参与。①

3.119　2011年12月，俄罗斯和美国专家召开会议，就提升打击核材料走私的国家能力开展合作。②美国和中国2011年1月也建立了类似的合作关系。③为支持2012年的核安全峰会，国际刑警组织发起了"防止安全问题行动"，它是一个信息共享系统，支持国际法执法机构追踪涉及走私放射性材料或核材料个人的跨国行动。打击核走私的合作内容包括建立多个技术工作组，其特点是实际操作示范和演示核材料探测、执法调查和核取证。④

3.6　国家核安全监管

3.120　数个国家强化了他们的国家监管框架和能力，并将这项工作作为全球提升核安保的努力的一部分。强化措施包括吸收国际最佳实践，实施严格的出口管制法律（如2009年亚美尼亚和2010年马来西亚的做法）；强化符合地区和全球准则与条约的规定核与放射性活动监管（如2010年埃及的做法）。当然，创建法律框架和实际执行之间仍存在差距。

3.121　例如，在2012年首尔核安全峰会前夕，中国发布了一份报告，阐述了自2010年核安全峰会以来为提升国内核安全所开展的数项工作进展。⑤报告称，政府已经完成了全国所有在运核电站安全系统的审查工作。自

---

① 阿富汗、阿尔及利亚、亚美尼亚、阿塞拜疆、保加利亚、刚果民主共和国、格鲁吉亚、哈萨克斯坦、吉尔吉斯斯坦、立陶宛、摩尔多瓦、沙特阿拉伯、斯洛伐克、塔吉克斯坦、土库曼斯坦、乌克兰和乌兹别克斯坦；网址：<http://www.nsoi-state.net/bilateralpartnersengaged/>。

② "俄-美打击走私核材料专家会，"2011年12月2日，http://www.mid.ru/ brp_4.nsf/0/51790ADC3D6384F94425795D003B2002。

③ "USA and China Cooperate on Nuclear Security," World Nuclear News, 20 January 2011.

④ https://www.nss2014.com/sites/default/files/documents/gift_basket_counter_nuclear_smuggling.pdf。

⑤ "China makes progress on nuclear security: report," China Daily, 27 March 2012, http://www.chinadaily.com.cn/ china/2012-03-27/content_14922661.htm。

2010年9月以来，中国和美国紧密合作，改造中国小型研究堆，从而由使用高浓铀转换为使用低浓铀。根据2011年1月签订的协议，两国计划建立一个辐射探测培训中心，为中国和其他亚太地区的国家海关官员提供培训服务。双方还在"大型港口倡议"的支持下，在上海联合开展了一个试点项目。中国宣布，制定了几项法律和监管条例，强化放射性储存设施的安保；升级了地区放射性储存中心的安保设施，集中储存数十个危险性放射源；开发了探测车内爆炸物和放射性物质的高科技设备，这些设备在重大国际活动中得到使用，如2010年的上海世博会和广州亚运会。

3.122 其他地方也提出了一些类似倡议，不过还很难确定愿望和实际成效间的差距。例如，在2012年核安全峰会上，印度尼西亚宣布会在IAEA的帮助下，在该国主要港口安装新的、可移动的门式辐射监测器，以提升核与辐射材料探测能力。随后，在2012年7月，印度尼西亚在巴拉望港安装了一个辐射监测器，[①]但至今仍不清楚其进展如何。印度尼西亚在2014年核安全峰会上的声明中指出，该国计划扩大辐射监测器的使用范围，但未作具体说明。[②]

3.123 联合国安理会第1540号决议号召各成员国承担法律义务，采取核安保相关措施并向1540委员会报告。1540委员会官网2011年9月发布了决议实施情况的最近进展报告（预计2016年12月底前发布新报告）。报告显示，自1540号决议2004年通过以来，已有168个国家提交了关于为实施决议而采取的或准备采取的措施的国家报告。[③]其中，105个国家按照1540委员会的要求提交了额外信息；至少140个国家已采取法律措施，禁止扩散核、化学和生物武器（相对而言，2006年仅65个国家）。但是报告也显示出还存在很大差距。例如，相对于禁止核或生物武器而言，已采取措施禁止化学武器的

---

① Bagus B.T. Saragih, "Govt expands nuclear monitoring at major ports," Jakarta Post, 3 April 2012, http://www2.thejakartapost.com/news/2012/04/03/govt-expands-nuclear-monitoring-major-ports.html。

② https://www.nss2014.com/sites/default/files/documents/indonesia.pdf。

③ 1540 Committee Report, S/2011/579。

国家更多。在2014年核安全峰会上，32个国家支持达成一项关于全面、普遍性执行1540决议的联合声明。[①]2014年，1540委员会国际外联活动的重点是鼓励各国提交国际行动计划。到2014年12月，仅有14个国家这么做。各成员国应尽早提交此类计划。关于如何制定计划的指导性文件可从1540专家获取。

3.7 民用和军用敏感核材料

3.124 "敏感核材料"指的是高浓铀和分离钚。高浓铀被用于军事目的，但也有大量被用于民用项目。分离钚的情况也类似。对于恐怖分子而言，高浓铀具备三个方面的吸引力，即：它可用于制造"枪式"裂变武器，而不用复杂的引爆装置；易于走私，因为释放出的辐射信号弱，探测难度大；相对于钚而言，它的放射毒性极小，操作起来更安全。高浓铀一直是"恐怖分子最易获得的核装置用易裂变材料"。[②]对于恐怖分子而言，利用钚成功制造爆炸装置的难度比利用高浓铀更大，但是这种风险也存在，尤其是考虑到恐怖分子可能从国家核武器项目团队中成功招募到一个或多个专家。

3.125 全世界约有1730t武器级核材料——足够用于制造超过10万个核弹头，与之形成对比的是，目前全球库存仅有约1.64万个核弹头——储存在32个国家的数百处场址[③]（此外，核武器分布在14个国家的约111处场址。[④]虽然有些场址的安保工作做得很好，但另外有许多场址则不然，[⑤]因而存在着被

---

① 阿根廷、亚美尼亚、澳大利亚、加拿大、智利、捷克共和国、法国、格鲁吉亚、德国、匈牙利、意大利、日本、约旦、哈萨克斯坦、立陶宛、墨西哥、摩洛哥、荷兰、新西兰、挪威、菲律宾、波兰、韩国、罗马尼亚、新加坡、西班牙、瑞典、土耳其、乌克兰、阿联酋、英国和美国。

② FMWG,《防止21世纪核恐怖》，第6页。

③ http://www.knowledgesummit.Org/wp-content/uploads/2013/05/R.-Rajaraman-.pdf。

④ Belfer Center, Nuclear Terrorism Fact Sheet。

⑤ 有时安保很完善的设施也容易受到攻击，对于"国家核武器联合体历史上可能有最大的安保漏洞"的叙述，请见William J. Broad, The nun who broke into the nuclear sanctum, New York Times, 10 August 2012, 网址：<http://www.nytimes.com/2012/08/ll/science/behind-nuclear-breach-a-nuns-bold- fervor,html?pagewanted=all&_r=0>。

破坏和盗窃或非法销售给恐怖分子、罪犯和其他人的风险。①核燃料循环中
用到的核材料可能丢失、遗弃，或在非授权情况下从退役及停止运行的设施
中转移。在那些脆弱和失败国家权力组织结构分散、官员腐败文化盛行的情
况下，或当广泛失业、就业不足和贫穷能削弱人们抵抗各种组织诱惑的时候，
这种风险就会倍增。高浓铀和分离钚丢失的数量尚无准确可靠的数据。

表3.3　军用和民用易裂变材料库存/t

（截至2013年12月31日，除非另有说明）

	未经辐照的高浓铀		分离钚		合计
	军用	民用	军用	民用	
俄罗斯	636.0	20.0	128.0[①]	51.9	835.9
美国	475[②]	20.0	87.0[③]	4.6	586.6
英国	19.8	1.4	3.2	123.0[④]	147.4
法国	26.0	1.3	6.0	78.1[⑤]	111.4
中国	16.0		1.8		17.8
巴基斯坦	3.0		0.15		3.15
印度	2.4[⑥]		0.54	4.94[⑦]	7.88
以色列	0.3		0.84		1.14
朝鲜			0.03		0.03
日本		0.2		10.8[⑧]	11.0
德国				3.0[⑨]	3.0
其他		5.0			5.0
合计（四舍五入取整）	1178.5	47.9	227.6	276.3	1730.3

注： ① 含34t宣布冗余的数量

　　　② 含63t宣布冗余的数量

---

① 对于这类意外事件造成的破坏程度的指示，见网址：<http://www-pub.iaea.org/ MTCD/
publications/PDF/Pub815_web.pdf, regardingwhat happened in Goiania, Brazil>。

③ 含44.4t宣布冗余的数量

④ 含23.4t为其他国家代管的数量

⑤ 含17.9t为其他国家代管的数量

⑥ 相当于0.8t90%的高浓铀

⑦ 含4.7t不受保障监督的"战略储备"

⑧ 日本另有36.3t钚存放于其他国家

⑨ 德国另有3.8t钚存放在其他国家

不含海军堆燃料形式的未经辐照的高浓铀，估计约110t。

国际社会作出了重要努力，削减易裂变材料持有量。2014年1月，26个国家和台湾，其易裂变材料持有量已削减为零或削减了绝大部分。

资料来源：各种数据来源于易裂变材料国际专家组（IPFM）网站。一些数据为IPFM估计的数据，存在不同程度的不确定性。见网址：<http://fissilematerials.org>。

3.126 完整的核安保"风暴"的组成要素包括：武器用核材料（这些核材料必须全部安全，确保不被非授权个人或组织获取）的充足供应；知识及专业技术（大多数可通过网络获取）的激增；恐怖分子获取这些材料的决心；恐怖分子使用这些材料的那种有名的残酷无情。基于上述所有原因，有效的核安保要求：只要可行，都应销毁武器用高浓铀和钚库存；若不可行，应削减至最少化，并集中储存在极少数场址。

3.127 为了减少被盗和破坏的概率，各国必须仅允许获得授权的个人接触核材料和核设施，并依照安全运营要求将人员数量控制到最少；不用的核材料要放在安全仓库中储存；并对所有核材料的储存和接触进行监测。定期检查和测试实物保护系统。衡算制度应包括适当的立法和监管框架、称职并独立的监视机构或监管机构，以及明确的核安保和核安全责任分工。

3.128 民用敏感核材料。全球在民用研究堆、同位素生产设施的燃料或靶低浓化方面取得了进展，旨在从使用高浓铀转换为使用低浓铀。这项转换工作始于美国能源部1978年启动的"研究堆和试验堆低浓化项目"。今天，"全球降低威胁倡议"的转换项目仍在继续支持该项工作。

①总体而言，通过实施这些项目，全世界已经转换或者核实关闭了88座高浓铀研究堆和同位素生产设施。②"全球降低威胁倡议"转换项目和此前项目的成功，是基于全球不断增强高浓铀安保风险的认识以及各国降低这类风险的政治意愿。自2010年核安全峰会以来，已取得显著效果。1992年至2009年间，14个国家清除了武器用核材料；自核安全峰会以来，又有13个国家清除了武器用核材料，这说明增速显著。③

3.129 然而，各成员国都不愿意采取进一步的重要行动，以实际禁止高浓铀的民用。欣德斯坦、纽曼和赖斯特认为，现在是从"最少化高浓铀"迈向"清除高浓铀"的时候了。④作为（清除高浓铀努力）的一部分，他们号召制定一个新的国际准则，要求正在开发、设计或建造的每个新设施、新流程或者新容器只能使用低浓铀；停止发放高浓铀生产补贴，因为这种补贴令低浓铀在市场上无定价优势；主动申报高浓铀库存；评估军用舰艇所需的高浓铀库存。此后，采取更雄伟的步骤，包括实现"无易裂变材料区"。2014年核安全峰会上，12个国家表示清除了境内的高浓铀，这些国家是：智利、捷克共和国、丹麦、格鲁吉亚、匈牙利、墨西哥、韩国、罗马尼亚、瑞典、土耳其、乌克兰和越南。

3.130 新技术使利用低浓铀来生产反应堆燃料和医用同位素成为可能。目前全球每年有超过700kg高浓铀——大约占全球消耗量的一半——用于民用研究堆，其中40~50kg是用于生产民用同位素。5个国家——比利时、加拿大、法国、荷兰、南非——生产了全球大多数放射性同位素钼-99。钼-99是全球超过2000万诊断成像的放射源。这些国家正致力于降低钼-99

---

① http://www.nnsa.energy.gov/aboutus/ourprograms/dnn/gtri/convert。

② NNSA, "GTRI's Convert Program: Minimizing the Use of Highly Enriched Uranium," NNSA Fact Sheet, 29 May 2014, https://nnsa.energy.gov/mediaroom/factsheets/gtri-convert。

③ Deepti Choubey, "From Sprint to Marathon: The 2014 Nuclear Security Summit and the Path Ahead," Arms Control Today, May 2014,p.3。

④ Corey Hinderstein, Andrew Newman and Ole Reistad, "From HEU minimization to elimination: time to change the vocabulary," Bulletin of the Atomic Scientists 68:4（2012）,pp.83-95。

生产过程中的核安保风险。2010年12月，南非改用低浓铀生产钼-99。①加拿大宣布，准备在2016年前停止利用乔克里弗的国家通用研究堆生产钼-99，届时加境内将终止基于高浓铀的同位素生产。②欧洲这方面的进展缓慢，其进度由技术和经济因素所决定。比利时、法国和荷兰都已宣布，计划转换高性能反应堆以使用低浓铀，但比利时同时还声称，正在制定计划；法国表示"正在努力完成开发经济和技术可行的技术"。③

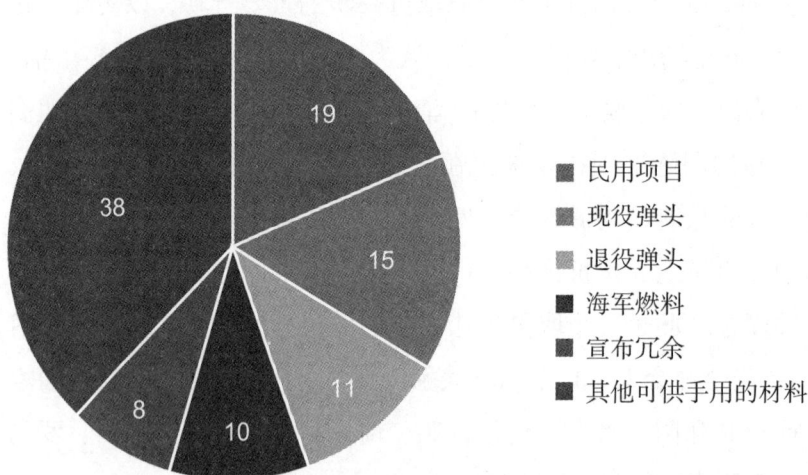

图3.3　全球武器用核材料类别（百分比，2014年*）

注：现役核弹头比例（15%）和退役核弹头比例（11%）为2011年的数据，2014年的数据尚未获得。

　　上图不含已辐照的海军堆燃料，因为已辐照的海军堆燃料在变成武器可用核材料之前需后处理，还可能需要再浓缩。

资料来源：基于IPFM的信息。

---

① Hinderstein, Newman and Reistad, "From HEU minimization to elimination," pp. 85-87。
② 加拿大国家进展报告，2014核安全峰会。
③ 比利时、法国和荷兰的国家进展报告，2014核安全峰会，见网址：<http://nuclearsecuritymatters.belfercenter.org/2014-hague-summit>。

3.131　"全球降低威胁倡议"（GTRI）的钼-99项目已在帮助全球生厂商转换钼-99生产设施，从使用高浓铀靶转换为使用低浓铀靶，并努力与现有的商业公司合作，加速实现不使用高浓铀的钼-99生产。该项目还见证了印度尼西亚停止使用高浓铀靶生产同位素，并在2010年6月支持了南非首次大规模使用低浓铀生产钼-99。[1]这些努力获得2012年首尔核安全峰会[2]和2014年海牙核安全峰会[3]的声明及承诺的肯定。

3.132　除了鼓励各国最少化高浓铀库存之外，2014年海牙核安全峰会公报还号召将分离钚库存控制在最低水平。与武器级铀不同的是，武器级钚不能与其他材料混合稀释，使其不适用于制造核武器。但是，它能被混合成铀-钚混合氧化物（MOX）燃料，在民用核电反应堆中辐照以发电。辐照后的乏燃料不能用于武器及其他军事目的。根据2011年7月生效的《钚管理和处置协定》（PMDA），美国、俄罗斯已同意利用这种方案消除冗余武器级钚。[4]处置活动初步计划在IAEA的核查下于2018年启动。协定禁止未来转化乏燃料，除非采取双方同意的国际监测措施并且只是民用。这也为美俄双方各自消除34t冗余武器级钚——足以用于制造17000枚核武器——设定了时间表。俄罗斯和美国都同意2018年前启动处置活动。

3.133　在2014年核安全峰会上，日本承诺转移日本原子能机构快临界装置上的所有高浓铀和分离钚。这些材料是美国和英国20世纪60年代提供给日本的，包括331kg武器级钚和200kg武器级高浓铀——足以用于制造约60枚核武器。[5]根据计划，美国将把这些材料转化为不那么敏感的形式：钚将会被处置，高浓铀将被掺混稀释。2014年，比利时与美国合作，向美国转

---

① https://nnsa.energy.gov/mediaroom/factsheets/gtri-convert。

② http://www.whitehouse.gov/the-press-office/2012/03/26/joint-statement-quadrilateral-cooperation-high-density- low-enriched-uran。

③ http://www.whitehouse.gov/the-press-office/2014/03/25/joint-statement-multinational-cooperation-high-density- low-enriched-uran。

④ http://dtirp. dtra.mil/tic/synopses/pmda.aspx。

⑤ John Carlson, "Japan transfers weapons grade plutonium and highly enriched uranium to US," The Interpreter,25 March 2014, http://www.lowyinterpreter.org/category/Nuclear-energy.aspx。

移了较大数量的冗余高浓铀和分离钚，其用途已无法预知。①

3.134 尚未转换的反应堆可能会形成很大挑战。俄罗斯在转换并关闭其他国家的设施方面付诸的努力和资源比本国还多，理由是本国的库存保护得很好。事实上，虽然俄罗斯以高浓铀为燃料的研究堆数量第一，民用高浓铀库存世界第二（仅次于美国），②并且还支持两届核安全峰会公报，但是俄罗斯依然没有制定本国转换计划，并正准备在泽列诺戈尔斯克电化学工厂开展新的高浓铀生产活动，扩大基于高浓铀的医用同位素的生产。③2013年，俄罗斯还宣称将向法国出售高浓铀。因此，俄罗斯"仍在高浓铀商业利益和政治与安全成本之间纠结"。④

3.135 2014年"降低核威胁倡议"组织（NTI）的核安保指数报告指出，日本和英国也增加了其民用领域的武器可用核材料的数量；印度和巴基斯坦都增加了民用和军用的数量；韩国已采取必要的新行动，以生产新的武器可用核材料，这将提高NTI未来版本指数报告中核材料的数量。⑤

3.136 美国1992年终止生产高浓铀，但是继续将高浓铀用于军事和民用目的，并参与高浓铀贸易。国际易裂变材料专家组（IPFM）估计，至2012年底，美国高浓铀库存（军用和民用）总量达595t。⑥IPFM的数据包括源自美国的、作为降低威胁活动的一部分而从第三国运回的高浓铀数量。据估计，美国有260t高浓铀用于武器目的；252t用于海军反应堆燃料（含乏燃料）；20t为民用；63t宣布冗余，等待掺混稀释或处置。

---

① 比利时国家进展报告，2014核安全峰会。
② Anatoli S. Diakov, "On Conversion of Research Reactors in Russia," 23 August 2013, available at http://www.armscontrol.ru/。
③ Pavel Podvig, "Russia is set to produce new highly-enriched uranium," IPFM Blog, 1 June 2012, http://fissilematerials.org/blog/2012/06/russia_to_resume_producti.html。
④ http://www.nti.org/analysis/articles/civilian-heu-russia/。
⑤《NTI核材料安保索引》，第二版，第11页。
⑥ IPFM，《2013年全球易裂变材料报告》，第11页。

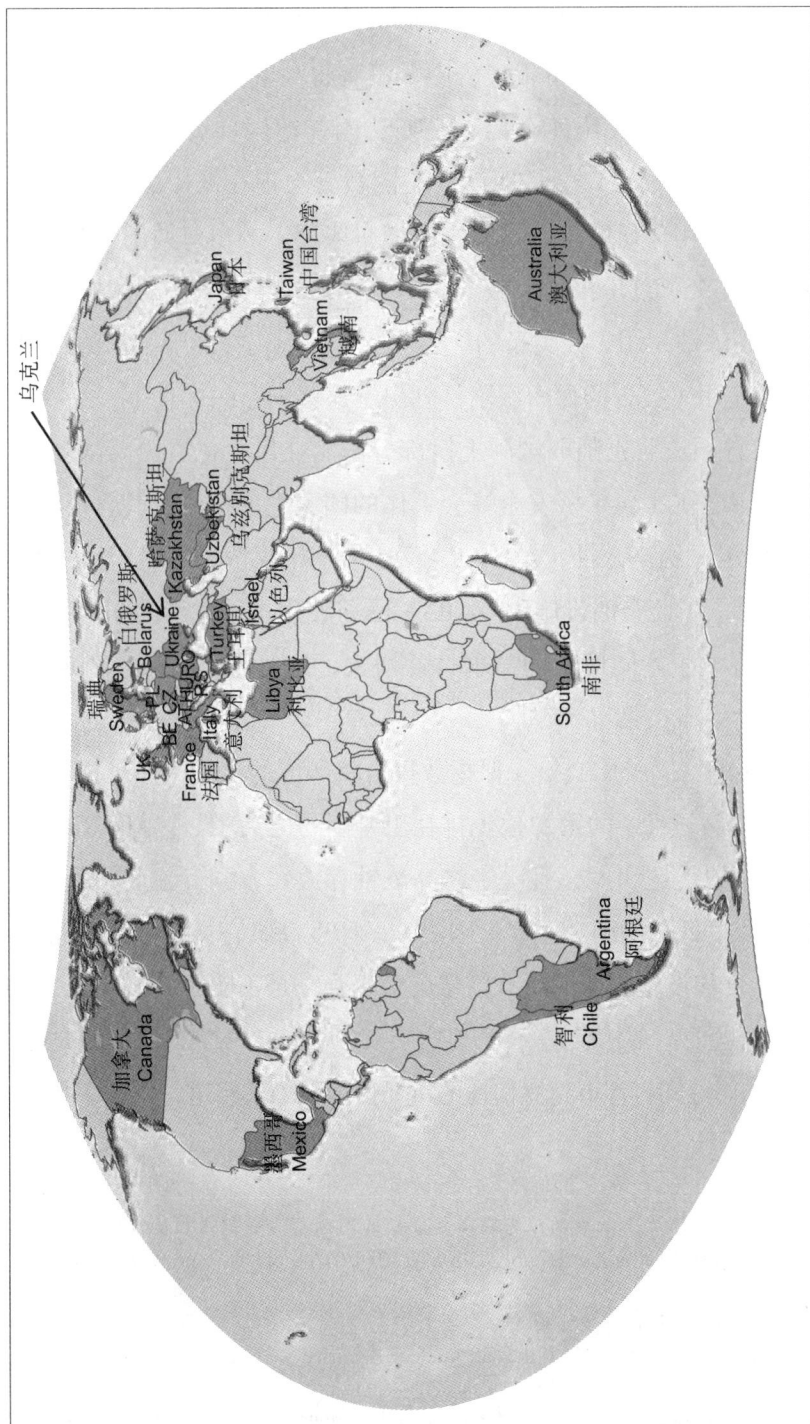

地图3.1　"全球降低威胁倡仪"清除高浓铀和钚的分布图（2009—2014年）

UK英国，BE比利时，PL波兰，CZ捷克，AT奥地利，HU匈牙利，RO罗马尼亚

3.137 美国和英国是仅有的两个公布了其库存的核武器国家，但美国在提交给IAEA的钚库存年度申报报告中并没有将高浓铀库存作为其中的一部分主动申报，因此其民用库存信息不如法国、德国和英国透明。然而，美国近期增加了高浓铀出口的透明度。美国核管会现在需按法律要求，向国会报告高浓铀（用作研究堆、试验堆的燃料或靶）的出口情况。2014年1月9日，核管会提交了首份报告。报告显示，自1957年以来，美国向35个国家出口约22.6t高浓铀，用于此类目的。[①]其中，约6.1t仍在20个国家的约40处场址储存和/或使用（报告的保密版附件列出了这些国家的信息）。

3.138 信息不透明正削弱国际上对部分国家在最少化本国高浓铀方面努力的信心。印度在2014年核安全峰会上作的国家进展报告尤其含糊，称："关于最少化使用民用高浓铀，APSARA反应堆基于高浓铀的燃料已于2010年12月存放至受保障监督的设施中。APSARA将使用本国生产的非高浓铀燃料。然而，大规模生产同位素的需求日益增大，这些同位素被广泛应用于医疗、工业、食品和农业"。[②]

3.139 2014年发布的NTI核安保指数报告将印度的核安保评级排在了25个有武器用核材料国家中的第23位（排在巴基斯坦之后），这令印度专家和官员震惊。印度缺乏透明度，且决定将高浓铀存放在本国设施而不是返还，这是该报告给印度低分的两个主要原因之一。印度高级官员回应称，他们认为，"将有关印度核设施安保的所有信息公诸于众"是不明智的，并认为NTI询问此类敏感问题的内部信息是一种"捞信息的调查"。[③]NTI的回应则是强调通过信息透明和国际同行评审建立信任的重要性。[④]NTI解释道，绝大多数被调

---

① 美国核管会提交国会的关于高浓铀作为研究堆或试验堆燃料或靶件出口的现状报告，2014年1月，网址：<http://fissilematerials.org/ library/2014/01/report_to_congress_on_the_curr. html>。

②《印度国家进展报告》，2014核安全峰会。

③ Sandeep Dikshit, "Transparency No Index of Nuclear Security Says India," Hindu, 12 January 2014。

④ NTI, "Letter to The Hindu," 15 January 2014, http://ntiindex.org/news-items/letter-to-the-hindu/。

查的国家，包括6个拥有核武器的国家，都不同程度接受了国际同行评审，但印度没有，且印度没有独立的监管机构，也鲜有"检查和衡算"。

3.140 敏感军用核材料。在减少民用目的可获得的敏感核材料（尤其是高浓铀）方面的进展，与非民用目的持有的相关库存相比，不太一致。IAEA保障监督协定要求各国建立一套国内核材料核算和控制系统。然而，世界上绝大多数武器用核材料为拥有核武器的国家所有。其结果是，全球仅有少数高浓铀和不到一半的分离钚接受核材料衡算的国际规则。全球超过95%的高浓铀和分离钚库存归五个核武器国家所有，而印度和巴基斯坦（朝鲜可能也是）仍在继续生产武器用高浓铀和钚。[①]以色列也可能在生产武器用钚。[②]因此，不拥有核武器的国家最少化高浓铀的使用，包括通过转换反应堆使其从使用高浓铀转换为使用低浓铀，并不足以解决易裂变材料的安保问题。

3.141 为了增强国际社会的信心，必须建立全面的、有效的核安保制度。这种制度必须涵盖所有在用和贮存的武器用核材料。通过俄罗斯和美国间的"兆吨换兆瓦"计划（具体见下文），非民用高浓铀库存已显著减少，但是绝大多数武器用材料尚不符合国际标准、导则、最佳实践，或者国际担保制度的要求。[③]马修本恩指出，在这些材料中，美俄拥有全世界超过90%的高浓铀库存，运行着世界上超过半数的以高浓铀为燃料的研究堆和约三分之二的使用最危险材料的反应堆，并且世界上其他国家大多数以高浓铀为燃料的反应堆和高浓铀燃料都是他们提供的。[④]

3.142 一个全面的、普遍性的和可执行的核材料管制制度是无价的。各国在核安全峰会上做出的国家承诺都是最低层面的，没有雄心，而且目

---

① IPFM，《2013年全球易裂变材料报告》，第8~10页。

② IPFM，《2013年全球易裂变材料报告》，第3页。

③《加强全球核安保体系方案》，第9页。

④ Matthew Bunn, "HEU Consolidation: The U.S. and Russian Pictures," unpublished conference paper, 24 January 2012, https://www.nti.org/media/pdfs/Bunn_-_HEU_Symposium_-_Vienna_24_jan_2012.pdf?_=1328045409.

前也没有通用的严格方案来评估所达成的标准的实施进展。各国依据与IAEA签订的保障监督协定提交有关高浓铀库存的保密报告，但是对于非民用核材料尚无有约束力的透明机制。按照2010年核裁军行动计划相关条款的要求，核武器国家同意向2014年NPT筹备委员会报告有关履行裁军承诺方面采取的行动。然而，他们的承诺未能促成本国非民用核材料库存透明度的提升。中国、法国及英国的报告不含这些详细信息，俄罗斯的报告仅包含从第三国返回的高浓铀燃料和高浓铀乏燃料[1]。仅美国的报告提供了该国为军用和非军用目的生产的核材料库存，所有库存已全部对外公开[2]。结果是，正如国际易裂变材料专家组（IPFM）《2013年全球易裂变材料报告》（见图3.3）所指出的那样，对这一领域的认知极其不平衡。

3.143　存在的挑战是如何使非民用核材料和核设施安保系统和程序的设计既符合国际标准和最佳实践，又能保守必要的商业或国家安全秘密。全球武器用高浓铀库存（1226t）和分离钚（504t）中，几乎所有的高浓铀和几乎半数的钚都不是用于民用项目。[3]特别严峻的挑战是，高浓铀燃料被用作潜艇和航母的动力燃料。法国在2008年完成了其小规模潜艇舰队向使用低浓铀燃料的转换，但是海军大国俄罗斯和美国已拒绝公开评估潜艇舰队使用低浓铀作海军反应堆燃料的可行性。这两个国家的海军反应堆每年分别需要使用约1t和2t高浓铀。[4]只有所有武器用核材料均得到有效的安保，核安保制度才会有效。[5]适当且慎重的开始可以是主动让一些未用于核武器的非

---

① 核武器国家（NWS）在2014筹备会上提交的国家报告，可见：http://www.reachingcriticalwill.org/disarmament-fora/npt/2014/national-reports。

② US Department of State, Transparency in the U.S. Nuclear Weapons Stockpile: Fact Sheet, 29 April 2014, http://www.reachingcriticalwill.org/disarmament-fora/npt/2014/national-reports。

③ IPFM,《2013年全球易裂变材料报告》，第3页。

④ 英国和印度也为海军堆燃料生产高浓铀，但是数量很少（尤其是印度）。见Hinderstein, Newman and Reistad, "From HEU minimization to elimination," p. 89; Zia Mian, Frankvon Hippel,Alexander Glaser, "A Fissile Material Approach to Nuclear Disarmament and Nonproliferation," Rio de Janeiro, 21 March 2014。

⑤《加强全球核安保体系方案》，第10页。

民用核材料达到国际标准和最佳实践的要求，如①：

● 申报所有民用钚和高浓铀，并接受IAEA的保障监督；将冗余核武器、核武器联合体的所有钚和高浓铀回收利用，并宣布它们是武器目的冗余；将所有钚和高浓铀送到废物处置场址。

● 同意编写允许他们申报易裂变材料生产设施、关闭状态、退役或转换计划，以及高浓铀和钚生产及相关废物产生与处置记录的国家记录。

● 同意实施合作项目，允许核查所申报的易裂变材料生产历史情况。

3.144 人们可能会争辩说，军事相关的材料，如核武器本身，已经有很高的安保水平。但是尽管受军事保护的非民用核材料通常比民用材料保护得更好，并不是所有军事保护的核材料——即便是武器本身——和设施都是完全安全的。例如：2007年，美国6枚核武器在境内非授权转移；L'lle Longue（它是法国四艘弹道导弹核潜艇的所在地）曾显示出存在安保漏洞；以及关于称职工作人员和战略机构的变化对英国"三叉戟"核弹头和核潜艇影响的担忧②。

3.145 另外，并不是所有非民用核材料都受到军事保护。例如核弹头部件、维护中的核弹头、待拆卸的核弹头和美国大量"冷战"时期遗留下来的核材料库存，这些都由美国能源部监管，由民用承包商保护。2012年7月28日，三名活动分子（包括一名82岁的修女）进入田纳西州橡树岭Y–12国家安全场址的一个戒备森严的区域达数分钟，该区域存放了数百吨武器级高浓铀，据称具备抵御武装恐怖分子的安保水平。这是一个政府设施，不是军事设施。③

3.146 虽然希望通过国际合作实现保护军事相关材料安全极富挑战性，但是过去的努力也获得了显著进展，而且十分关键的是，未来类似的

---

① 这些建议和其他建议都在IPFM的《2013年全球易裂变材料报告》第3~5页中概述了。
② Patricia Lewis, Heather Williams, Benoit Pelopidas, and Susan Aghlani, Too Close for Comfort: Cases of Nuclear Nuclear Use and Options for Policy（London: Royal Institute ofInternationalAffairs, 2014），p. 1。
③《加强全球核安保体系方案》，第10页。

努力还将继续。1993年美俄之间签订的高浓铀双边购买协议（正式名称为"兆吨换兆瓦计划"），在1993—2013年的十间清除了俄罗斯军事库存中的500t冗余武器级高浓铀：这是一项历史性成就，它利用20年的时间清除了全球超过四分之一的非民用易裂变材料。美国–俄罗斯–哈萨克斯坦签订的三方协议也是突破性的，它旨在保护塞米巴拉金斯克（前苏联位于哈萨克斯坦的一个核武器试验场）残留的、不受保护的钚。这项合作协议的时间从1993年到2012年，最初启动时都没有正式协商的协议，直接由美国、俄罗斯和哈萨克斯坦的科学家发起。[1]上述两项计划为未来在降低威胁方面的国际合作树立了典范，它表明可以在不威胁国家安全或不要求各国公开敏感信息的情况下，在涉及军事相关核材料方面展开合作。

3.147 军事和其他非民用库存的问题注定将成为即将到来的2016年核安全峰会上核安保讨论的焦点。海牙核安全峰会结束时，奥巴马总统将军事材料列入了即将到来的议事日程，美国国家进展报告提供了美国军事材料方面已采取的措施的相关信息。同时，美国还做出新的承诺，按联合国安理会第1540号决议的要求，报告这些材料的安保状况。[2]美国在2014年9月提交给安理会的新版1540报告中确认了该项承诺，包括为保护核武器和相关材料目前已采取的核安保措施。[3]美国的领导力也开始扩大到非政府组织，尤其是扩大到降低核威胁倡议组织（NTI）的一个新项目。该项目将拥有核武器的重要国家的军事、政治和技术领域的杰出领导人召集起来，商讨一系列军事相关材料的安保问题。NTI官网称，该组织将"在2015年提出强化军事和非民用材料管制，建立有效安保的国际信任，同时仍能保护敏感信息安全的有针对性的具体建议"。[4]

---

① Cann等人，《核安全峰会》（2014），第19页。
②《美利坚合众国国家进展报告》，2014核安全峰会。
③ 美利坚合众国提交1540委员会的国家报告，2014年9月29日，见第4~8页，涉及核武器与核武器材料的安保。
④ NTI，"军用材料研究小组，"网址：<http://www.nti.org/about/projects/military-materials-security-study-group/>。

3.8 核取证

3.148 核取证分析是一种关键的技术能力，它通过分析核或其他放射性材料的内在表征，分析其源头、生产和历史相关信息。在核安保事件发生的前后及追踪违反核不扩散规定的行为时，都可利用该项技术。人们可以想象，探测当前及以往可疑活动的技术能力正变得越来越复杂。

3.149 在发现有脱管核或放射性材料时，核取证就可发挥作用。核取证专家的首要任务是确定材料的位置，并保证其安全，防止其丢失或被盗。之后，非常必要的一件事是确认材料的源头和原来的位置，寻找导致其从管制区转移的薄弱环节，帮助松散和疏忽大意的政府部门制定和执行防止此类事件再次发生的法律。

3.150 核取证专家通过分析同位素含量、化学组分及物理形态，追踪核材料制造过程中的每个生产工艺表征"信号"，从而确定可能的铀矿提取地的地理特征，或者确定将铀矿浓缩成黄饼、制成核燃料小球并在反应堆中燃烧等的工艺。借助专业的核取证技术，调查人员通常能获知核材料的源头，或至少能将源头锁定到少数几个地点，并追溯其生产和使用情况。

3.151 核取证对材料在特定生产工艺中的表征信号进行分析，能在某种程度上确认其是否是从此前被认为安全的场址或设施中转移的。这样，核取证有助于确认单个设施及整个国家层面此前未知的核安保差距，以及核材料衡算、控制和实物保护系统的缺陷。通过确定所拦截的材料源自某个特定的国家，核取证有助于强调强化该国核安保制度的必要性。确认众多非法贩卖案例中的材料的源头——特定设施或国家——有助于更加重视现有核设施的安保问题。

3.152 核取证也能够预防核安保事件的发生，它有助于防止非授权转移核或其他放射性材料。它能作为一种威慑手段，对国家和个人形成威慑。在国家层面，核取证的可信表征分析潜力加上可信的测量手段，能对国家政府形成威慑，从而使他们不再以任何方式积极支持或支助非法贩卖活动。同样，这种威慑作用也可能促使政府改进该国现有核安保制度，鼓励政府为国际上旨在改进核安保而采取的监管和政治措施做出更大贡献。核取证也能够起到劝阻个人的作用，当能够获取核或其他放射性材料的个人意识到随着先进核取证能力的提高而被发现和逮捕的可能性增大时，他们可能会缩手不干了。

3.153　为达到威慑国家或个人的功效，核取证分析的要求是通过与其他调查手段相结合，必须证明有能力找出脱管材料的特定源头，搜集到材料非授权转移前的历史信息。威慑效果的成功将取决于表征过程的可信度和速度，及威胁应对措施的可靠性。由于核取证的证据可能不太确定，调查过程必须至少准确、可靠和透明，让所涉及的国家或利益相关方能够接受，做出适当的回应。由于当前缺少事前确立清楚的相关可靠性和回应形式，这可能不利于开展成功表征所需的国际和国内合作。国际机制如"全球打击核恐怖主义倡议"和"核取证国际技术工作组"，以及核安全峰会框架下的活动等，正在解决核取证领域的许多技术、法律和政治难题。

3.154　IAEA 2006年关于核取证的《核安保丛书》出版物，首次简明扼要、全面地介绍了现有科研条件下核取证调查中可使用的各种工具和程序。该出版物还吸收了过去10多年来执法部门和核取证实验室在处理涉及核或其他放射性材料非法事件时所积累的经验。[1]此外，IAEA还通过协调研发、培训核取证专家、提供建设核取证图书馆设计导则等，帮助成员国建立核取证能力。

3.155　2010年和2012年核安全峰会均强调了核安保事件中取证调查的重要性，强调各国需在此问题上相互合作、与IAEA合作，这也导致2014年海牙核安全峰会联合声明的发布。该声明获得了24个国家和国际刑警组织

---

① IAEA,《核取证支持》（Vienna: Nuclear Security Series No. 2, 2006），网址：<http://www-pub.iaea.org/books/ iaeabooks/7401/Nuclear-Forensics-Support>。

的支持,①它鼓励各国开展核取证研究，共享信息和最佳实践。②目前大部分工作已启动，联合声明的许多签署国正在引导这项国际性工作的开展。

3.9 核工业的作用

3.156 与普通领域的全球治理一样，国家之间、政府之间（如IAEA）和非国家行为体之间（如前面提到的世界核电运营者协会、世界核安保研究所）正日益共同提升全球核治理水平。这点在核工业尤其明显，核工业存在明显的公私交叉持股，而不仅仅是合作伙伴关系。核工业界和政府利益相关方在商业、核不扩散和核安保利益上交织或碰撞，因而国会和政府部门之间应共担核风险管理的责任。正如核安保事件会增加核工业的金融和商业成本，核工业可使政府提高核扩散的成本。

3.157 提供核安保必须成为国家主管部门与核工业界共同的责任。工业界的"相对优势包括越来越复杂的硬件和技术出口供应链知识，以及具备把此类知识用于核不扩散的能力。"③在全球核能前景发生变化的大背景下，核工业界总体上从纵向（不同层级的全球供应链）和横向（不同政府管理部门）重视政府—工业间的积极合作，以管控核"3S"（安全、保障监督和安保）的风险和危害。

3.158 政府主管部门和运营者之间的合作可能是确保核安保制度有效的主要决定因素，因为如果核工业界无法采取必要措施，则法律法规无法弥补这一问题。虽然国家主管部门能确认当前和可预见的威胁，但必须由核工业界将评估结论落实到设施层面的实际行动上。运营者了解设施的薄

---

① 阿尔及利亚、澳大利亚、加拿大、智利、捷克共和国、芬兰、法国、格鲁吉亚、匈牙利、印度尼西亚、意大利、日本、哈萨克斯坦、马来西亚、摩洛哥、荷兰、韩国、罗马尼亚、西班牙、瑞典、瑞士、土耳其、英国和美国。

② 2014年3月海牙核安全峰会的《核安全取证联合声明》。

③ Martine Letts, "Nuclear security: Partner with industry," The Interpreter（Sydney: Lowy Institute, 28 March 2012）, http://www.lowyinterpreter.org/post/2012/03/28/Nuclear-security-The-case-for-a-PPP.aspx。

弱环节，知道需要保护的关键区域，并且可能拥有执行安保任务的设备和人员。如果发生事故，运营者是核设施的第一责任人，必须处理与该设施有关的核与放射性风险。如在2011年3月发生的福岛核事故中，日本东京电力公司（TEPCO）就应如此。与此同时，从商业竞争角度考虑，必须对任何商业敏感信息保密，否则工业机构将拒绝合作。

3.159　悉尼罗伊国际政策研究所为国际核不扩散和裁军委员会开展了一些调查工作。总体而言，核工业界认为，核不扩散和安保主要是政府的责任而不是核能工业的责任。也就是说，他们认同同样的目标，认为那是他们承担社会责任的一部分，并准备与政府合作，防止、限制两用技术的传播，或设置传播的前提条件，以防止被流氓政权和相关网络滥用。虽然只有政府才能建立监管制度，但是工业界可在发现并报告可疑活动或可疑情况方面发挥重要作用。尽管如此，核工业界仍对更加严格措施的有效性持怀疑态度。[1]核工业界内部在共享最佳实践信息时需对设施层面安保措施的具体情况保密。

3.160　核工业机构的重要作用得到了核安全峰会的认可。峰会期间，工业界举行了专门的行业活动和会议，研究国家主管部门和工业界如何更有效地合作，以建立更强大的核安保文化，并保进低浓铀的开发利用。然而，民用钚的问题未能在核安全峰会行业活动中得到很好的解决，"因为国有企业或依赖国家的企业阻碍了讨论的开展"。[2]2016核安全峰会应该弥补这一不足，确保就最少化使用民用钚的需要展开讨论。

3.10　核安保和核安全的关联

3.161　核安全和安保都关乎民众安全和健康，但是要防止的事件类型

---

① Martine Letts, "Companies ponder their role in non-proliferation and nuclear safety," Australian Uranium: A Quarterly Bulletin from the Australian Uranium Association 12（2010）, pp. 5-6, http://lowyinstitute.cachefly.net/files/pubfiles/ Letts%2C_Companies_ponder_their_role.pdf.

② Choubey, "From Sprint to Marathon," p.6.

不同。核安全包括非故意事件，如自然灾害、人员失误或者干预，而核安保针对的是故意的恶意行为。IAEA将核安全定义为"达到适当的操作条件，预防事故或减轻事故后果，从而保护工作人员、民众及环境免受严重辐射危害"。①

3.162　对这两个概念间的关联度的认识现已有所提高。福岛核事故一周年后不久召开的2012年核安全峰会上强调了"核安保和核安全之间的关系"，并明确指出（华盛顿峰会没有此类严肃论述）：

> 鉴于安全和安保措施的目标一致，即保护人类生命和健康以及环境安全，我们认为应以一致、协同的方式，设计、实施和管理核设施的核安保和核安全措施。我们还认为，需要以同时解决核安保与核安全问题的方式，保持有效的应急准备、响应和缓解能力。因此，我们对IAEA组织会议征求核安保和核安全关系问题的相关建议、以兼顾核安保和核安全所做的努力表示欢迎②。

3.163　核安全与安保相互关系的共同目的是防止放射性物质大量释放，保护工作人员、民众和环境的安全。③对二者而言，设定的不可接受风险阈值可能是一样的，且二者都采取基于从预防到探测和响应的不同层级保护的纵深防御策略。因此，很多措施和行动同时加强了核安保和安全。例如，核电站安全壳不仅能防止事故发生时核物质大量释放，也能在遭恐怖分子袭击时起到坚固的防护作用。④

3.164　现在通常认为在下述方面安全—安保是一致的：

● 监管。由一个场址许可证综合解决安全和安保问题，比两个许可证

---

① IAEA，《核电厂安全与安保的关联》，INSAG-24. 国际核安全小组报告（Vienna: IAEA, 2010），第3页第7段；网址：<http://www.pub.iaea.org/books/iaeabooks/8457/The-Interface-Between-Safety-and-Security-at-Nuclear-Power-Plants>。
② 2012首尔核安全峰会，《首尔联合公报》，网址：<http://www.thenuclearsecuritysummit.org/userfiles/ Seoul%20Communique_FINAL.pdf>。
③ IAEA，《核电厂安全与安保的关联》，第3页第9段。
④ IAEA，《核电厂安全与安保的关联》，第1页第3段。

分别单独解决这两个问题更好。

● 设计。在建设规划核设施时，需将安全和安保作为整体组成部分统一考虑，而不是仅仅关注安全，把安保"附加"在安全之后。

● 风险评估。最好有一套整体风险评估方案，而不是两套单独评估方案。

● 培训。作为工作人员培训的一部分，应强化他们的安全和安保意识。

3.11 核安保文化

3.165 有6类行为体负有发展核安保文化的责任，即国家、组织、组织管理者、工作人员、民众和国际社会。他们通过对话和协调，承担实现核安保文化相关的不同任务。[1]本章前面提到的世界核安保研究所在这方面的作用尤其重要。还有另外的一些双边和其他合作安排与实践，包括国际核安保培训和支持中心网络，它们的建立是为了加强培训，提升国家能力和共享信息。该网络由IAEA协调，设立了分别负责协调与合作、最佳实践、信息管理和其他应急问题的工作组，已帮助成立了几个国家核安保卓越中心。建设网络的倡议是核安全峰会推动的。几个主要国家的卓越中心已运行，如中国、印度、日本和韩国。还有一些国家的培训中心已处在不同建设阶段，如智利、哥伦比亚、古巴、加纳、约旦、哈萨克斯坦、马来西亚、摩洛哥、菲律宾、南非、坦桑尼亚和土耳其。

3.166 IAEA《核安保丛书》第7号《核安保文化：实施导则》中讨论了核安保文化，将其描述为"用作一种支持和加强核安保手段的个人、组织、机构的特性、态度和行为的综合"。[2]每个特性都由不同的部分组成，包括信仰和管理系统，它们共同为更好的核安保做贡献。实施导则由4个主要章节组成：引言、核安保和核安保文化、团体和个人的作用和责任、核安保文化的特征。

---

[1] IAEA,《核安全文化》, IAEA《核安全丛书》No. 7,《执行导则》(Vienna: IAEA, 2008),第3页,
网址：< http://www-pub.iaea.org/MT CD/publications/PDF/Publ347_we b.pdf, p.7>。

[2] IAEA,《核安全文化》。

3.167　根据咨询任务工作组的研究成果，IAEA组织了一系列培训活动和讲习班。其中IAEA与核安保文化相关的一个项目是国际实物保护咨询服务，其目的是支持各成员国建立并改进他们的国家核安保。自华盛顿核安全峰会后，已有16个国家（亚美尼亚、澳大利亚、比利时、古巴、芬兰、法国、印度尼西亚、匈牙利、哈萨克斯坦、荷兰、韩国、罗马尼亚、斯洛文尼亚、瑞典、英国和美国）受到了一次IAEA国际实物保护咨询服务的评审。

3.168　"国际担保"是指一方在其管辖权范围内向另一方提供核安保有效性方面的信心而自愿采取行动、共享信息或采取措施[1]。"国际担保"包括："符合性评估"（例如已被国际标准化组织（ISO）用于表明产品、服务或者系统满足ISO标准的要求）；关于核安保监管和问题的信息共享和年度报告；实物保护评审；核安保工作人员认证，确定其是否满足一致认可的基本资格和培训要求；双边合作项目；外部同行评审机制。

3.169　IAEA国际实物保护咨询服务（IPPAS）是有助于提供国际担保的外部同行评审机制的一个范例。从1996年开展首次任务以来，IPPAS已在41个成员国执行了65次任务。[2]IAEA IPPAS检查一国的法律法规是否符合IAEA导则的要求，但是不检查这些导则的实施效果。其他国家从这个成员国同意接受IPPAS任务这一事实获得了信心，因为它表明这个国家履行了评估和加强核安保的承诺。但是对于相关的建议，成员国没有执行并报告其执行情况的义务。降低核威胁倡议组织（NTI）核材料安保指数报告指出，"到目前，在拥有武器可用核材料的25个国家中，仅有11个国家发布了核安保监管和年度报告。"[3]

3.170　除了认识到核安保和核安全之间的联系之外，还值得注意的是，核不扩散和核安保之间也存在着密切联系。尽管防核扩散制度旨在防止国家层面的扩散，但它也是预防恐怖分子获取核材料、设备和技术的重要防

---

① 改编自《加强全球核安保体系方案》，第6页。
② http://www-pub.iaea.org/MTCD/publications/PDF/IAEA-SVS-29_web.pdf。
③《NTI核材料安保索引》（2014），第50页。

线（尽管仅靠该制度还并不够充分）。采用保障监督（尤其是有效的国家核材料控制与衡算系统（SSAC））、出口管制等类似措施，都是保护核材料、技术和设备安全并防止非法贩卖的基础。同样，在限制铀浓缩和后处理传播的措施上达成协议，也会降低国家和非国家行为体滥用核材料的风险。所有这些也可以描述为正在建立一个健全的核安保文化。

3.171　要创建健全的核安保文化，需弥补一些差距。"资料框3.1"所列的事件反映了当前核安保的国家制度和多边制度间的差距，包括缺乏普遍性、有约束力的标准、透明度和衡算制度、IAEA的强制监视，以及对核武器的重视不够。核安全峰会通过的措施有三大缺陷：它建议各成员国自愿采取措施；各成员国的措施差不齐且不统一；缺乏内在责任要求和制度。考虑到威胁的严重性，可靠、有效的核安保制度需要在这三个不同方面作出努力：强制性的、具有法律约束力的全球统一标准和监测核查系统。仅仅"鼓励"成员国共享最佳实践和与IAEA在保护和处置冗余核材料方面合作是不够的。如果发生核恐怖袭击事件，就会引发影响深远的安保、政治、经济和社会后果。

3.172　尽管如此，国际社会必须权衡一下，在当下，编制一个能够吸引强大政治力量支持的文书（如《放射源行为准则》）是否比一个得到较小支持但有法律约束力的法律文书的结果会更好些。大卫桑托罗建议培育对核安保的政治、法律、经济、社会和技术方面有深刻理解的"国家安保捍卫者"，是培养国家层面核安保文化的有效手段[1]。这些都将是对现有工作的补充，如IAEA及其国际核安保教育网络[2]、麦克阿瑟基金会支持的研究生和博士后的核安保领域交叉学科培训计划等[3]。

---

[1] David Santoro, "Championing Nuclear Security," Carnegie Endowment for International Peace, 10 September 2012, http://carnegieendowment.org/2012/09/10/championing-nuclear-security/dszl。

[2] http://www-ns.iaea.org/security/workshops/insen-wshop. asp。

[3] http://www.macfound.org/info-grantseekers/grantmaking-guidelines/ips-grant-guidelines/。

第四章　和平利用核能

4.1　概述

4.1　和平利用核能的首要国际目标是，确保选择利用核能的所有国家都能平等且通过国际合作享受核能的好处，同时还确保核能利用不会导致核武器扩散，不会危及人类和环境的健康与安全。

4.2　和平利用核能是《不扩散核武器条约》（NPT）的三大支柱之一，其他两大支柱是核裁军和防核扩散。就和平利用核能而言，条约规定了一般权利和义务，但是除了采用国际原子能机构（IAEA）的保障监督手段之外，并未确定履约的具体方案。这引发了对NPT条约权利和义务的范围的长期争论。最近几年，争论集中在扩散敏感核技术（铀浓缩与后处理）和核材料（高浓铀和分离钚）的开发和应用方面的国家利益和国际利益的关系上。

4.3　核电再次受到青睐，加上许多国家对开发核燃料循环中的敏感技术（铀浓缩、后处理和钚燃料）产生兴趣，凸显了及时解决国际社会内部在和平利用核能问题上的分歧的重要性。和平利用核能问题的政治化，就其现有范围而言，不符合绝大多数国家的利益，不论是它们拥有先进核技术的国家，或是渴求和平核能计划的国家，还是从未想过要开发核电的国家。

4.4　核合作。NPT缔约国已经连续在几届条约审议大会上详细阐述了NPT在和平利用方面的核合作的基本条款。例如，2010年NPT审议大会建议的"行动51"是号召缔约国"按照条约第1、2、3和4条的规定，促进缔约国间转让核技术和开展国际合作，并消除在这方面任何与条约不一致的过度限制"。

4.5 核电和核技术应用的广泛传播以及许多发展中国家已经能够与供应国达成核供应协议，意味着国家地位和供应国核不扩散实践不会对核贸易与合作的合法化构成实际障碍。在有核电厂运行的30个国家和台湾地区中，大约40%是发展中国家。在制定或准备提出核电计划的29个国家中，大部分是发展中国家，其中很可能在近期推动核电建设的7个国家中，有6个是发展中国家。展望未来，目前正在研发的创新型小型动力堆设计因建造成本较低并且运行要求简化，可能使更多发展中国家更易于开发核电。

4.6 非电力核技术应用也广为传播。在55个有研究堆运行的国家（加上台湾地区）中，发展中国家远超一半。IAEA的技术合作计划支助的范围包括核电和非电力相关方面的应用，在124个国家和地区开展相关项目，其中绝大部分是发展中国家。该计划的资金逐年增加，但仍有意见认为经费不足，包括需要依赖预算外捐款和实物捐助。在对IAEA整个预算困境的讨论中，这方面的争论仍会继续。

> 核合作的总体评价：**进展显著**。NPT 2010的承诺和国际核不扩散与裁军委员会 2009的建议已基本实现。现在有理由批评技术合作摊派资金未能更多增长（尽管这些年来已有较大增加），而由许多成员国提供的额外资金满足了NPT 2010行动计划的要求。

4.7 降低核扩散风险。NPT条约的三大支柱，即防核扩散、核裁军及和平利用核能，是密切相关和相辅相成的。有效的防核扩散的措施会使大家相信，开展和平核贸易和核合作不会引起核武器扩散。同时，让大家相信，将会采取有效的核安全和安保措施，这一点也至关重要。

4.8 由"核供应国集团"（NSG）协调的国家出口管制是核供应国有效满足核出口管制要求、履行核不扩散义务的主要手段（见第二章的详细论述）。目前出口管制（包括通过联合国安理会第1540号决议）已成为防止大规模杀伤性武器扩散的国际准则，核供应国集团及其成员国在帮助非成员国制定和采取有效核出口管制方面发挥着重要作用。

4.9 然而，还有许多领域没取得什么进展，并因此对和平核合作造成了严重影响。采用一种尊重国家主权和发展权利的包容性方案至关重要。国际社会的广泛共识是：限制敏感核技术的传播符合所有国家的利益；对于打算制定和平利用核能计划的国家，做出这一选择将获得更大的实际利益。但是，如何把这个大原则落实到实际措施和坚实行动中去，尚需达成共识。

4.10 在解决无核武器国家拥有铀浓缩和后处理能力的潜在问题上，没有取得进展。这些能力无意或有意地使这些国家具备了在相对短时间内生产出核武器的技术能力。同样，除非得到解决，否则未来预期的快堆和钚燃料的传播将成为严峻的挑战。尽管高浓铀最少化的工作正在展开，但民用核燃料循环中仍有大量高浓铀。当前，在使民用核电企业的分离钚库存和使用最少化方面，尚未开展类似工作。

降低核扩散风险的总体评价：**有些进展**。大部分成员国正在履行其NPT和平利用核能承诺，但是不履约的案例——特别是伊朗和朝鲜——令人关切。在核问题上引而不发和两面下注的问题没有得到解决。敏感核技术的传播和快堆及钚燃料在未来可能的传播不解决的话，将成为严峻的挑战。尽管将最少化高浓铀最少化的工作正在展开，但民用燃料循环中还有大量高浓铀；而将钚最少化，做成MOX燃料的工作则尚未开始。两个核燃料银行的建立以及国际核能合作框架（IFNEC）的工作正取得积极进展，但是多边方案的进一步深化和获得认可尚有很长的路要走。

4.11 核安全和安保承诺。就和平利用核能而言，核安全和安保具有全球性的影响，但一直主要被视作各个国家的问题。需要更恰当地平衡国家和国际利益与责任间的关系。这项工作应包括更加重视国际标准的制定和遵守，更高的透明度和负更大的责任。

4.12 现有核安全和安保条约及其他文书的加入率依然匹配不上重大核安全或安保事件后果对全球和平利用核能信心的影响。有一个国家，即有一座核电反应堆运行的伊朗，仍未加入重要的《核安全公约》（CNS）。许多有核电机组运行的国家尚未加入1997年的《乏燃料管理安全和放射性废物管理安全联合公约》。

4.13 核安保领域条约的加入情况同样不够广泛。主要的核安保公约，即1980年《核材料实物保护公约》（CPPNM）有151个缔约国，普遍性不够。2005年《核材料实物保护公约》修订案扩大了适用范围，但开放供签署9年后的今天，仅获得公约生效所需数量四分之三多一点的缔约国批准——情况有所改善，但依然不够。

4.14 目前，仅有两个多边条约处理核设施遭袭问题，即1977年《日内瓦公约附加议定书》和1996年《佩林达巴条约》（仅适用于非洲无核武器区）。裁军谈判会议（裁谈会，CD）20世纪80年代曾开展相关工作，以便针对该议题制定一个更全面的多边条约，但这项工作始终没有进一步开展。2010年NPT审议大会提出的"行动64"号召所有成员国遵守IAEA大会在2009年做出的决议，即"任何武装袭击和威胁袭击和平用途核设施的行为都是违反《联合国宪章》、国际法和《IAEA规约》原则的"。

> 核安全和安保承诺的总体评价：**有些进展**。总体上，国际标准、透明度和责任缺乏。并不是所有拥有重要核活动的国家都加入了《核安全公约》，而且缺乏国际标准、透明度和责任。许多有核电反应堆的国家依然游离在责任体制之外。在核安保方面，许多国家依然游离在《核材料实物保护公约》之外，而且该公约修正案的批准率/加入率尚达不到公约生效的要求。

4.2 目标和总体战略

4.15 和平利用核能的权利是NPT条约的三大支柱之一，其他两大支柱是防核扩散和核裁军。NPT条约的主要目标是确保核能确实仅用于和平目的，并且没有造成核武器的扩散。与之相应，NPT条约的第4条明确了各缔约国和平利用核能的权利，但条件是要承担条约规定的核不扩散义务，并且采用IAEA的保障监督，以核查这些义务是否得到履行。

4.16　对核能进行有效控制，以确保其仅用于和平目的，是联合国1946年成立时需要开展的首批事务之一。当时研究过许多建议，包括将所有核材料置于一个国际机构控制，但是美国和苏联无法就此达成一致。

4.17　在苏联1949年进行首次核试验之后，关注点转向了防止核武器的进一步扩散。在认识到各国拥有利用核能的权利后，根据德怀特·艾森豪威尔总统1953年12月在联合国大会上做的《和平利用原子能》演讲中关于和平利用担保的提议，美国提出了一项合作政策。该倡议导致1957年成立IAEA，随后1968年达成NPT条约，并于1970年生效。

4.18　事实上，NPT并未明确定义"和平目的"和"和平利用"。它实际上是指条约规定的下述两类核活动之外的任何核活动：

● 核武器或其他核爆装置的制造或其他方式的获取，或者对此类武器或爆炸装置的控制，除被NPT定义的5个核武器国家（NWS）之外，其余所有国家都禁止开展这些活动。

● 未被禁止的非和平目的——即非爆炸的军事目的，例如海军推进反应堆。条约第3条的措辞及国际实践均表明，[①]这些活动不是"和平目的"。因此，就第4条第1段用模棱两可的"不可剥夺的权利"术语描述它们的地位，并把它们放在第4条第2段所设想的合作范围之外。

4.19　没有对"和平目的"作出明确定义，这给"核潜伏"和"核模糊"行为留下了一条"灰色地带"，这两大问题在NPT谈判时既未充分预估又未适当解决。这些问题在4.4节中作进一步论述。

4.20　就当前的目的而言，与和平利用核能相关的首要国际目标可以

---

① 例如在IAEA的NPT保障监督协议范本的第14段中所反映的，见INFCIRC/153号文件。

是：确保选择利用核能的所有国家都能平等且通过国际合作享受核能的好处，同时还确保核能利用不会导致核武器扩散，不会危及人类和环境的健康与安全。本章从以下三个方面论述实现这个目标的策略：

4.21　和平利用开发方面的合作。在这一方面，NPT条约的主要规定是第4条第2款，2010年NPT审议大会的主要建议是第48项~第56项行动。这里的主要问题包括：各成员国是否履行了在开发和平利用核能方面开展合作的承诺，是否适当考虑了发展中国家的需要？

4.22　降低与和平用途相关的核扩散风险。在这一点上，NPT的主要规定是第2条，2010年NPT审议大会的主要建议是关于最少化使用高浓铀的第61项行动。国际核不扩散与裁军委员会的第34条~第38条建议更加具体。这里的主要问题包括：IAEA保障监督是否能够充分保证核计划不会被滥用于非和平用途，是否需要采取进一步的规定和技术措施来降低核扩散风险，各国是否能够有效行使和平利用核能的权利而无需开发核燃料循环的扩散敏感环节？核扩散风险问题在第二章中作了更详细的论述。

4.23　确保和平核计划在安全和安保方面得到执行。NPT条约没有专门提到核安全和安保，其他条约和2010年NPT审议大会提出的第57、59、60、62和63项行动都有所涉及。这里的主要问题是：各缔约国在执行核计划过程中，是否采用了足以确定能保护其他国家免遭核事故或恐怖主义行为影响的核安全与安保标准？核安保问题在第三章中作了更详细的论述。

4.3　核合作

4.3.1　国家间合作

4.24　NPT条约第4条第2款规定，和平利用核能的一个重要方面是对国际合作作出承诺。在该条约之前，供应国和接收国已开始按照双边协议开展核合作，包括供应核设施、设备及核材料。从经济角度来讲，供应反应堆、核燃料和核服务的双边合作依然是最重要的核合作方式。在多边水平上，核合作的主要载体是IAEA及其技术合作计划，下一节将对此进行论述。

4.25 核电。NPT为和平利用承诺和核查建立了极广泛的基础，把合作范围从供应物项和材料拓展至国家的所有核材料和活动。在此过程中，NPT创造了使核贸易能够发展至当前全球规模的条件。NPT及IAEA保障监督体系已经使成员国相信，它们能够开展和平利用核能合作而不会扩散核武器。

4.26 核能目前为全球提供不到11%的电力。[1]目前，全球共有30个国家和台湾地区有核电机组在运行（见表4.1）。其中，近40%（31个中的12个）是发展中国家和地区。[2]在建核电反应堆71座，其中60%位于发展中国家和地区。IAEA报告说目前有33个国家有意开发核电。IAEA并没有确定这些国家的类型，但指出大部分是发展中国家。[3]保守统计，近期极可能开发核电的7个国家中，[4]6个是发展中国家。

---

① IAEA，《2014国际核动力状况与前景》，网址：<http://www.iaea.org/About/Policy/GC/GC58/ GC58InfDocuments/English/gc58inf-6_en.pdf>。

② 2012年被世界银行列为发展中国家的核电国家分别是：阿根廷、亚美尼亚、巴西、保加利亚、中国、印度、伊朗、墨西哥、巴基斯坦、罗马尼亚、南非和乌克兰，网址：< http://data.worldbank. org/about/country-classifications/country-and-lending-groups>。世界银行还将俄罗斯列为发展中国家，由于俄罗斯是世界核电大国，因而本报告未将俄罗斯列为发展中国家。

③ IAEA，《2014国际核动力状况与前景》。

④ 这7个国家分别是：孟加拉国、白俄罗斯、立陶宛、波兰、土耳其、乌克兰和越南。其中，除了波兰之外，世界银行将其他6个国家列为发展中国家。

表4.1 世界核电（2014年12月）

核电反应堆	运行		在建		计划建造	
	数量	总装机容量/GW	数量	总装机容量/GW	数量	总装机容量/GW
阿根廷	3	1.6	1	0.02		
亚美尼亚	1	0.4			1	1.0
孟加拉国					2	2.4
白俄罗斯			2	2.2		
比利时	7	5.9				
巴西	2	1.9	1	1.2		
保加利亚	2	1.9			1	1.0
加拿大	19	13.5			2	1.5
中国	23	19.0	26	25.8	60	66.2
捷克共和国	6	3.9			2	2.4
埃及					1	1.0
芬兰	4	2.8	1	1.6	1	1.2
法国	58	63.1	1	1.6	1	1.7
德国	9	12.1				
匈牙利	4	1.9			2	2.4
印度	21	5.3	6	3.9	22	21.3
伊朗	1	0.9			2	2.0
日本			2	1.3	9	12.9
约旦					2	2.0
哈萨克斯坦					2	0.6
韩国	23	20.8	5	6.4	8	11.6
立陶宛					1	1.3
墨西哥	2	1.3				
荷兰	1	0.5				
巴基斯坦	3	0.7	2	0.6		

（续）

核电反应堆	运行		在建		计划建造	
	数量	总装机容量/GW	数量	总装机容量/GW	数量	总装机容量/GW
波兰					6	6.0
罗马尼亚	2	1.3			2	1.4
俄罗斯	33	23.6	10	8.4	31	32.8
斯洛伐克共和国	4	1.8	2	0.9		
斯洛文尼亚	1	0.7				
南非	2	1.8				
西班牙	7	7.1				
瑞典	10	9.5				
瑞士	5	3.3				
中国台湾	6	5.0	2	2.6		
土耳其					4	4.8
乌克兰	15	13.1	2	1.9	2	1.9
阿联酋			3	4.0	1	1.4
英国	16	9.2			4	6.7
美国	100	99.1	5	5.6	5	6.1
越南					4	4.8
世界总计	390	337.1	71	68.1	178	198.6
日本–已关闭反应堆	48	42.4				

资料来源： 2014年12月运行和在建核电反应堆：IAEA，网址：< www.iaea.org/
PRIS/WorldStatistics/OperationalReactorsByCountry.aspx>; <www.
iaea.org/PRIS/WorldStatistics/UnderConstructionReactorsByCountry.
aspx>;2014年12月计划建造核电反应堆：网址：<WNA, www.world-
nuclear.org/info/Facts-and-Figures/World-Nuclear-Power-Reactor-and-
Uranium-Requirements>。

4.27 福岛核事故是否会对现有核电计划造成长期影响尚不明朗。事故可能使核电更昂贵，因为核安全要求更严，核电建造成本加大，以及贷方需重新评估商业风险，融资成本增加。世界能源理事会2012年的报告指出，福岛核事故并未造成欧洲以外国家（日本除外）的核电计划明显萎缩。[①]该理事会最近的报告指出，关于核电未来走势的不确定性已经下降，但是随着安全成本增加以及（北美）天然气价格低迷，核电比任何时候更易于受到世界氛围的潜在影响。在这种氛围中，各国政府更多注重于技术，而不是市场。[②]

4.28 后福岛时代，德国和日本政府宣布将逐步淘汰核电，但是目前日本政府正在考虑采取一项新策略，即退役已有40年以上的反应堆，重启余下的反应堆。这样，日本现有的48座反应堆中，将有38座退役。中国政府决定不再建造二代反应堆，支持采用三代堆型，这项措施将提高安全，但增加成本，并放慢中国近期的核电扩大步伐。同时在亚洲，印度声称计划扩大核电容量，到2032年装机容量提高到目前的15倍；中国台湾、韩国和越南正在继续执行其已经公布的计划，尽管越南推迟了核电项目开工日期。印度尼西亚和泰国已经把核电计划推迟到2020年以后。然而，马来西亚在福岛核事故之后宣布，它正在考虑核电方案。

4.29 在目前有研究堆运行的55个国家（和台湾地区）中，一半以上（32个）是发展中国家和地区。[③]除研究堆之外，正在开展非电力核技术应用的国家有多少个还没有现成的统计数据，但是可能包含世界上几乎所有成员国。在IAEA涉及核电相关和非电力核技术应用的技术合作计划方面，有124个国家和地区正在开展相关项目，[④]其中大部分是发展中国家和地区。

---

① 世界能源委员会，福岛核事故后一年的核能，2012，网址：<http://www.worldenergy.org/documents/ world_energy_perspective_nuclear_energy_one_year_after_fukushima_world_energy_council_march_2012_l.pdf>。

② http://www.worldenergy.org/publications/2014/world-energy-issues-monitor-2014, page 15.

③ IAEA，研究堆数据库，网址：<2014 http://nucleus.iaea.org/RRDB/RR/ReactorSearch.aspx?rf=l>。

④ IAEA, 2013 年度报告（Vienna: IAEA, 2014），网址：<http://www.iaea.org/Publications/Reports/Anrep2011/index.html>。

4.30　2010年NPT审议大会的行动计划详细阐述了核合作的实施情况，尤其呼吁缔约国向无核武器国家提供优惠待遇，特别是考虑发展中国家的需要，并呼吁缔约国促进缔约国间的核技术转让和合作，消除任何与条约不一致的限制因素。[①]

4.31　上述数据表明，核能已惠及许许多多的国家，包括很多发展中国家。发展中国家未能大力开发核电的事实反映出他们受实际情况所限，例如核电反应堆的建造成本大、人力资源和技术基础设施要求高，以及电网容量大等。近期，发展中国家核电增长将主要来自已经开发出成熟核电技术的国家，尤其是中国和印度。展望未来，大量创新型小型动力堆[②]正在研发之中，其特点更适合于发展中国家，包括较低的功率水平、全寿期或长寿期堆芯以及模块化建造和运行。这些反应堆较低的建造成本和简化的运行要求可能使发展中国家更易于用上核电。

4.32　没有几个国家的核技术是自主开发的，没有几个国家的核材料是自主生产的。核电及其他核技术的应用是通过国家之间的核合作来实现的。目前，没有哪一个国家的核能计划完全是自给自足的；核设备、技术、材料和核服务市场都是全球性的。这个国际核市场不是根据核扩散关切，而是基于商业模式运营的，因此还没有发生过某个国家被排除在外的案例。

4.33　核合作承诺仅适用于和平利用领域，并需要遵守NPT条约的其他规定，例如第4条第1款（反过来指的是第1、2条）和第3条。2010年NPT审议大会建议的"行动51"的措辞对此有所反映。考虑合作或被要求合作的缔约国要考虑对方需履行的NPT义务，例如是否存在违反保障监督规定的行为（第3条）或是否存在对第2条（不寻求核武器的承诺）表示关切的理由。这些考虑因素在国家出口管制中有所体现（第二章已作更详细的论述）。

4.34　由核供应国集团（NSG）对关于核设备、核相关材料和技术以及

---

① 分别为行动50和行动51，见下面的4.3.1节。
② IAEA将功率不到300兆瓦（电）的反应堆称为"小型反应堆"。

特定的两用品物项的国家出口管制进行协调。这些管制与NPT条约完全一致，使条约第1、2条的要求得以满足。核供应国集团的成员国包括几个主要发展中国家，如阿根廷、巴西、中国、哈萨克斯坦、墨西哥、南非和土耳其。①除各成员国采取的出口管制之外，技术持有者，如欧洲铀浓缩公司（URENCO）、俄罗斯技术装备出口公司（TENEX）、英国核燃料有限公司（BNFL）和阿海珐集团公司（AREVA），它们也对供应的接收国保持极谨慎态度。在铀浓缩方面，URENCO和TENEX采用的是"黑盒"供应模式，因此不转让技术。这些问题将在4.4节进一步探讨。

4.35　核电和核技术的应用以及许多发展中国家已经能够与供应国达成核合作协议，这一事实表明，核不扩散实践不会对核贸易合法化形成实际障碍。例如，与美国达成了核供应协议的国家包括阿根廷、孟加拉国、巴西、哥伦比亚、埃及、印度、印度尼西亚、哈萨克斯坦、摩洛哥、南非、泰国、阿联酋以及越南。目前，美国正在与约旦就核供应协议展开谈判。

4.36　其他形式的核合作。尽管通常认为核能就是指核电，但是非电力核技术应用也非常重要。核技术应用的领域包括人类健康、食品和农业，以及物理和化学。在这些领域，发展中国家尤其受益。成员国间的核合作不限于核贸易，还包括非电力核技术应用以及设施运行和"3S"（保障监督、安全和安保）等领域的培训、能力建设、经验共享等。

4.37　还没有关于非电力核技术应用的国家数量的统计数据，世界上即使不是全部，也是绝大部分国家均在应用非电力核技术。非电力核技术应用方面的合作基本上是通过IAEA提供的。IAEA的技术合作计划覆盖核电相关技术和非电力核技术应用，在124个国家和地区正在开展相关项目，②其中大部分是发展中国家，包括30个最不发达国家。IAEA的技术合作计划在4.3.2节作进一步论述。

---

① 世界银行列为发展中国家的其他核供应国是保加利亚、拉脱维亚、立陶宛、罗马尼亚和乌克兰。
② IAEA, 2013《技术合作报告》，第ix页。

4.38　除了IAEA提供的合作之外，还有许多双边和地区合作项目或计划。案例很多，这里不一一例举，仅举几个实例：IAEA在非洲、亚太、阿拉伯国家和拉丁美洲的地区合作协议；国际核能合作框架（IFNEC-详见下文）；由欧盟（EU）和许多国家政府，特别是美国（由于其规模大）运作的全球与地区合作援助计划；由中国、印度、日本和韩国等国合作建立核保障监督与核安保的地区培训中心和卓越中心；亚洲核安全网（ANSN）；亚太保障监督网（APSN）。最近的一个倡议是2011年在迪拜成立的海湾核能基础设施研究所，这是一个美国和阿联酋的联合项目，旨在加强整个海湾地区的核能安保、保障监督与安全基础设施开发。另外，还有一个以工业界为基础、处理核安全的世界核电运营者协会（WANO），以及世界核安保研究所（WINS）。

4.3.2　国际原子能机构在核合作中的作用

4.39　IAEA计划涉及的所有领域（保障监督、核安全、核安保、核能、核科学及应用）均包含对IAEA成员国的合作、培训和能力建设。然而，IAEA核合作的主要载体是"技术合作计划"。虽然IAEA的所有成员国都有资格获得技术援助，但是"实际上技术合作活动倾向于重点满足那些欠发达国家的需要和优先项目"。

4.40　由于IAEA规约并未明确提及"技术合作计划"，因此该计划不能在机构经常预算中列支，而主要是通过成员国向"技术合作基金"（TCF）自愿捐款获得资金。自愿捐款基于成员国按照与IAEA秘书处商定的摊派数量提供。此外，还有其他资源提供预算外资金，也有很多国家捐助实物。①

4.41　2010年NPT审议大会建议的"行动55"鼓励所有成员国向一个新倡议提供额外捐款，旨在未来5年内筹集1亿美元，作为预算外资金，支持IAEA开展促进和平利用核能的活动。因此，IAEA在2010年提出了"和平利

---

① IAEA, Our Work, Technical Cooperation, http://www.iaea.org/technicalcooperation/programme/index.html。

用倡议"。迄今为止，已有18个成员国和欧盟向该倡议提供了约6600万美元作为预算外捐款。

4.42 在2014年IAEA大会上，总干事天野之弥强调核科学技术对于人类健康、农业、水管理和工业应用等领域的可持续发展并实现发展目标至关重要，指出技术合作计划在确保发展中国家能够利用核科学技术方面发挥着重要作用，这些都体现了NPT条约的最初设想。IAEA 2013年的技术合作报告详细介绍了它在这些领域的活动。①表4.2列出了2013年"技术合作基金"在各技术领域的支出情况。

表4.2 IAEA技术合作基金在各技术领域的支出统计（2013年）

技术领域	支出金额/万欧元	占比/%
健康与营养	2236.6	28.6
安全与安保	1784.8	22.8
食品与农业	1274.8	16.3
核知识开发与管理	892.4	11.4
能源	604.9	7.7
工业应用/辐射技术	595.3	7.6
水与环境	437.9	5.6

资料来源：IAEA Technical Cooperation Report for 2013，Supplement，34，35。

4.43 IAEA为国际核能基础设施合作创造基础，提供广泛服务、发布出版物和召开会议，以帮助那些有意开发核电的成员国。2009年，IAEA开始向成员国提供综合核基础设施评审服务，涵盖包括保障监督、安保和安全在内的核电计划所需的广泛基础设施。目前，已向10个国家提供了这项服务，包括孟加拉国、白俄罗斯、印度尼西亚、约旦、波兰、南非、泰国、土耳其、阿联酋和越南，并准备向摩洛哥和尼日利亚提供服务。

---

① http://www.iaea.org/About/Policy/GC/GC58/GC58InfDocuments/English/gc58inf-5_en.pdf。

4.44 IAEA还提供综合的监管评审服务，根据IAEA安全标准和其他成员国的良好实践来评审监管技术与政策问题，以加强成员国在核、辐射、放射性废物和运输、放射源安全和安保方面的监管基础设施的有效性。技术合作计划还在核电计划所需基础设施的开发方面向IAEA成员国提供大量援助。

4.45 在非电力应用领域，IAEA与食品和农业组织（FAO）、世界卫生组织（WHO）以及联合国环境项目（UNEP）等其他相关国际机构密切协作，确保技术合作项目在优先领域实施。

4.46 2013年，成员国共向技术合作基金捐款6570万欧元，加上其他资源（其他收入、更多预算外捐款和实物捐助）共计1250万欧元，使捐助总额达到7820万欧元。技术合作基金在2013年获得的资源比10年前即2004年（6630万欧元）增长了18%。到2013年底，正在开展的项目总计791个，另有169个项目接近完成。[①]此外，2010年发起的IAEA和平利用倡议"已经成为IAEA开展和平利用核技术活动筹集预算外捐款的一个重要载体"。[②]

4.47 增加技术合作基金捐款额的呼声经常会听到。在这一点上，2013年技术合作基金捐款增加了1250万欧元，虽然看起来低于2010年NPT审议大会行动55提出的在未来5年内增加1亿欧元捐款的目标，但是在2010年（含）以来的4年中增加的捐款达到7980万欧元，[③]与这个目标基本相符。增加技术合作基金的资金可以使发展中国家受益，这种说法需作认真分析。通常，技术合作基金每年的可用资金都没花完。例如，IAEA2013年报告指出，技术合作基金的资金执行率为83.7%。更好地利用可用资金，可在不增加资金水平的情况下取得更大收益，因此要鼓励在上一年基础上大幅提升执行率。

4.48 技术合作计划因多种原因已遭批评，例如，因受援国包括许多收

---

① IAEA, 2013《技术合作报告》，第25页。
② Understanding the Peaceful Uses Initiative（Vienna: IAEA 2012），http://www.iaea.org/newscenter/news/2012/pui.html。
③ IAEA, 2013《技术项目报告》，补充，表A.1。

入相对较高的国家完全有能力支付IAEA的服务费用，[1]或者是因对项目完成和成效情况的审查和跟踪不够充分。[2]前一项批评似乎已经得到解决：2013年各地区获得技术合作基金的援助占比[3]分别是：非洲地区30%，亚太地区22%，欧洲23%，拉丁美洲18%。与前两年相比，情况变化很大。例如，上述地区在2011年的份额分别为18%、18%、48%、12%。2011年，技术合作基金超过31%的资金用于核燃料循环和核电相关项目。由于经费支出报告方式发生改变，因此不清楚2013年技术合作基金在核燃料循环上支出了多少经费，但明显减少了。关于第二项批评，IAEA的技术合作审查程序正在改进。为确保技术合作基金资金进一步增加，就应该证明当前的计划足够高效，当前的资金正得到充分使用，计划正取得成效（包括在未来几年内），资金确实用在真正需要的地方。

4.4 降低核扩散风险

4.4.1 保障监督、技术和国家供应政策

4.49 铀浓缩和后处理，分别位于核燃料循环的前端和后端，它们都是核燃料生产所需的关键过程，也可以用于生产核武器用易裂变材料[4]——它们最初就是为此目的而开发的。因此，降低核扩散风险主要考虑的问题是确保这两项技术仅用于和平目的。

4.50 国际社会的普遍共识是，限制这两项敏感核技术的传播符合所有成员国的利益，并且对于打算开发和平利用核能计划的国家而言，做出这一选择将会获得重大实际利益。但是，采用一种尊重国家主权和发展权

---

[1] Trevor Findlay, Unleashing the Nuclear Watchdog（Waterloo, Ontario: Centre for International Governance Innovations, 2012）, p. 87。

[2] Findlay, Unleashing the Nuclear Watchdog, p. 87, citing reviews by the IAEA's Office of Internal Oversight and the US General Accounting Office。

[3] http://www.iaea.org/About/Policy/GC/GC58/GC58InfDocuments/English/gc58inf-5-attl_en.pdf。

[4] 高浓铀和分离钚。

利的包容性方案至关重要。如何把这个大原则落实到实际措施和行动中去，尚需达成共识。

4.51 在核时代刚开启时就已认识到，需要对这些技术做出特殊安排，并且提出了若干建议，推动核计划的国际化。①然而，没有达成什么协议，而且至今核计划仍是在国家基础上实施的。因此，降低核扩散风险的努力在国际议程上占有重要地位。不存在可以消除所有核扩散风险的魔法——当前的核燃料循环不能完全防核扩散。但是，将规定和技术措施相结合，可促进防核扩散以及反核恐怖主义工作的开展。

4.52 这些工作的核心是NPT条约。然而，条约没有具体解决任何特定核技术的应用问题，仅要求无核武器国家只能开展和平目的的核活动，并通过IAEA的保障监督进行核查。现在已显而易见，NPT条约没有充分处理好扩散敏感技术的应用问题。在谈判缔结该条约时，当时认为实际的铀浓缩和后处理计划将限于核武器国家以及其他少数几个先进工业国家。目前，除5个核武器国家和其他4个拥有核武器的国家之外，至少还有8个国家拥有经过验证的铀浓缩能力，4个国家拥有经过验证的后处理能力。其中部分无核武器国家同时拥有铀浓缩和后处理能力（见表4.3）。

表4.3 拥有铀浓缩和后处理能力的国家

核武器国家	拥有核武器的非NPT缔约国	其他国家		
拥有铀浓缩和后处理能力	拥有铀浓缩和后处理能力	铀浓缩能力	后处理能力	拥有铀浓缩和后处理能力
美国	印度	阿根廷	比利时	德国
俄罗斯	巴基斯坦	澳大利亚	意大利	日本
英国	朝鲜	巴西①		

① Acheson-Lilienthal and Baruch 提出的计划获得20世纪40年代的联合国原子能委员会的考虑。

（续）

核武器国家	拥有核武器的 非NPT缔约国	其他国家		
拥有铀浓缩和后处理能力	拥有铀浓缩和后处理能力	铀浓缩能力	后处理能力	拥有铀浓缩和 后处理能力
法国	以色列②	伊朗		
中国		荷兰		
		南非		

注　　释：① 巴西有后处理研发计划，但其能力未得到验证。

　　　　　② 以色列既没有确认也没有否认核武器状态。

资料来源：防核扩散和裁军中心

4.53　NPT条约既未明确预见又未充分解决的一个问题是核潜伏和核模糊之间的差别。"核潜伏"是指一个国家在貌似和平目的的核计划下建立了两用能力（铀浓缩和/或后处理）的情况。核潜伏可能被认为是无意的：一个国家拥有了铀浓缩或后处理能力，也就具备了生产核武器用易裂变材料的基本能力，而它很可能（至少在可预见的情况下）没有打算那么做。即使一个坚定承诺核不扩散的国家，例如日本，也不是没有将来改变其立场的可能。一些评论人士把此类国家称为潜在的拥有核武器的国家。然而，除了武器可用易裂变材料之外，实现武器化还需要其他能力，包括合适的运载系统，日本确实长期、坚定地承诺不寻求核武器。尽管如此，这种情况还是说明了国家掌控铀浓缩和后处理能力所带来的问题。①

4.54　如果认为核潜伏是无意的，那么核模糊则是指故意的国家策略，它基于国内能够在较短时间范围内（几周到几年不等）生产出核武器的技

---

① 日本部分政客在不经意间的言论增加了对这一问题的关切。他们指出，日本需要保持核燃料循环能力，以确保核武器选项或"战略威慑"。

术能力，确立能够相对快速获取核武器的方案。①核模糊可能导致虚拟的军备竞赛，具有迅速恶化为真正军备竞赛、退出NPT条约甚至引发核战争的风险。疑似核模糊计划的存在会破坏想要推动NPT条约的信心和恒心。毫无疑问，模糊拥有核武器的国家越多，其对防核扩散制度稳定性的潜在破坏影响就越大。

4.55　保障监督。NPT条约在达成时的设想是，IAEA全面保障监督能够及时对核设施的任何滥用行为作出警告，国际社会从而有机会干预，使核扩散国没有时间把转用的核材料制成核武器。然而，离心铀浓缩技术对这个目标构成了严重挑战——离心铀浓缩厂比较容易隐蔽，并且获得突破后的潜在速度意味着在某些情况下②可能无法保证有足够的警告时间。即使立即探测到浓缩铀从保障监督的设施转移，或者探测到使用受保障监督的设施生产高浓铀，③而国际上商讨这一问题需要时间，这可能意味着不可能在必要时间内进行实际干预。

4.56　对分离钚库存持有情况的了解也遇到了类似的及时性问题。在涉及易裂变钚（武器级）的情况下，如快堆或大型"研究"堆④，风险进一步加大。一个很现实的关切是，如果钚被转用，而且当事国提前做好了必要准备，那么在有效干预之前，钚就可能已制成了核武器。

4.57　当涉及扩散敏感设施和材料时，采取最有效的保障监督方式是必要的。目前的方式包括IAEA附加议定书（AP）规定的措施、最先进的保障监督技术——远程监测，以及对核设施采取"通过设计进行保障监督"的方案等。尽管签署附加议定书的国家继续增多——2010年NPT审议大会以来

---

① Ariel E. Levite, "Never Say Never Again: Nuclear Reversal Revisited," International Security 27:3（Winter 2002/03），pp. 59-88。

② 例如，一个国家拥有工业规模铀浓缩设施，或拥有建设未申报铀浓缩设施，以进一步浓缩低浓铀并不接受保障监督的能力。

③ 这里的问题是钚或高浓铀不被禁止——如果一个国家开始这么做，那么关于其是否合法的讨论会花掉宝贵的时间。

④ 如伊朗的阿拉克反应堆。

增加了23个——但是几个拥有敏感核计划的国家依然游离在这种最有效的保障监督之外（见第二章）。附加议定书的普遍性至关重要。然而，此处所述的保障监督的实际局限性说明，需要防范对保障监督的过度依赖——防核扩散还依赖于其他的技术对策和规定措施，特别是对核扩散敏感核设施要建立多边管控，而不仅是国家管制。

4.58　技术。降低核扩散风险的技术方案包括避免或最少化扩散敏感材料的生产和使用，以及向设施和技术嵌入防扩散性。虽然防核扩散的重点是防止成员国可能的滥用行为，但是采取的防扩散措施也可通过保护核材料和核设施不被非国家行为体获取和滥用，促进核安全。例如，避免/消除民用核计划中的武器级材料，则可降低恐怖分子生产出可制造核爆炸装置的风险。

4.59　防核扩散的技术措施包括：避免武器级材料的生产，采用技术手段防止此类材料的生产；确保核材料难以获取（例如通过提高辐射水平），以增加被国家转用或被恐怖分子窃取/抢夺的难度；避免从乏燃料中分离钚，至少不生产纯钚产品。

4.60　旨在最少化生产和使用扩散敏感材料的国际努力一直集中在高浓铀上。高浓铀在民用计划中的使用主要是作为研究堆燃料。它还用作生产医用同位素的辐射靶材料。这些努力已取得相当大的成效：自1978年以来，36个成员国的62座使用高浓铀燃料的研究堆已经转换为使用低浓铀燃料，17座使用高浓铀燃料的反应堆关闭。[1]在医用同位素行业，大部分生产者承诺，2015年前把反应堆转换为使用低浓铀。然而，民用部门依然持有大约50t高浓铀，而且估计还有119座使用高浓铀燃料的各类设施在运行。[2]预计反应堆转换工作还需要10年或更长时间。

4.61　钚燃料的使用尚未得到类似程度的关注。自20世纪80年代以来，

---

① NTI, Civilian HEU Reduction and Elimination Resource Collection, http://www.nti.org/analysis/reports/civilian-heu- reduction-and-elimination/。

② http://www.stanleyfoundation.org/publications/PomperPAB514.pdf。

乏燃料后处理获得的钚已作为反应堆燃料投入商用，主要形式是MOX——钚和铀混合氧化物燃料。当前，共有30多座核电反应堆在使用MOX燃料，其中大部分在欧洲。后处理获得的分离钚库存持续增加——目前民用计划中的分离钚约有276t。[①]其中大部分为核武器国家所有，包括替其他国家贮存的钚（主要在英国和法国）。但是无武器国家也持有大量钚，尤其是日本，其钚库存仍在增加，[②]而且在"六所村"后处理厂投运后将进一步增加。为使钚的供应（分离和贮存）和需求（制成燃料）保持平衡，需要有一个最起码的国际协议。[③]

4.62　当前MOX燃料用的是反应堆级钚，同位素组成不在武器级范围内。用这种材料制成的装置对于一个亚国家组织来说是难以成功引爆的，而且其爆炸当量也是不确定的。如果MOX燃料用的是武器级钚，那么风险会更高。从防止核恐怖主义和防核扩散角度考虑，应避免民用计划生产武器级钚。

4.63　在民用核燃料循环中生产和使用武器级钚的主要风险将来自未来快中子增殖反应堆的使用。在成熟的快堆设计中，在装载核燃料的堆芯的周围是一个铀"转换区"，转换区的铀捕获中子后生成钚。然而，从核不扩散的角度考虑，严重的问题是快堆转换区所产生的钚中，钚-239同位素的丰度极高，完全在武器级钚的范围以内。这种武器级钚生产和后处理相结合，形成了显而易见的核扩散关切。另外，武器级分离钚的商业规模应用也可能带来极大的核恐怖主义风险。

4.64　这个问题在技术层面已认识到，而且反应堆设计正在考虑使其产生的钚不在武器级范围以内。协调开展该领域研究的国际计划——IAEA的"国际核反应堆和燃料循环创新计划"（INPRO[④]）与第四代核能系统国际

① IPFM, 2013《全球易裂变材料报告》，网址：<http://fissilematerials.org/library/gfmrl3.pdf>, and other information on the IPFM site.
② 到2013年底，日本在国内的分离钚库存为10.8t。
③ 供需平衡是IAEA钚管理导则提出的一条原则，但导则不具有约束力。
④ http://www.iaea.org/ INPRO/about.html。

论坛（GIF[①]）——把防扩散性作为一个重要开发标准。尤其重要的是，正在开发先进乏燃料后处理工艺——例如电冶金法（其他已知的还有高温冶金法）——这些方案使钚能够在不分离出来的情况下循环利用。这些工艺将不会生产出纯钚材料，而是将钚与裂变产物和其他乏燃料材料一起，留在高放混合物中。使用遥控设备，将这种高放混合物制成新燃料。2010年，美国和韩国同意联合研究高温冶金法，该技术尤其具有防扩散性。

4.65　一些国家推动的另一种方案是钍燃料循环，它可避免产生钚。印度长期保持开发钍燃料循环的兴趣，中国最近在该领域也启动了一个实质性研究计划。然而，印度当前的钍燃料循环愿景引发了核扩散和核恐怖主义关切，一个重要原因是它用钚作"驱动燃料"，而这种钚是快堆生产的武器级钚。

4.66　2012年9月，英国政府首席科学顾问约翰·贝丁顿爵士承认，尽管钍的优点"经常被夸大"，但是从理论上讲，它确实在可持续性、减少放射毒性和降低核扩散风险方面有优势。也就是说，钍燃料循环并不是毫无扩散性：铀（或钚）是反应堆的初始燃料，并且随后可能作为反应堆钍燃料的驱动燃料。钍经辐照后生成铀–233，铀–233能够用于制造核武器。要生产纯铀–233是很困难的（在反应堆中，生成铀–233的同时还生成铀–232，导致用铀–233制造核武器变得不切实际）。但也有一些反应堆设计概念提出，在生成铀–233时可以不生成铀–232——在分析核扩散风险时尤其需要考虑到这一点。

4.67　就一些技术而言，很难在一段时间内看出进步，但"国际核反应堆和燃料循环创新计划"和第四代核能系统国际论坛（第四代先进核能系统国际论坛）将核不扩散作为重要标准，这一做法振奋人心。防核扩散制度不仅受益于到目前为止铀浓缩和后处理没有大范围扩散（铀浓缩和后处理提供了核武器所需装料的生产能力），还受益于高浓铀和分离钚在民用项

---

① GIF是12个国家和欧盟间的一个联盟，见网址：<www.gen-4.org>。

目中没有被广泛应用。关键是，国际社会不仅有必要采取措施维持这一现状，而且还需要降低获得扩散敏感的技术和材料的可能性。

4.68　国家供应政策。核材料、设备和技术都要满足核不扩散条件，这一国家政策是降低核扩散风险的最早形式之一。核供应方拥有决定供应什么、向谁供应以及在何种条件下供应的权利。核供应方提出的条件是最早期核保障方式的基础，根据这些条件，供应方有权要求核实所供应的物项确实用于和平目的。如今，由核供应国集团协调的供应政策仍是核不扩散制度的重要组成部分。

4.4.2　核燃料循环多边化

4.69　有核电计划或打算制定这类计划的国家，其需求可归纳为：以安全、非歧视、平等方式可靠获得反应堆和核燃料；以同样方式可靠获得核燃料循环服务，尤其是乏燃料管理服务；在建立监管系统时获得支持；在培训和能力建设方面获得支持；共享反应堆运行和核安全与核安保的专业知识。这些需求可以，并且按理说应该通过建立新的核燃料循环国际框架得到满足。这种国际框架是基于国际合作而不是着重于扩散敏感领域的国家计划。

4.70　每个国家都享有能源供应安全的合法权益，但如果每个有核电计划的国家都去开发铀浓缩和后处理设施，则没有必要，也不符合成本效益。原则上，除非一个国家拥有20座以上在运反应堆的大型核电计划，否则实施国家铀浓缩项目并不可行。在目前铀浓缩能力足够并且供大于求的情况下，国家铀浓缩项目变得更加不可行。大多数分析家判断，在当前情况下后处理是不经济的。由于拥有铀浓缩和后处理能力会加剧国际紧张局势，可能导致"虚拟"核军备竞赛，也由于技术复杂、成本高，所以大多数国家未试图去建立这些能力。

4.71　尽管能源独立性可作为国家核燃料循环的理由，然而几乎没有几个国家能够实现真正的独立。因为除了技术能力外，许多国家还没有足够的独立于外部供应的铀资源来维持其核能计划。对许多国家而言，国际合作似乎是必需的，并且这种合作会给大多数国家提供大量好处。参与国际核燃料循环安排会比追求国家能源独立带来更高收益。

4.72　小布什政府提议，如果某国目前还没有在运的商业铀浓缩和后处理设施，那么他们应该永久放弃应用这些技术。对于该提议，考虑到这些问题，国际上的反应消极。很多国家，特别是不结盟运动组织的成员国认为，该提议企图巩固现有技术持有者的垄断地位。其后果是，即使是建立国际核燃料银行的提议，也被某种程度上反对，认为这是一个进一步剥夺他们权利的议程。为了应对这些消极情绪，有必要证明替代国家核燃料循环计划的方案不仅能够提供非歧视性的、平等的安全供应（比如在乏燃料管理方面），而且还在降低核扩散风险方面有明显优势。

4.73　全球核能合作框架和国际核燃料银行。现在正在开展一些工作，旨在用实用而有吸引力的替代方案，以代替扩散敏感领域的国家计划。目前有些提议反映了这些想法。国际核能合作框架（IFNEC）的提议进展最大，它的前身是全球核能合作伙伴计划（GNEP）。GNEP由美国提出，但是国际核能合作框架现在已经国际化，它发展了32个参与国——其中包括17个发展中国家——以及32个观察员国，其中很多有望成为正式参与国。①

4.74　国际核能合作框架的一个重要特征是它不要求参与国放弃任何权利。国际核能合作框架采取了务实的做法——搁置无建设性的有关国家权利的政治争论，而是着眼于解决实际问题和解决方案。它有两个工作组，即基础设施建设和可靠核燃料服务工作组。国际核能合作框架在拟定包括核燃料租赁在内的综合核燃料服务安排的概念，以满足可靠核燃料供应需求并提供乏燃料处置方案上，取得了很大进展。它的基本思想是核供应国

---

① 截至2014年9月，IFNEC的成员国有：阿根廷、亚美尼亚、澳大利亚、巴林、保加利亚、加拿大、中国、爱沙尼亚、法国、德国、加纳、匈牙利、意大利、日本、约旦、哈萨克斯坦、肯尼亚、科威特、立陶宛、摩洛哥、荷兰、阿曼、波兰、罗马尼亚、俄罗斯、塞内加尔、斯洛文尼亚、韩国、阿联酋、乌克兰、英国和美国。见网址：<www.ifnec.org>。

要致力于向核消费国做出长期、终生核燃料服务的保证——核供应国将提供核燃料并运回或帮助管理乏燃料。这种国际合作在实用和经济上的好处使核消费国将没有正当理由去推动扩散敏感技术国家计划的实施。

4.75　国际核能合作框架努力给不谋求敏感技术的国家带来很强的实用和经济好处，这种做法有很大优点，但是光靠这一点是不够的。首先，从长期来看它能够发挥一定作用，但并不能够真正解决问题。如果国际核能合作框架能成功建立一个国际行为准则来应对新的国家铀浓缩和后处理计划，那么这将有助于孤立那些违反准则的国家，但现在差距还很大。目前更迫切需要的是要应对伊朗和其他在可疑情况下坚持实施核燃料循环计划的国家（详见第二章关于伊朗的部分）。

4.76　其次，对关注长期供应安全的国家而言，这种大多数是商业性质的安排可能无法为他们提供足够的担保。有些国家可能对受国际法合法约束，也就是说对基于条约保护的安排担保较有信心。如果让IAEA监督这些安排，确保决策是在客观、非歧视的基础上做出的，那么这些国家会增加额外的信心。

4.77　第三，国际核能合作框架概念没有解决现有的铀浓缩和后处理计划。其中部分计划受到潜在的战略关切，它们使实施计划的国家变成拥核国家成为潜在可能。这不仅是防核扩散问题，还是核裁军问题。随着核裁军取得进展，突然违背核裁军承诺的可能性将和违背核不扩散承诺一样，受到极大关切。另外，当要求无核武器国家同意采取替代方案，限制其国家核计划时，这些国家可能会争辩说，这种新方案应该是非歧视性的，也应该适用于核武器国家。因此，需要提出一些概念，以便在可行的时间框架内将所有由国家控制的铀浓缩和后处理计划变成一个合适的替代方案。

4.78　国际核燃料银行是对国际核能合作框架提出的国际方案的一个重要补充，它是其他核燃料供应安排失败时保障核燃料供应的最后保证。目前有两个这样的核燃料银行——一个是俄罗斯在安加尔斯克建立的国际铀浓缩中心，另一个正在哈萨克斯坦建立，它由IAEA供货，并由降低核威胁倡议组织（NTI）和IAEA的一些成员国提供资金援助。

4.79　多国控制。替代国家控制敏感核计划的最实用方案是某种形式的多国控制，像核供应国集团准则所指的那样："如果将转让铀浓缩或后处理设施、设备或技术，供应方应鼓励接受方接受供应方参与和（或）其他多国适当地参与其相关核设施的工作，以此来代替国家工厂。供应方还应推动与地区性多国核燃料循环中心有关的国际（包括国家原子能机构的）活动。"①

4.80　如前所述，20世纪40年代曾提出国际化运作核燃料循环，但没有成功。20世纪70年代国际核燃料循环评价（INFCE）②和2015年IAEA关于多边方案研究中均再次提议处理这个问题。③

4.81　这种跨国方案的一个重要目标是建立技术和机制壁垒，防止任何国家试图滥用铀浓缩和后处理能力。铀浓缩和后处理能力受单个国家的控制越小，就越难以滥用。当然"壁垒"并不是完全有效的——无论是哪个国家拥有并运行铀浓缩和后处理设施，它总有办法利用这些设施。像"黑盒"④技术这样的安排很重要，它能够为国际干预提供更多的时间，使滥用变得更加困难。跨国方案还有助于确保在核燃料循环最敏感领域采用最佳的核安全和核安保实践标准。

4.82　跨国方案并不是一个不切实际的愿望——已经有这样的案例，如欧洲铀浓缩公司（URENCO）和西伯利亚安加尔斯克国际铀浓缩中心（IUEC）。国际铀浓缩中心是俄罗斯2007年建立的，它的任务是保证所有国

---

① 核供应商集团导则, INFCIRC/254/Rev.lO/Part 1, paragraph 6（e）。
② IAEA,《国际核燃料循环评估报告》, 1980。
③ IAEA,《核燃料循环多边方案》, 2005, 网址：<http://www-pub.iaea.org/books/ IAEABooks/7281/ Multilateral-Approaches-to-the-Nuclear-Fuel-Cycle>。
④ "黑盒"的概念是指转让完整的系统和设施，而不转让能够设计和制造的技术，在这种情况下，不允许或没有能力复制设施。

家都平等和有保障地获得原子能利用的好处。①俄罗斯还邀请其他国家作为利益相关方加盟该中心。加盟的好处包括获得核燃料供应和服务的保证。哈萨克斯坦、乌克兰和亚美尼亚已经加盟，还有其他一些国家表示感兴趣。

4.83 欧洲铀浓缩公司和国际铀浓缩中心这两个案例都有一些重要特征，可供未来的合作模式借鉴，如协议可规定共同监督设施的运营，核消费方有产品供应保证并平等参与，或敏感技术只能通过"黑盒"供应。

4.84 概括起来，未来核燃料循环安排的可能模式可包括如下几个方面：

● 核燃料供应方和消费方在核燃料循环的各个方面形成全面合作伙伴关系，包括核燃料供应保证，以及在安全、安保、核燃料制造、乏燃料和高放废物管理上的合作：

　　—包括核燃料保证在内的合作伙伴关系安排要有条约来规定，其中要有受到国际法约束和接受IAEA监督的条文；

　　—这种合作还包括后备安排，以防供应方不履行责任。

● 敏感核设施——铀浓缩和后处理设施——要由核燃料供应方在跨国安排下运营：

　　—如果可能，要在"黑盒"的基础上向运营方提供技术，正如目前欧洲铀浓缩公司向美国和法国提供、俄罗斯技术装备出口公司（TENEX）向中国提供的那样；

　　—核燃料消费方有机会平等参股这些设施，包括分享利润；

　　—作为确保不滥用核设施的附加措施，核燃料消费方能够参与设施运营（不获得敏感技术）。

4.85 尽管要获得对核燃料循环扩散敏感阶段寻求多边化的支持仍是一个挑战，但是如上所述的两个案例已经开了实际的先例。现在需要做的是把重点从国家核燃料循环计划转移到防核扩散、能源安全和加强国际合作的共同利益上。

---

① 见网址：<http://eng.iuec.ru>。

4.5　核安全和安保承诺

4.86　本节的重点是核安全：核安保在本报告的第三章已详细讨论过。国际社会（如2012年和2014年的核安全峰会）越来越认识到核安全和核安保之间有密切的联系，不仅是因为安全保护不当可能给"破坏"创造机会。《核材料实物保护公约》2015年修订案认识到了核安全和核安保之间的密切联系，如果生效，它将公约的范围扩大到包括保护核设施免遭破坏。

4.87　2011年的福岛核事故凸显了核安全和核安保之间的联系。恐怖分子也可能试图"复制"这样的核事故，比如破坏反应堆的冷却系统和应急电力供应系统，或者破坏乏燃料池。

4.88　日本国会黑川小组的调查结论增加了国际忧虑，其结论说：东京电力公司福岛核电站事故是由日本政府、监管机构、东京电力公司和他们的疏于管理共同造成的。他们使日本遭受了核事故，使国家丧失了安全。所以，我们得出的结论是：这次核事故显然是"人为的"。我们认为造成事故的根本原因是组织和监管体系，它们对决策和行动的错误理由提供了支持……[①]

4.89　出于对核安全和核安保问题的关切，福岛核事故的主要教训是：不能把核活动看作是单个国家的"专属区"——核活动造成的潜在影响远远超出了任何一个国家的国界。尽管核安全和核安保的首要责任在于各当事国，但是每个国家在其他国家如何很好地履行这种责任方面都是利益相关方。重大的核事故会产生全球性的影响。即使核事故不会导致显著的跨境放射性沾染，但是它会影响对核能的信心和支持。同样，恐怖分子制造的核爆炸和重大核破坏也会产生全球性影响。

---

① 福岛核事故独立调查委员会正式报告——执行摘要（Tokyo: National Dietofjapan,2012），第16页。

资料框4.1　2011年福岛核事故

2011年3月，大地震和海啸袭击了日本东部，由于缺少对安全至关重要的应急电力供应，导致福岛核电站的三个反应堆当月熔毁。这场悲剧也显示出日本在核灾难应急准备安排上存在重大缺陷，核安全管理薄弱。

东京电力公司和日本政府不仅没有建立足够高的防护堤以抵御大地震引发的海啸，也没有采取多个冗余方案以确保福岛第一核电站的电力供应，因而在关键的冷却系统停运后，无法减轻事故的严重程度。

2011年3月体现出来的整个体系的薄弱性是可以预见的，而且是可想而知的。事实上，美国专家已认定可能被恐怖分子列为袭击目标、造成最严重影响的部位：乏燃料池、冷却系统和备用电力。自"9·11"恐怖袭击以来，作为预防可能的核恐怖袭击的措施，美国已经采取冗余方案，确保给反应堆供电。但是日本却忽略了这种风险——显然，这是因为它针对的是核恐怖主义风险，而不是自然灾害。

福岛核事故的教训是，现有的和计划建造的核电站，在核电站设计阶段，必须充分关注安全—安保的关系，包括接触控制机制。在核电厂的选址、建设和运营以及乏燃料和核废物的处理上，应该制定共同的、强制性的标准。

4.90　福岛核事故表明，单个国家或作为国际社会的整体都不能全靠核活动的国家监督来获得良好的核安全保证。如果像日本这样核电发达国家在核监管和应急管理上都存在困难，那么怎么能够期望核电欠发达国家和新兴核电国家做得更好？福岛核事故表明，在开发核能时，需要在国家和国际利益与责任之间达到一个更合适的平衡，需要开展更大的国际合作和协作，同时还要有国际透明和责任。

4.91　加入条约。通过一些条约和机制，尤其是NPT条约和IAEA的核保障体系，人们早就认识到防核扩散的国际价值。尽管核安全和核安保的国际价值也很大，但遗憾的是这一点在对相关条约的理解上以及对条约义务的承诺中都没有得到很好的反映。在这些领域的国际治理安排绝大多数都是自愿参加，没有哪一个可以和IAEA的核保障视察等效。相关条约的加入情况参差不齐，关键的核安保条约（《核材料实物保护公约》2005年修订案）因为加入的国家不够多，仍没有生效，并且缺乏国际透明和责任机制。

4.92　表4.4和表4.5列出了重要核安全和核安保公约的加入情况。虽然实现这些公约的普遍性是国际社会的主要目标，但更重要的是要使所有有重要核活动的国家均加入这些公约[1]——为了节省篇幅，表中只列出了这些国家。

表4.4　具有重要核活动的国家参加核安全公约情况（用阴影方块表示）

国家	《核安全公约》	《乏燃料管理安全和放射性废物管理安全联合公约》	《及早通报核事故公约》	《核事故和辐射紧急援助公约》
阿尔及利亚	已签署			
阿根廷				
亚美尼亚				
澳大利亚				
奥地利				
孟加拉共和国				
白俄罗斯				
比利时				
巴西				
保加利亚				
加拿大				
智利				
中国				
哥伦比亚				
刚果民主共和国			已签署	已签署
捷克				

---

[1] 由国际原子能机构界定的——主要适用于拥有核设施的国家。

（续）

国家	《核安全公约》	《乏燃料管理安全和放射性废物管理安全联合公约》	《及早通报核事故公约》	《核事故和辐射紧急援助公约》
丹麦				
埃及	已签署			
爱沙尼亚				
芬兰				
法国				
格鲁吉亚				
德国				
加纳				
希腊				
匈牙利				
印度				
印度尼西亚				
伊朗				
伊拉克				
以色列	已签署			
意大利				
牙买加				
日本				
哈萨克斯坦				
拉脱维亚				
利比亚				
立陶宛				
马来西亚				
墨西哥				
摩洛哥	已签署			

（续）

国家	《核安全公约》	《乏燃料管理安全和放射性废物管理安全联合公约》	《及早通报核事故公约》	《核事故和辐射紧急援助公约》
荷兰				
尼日利亚				
朝鲜			已签署	已签署
挪威				
巴基斯坦				
秘鲁		已签署		
菲律宾	已签署	已签署		
波兰				
葡萄牙				
罗马尼亚				
俄罗斯				
塞尔维亚				
斯洛伐克				
斯洛文尼亚				
南非				
韩国				
西班牙				
瑞典				
瑞士				
叙利亚	已签署		已签署	已签署
塔吉克斯坦				
泰国				
土耳其				
乌克兰				
英国				

（续）

国家	《核安全公约》	《乏燃料管理安全和放射性废物管理安全联合公约》	《及早通报核事故公约》	《核事故和辐射紧急援助公约》
美国				
乌兹别克斯坦				
委内瑞拉				
越南				

资料来源：IAEA2014年12月。

表4.5　有重要核活动的国家参加核安保公约情况（用阴影方块表示）

国家	《核材料实物保护公约》	《核材料实物保护公约》修订案	《制止核恐怖主义行为国际公约》
阿尔及利亚			
阿根廷			已签署
亚美尼亚			
澳大利亚			
奥地利			
孟加拉共和国			
白俄罗斯			
比利时			
巴西			
保加利亚			已签署
加拿大			
智利			
中国			
哥伦比亚			已签署
刚果民主共和国			
捷克			

（续）

国家	《核材料实物保护公约》	《核材料实物保护公约》修订案	《制止核恐怖主义行为国际公约》
丹麦			
埃及			已签署
爱沙尼亚			已签署
芬兰			
法国			
格鲁吉亚			
德国			
加纳			已签署
希腊			已签署
匈牙利			
印度			
印度尼西亚			
伊朗			
伊拉克			
以色列			已签署
意大利			已签署
牙买加			
日本			
哈萨克斯坦			
拉脱维亚			
利比亚			
立陶宛			
马来西亚			已签署
墨西哥			
摩洛哥			
荷兰			

（续）

国家	《核材料实物保护公约》	《核材料实物保护公约》修订案	《制止核恐怖主义行为国际公约》
尼日利亚			
朝鲜			
挪威			
巴基斯坦			
秘鲁			
菲律宾			已签署
波兰			
葡萄牙			
罗马尼亚			
俄罗斯			
塞尔维亚			
斯洛伐克			
斯洛文尼亚			
南非			
韩国			
西班牙			
瑞典			
瑞士			
叙利亚			已签署
塔吉克斯坦			已签署
泰国			已签署
土耳其			
乌克兰			
英国			
美国			已签署

（续）

国家	《核材料实物保护公约》	《核材料实物保护公约》修订案	《制止核恐怖主义行为国际公约》
乌兹别克斯坦			
委内瑞拉			
越南			

资料来源：IAEA，CPPNM，A/CPPNM（截至2014年12月）；联合国条约收集数据库：《制止核恐怖主义行为国际公约》（2014年12月）。

4.93　1986年切尔诺贝利核事故发生后，政府和核工业界认识到有必要采取实质性措施，恢复民众对核能的信心。这促成了一系列新条约的产生——尤其是《核安全公约》《及早通报核事故公约》和《核事故和辐射紧急援助公约》。相比之下，福岛核事故发生后，国际上的反应却出奇地沉默。令人非常意外的是，政府和核工业界好像并没有意识到事故对民众信心造成的损害，也没有认识到核安全要由以国家为主角变为更多国际合作和责任的必要性。

4.94　1994年签订的《核安全公约》是核安全方面的主要条约。尽管该公约适用于核电反应堆，但是很多没有核电反应堆的国家为了表示对安全原则的支持也加入了该公约。该公约有77个缔约国。[1]未加入公约的国家包括伊朗（它是唯一一个有核电反应堆但不是缔约国的国家）和埃及。埃及准备实施核电计划，已签署但未批准公约。

4.95　另一个重要的核安全条约是1997年签订的《乏燃料管理安全和放射性废物管理安全联合公约》。公约主要适用于民用核反应堆和民用过程中产生的乏燃料和放射性废物，适用于受监管的核设施有计划和有控制地向环境中排放其产生的液态或气态放射性物质。公约还规定了与乏燃料和放射性废物跨境运输及废弃密封放射源安全管理相关的责任。它有69个缔约

---

[1] 截至2014年1月9日。

国。①值得关注的是，有一些运营核电反应堆的国家不是该公约的缔约国，它们是印度、伊朗、墨西哥和巴基斯坦。

4.96　1986年的《核事故及早通报公约》有119个缔约国，②1986年的《核事故和辐射紧急情况援助公约》有112个缔约国，其中包括所有有核电反应堆的国家和有重要核活动的大多数国家。但朝鲜、叙利亚（每个都已签署）和乌兹别克斯坦是例外，而对于《核事故和辐射紧急情况援助公约》，格鲁吉亚和委内瑞拉是例外。

4.97　如前面（3.3.1节）所提到的核安保，核安保的主要公约是1980年的《核材料实物保护公约》（目前处理核安保的具有法律约束力的唯一多边文书）。它离实现普遍性还有一段距离，到2014年12月31日，2005年通过的公约修订案只得到83个国家的批准，而条约生效需要101个国家批准。同样，在上一章的3.3.2节指出，有相当一部分国家还不是2005年的《制止核恐怖主义行为国际公约》（ICSANT）的缔约国。

4.98　标准和责任。相对于防核扩散和核保障，核安全和核安保的国际治理还比较薄弱。IAEA只有建议权。IAEA的规约授权该机构制定和颁布核安全标准。③在核保障方面，规约规定各国可达成安排，赋予IAEA采用安全标准的权利。然而到目前为止，还没有任何国家达成了这样的安排。

4.99　IAEA规约于1956年达成，当时由于没有意识到核安保的问题，因而规约中未特别提及核安保。这导致很多国家质疑IAEA在核安保上的作用——尽管规约中提到的"保护健康及减少对生命与财产的危险的安全标准"④可解释为已涵盖了核安保。反映出缺乏核安保方面特别规定的一个事例是，IAEA在核安保方面的大部分工作都是靠自愿捐助，而不是靠它的日常预算提供资金。IAEA在核安保方面仅起到建议作用。

---

① 截至2013年10月9日。
② 截至2014年9月22日。
③《国际原子能机构规约》第3条第A.6款。
④《国际原子能机构规约》第3条第A.6款。

4.100 《核安全公约》是一种"激励手段"。缔约国都致力于运用基本的安全准则，而没有详细的或具有约束力的标准。公约依赖于缔约国的共同兴趣，通过定期会议发展和促进实现更高水平的安全。IAEA颁布核安全标准，但是否采用这些标准是自愿的。在磋商会议上，一些国家提出让IAEA起到积极的监视作用，但这种提议并没有达成一致。

4.101 缺乏具有约束力的标准，使得核安全和核安保实施情况的外部评审机制和共享核安全与核安保领域的最佳实践变得更为重要。外部评审不仅是评价是否履行公约，更有助于共享最佳实践，这对识别被忽视的薄弱环节也至关重要。目前，同行评审是唯一的外部评审机制。

4.102 《核安全公约》有一个广泛的外部同行评审程序，它要求每个缔约国提交关于公约实施情况的国家报告。国家报告会在每三年一次的会议上讨论。尽管很多缔约国公开发布他们的报告，但按正规来说，这些报告及其讨论情况应该对缔约国保密。

4.103 IAEA和非政府组织世界核电运营者协会（WANO）提供包括设施层面上更具体的外部同行评审。IAEA的评审完全是自愿的——缔约国没有义务申请评审，也没有责任采纳评审机构的建议。2011年10月，WANO（几乎包括世界上所有核电反应堆运营者）的成员同意，对核电反应堆的核安全作强制性的定期同行评审。尽管这一进展受到欢迎，但是跟IAEA评审程序一样，WANO评审程序也缺乏透明。外界无法得知评审程序的实践情况。

4.104 福岛核事故发生后，2011年召开了两次高级别的核安全会议。第一次会议是IAEA在6月20—24日举行的，会议通过了核安全行动计划。但是有些国家认为，行动计划不符合国际社会的期望，它基本上没有作出新承诺，也几乎没有增加核安全外部同行评审的透明度。[1]许多国家尤其是

---

① Reuters, "IAEA states divided on how to best to boost nuclear safety," http://www.reuters.com/article/2011/09/13/ nuclear-safety-iaea-idUSL5E7KDHY20110913。

法国，提议进行强制性的、定期的、透明的外部安全检查，但遭到了美国、印度、中国和巴基斯坦等国的反对。第二次会议是联合国秘书长潘基文在2011年9月22日召开的。潘基文呼吁"更大的透明和公开的责任"，并呼吁强化国际安全标准。法国总统萨科齐认为，虽然IAEA的行动计划向正确的方向迈出了一步，但是这个世界不允许不同的国家采取不同的标准。他说："最高标准必须适用于所有国家的每个人"，"技术安全标准必须一致"。

4.105 尽管这只是法国和其他几个国家的立场，但现阶段核安全仍然具有极强的"国家"特征。福岛核事故显示了这种特征的风险。例如，IAEA和其他机构在数年前就指出，日本存在监管独立性不足的问题，但是在福岛核事故发生后，日本政府才接受了这种批评并采取更有效的管理。

4.106 2012年12月15—17日，IAEA和日本政府召开了福岛核安全部长级大会。根据大会主席的总结性发言，与会者指出了外部同行评审任务、评审结论透明和确保监管机构以公开、透明方式办事的重要性。发言指出："已经很注重增强核运营者和全球监管机构国际同行评审机制，注重增加公开和透明度，以确保利益相关方——特别是民众——能够责成核工业界和监管机构承担应尽的责任，从而增强信任和信心。"发言还指出："加强全球核安全的最有效措施之一是成员国要始终尽可能广泛和有效地采用IAEA安全标准。"

4.107 尽管福岛会议的成果令人鼓舞，但似乎远没有严肃地讨论如何让安全标准和国际安全检查产生约束力。目前有些主要国家反对让核安全标准和国际安全检查产生约束力的这种想法。在各国政府未准备让IAEA行使主动监视核安全的职能（比如像核保障那样通过和该机构缔结双边协定）之前，这些国家关于切实改革核安全治理工作的承诺将容易受到质疑。

4.108 鉴于在重大变革上要达成全球性共识存在着挑战，先从区域着手也许更有建设性。例如，2013年核不扩散和裁军亚太领导网（APLN）发表了一份关于亚太核能界概念的讨论文件，它部分仿照欧洲原子能联营，提出建立核能区域治理体系，特别强化核安全和核安保。①2014年8月，韩国总统朴槿惠提议，仿照欧洲原子能联营，成立东北亚核安全机构。随后，韩国、中国和日本举行了一次高级别会议，进一步扩展了该提议。

4.109　《核材料实物保护公约》制定了广泛的安保标准，2005年的修订案（尚未生效）制定了基本原则，但没有详细的、有约束力的安保标准。IAEA颁布了核安保导则，但跟核安全标准一样，这些导则的采用也是自愿的。不同的是，《核材料实物保护公约》既没有各国报告实施情况的制度，也没有缔约国聚集会谈的机制。

4.110　与核安全不同的是，核安保没有任何形式的强制性外部同行评审程序。不应把防止危害国家安全的需要当作躲避外部评审的借口。接触管理概念既已建立，各国就可很容易地制定适当的接触管理程序。世界核电运营者协会的成员赞成采取强制性外部同行评审——希望世界核安保研究所（WINS，一个在许多情况下和世界核电运营者协会一样的实体）的成员也会赞同。

4.111　如今，绝大多数国家的核安保官员都回避国际核安保监察的想法。未来，各国应该严肃考虑如何制定一套国际核安保视察程序，使大家互惠互利。

4.112　需要认可国际责任的重要性。核安全至少还有通报《核安全公约》实施情况的报告程序。核安保方面没有类似的关于遵守公约和IAEA建议等实施情况的国家报告程序。目前唯一的机制是按照联合国安理会第1540号决议的要求提交报告——它包括核安保方面的一些报告要求，但是到目前为止，在这方面并没有实质性行动。

4.113　2014年，在核安全峰会的53个与会国中，35个国家在一次令人

---

① John Carlson, "AnAsia Pacific Nuclear Energy Community," APLN/CNND Policy Brief No. 4（Canberra: Centre for Nuclear Non-Proliferation and Disarmament,June 2013）, https://cnnd.crawford.anu.edu.au/sites/default/files/publication/cnnd_ crawford_anu_edu_au/2014-06/policy_brief_no_4_-_an_asia-pacific_nuclear_energy_community.pdf.

鼓舞的行动中联合制作了一个"礼品篮"，联合提出了强化核安保措施实施的倡议。除了其他内容外，他们承诺要开展外部同行评审并采纳评审建议。如果这项倡议能实施，这将会导致解决更大范围的保证和责任机制问题。跟核安全问题一样，先以区域为基础，可能会取得更大的进展。

4.114　核损害责任。对核事故可能造成跨境损害的认识，导致了几个关于解决国际性赔偿问题国际公约的达成。这些主要公约是：1960年的《核能领域第三方责任公约》（巴黎公约）——只对经济合作与发展组织（OECD）的成员开放；1963年的《核损害民事责任公约》（维也纳公约）；1997年的《核损害补充赔偿公约》（CSC）——已发展成为其他公约的一个总称。[①]表4.6列出了这些公约的参与情况。

4.115　除了某些差异外，这些公约均制定了如下基本原则：

● 核电运营者承担严格的赔偿责任——索赔方无需取证。

● 核电运营者承担唯一的赔偿责任——所有索赔由运营者承担。

● 核事故所在地法院拥有唯一的司法权。

● 强制性保险——运营者必须对赔偿限额进行投保。

● 限定核电运营者的赔偿金额和时间。超出最高赔偿金额的部分，由国家和/或运营者共同承担赔偿责任。公约不同，赔偿限额不同。

表4.6　核电国家参加责任公约的情况统计

国家	《核能领域第三方责任公约》（巴黎公约）	《核损害民事责任公约》（维也纳公约）	《核损害补充赔偿公约》
阿根廷		√	√
亚美尼亚		√	
比利时	√		

---

① 除了这些公约之外，还有1963年《巴黎公约》的补充公约（布鲁塞尔补充公约），以及《巴黎公约》和《维也纳公约》的一些修订议定书和1988年关于采用《维也纳公约》和《巴黎公约》的联合议定书。

（续）

国家	《核能领域第三方责任公约》（巴黎公约）	《核损害民事责任公约》（维也纳公约）	《核损害补充赔偿公约》
巴西		√	
保加利亚		√	
加拿大			已签署
中国			
捷克共和国		√	已签署
芬兰	√		
法国	√		
德国	√		
匈牙利		√	
印度			已签署
伊朗			
日本			
墨西哥		√	
荷兰	√		
巴基斯坦			
罗马尼亚		√	√
俄罗斯		√	
斯洛伐克		√	
斯洛文尼亚	√		
南非			
韩国			
西班牙	√	已签署	
瑞典	√		
瑞士	√		

（续）

国家	《核能领域第三方责任公约》（巴黎公约）	《核损害民事责任公约》（维也纳公约）	《核损害补充赔偿公约》
乌克兰		√	已签署
英国	√	已签署	
美国			√

资料来源：《维也纳公约》和《核损害补充赔偿公约》：国际原子能机构；《巴黎公约》：经合组织原子能局。资料数据截至2014年12月。

4.116 IAEA一直在寻求建立一个单一的责任制度——考虑将《核损害补充赔偿公约》作为这种制度的可能基础——但至今没有成功。《核损害补充赔偿公约》尚未生效——它需要核电总装机容量在400GW（热）、相当于130GW（电）以上的5个国家的批准。迄今为止，全世界只有5个国家（阿根廷、摩洛哥、罗马尼亚、阿联酋和美国）批准，他们的核电总装机容量为102GW（电）。还有18个国家已经签署公约，包括4个有核电计划的国家（加拿大、捷克共和国、印度和乌克兰）。日本2013年12月宣布准备批准该公约，2014年11月日本国会通过了必要的立法，有望在2015年的第一季度批准该公约，届时公约应该会生效。

4.117 没有加入《巴黎公约》和《维也纳公约》的国家拥有世界一半以上的反应堆。其中部分国家已经批准或签署了《核损害补充赔偿公约》（如美国、印度）。一些主要核电国家，包括加拿大[①]、中国、日本和韩国，都没有加入任何公约。由于两个主要核电大国（法国和美国）分别支持不同的公约——法国支持《巴黎公约》，美国支持《核损害补充赔偿公约》从而加剧了这种局势。没有加入这两个公约的国家正在观望，看哪个公约会获得更大的支持。然而，2014年8月，美国和法国承诺要共同努力促使《核损

---

① 加拿大2013年12月3日签署了《核损害补充赔偿公约》。

害补充赔偿公约》生效。

4.118　如果发生严重核事故的国家置身于《巴黎公约》和《维也纳公约》及生效了的《核损害补充赔偿公约》之外，那么受害人只能依据该国的国内立法进行索赔。这可能导致事故受害者和其他团体在确定诉讼主体时有或大或小的不确定性，可能不知道是反应堆供应方还是核燃料制造方应承担主体责任（印度在责任立法中提高了对核燃料制造方的关切）。应该尽一切努力，建立单一的国际责任制度——现在看来《核损害补充赔偿公约》的前景最好——为了公约的普遍性，有核反应堆的所有国家都应加入。

4.119　禁止袭击核设施。2009年，IAEA大会作出决定，"禁止武装袭击或威胁袭击在运或在建的核装置"。决定指出，"任何武装袭击和威胁袭击和平用途核设施的行为都是违反《联合国宪章》、国际法以及《IAEA规约》的原则的[①]"。《不扩散核武器条约》（NPT）2010年审议大会达成的第64项行动呼吁所有国家执行这个决定。如果核设施遭袭击，最明显的后果是会造成大范围放射性沾染的危险，这不仅会影响核设施所在国，而且很可能越境造成更大范围的影响。

4.120　到目前为止已发生几次袭击核设施的事件，不过大多数核设施在遭袭击时还未投入运行，未造成严重的辐射释放：

● 1980年伊朗飞机袭击了伊拉克正在建造的奥希拉克研究堆，破坏了配套设施，但反应堆没有损坏。

● 1981年以色列飞机摧毁了伊拉克奥希拉克研究堆。

● 1984—1987年，在"两伊战争"期间，伊拉克几次空袭伊朗布什尔正在建造的两座核电反应堆，造成了严重的破坏。

● 1991和1993年，在第一次"海湾战争"期间，美国袭击了伊拉克图瓦萨研究中心和其他核场址。

● 2007年，以色列飞机炸毁了叙利亚的艾其巴反应堆。这是一个秘密

---

① 见2009年9月13日的GC（53）/DEC/文件。

建造的钚生产堆，由朝鲜提供，遭袭时反应堆接近启动运行。

>最新的案例涉及一个非国家行为体——2014年7月，哈马斯用火箭弹袭击以色列的迪莫纳反应堆，但没有成功。

4.121 目前在这一问题上尚无制定一个新的多边条约的行动。到现在为止唯一相关的多边条约是1977年达成的日内瓦公约附加议定书（附加议定书Ⅰ的第56条和附加议定书Ⅱ的第15条），以及1996年的"佩林达巴条约"（第11条①）。另外，还有一个双边条约与此相关，尽管该条约是双边的，但非常重要——1988年印度和巴基斯坦间关于禁止袭击核装置和核设施的协议。协议作出了彻底的禁止，适用于所有核设施。另外，协议还规定，双方要定期交换他们最新的核设施清单。20世纪80年代，裁军谈判会议（CD）为达成禁止袭击核设施的多边条约编写了草案，但无果而终。

---

①《非洲无核武器区条约》。

第二部分

具体承诺和建议

A.2010年《不扩散核武器条约》审议大会：行动计划

商定的后续行动	在执行情况报告中的段落位置	截至2014年12月的执行情况
I.核裁军		
A. 原则和目标		
行动1：所有缔约国承诺寻求与《不扩散核武器条约》和实现无核武器世界这一目标完全相符的政策。	1.19—33	▲
行动2：所有缔约国都承诺在履行条约规定的义务方面奉行不可逆、可核查和透明的原则。	1.34—54	●
B. 裁减核武器		
行动3：在落实其作出的彻底消除其核武库的明确承诺过程中，核武器国家承诺通过单边、双边、区域和多边措施等途径进一步努力，削减并最终消除已部署和未部署的所有类型核武器。	1.19—33 1.55—100	★
行动4：俄罗斯联邦和美利坚合众国承诺寻求《进一步削减和限制进攻性战略武器措施的条约》的早日生效和全面执行；鼓励两国继续讨论后续措施，以便进一步削减其核武库。	1.22 1.30, 1.32 1.82—90	●

★ 没有进展　　▲ 进展极小　　● 有些进展　　◆ 进展显著　　■ 得到全面实施

（续）

商定的后续行动	在执行情况报告中的段落落位置	截至2014年12月的执行情况
行动5: 核武器国家承诺，以促进国际稳定、和平以及不减损和增强安全的方式，在2000年审议大会最终文件所载实现核裁军的步骤方面加快具体进展。为此，呼吁核武器国家国家续迅速采取以下方面：	1.19—33 1.248—53	▲
（a）按照行动3的规定，迅速着手全面削减全球储存的各种核武器；	1.55—100	▲
（b）作为全面核裁军进程的一个组成部分，讨论所有核武器问题，不论其类型或地点；	1.55—100	★
（c）进一步减少核武器在所有军事和安全概念、理论和政策中的作用和重要性；	1.108—47	▲
（d）讨论可以防止使用和最终消除核武器、减少核战争危险以及促进不扩散核武器和核裁军的各项政策；	1.93—100	▲
（e）考虑到无核武器国家的正当利益，以促进国际稳定与安全的方式进一步降低核武器系统的作战状态；	1.155—74	▲
（f）减少意外使用核武器的风险；	1.167—74	▲
（g）进一步提高透明度，增强相互信任。	1.38—47	▲

★ 没有进展　▲ 进展极小　● 有些进展　◆ 进展显著　■ 得到全面实施

（续）

商定的后续行动	在执行情况报告中的段落位置	截至2014年12月的执行情况
行动6： 各国同意裁军谈判会议应立即建立一个附属机构，负责在全面、均衡的商定的工作计划下处理核裁军问题。	1.91	★
C.安全保证		
行动7： 各国同意，裁军谈判会议应在一个商定、全面和均衡的工作计划内进行，立即开始讨论就保证不对无核武器国家使用或威胁使用核武器做出有效国际安排，讨论应该是实质性的，不受任何限制，以期拟定涉及这个问题所有方面的建议，不排除具有国际法律约束力文书的可能性；审议大会邀请联合国秘书长于2010年9月组织召开有关核裁军的高级别会议。	1.138—47	★
行动8： 所有核武器国家应充分遵守其现有安全保证承诺；鼓励尚未向无核武器缔约国作出安全保证的核武器国家做出安全保证承诺。	1.138—47	■
行动9： 鼓励有关区域各国根据1999年联合国裁军审议委员会的指导方针，酌情建立更多的无核武器区；鼓励所有在自由作出安排的基础上，相关国家批准无核武器区条约和相关议定书，并进行建设性的磋商和合作，使所有这些无核武器区条约相关的具有法律约束力的议定书生效，其中包括消极安全保证；鼓励有关国家审查任何相关保留意见。	1.145 2.119—45	●

★ 没有进展　　▲ 进展极小　　● 有些进展　　◆ 进展显著　　■ 得到全面实施

（续）

商定的后续行动	在执行情况报告中的段落位置	截至2014年12月的执行情况
D.核试验		
行动10： 所有核武器国家承诺迅速批准《全面禁止核试验条约》，指出核武器国家的积极决定将对该条约的批准产生有益的影响，核武器国家对于鼓励那些还没有加入《不扩散核武器条约》并继续在保障监督制度之外运行核设施的国家签署和批准条约具有特殊的责任。	2.163	★
行动11： 在《全面禁止核试验条约》生效前，所有国家承诺不进行核武器试验爆炸或任何其他核爆炸，不使用新的核武器技术，不采取违背条约目的和宗旨的任何行动，并继续执行现有暂停核武器试验爆炸的各项措施。	2.163　2.168	●
行动12： 已批准《全面禁止核试验条约》的所有国家承认促进条约生效会议和2009年9月举行的第六次促进条约生效会议以协商一致方式通过的措施所作出的贡献，并承诺在2011年会议上报告该条约任紧急生效问题上所取得的进展。	2.169—71	◆
行动13： 已批准《全面禁止核试验条约》的所有国家承诺在国家、区域和全球三个层面促进条约的生效和执行。	2.169—71	◆

★ 没有进展　　▲ 进展极小　　● 有些进展　　◆ 进展显著　　■ 得到全面实施

（续）

商定的后续行动	在执行情况报告中的段落位置	截至2014年12月的执行情况
行动14： 鼓励全面禁止核试验条约组织筹备委员会全面制定《全面禁止核试验条约》核查制度，包括根据筹备委员会的任务尽早完成国际监测系统并投入临时运作。在条约生效后，该系统应在条约生效后作为一项有效、可靠、可参与和非歧视的全球性核查系统，并提供遵守条约的保证。	2.172	◆
E. 易裂变材料		
行动15： 所有国家同意，核裁军谈判会议应在一个商定、全面和均衡的工作计划内，根据1995年特别协调员报告（CD/1299）和其中所列载的任务，立即开始关于禁止生产用于核武器或其他核爆炸装置的易裂变材料相关条约的谈判。在这方面，审议大会将邀请联合国秘书长于2010年9月组织召开有关核裁军的高级别会议。	2.175—92	★
行动16： 鼓励核武器国家国家承诺向国际原子能机构（IAEA）酌情申报每个核武器用途的所有易裂变材料，并尽可能迅速地把这些材料或其他有关的国际核查和安排置于下，以便为了和平目的而处理这些材料，确保这些材料永远不用于军事计划。	2.193—209	▲

★ 没有进展　▲ 进展极小　● 有些进展　◆ 进展显著　■ 得到全面实施

（续）

商定的后续行动	在执行情况报告中的段落位置	截至2014年12月的执行情况
行动17： 在行动16的范围内，鼓励所有国家支持制订在国际原子能机构范围内具有法律约束力的适当核查安排，以确保对每个核武器国家国指定的不再需要用于军事用途的易裂变材料进行不可逆转的清除。	2.193—209	▲
行动18： 鼓励所有尚未把核武器或其他核爆炸装置所用易裂变材料的生产设施拆除或转为和平利用的国家开展这项行动。	2.210—20	★
F.支持核裁军的其他措施		
行动19： 所有国家同意必须支持各国政府、联合国、其他国际组织及地区组织和民间社团之间的合作，旨在加强信任、提高透明度并发展与核裁军有关的高效核查能力。	1.38—54	●
行动20： 缔约国应在条约强化审议进程的框架内，定期提交报告，说明本行动计划、1995年题为"核不扩散和核裁军的原则和目标"的决定第六条第4（c）款和2000年审议大会最后文件商定的实际步骤的执行情况，并回顾1996年7月8日国际法院的咨询意见。	1.45—47	●
行动21： 作为一项建立信任的措施，鼓励所有核武器国家尽快确定一项标准的报告方式和适当的报告信息。邀请联合国秘书长建立一个可公开查阅的资料存放处，相关资料应包括核武器国家提供的信息。	1.45—47	◆

★ 没有进展　　▲ 进展极小　　● 有些进展　　◆ 进展显著　　■ 得到全面实施

（续）

商定的后续行动	在执行情况报告中的段落位置	截至2014年12月的执行情况
行动22：鼓励所有国家执行联合国秘书长关于联合国在核裁军和不扩散教育方面的研究报告（A/57/124）中提出的建议，以便推进条约的目标，促进实现一个无核武器的世界。	1.228—31	▲
II. 核不扩散		
行动23：审议大会呼吁所有缔约国尽一切努力，促进各国普遍加入条约，不采取对普遍加入条约前景造成消极影响的任何行动。	2.22—35	▲
行动24：审议大会再次认可前几次审议大会的呼吁，即根据条约的第三条规定，使国际原子能机构的全面保障监督适用于缔约国所有和平核活动的各种源材料或特种易裂变材料。	2.36—44	◆
行动25：审议大会注意到全面保障监督协定在18个缔约国中尚未生效，大会敦促这些缔约国尽快使协定生效，不再拖延。	2.38—39	◆
行动26：审议大会强调，必须遵守不扩散义务，解决所有遵守条约的问题，以维护条约的完整性，保障监督制度的权威性。	2.65—82	●
行动27：审议大会强调，必须完全根据国际原子能机构规约和各成员国具体的法律义务解决不履行保障监督义务的所有问题。在这方面，审议大会呼吁各成员国与国际原子能机构合作。	2.65—82	●

★ 没有进展　▲ 进展极小　● 有些进展　◆ 进展显著　■ 得到全面实施

（续）

商定的后续行动	在执行情况报告中的段落位置	截至2014年12月的执行情况
行动28：审议大会鼓励尚未缔结附加议定书的所有缔约国尽快缔结加附议定书，且使之生效，并在生效前临时执行这些附加议定书。	2.45—49	◆
行动29：审议大会鼓励国际原子能机构进一步为缔约国提供便利和协助缔约国缔结全面保障监督协定及其附加议定书并使之生效。审议大会呼吁缔约国考虑到促进普遍缔结全面保障监督协定的具体措施。	2.61—64	◆
行动30：审议大会呼吁，考虑到国际原子能机构的可用资源情况，根据有关自愿提交保障监督协定，以尽可能经济实用的方法，将保障监督措施更广泛地应用于核武器国家中的和平核设施，并强调，在实现彻底销毁核武器后，应普遍适用全面保障监督议定书。	2.42—44	★
行动31：审议大会鼓励已缔结小部分缔约国但尚未修改或撤销的所有缔约国酌情尽快修改或撤销这些议定书。	2.40—41	●
行动32：审议大会建议，应定期评估和评价国际原子能机构的保障监督措施，并支持和执行国际原子能机构政策部门为进一步增强国际原子能机构保障监督的效力和效率所通过的决定。	2.50—60	◆
行动33：审议大会呼吁请所有缔约国确保国际原子能机构继续获得各种政治、技术和财政支持，以便其能够按照该条约第三条规定，有效履行其适用保障监督措施的职责。	2.83—91	●

★ 没有进展　　▲ 进展极小　　● 有些进展　　◆ 进展显著　　■ 得到全面实施

（续）

商定的后续行动	在执行情况报告中的段落位置	截至2014年12月的执行情况
行动34： 审议大会鼓励各缔约国在国际原子能机构规约的框架内，通过各成员国之间和与国际原子能机构的合作，为先进的保障监督措施进一步开发一个可靠、灵活、适应性广和成本效益高的国际技术基础。	2.57—60	◆
行动35： 审议大会敦促所有缔约国确保其核相关出口不会直接或间接协助核武器或其他核爆炸装置的研发，同时确保这些出口完全符合该条约的目标和宗旨，特别是该条约第一条、第二条和第三条规定以及1995年审议和延期大会通过的关于核不扩散和核裁军原则和目标的决定。	2.92—100	●
行动36： 审议大会鼓励各缔约国在制订本国出口管制措施时充分利用经多边谈判商定的准则和谅解文件。	2.98	●
行动37： 审议大会鼓励各缔约国在作出核出口的决定时，考虑国际原子能机构的保障监督义务是否已在接收国生效。	2.102—105	●
行动38： 审议大会呼吁所有缔约国在依据该条约各项目标采取行动时，尊重所有缔约国，特别是发展中国家为和平目的充分获取核材料、核设备和核技术信息的正当权利。	2.99　4.24—38	◆

★ 没有进展　　▲ 进展极小　　● 有些进展　　◆ 进展显著　　■ 得到全面实施

（续）

商定的后续行动	在执行情况报告中的段落位置	截至2014年12月的执行情况
行动39： 鼓励各缔约国根据该条约第一条、第二条、第三条和第四条规定促进核技术和核材料的转让，推动缔约国之间的国际合作，并在这方面消除与该条约宗旨不一致的任何不当限制。	2.92—99 4.24—38	◆
行动40： 审议大会鼓励各国保持尽可能高的核材料和核设施安全和实物保护标准。	3.1—172	●
行动41： 审议大会鼓励所有缔约国尽早酌情应用国际原子能机构关于核材料和核设施实物保护的建议（INFCIRC/225/Rev.4（更正本））及其他有关国际文书。	3.32—34 3.80—84	●
行动42： 审议大会呼吁《核材料实物保护公约》所有缔约国尽快批准该公约的修正案，并鼓励它们在修正案生效前，根据修正案的目标和宗旨采取行动。审议大会还鼓励所有尚未加入公约和通过修正案的国家尽快采取相同措施。	3.37—43	●
行动43： 审议大会敦促所有缔约国执行国际原子能机构放射源安全和保安行为准则的原则以及2004年国际原子能机构理事会核准的放射源进口和出口导则。	3.60—61	●

★ 没有进展　　▲ 进展极小　　● 有些进展　　◆ 进展显著　　■ 得到全面实施

（续）

商定的后续行动	在执行情况报告中的段落位置	截至2014年12月的执行情况
行动44：审议大会呼吁所有缔约国按照其相关国际法律义务提高在其境内查明、阻止和中断核材料非法贩运方面的国家能力，并呼吁有能力的缔约国致力于加强这方面的国际伙伴关系和能力建设。审议大会还呼吁各缔约国按照其相关国际法律义务建立和执行有效的国内管制，以防止核武器扩散。	2.92—100 2.146—48 3.116—19	●
行动45：审议大会鼓励尚未加入《制止核恐怖主义行为国际公约》的所有缔约国尽快加入该公约。	3.44—50	●
行动46：审议大会鼓励国际原子能机构继续协助各缔约国加强关于核材料的国家管制，包括建立和维持国家核材料衡算和控制制度，以及区域一级的制度。审议大会呼吁国际原子能机构成员国扩大对国际原子能机构有关方案的支持。	3.76—100 3.120—23	●
Ⅲ. 和平利用核能		
行动47：尊重每个国家在和平利用核能领域的选择和决定，不损害其和平利用核能的政策或国际合作政策或其燃料循环政策。	4.24—38	◆
行动48：承诺促进各缔约国尽可能充分地交流和平利用核能的设备、材料和科学技术信息，并尊重各缔约国参与这种交流的权利。	4.15—23	◆

★ 没有进展　▲ 进展极小　● 有些进展　◆ 进展显著　■ 得到全面实施

（续）

商定的后续行动	在执行情况报告中的段落落位置	截至2014年12月的执行情况
行动49：与其他缔约国或国际组织合作，为和平目的进一步发展核能，同时适当考虑世界上发展中区域的需要。	4.24—48	◆
行动50：向该条约的无核武器缔约国提供优惠优惠待遇，特别是要考虑到发展中国家的需要。	4.26—48	●
行动51：根据该条约第一条、第二条、第三条和第四条规定，促进缔约国之间的核技术转让和国际合作，并在这方面消除与该条约不一致的任何不当限制。	4.26—38	◆
行动52：在国际原子能机构内继续努力，提高其技术合作方案的成效和效率。	4.39—48	◆
行动53：加强国际原子能机构协助发展中缔约国和平利用核能的技术合作方案。	4.39—48	◆
行动54：尽一切努力并采取切实步骤，确保国际原子能机构拥有充足、有保障和可预测的资源用于技术合作活动。	4.41—48	●
行动55：鼓励所有有能力的国家为旨在未来五年筹集1亿美元作为国际原子能机构活动预算外捐款的倡议提供更多捐款，同时欢迎各国和国家集团为支持国际原子能机构的活动已认捐的款项。	4.41	●

★ 没有进展　　▲ 进展极小　　● 有些进展　　◆ 进展显著　　■ 得到全面实施

（续）

商定的后续行动	在执行情况报告中的段落位置	截至2014年12月的执行情况
行动56：鼓励进行国家、双边和国际努力，培训发展核能和平利用所需的技术人才队伍。	4.36—48	◆
行动57：确保在发展核能，包括核电时，按照各国国家立法和各自的国际义务，对核能的利用应辅以承诺和持续实施保障监督以及适当和有效水平的安全和安保措施。	3.161—64 4.55—57 4.86—113	●
行动58：在国际原子能机构或地区论坛主持下，以非歧视和透明的方式，进一步商讨核燃料循环多边方案的制订，包括在不影响该条约规定的权利和不损害国家燃料循环政策的情况下，创建核燃料供应保证机制的可能性以及燃料循环后端的可能处理方案，同时处理围绕这些问题的复杂的技术、法律和经济问题，包括国际原子能机构在这方面全面保障监督的要求。	4.79—85	●
行动59：尚未参加下列公约的国家，要考虑成为下列公约的缔约国：《核安全公约》《及早通报核事故公约》《核事故或辐射紧急情况援助公约》《制止核恐怖主义行为国际公约》和《核材料实物保护公约》，并批准其修正案，以便能早日生效。	4.91—97	●

★ 没有进展　　▲ 进展极小　　● 有些进展　　◆ 进展显著　　■ 得到全面实施

（续）

商定的后续行动	在执行情况报告中的段落落实位置	截至2014年12月的执行情况
行动60：促进核安全和核安保方面最佳做法的分享，包括为此酌情与核工业和私营部门进行对话。	3.156—64 4.98—113	●
行动61：鼓励有关国家在自愿基础上，在技术上和经济上可行的情况下进一步尽量减少高浓铀的民用储存和使用。	4.60	◆
行动62：按照相关的安全、安保和环境保护国际标准运输放射性材料，航运国应保持与沿海国间的联系，以便建立信任和解决有关运输安全、安保和应急准备的问题。	3.115 4.86—113	●
行动63：加入有关国际文书或或通过适当的国家立法，在相关主要国际文书所述原则的基础上，施行民用核损害责任制度。	4.114—18	●
行动64：审议大会呼吁各国遵守2009年9月18日国际原子能机构大会以协商一致方式通过的关于禁止武装攻击或威胁攻击在运或在建核装置的决定。	4.119—21	■
IV. 中东，特别是1995年中东问题决议的执行情况		

…… 7.审议大会强调，必须开展一系列工作，使1995年中东问题决议得到全面执行。为此，审议大会认可下列切实步骤：

★ 没有进展　　▲ 进展极小　　● 有些进展　　◆ 进展显著　　■ 得到全面实施

（续）

商定的后续行动	在执行情况报告中的段落位置	截至2014年12月的执行情况
（a）联合国秘书长和1995年决议共同提案国与该区域各国协商，在2012年召开一次由中东所有国家参加的国际会议，商讨在该区域各国自由和作出的安排基础上并在核武器和其他大规模毁灭性武器区的问题。2012年大会应把1995年决议作为其工作范围。	2.140—45	★
（b）联合国秘书长和1995年决议共同提案国与该区域各国协商，任命一名协调员，其任务是支持1995年决议的执行工作，在这方面与该区域各国进行协商，并为举行2012年大会进行准备。协调员还将协助执行参加2012年大会的区域各国商定的后续步骤。协调员将向2015年审议大会及其筹备委员会会议报告工作。	2.140	■
（c）联合国秘书长和1995年决议共同提案国与该区域各国协商，指定2012年大会的东道国政府。	2.140 2.142	■
（d）开展支持1995年决议执行工作的其他步骤，包括请国际原子能机构、禁止化学武器组织和其他有关国际组织编写2012年大会背景文件，阐述关于无核武器、其他大规模毁灭性武器及其系统运载系统的模式，同时考虑到此前进行的工作和已经取得的经验。	2.141—42	■

★没有进展　▲进展极小　●有些进展　◆进展显著　■得到全面实施

（续）

商定的后续行动	在执行情况报告中的段落落位置	截至2014年12月的执行情况
（e）审议旨在支持1995年决议执行工作的所有提议，包括欧洲联盟提出的为2008年6月讨论会主办一个后续研讨会的提议。	2.141	■
其他区域的问题 [朝鲜]		
审议大会强烈敦促朝鲜民主主义人民共和国履行六方会谈的承诺，包括根据2005年9月《联合声明》以完全和可核查的方式放弃所有核武器和现有核计划，并敦促朝鲜民主主义人民共和国尽早重新加入该条约，回到遵守国际原子能机构保障监督协定的轨道上来。审议大会还呼吁朝鲜民主主义人民共和国和所有缔约国全面履行核不扩散和核裁军方面的所有相关义务。审议大会重申对六方会谈的坚定支持，并继续决心通过外交途径寻求满意、全面的解决办法。	1.101—107	★

★ 没有进展　　▲ 进展极小　　● 有些进展　　◆ 进展显著　　■ 得到全面实施

B.核安全峰会，2010年、2012年和2014年：承诺

承诺	在执行情况报告中的段落位置	截至2014年12月的执行情况
2010年华盛顿核安全峰会		
A. 全球核安全体系		
[制止核恐怖主义行为国际公约] 确认《制止核恐怖主义行为国际公约》作为应对核恐怖主义威胁的一项重要的有法律约束力的多边文书的重要性。		
1. 与各会公约缔约国将共同努力，尽快实现公约的普遍性；	3.42	●
2. 与各会公约缔约国将在适当情况下并应请求为他国履约提供协助；	3.44—50	●
3. 与各会公约缔约国将鼓励缔约国之间进行讨论，以根据公约第20条要求探讨确保公约有效执行的措施。	3.44—50	●
[核材料实物保护公约] 确认《核材料实物保护公约》作为针对用于和平目的的核材料的实物保护问题的唯一具有法律约束力的多边协议的重要性，以及其2005年修订案在加强全球安全方面的价值：		
1. 与各会公约缔约国将致力于实现普遍遵约，以及在可行情况下促进公约修订案批准进程并采取行动使其早日实施；	3.37—43	■

★ 没有进展　▲ 进展极小　● 有些进展　◆ 进展显著　■ 得到全面实施

（续）

承诺	在执行情况报告中的段落位置	截至2014年12月的执行情况
2. 与会各公约缔约国呼吁所有国家在修订案生效前遵守修订案的目标和宗旨。	3.40	●
[安理会第1540号决议] 注意到全面执行联合国安理会关于防止非国家行为体获取大规模杀伤性武器及其运载工具和相关材料的第1540（2004）号决议的必要性，特别是鉴于该决议涉及核材料：		
1. 与会国根据联合国相关决议并在联合国全球反恐战略框架内，支持根据联合国安理会第1540号决议成立的安理会委员会进行对话，支持加强该领域的国际合作；	3.51—55	◆
2. 与会国支持根据联合国安理会第1540号决议成立的安理会委员会为促进决议全面落实所采取的行动；	3.53—55	◆
3. 与会国确认按照联合国安理会第1540号决议要求全面及时提交报告的重要性，并将与其他国家共同进行这项工作，包括依照请求提供技术支持或协助；	3.55	●
4. 与会国注意到根据联合国安理会第1540号决议成立的安理会委员会全面审议的结果，包括考虑建立一项自愿基金，并表示支持确保该委员会的活动能获得持续有效的支持；	3.51—55	◆

★ 没有进展　　▲ 进展极小　　● 有些进展　　◆ 进展显著　　■ 得到全面实施

（续）

承诺	在执行情况报告中的段落位置	截至2014年12月的执行情况
5. 关于联合国安理会第1540号决议（a）和（b）部分第三段中核安全相关内容，与会各国确认评估和改善本国实物保护体系的重要性，以确保本国有能力实现国际原子能机构《核安全丛书》有关文件及"核材料和核设施的实物保护"文件（INFCIRC/225）中所列的目标；	3.52—54	◆
6. 鼓励有条件的与会国通过适当机制，包括通过该委员会来根据需求调配可用资源，向提出请求的国家提供技术援助。	3.51—55	◆
B. 国际原子能机构的作用		
欢迎国际原子能机构在全球范围内支持各国加强核安全的活动；赞赏国际原子能机构通过其"核安全计划"所做工作，该计划于2009年9月由机构理事会批准并经2009年机构大会记录在案；欢迎国际原子能机构在改善核安全和核材料衡算方面推广新技术的项目。 确认国际原子能机构正在《核安全丛书》框架内协助成员国制定有关防止、探测和应对涉及包括核材料及相关设施等在内的偷盗、破坏、非法转让及其他恶意行为的导则和建议，并在制定和执行有效的核安全措施方面提供指导。 注意到追求本工作计划的目标不会被解释为改变国际原子能机构的授权或责任：		
1. 与会各国注意到国际原子能机构《核安全丛书》文件在核安全的诸多方面为各国提供建议和指导，并鼓励国际原子能机构所有成员国尽可能广泛地参与这一进程；	3.79—84	◆

★ 没有进展　　▲ 进展极小　　● 有些进展　　◆ 进展显著　　■ 得到全面实施

（续）

承诺	在执行情况报告中的段落位置	截至2014年12月的执行情况
2. 有条件的与会国将与国际原子能机构积极合作，完成并在适当情况下实施《核安全丛书》有关指导，并应请求协助他国开展此项工作；	3.79—84	◆
3. 与会各国特别欢迎并支持国际原子能机构为完成《核材料和核设施实物保护》文件（INFCIRC/225）有关建议的第五次修订所做努力，有关建议将在《核安全丛书》中发表；	3.80—82	■
4. 与会各国确认核材料衡算对支持核安全的重要性，并期待《核设施核材料衡算系统》技术指导文件的完成；	3.82	●
5. 与会各国将努力在适当情况下，在核设施的规划、建造和运营中采纳《核安全丛书》文件中所列相关原则；	3.85—86	●
6. 与会各国在执行其他国家核安全措施时，将支持使用国际原子能机构的《设计基准威胁的制定、使用和维护实施指导》，在适当情况下细化本国的设计基准威胁，要将外部和内部威胁考虑在内；	3.85—86	●
7. 与会各国欢迎国际原子能机构应请求协助有关国家制定"核安全综合支助计划"，以便将其核安全需要纳入核安全改善和援助的综合计划之中；	3.85—86	◆
8. 与会各国确认"国际实物保护咨询服务工作组"等国际原子能机构支持机制在应请求评估各国民用核材料和核设施实物保护体系方面的价值；	3.85—86 3.167—69	●

★ 没有进展　　▲ 进展极小　　● 有些进展　　◆ 进展显著　　■ 得到全面实施

（续）

承诺	在执行情况报告中的段落落置	截至2014年12月的执行情况
9. 与会各国呼吁所有条件的国际原子能机构成员国提供必要支持，使国际原子能机构能够实施上述重要活动。	3.87—88 3.93	●
C. 国际合作		
注意到联合国、打击核恐怖主义全球倡议、八国集团应对大规模杀伤性武器和材料扩散全球伙伴计划，以及其他双边、地区、多边和非政府活动，在相应授权和成员国国范围内为促进核安全所做的贡献：		
1. 与会各国将在适当情况下共同努力，确保核安全合作机制相互补充、相互强化、高效，与国际原子能机构的活动相一致，并适当满足援助请求国经过确认的需要；	3.101—19	◆
2. 与会各国鼓励在适当情况下扩大参与并加入有关旨在增进核安全和防止核恐怖主义的国际倡议和自愿合作机制；	3.105—19	◆
3. 与会各国欢迎八国集团全球伙伴计划中有条件的成员国制订增进核安全的额外计划的意愿。	3.105—19	●
D. 核材料		
确认各国为和平目的发展和利用核能的权利，注意到各国对其管辖范围内的所有核材料和核设施的使用和管理负有责任，确认高浓铀和分离钚怀具有特殊敏感性并需要特别的防范措施		
1. 与会各国将在适当情况下考虑对核材料和核设施放点进行整合；	3.129	●

★ 没有进展　▲ 进展极小　● 有些进展　◆ 进展显著　■ 得到全面实施

（续）

承诺	在执行情况报告中的段落位置	截至2014年12月的执行情况
2. 与会各国将继续特别慎重行事，确保核材料在国内、国际运输中安全可靠；	3.34—36 3.115　3.127	●
3. 与会各国在适当情况下将考虑根据本国情况，从不再使用核材料的设施中安全、保险和及时地撤出和处理有关核材料；	3.128—39	●
4. 考虑到不同形式的分离钚被用于制造核爆炸装置方面的潜在可能，与会各国将继续为确保分离钚的安全和对其进行衡算方面采取特别措施；	3.128—39 4.60—68	◆
5. 与会各国将考虑在适当情况下，在技术和经济许可的情况下，将使用高浓缩铀的研究堆燃料的研究堆及其他使用高浓铀的核设施进行改造以使用低浓铀；	3.128—39	◆
6. 与会各国将在适当情况下合作研究和开发既不使用高浓缩铀、又不在生产医用或其他同位素时使用高浓铀靶件的新技术，并将鼓励在同位素生产等商业应用领域使用低浓铀和其他有助于防扩散的技术和燃料；	3.130—34 4.58—67	◆
7. 有条件的与会各国将在核材料安保、衡算、集中存放和转化等方面向提出请求的国家提供帮助；	3.128—39	◆
8. 与会各国考虑如何最好地处理放射源安全问题，以及考虑适当的进一步步骤。	3.60—61 3.130	●

★ 没有进展　　▲ 进展极小　　● 有些进展　　◆ 进展显著　　■ 得到全面实施

（续）

承诺	在执行情况报告中的段落位置	截至2014年12月的执行情况
E. 国家核安全法规		
考虑到每个与会国在保持有效的核安全和强有力的国内管理能力方面都负有责任：		
1. 与会国将建立和保持有效和强有力的国家核安全法规，包括酌情对其进行定期审议和调整；	3.120—23	●
2. 与会国承诺根据各自的法律和体制框架，最大程度地保持管理的独立性；	3.120—23	●
3. 考虑到各自核计划的当前需求和未来扩展，与会国将致力于管理能力建设，并确保拥有受过充分培训和完全熟练的专业核安全人员及充足的资源；	3.120—23	●
4. 与会国将把国家核安全法规执行情况的评估和强化作为一项优先事项。	3.120—23	▲
F. 核工业		
理解包括私营部门在内的核工业界在核安全领域的作用，促进各国政府应对本国的标准制定负有责任：		
1. 与会国将在指导核工业界方面开展工作，促进并保持浓厚的核安全文化及落实有力的核安全实践的企业承诺，包括根据本国法规对核安全性能进行定期演习和考核；	3.156—60	●

★ 没有进展　　▲ 进展极小　　● 有些进展　　◆ 进展显著　　■ 得到全面实施

（续）

承诺	在执行情况报告中的段落位置	截至2014年12月的执行情况
2. 与会各国将根据本国需要，在法律和实际条件允许的情况下，推动核工业界交流核安全方面的最佳操作规范，并在此方面利用相关机构支持此类交流；这方面不仅是战略核武器，不仅是已经部署的武器，还包括储备中和等待销毁（但仍有能力重新装配和部署）的武器。[7.8; 18.1—3]	3.156—60	●
3. 与会各国鼓励核运营商和建设／工程公司考虑并在适当情况下将有效的实物保护措施和核安全文化纳入民用核设施的规划、建造和运营之中，并应请求为他国开展此项工作提供技术援助。	3.156—60	●
G. 核安全文化 强调人的因素在核安全中的重要性，加强核安全文化的必要性，以及维持一支训练有素的技术专家队伍的必要性：		
1. 与会各国将在适当情况下，促进国际机构、政府、工业界、其他利益攸关方以及学术界间的合作，以促进有效的能力建设，包括核安全计划中的人力资源开发；	3.165—72	◆
2. 与会各国将鼓励建立核安全能力建设支持中心并推动其相互交流，以传播和分享最佳操作规范，并支持国际原子能机构在这一领域的活动；	3.165—72	◆

★ 没有进展　▲ 进展极小　● 有些进展　◆ 进展显著　■ 得到全面实施

（续）

承诺	在执行情况报告中的段落位置	截至2014年12月的执行情况
3. 与会国鼓励建立足够的国家核安全能力，并鼓励供应国和技术供应方应请求并按照各国独特的法律和体制框架，支持接受受国建立此类能力，包括通过教育和培训进行人力资源开发；	3.165—72	●
4. 与会国将鼓励在建立和保持足够的核安全基础设施方面发挥关键作用的所有利益攸关方，在教育、培训及体制能力建设方面采取统筹兼顾的方式；	3.165—69	●
5. 与会国将鼓励执行国家措施，确保敏感信息得到妥善管理，以防止核材料被非法获取或使用，并将在适当情况下应请求支持双边、多边人员能力建设计划。	3.165—72	●
H. 信息交流		
1. 强调在不违反有关保密条款的情况下，就探测、预防、制止、调查和起诉核材料非法贩运和核恐怖主义的行为或企图，交换准确并经核实的信息的重要性；	3.103—09	●
2. 鼓励与会国以全面和及时的方式建立并运用相关机制，在核安全、核恐怖主义和核材料非法贩运方面加强问题、挑战、风险和解决方案方面加强信息分享；	3.103—09	●

★ 没有进展　　▲ 进展极小　　● 有些进展　　◆ 进展显著　　■ 得到全面实施

342

（续）

承诺	在执行情况报告中的段落位置	截至2014年12月的执行情况
3. 鼓励与会各国在适当情况下制定措施和建立机制，加强双边和多边合作，分享核安全和涉及核材料非法贩运事件的紧急和相关的信息。	3.103—09	●
I．核取证		
注意到国际原子能机构和与会各国在核取证领域所做工作，旨在就探测、应对核材料非法贩运以及确定其来源方面向各国提供帮助，并确认遵守信息保密规定的重要性：		
1. 与会各国将考虑在本国、双边或多边范围内进一步采取措施，加强其防止和打击核材料非法贩运的技术能力，包括适当运用新型和创新性技术；	3.148—55	●
2. 与会各国将探讨有关途径，共同在核取证方面建立国家能力，比如建立国家实验室和国际联络点通讯录，以促进和鼓励各国在打击核材料非法贩运方面开展的合作，包括国际原子能机构在此领域的相关活动；	3.148—55	●
3. 与会各国将探讨有关途径，加强地方、国家、国际海关和执法机构间更广泛的合作，包括举行联合演练和分享最佳操作规范，以防止核材料非法贩运和核恐怖主义行为。	3.148—55	●

2012年首尔核峰会

我们将继续把《华盛顿公报》和《工作计划》作为未来推进核安全目标工作的基础。在本次首尔峰会上，我们同意将竭尽全力，在以下重要领域取得更多进展：

★ 没有进展　　▲ 进展极小　　● 有些进展　　◆ 进展显著　　■ 得到全面实施

（续）

承诺	在执行情况报告中的段落位置	截至2014年12月的执行情况
● 全球核安全体系		
1. 我们认识到核安全多边文书，如经修订的《核材料实物保护公约》（CPPNM）、《制止核恐怖主义行为国际公约》（ICSANT）的重要性。因此，我们鼓励普遍遵守这些公约。我们敦促有条件的国家加快《核材料实物保护公约》2005年修正案的国内批准进程，以期该修正案在2014年前生效。我们承认联合国在促进核安全方面的重要作用，支持联合国安理会第1540号和第1977号决议在加强全球核安全方面的作用，并欢迎国际原子能机构核材料和核设施实物保护职权延期。我们将努力利用国际原子能机构核材料和核设施实物保护（INFCIRC/225/Rev.5）文件及相关《核安全丛书》文件，并将其反映在国内实践中。	3.32—75	●
2. 我们认识到，自2010年峰会以来，有关国际倡议和进程，如打击核恐怖主义全球倡议（GICNT）及应对大规模杀伤性武器和材料扩散全球伙伴计划，在各自授权和成员范围内所做出的贡献。我们欢迎更多国家参与打击核恐怖主义及全球倡议及全球伙伴计划，认为后者延期至2012年以后是有益的。我们注意到核安全活动之间加强协调和互补的重要性，欢迎国际原子能机构关于2013年就此举办小国际会议在促进核安全方面所做的建议。我们欢迎工业界、学术界、研究机构和公民社会在促进核安全方面所做的贡献。	3.62—75	◆

★ 没有进展　▲ 进展极小　● 有些进展　◆ 进展显著　■ 得到全面实施

（续）

承诺	在执行情况报告中的段落位置	截至2014年12月的执行情况
● **国际原子能机构的作用**		
3. 我们重申中国国际原子能机构在强化国际核安全框架中的重要责任和中心作用，并认识到国际原子能机构2010—2013年核安全计划的重要性。我们将努力确保国际原子能机构继续拥有所需的合适机制、资源和专业知识，以支持其落实核安全目标。为此，我们鼓励有条件的国家及核工业界增加对国际原子能机构核安全基金的实物及自愿捐助。我们还鼓励国际原子能机构通过其各种支助项目继续开展援助活动，应请求为各国建立并完善核安全基础架构的努力提供帮助，并鼓励各国利用国际原子能机构此类资源。	3.76—100	●
● **核材料**		
4. 我们认识到高浓铀和分离钚需要特别的防范措施，再次强调对高浓铀的适当安保、衡算和集中存放的重要性。我们并鼓励各国在适当情况下并根据本国安全考虑和发展目标，考虑从不再使用核材料的设施中安全、保险和及时地移除和处理有关核材料。	3.124—39	●

★ 没有进展　　▲ 进展极小　　● 有些进展　　◆ 进展显著　　■ 得到全面实施

（续）

承诺	在执行情况报告中的段落位置	截至2014年12月的执行情况
5. 我们认识到在国际原子能机构框架内就高浓铀管理制定供各国政策参考的选项，将有利于推进核安全目标。我们鼓励各国在技术和经济可行并考虑到情况的情况下，采取措施最大限度减少高浓铀的使用，包括将使用高浓铀医疗的反应堆燃料转化为使用低浓铀，并鼓励有能力的国家在2013年底前，宣布将在最大限度减少高浓铀使用的自愿具体行动。我们并鼓励各国在同位素生产等商业应用领域促进低浓铀燃料和靶件的使用，并且在此方面欢迎就高密度低浓度铀燃料开展相关国际合作，以支持研究堆和试验堆的转化。	3.128—39	◆
● 放射源		
6. 鉴于放射源的广泛应用以及其易被恶意使用，同时谨记它们在工业、医疗、农业和科研领域的用途。为此，我们鼓励有条件的国家继续努力完成批准或加入《制止核恐怖主义行为国际公约》的进程，在国内实践中反映国际原子能机构《核安全丛书》相关文件、国际原子能机构《放射源安全行为准则》及其《放射源进出口指南》补充文件的内容，并在必要时建立高活度放射源国家登记册。我们并承诺与机构密切合作，鼓励开展先进技术和系统方面的合作，分享放射源管理最佳操作规范，以及应各国请求提供技术援助。此外，我们鼓励各国为寻回遗失、失窃或被盗的放射源及确保对废旧放射源的控制继续做出努力，并开展国际合作。	3.60—61	●

★ 没有进展　▲ 进展极小　● 有些进展　◆ 进展显著　■ 得到全面实施

（续）

承诺	在执行情况报告中的段落落位置	截至2014年12月的执行情况
● 核安全与核安保		
7. 我们承认核安全和核安保措施的目标都是为了保护人的生命、健康和环境，确认核安全和核安保措施应当以一致和协调同的方式进行设计、执行和管理。我们同样确认，需要以统筹处理核安全和核安保的方式，保持有效的核应急响应和缓解核事故后果的能力。在此方面，我们欢迎国际原子能机构召开有关会议的努力，就核安全与核安保的衔接提供相关建议，确保二者均不被削弱。我们同样欢迎核安全与核安保高级别的核安全与核安保高级别会议于2011年9月22日在纽约召开。我们注意到核安全及其他放射性材料安全同样包括乏燃料和放射性废料的安全，鼓励各国考虑制订对这些材料进行管理的适当计划。	3.161—64 4.86—113	●
● 运输安全		
8. 我们将继续努力加强核及其他放射性材料在国内及国际运输中的安全，鼓励各国分享最佳操作规范并在获取必要技术方面开展合作。我们认识到在国家层面建立多层次防范措施应对核及其他放射性材料遗失或被盗问题的重要性，鼓励在必要时建立有效的国家核材料库存管理及本国追踪机制，以便各国能采取适当措施寻回遗失和被盗材料。	3.115　3.34—35	●

★ 没有进展　　▲ 进展极小　　● 有些进展　　◆ 进展显著　　■ 得到全面实施

（续）

承诺	在执行情况报告中的段落位置	截至2014年12月的执行情况
● 打击非法贩运		
9. 我们强调有必要建设预防、探测、响应和起诉核材料非法贩运的国家能力。在此方面，我们鼓励各国根据本国法规，以行动为导向，协调打击非法贩运的国家能力。我们将努力加强在边境对放射性材料进行检查和探测的技术能力。我们注意到一些国家已通过出口管制法对核转让进行监管，鼓励各国在适当情况下根据国内法律、进一步利用法律、情报及金融手段，有效起诉此类犯罪。此外，我们鼓励各国参加国际原子能机构非法贩运数据库项目，并提供有关其管控范围之外核及其他放射性材料的必要信息。我们将努力加强国家间的合作，并鼓励各国在符合本国法规情况下，包括通过国际刑警组织防范放射性和核恐怖主义部门及世界海关组织，分享涉及核及其他放射性材料贩运犯罪的个人信息。	3.116—19	●
● 核取证		
10. 我们认识到核取证可作为一项有效手段，用于确定被探测到的核及其他放射性材料的来源，以及为起诉非法贩运及恶意使用此类材料的行为提供证据。在此方面，我们鼓励各国之间以及与国际原子能机构开展合作，建设并加强核取证能力。在此方面，在适当情况下，各国可通过制定共同定义和标准，把传统核取证与核取证技能结合起来，开展研究并分享信息和最佳操作规范。我们强调在推进核取证对合作开发新技术和人力资源开发方面开展国际合作的重要性。	3.148—55	●

★ 没有进展　　▲ 进展极小　　● 有些进展　　◆ 进展显著　　■ 得到全面实施

（续）

承诺	在执行情况报告中的段落落位置	截至2014年12月的执行情况
● 核安全文化		
11. 我们认识到对人员能力建设的投入对促进和维持强有力的核安全文化至关重要，鼓励各国通过双边和多边合作等方式分享最佳操作规范并建设国家能力。在国家层面，我们鼓励包括政府、监管机构、工业界、学术界、非政府组织和媒体在内的所有利益攸关方全力致力于加强核安全文化并保持各项活动间的有效沟通和协调。我们还鼓励各国通过教育和培训促进人力资源开发。在此方面，我们欢迎自华盛顿峰会以来成立的若干核安全示范中心和其他核安全培训与支持中心，并鼓励新建此类中心。此外，我们欢迎国际原子能机构努力促进此类中心之间的互联互动，以分享经验教训并优化可用资源。我们还注意到在首尔核安全峰会前夕举行的核工业界峰会及核安全研讨会。	3.165—72	◆
● 信息安全		
12. 我们认识到防止非国家行为体获得所需的信息、技术和专业知识，以出于恶意意图获取或破坏基于信息技术的核设施控制系统的能力的重要性。因此，我们鼓励各国：继续制定和加强国家及设施层面的防范措施，有效管理包括有关核材料及设施保护程序和规定的相关信息；支持相关能力建设项目；以及根据国际原子能机构大会关于核安全的决议（GC（55）/Res/10）并谨记国际电信联盟第174号决议，加强与核设施有关的网络安全措施。我们并鼓励各国：推动建立强调有必要保护与核安全、工业及学术界一道寻找共同的信息的安全文化；与科学、工业及学术界一道寻找共同的信息保护指南；以及支持国际原子能机构制定并散播经完善的信息保护指南。	3.110—14	●

★ 没有进展　▲ 进展极小　● 有些进展　◆ 进展显著　■ 得到全面实施

（续）

承诺	在执行情况报告中的段落位置	截至2014年12月的执行情况
● 国际合作		
13. 我们鼓励所有国家加强对核材料的实物保护和衡算体系、应急准备和响应能力以及相关法律和监管框架。在此背景下，我们鼓励国际社会加强国际合作，并在适当情况下，应请求在双边、地区和多边层面向有需要的国家提供援助。特别是，我们欢迎国际原子能机构各种继续在应请求向各国提供帮助方面发挥领导作用。我们并重申有必要开展各种形式的公共外交和对外联络活动，以加强公众对包括核恐怖主义威胁在内的核安全威胁应对措施做出的了解。我们将继续为加强核安全领域实现这方面的政治承诺做出自愿和实质性的努力。我们欢迎各方在本次首尔峰会上就核安全领域取得的进展所提供的信息。下一次核安全峰会将于2014年在荷兰举行。	3.101—19	●
2014年海牙核峰会 我们，各国领导人，于2014年3月24日—25日齐聚海牙，评估自2010年华盛顿峰会以来取得的成就。这次峰会的筹备工作以《华盛顿公报》和《首尔公报》为基础，在《华盛顿工作计划》的指导下进行。因此：		
1. 我们重申致力于核裁军、核不扩散及和平利用核能的共同目标。我们重申加强核安全的措施不会妨碍各国为和平目的开发和利用核能的权利。		
2. 本次峰会重点关注加强核安全、防止恐怖分子、犯罪分子或其他非授权行为者获取可用于制造核武器的核材料以及可用于放射性散布装置的其他核放射性材料的问题。实现这一目标仍然是未来几年面临的重要挑战之一。		■ 得到全面实施

★ 没有进展　▲ 进展极小　● 有些进展　◆ 进展显著　■ 得到全面实施

（续）

承诺	在执行情况报告中的段落位置	截至2014年12月的执行情况
3. 本次海牙核峰会的召开以华盛顿核峰会和首尔核峰会为基础。注意到前两届峰会与会国作出的承诺中，大部分已经实现，我们深感鼓舞。我们欢迎在加强核安全方面取得的长足进展，并认识到为实现该目标仍需继续努力。		
● 各国的基本责任		
4. 我们重申各国根据自身的义务时刻保证所有核材料和其他放射性材料安全方面的基本责任，包括核武器中使用的核材料和各国控制的核设施。相关责任包括采取适当措施防止非国家行为体获取这类材料，或可能被用于恶意用途的相关敏感信息或技术，并阻止恐怖主义和破坏行为。在此背景下，我们强调严格的国家核安全法律和监管规则的重要性。	3.19—31 3.120—23 3.165—72	●
● 国际合作		
5. 同时，我们强调进一步加强和协调核安全领域国际合作的必要性。通过国际原子能机构和其他政府间组织和倡议，以及双边和地区合作，做出更多努力。	3.101—23	●
6. 通过国际合作促进各国提升建立和维持强有力的核安全文化有效应对核恐怖主义和其他犯罪威胁的能力。我们鼓励各国、监管机构、研究机构、核工业和其他利益有关者，在各自的职责范围内，构建这种安全文化，并在国际层面分享良好的做法和经验教训。	3.101—23 3.165—72	●

★ 没有进展　　▲ 进展极小　　● 有些进展　　◆ 进展显著　　■ 得到全面实施

（续）

承诺	在执行情况报告中的段落位置	截至2014年12月的执行情况
7. 我们支持在教育、提升意识和培训方面，包括通过核安全示范中心和支持中心，展开更加有力的国际和区域合作。因此，我们欢迎国际原子能机构和其他国际组织扩大核安全教育、培训和支持网络。	3.62—123 3.165—72	◆
● 加强国际核安全体系		
8. 我们认识到加强构建全面的国际核安全体系的必要性，该体系应包括法律文书、国际组织和倡议、国际认可的指南和良好做法。	3.32—123	●
● 法律文书		
9. 我们鼓励尚未加入《核材料实物保护公约》（CPPNM）的国家加入该公约并批准其2005年修正案。我们欢迎自首尔核峰会以来新批准的《核材料实物保护公约》修正案。正如首尔核峰会所预见的，我们将继续努力推动2005年修正案在今年晚些时候生效。我们强调所有缔约国充分遵守其所有规定的必要性。	3.37—43	●
10. 我们强调《制止核恐怖主义行为国际公约》的重要性，同时也强调所有缔约国充分遵守其所有规定的必要性。我们欢迎自首尔核峰会以来新批准和加入该公约的行为，并鼓励所有国家成为该公约的缔约方。	3.42—50	●

★ 没有进展　　▲ 进展极小　　● 有些进展　　◆ 进展显著　　■ 得到全面实施

（续）

承诺	在执行情况报告中的段落位置	截至2014年12月的执行情况
11. 我们欢迎旨在发展核安全示范立法的努力，这将成为各国根据自身的法律制度和内部程序法律程序开展全面国家立法的基石。	3.120—23	◆
● **国际原子能机构的作用**		
12. 我们重申中国际原子能机构在国际核安全框架中的基本职责和中心作用。我们欢迎核安全在该机构的工作中越来越重要的地位以及该机构在协调国际组织和其他国际倡议在相关活动中的主导作用。2013年7月召开的增强全球合作核安全国际会议足以证明国际原子能机构在提高国家政治意识和应对核安全政策、技术和管控方面问题的能力。	3.76—100	●
13. 我们高度重视该机构对国家层面进增核安全努力的支持。国际原子能机构《核安全丛书》出版物中的核安全指南为采取有效的国家层面核安全措施奠定了基础。我们鼓励所有国家在适当情况下利用这一指南。	3.76—100	●
14. 我们欢迎国际原子能机构通过核安保综合支助计划（INSSP）帮助各国将其核安全需求整合进综合计划。我们鼓励各国在适当情况下利用核安全综合支助计划促进其在核安全方面取得进展。	3.85—86	●
15. 我们强调国际原子能机构通过相关机制，如国际实物保护咨询服务工作组，在提供评估和咨询服务方面的价值。到目前为止，已向40个国家派出62支国际实物保护咨询服务工作组。我们承认这些服务的自愿性质，鼓励所有国家利用相关服务并在不破坏敏感信息保护的前提下分享经验教训。	3.112 3.169	●

★ 没有进展　　▲ 进展极小　　● 有些进展　　◆ 进展显著　　■ 得到全面实施

（续）

承诺	在执行情况报告中的段落位置	截至2014年12月的执行情况
16. 在未来几年中，国际原子能机构将发挥至关重要的作用。因此，我们鼓励为国际原子能机构提供更多政治、技术和资金支持，包括通过其核安全基金，确保其拥有所需的资源和专业知识来开展和授权的核安全活动。	3.87—88、3.93	▲
● 联合国的作用		
17. 我们欢迎联合国在加强核安全，特别是在促进打击包括恐怖主义在内的恐怖主义公约和议定书的批准和有效执行方面，以及根据联合国安理会第1540号决议成立的安理会委员会在相关工作上作出的重大贡献。我们敦促各国全面执行第1540号决议及后续决议，并继续定期报告在这方面作出的努力。我们还认识到联合国在核军和核不扩散方面起到重要作用。	3.51—59	●
● 其他国际倡议的作用		
18. 我们认识到，自2010年和2012年核安全峰会以来，全球打击核恐怖主义倡议（GICNT）及应对大规模杀伤性武器和材料扩散全球伙伴计划，在各自授权和成员范围内所做出的贡献。二者都扩大了成员范围，已成为核安全协调和合作的重要平台。	3.62—75	◆
19. 我们欢迎在加强区域间核安全合作中发挥重要作用且支持总体核安全目标的区域倡议。我们欢迎这一领域倡议的持续发展。	3.62—75	●

★ 没有进展　　▲ 进展极小　　● 有些进展　　◆ 进展显著　　■ 得到全面实施

（续）

承诺	在执行情况报告中的段落落位置	截至2014年12月的执行情况
● 自愿措施		
20. 我们已经确认了一系列自愿措施，各国可以考虑采取这些措施展示其已具备在保证核材料和设施安全方面的能力。这些自愿措施可以包括公布有关国家法律、规章和体制结构的信息，交流好的做法、邀请国际原子能机构提供评估和咨询服务以及其他基于相关结论的评估和后续行动。通过现有相关报告机制和论坛提供信息，通过设置培训课程并鼓励大家参加学习进一步推动核安全相关人员培训，以及实施国内证书计划。我们注意到，许多与会国家都已经采取这类措施，在某些情况下，已经在区域范围利用这些措施展示他们在核安全方面的努力，从而让他们核安全制度的效力得到国家层面和国际层面的信任。	3.103—09	●
● 核材料		
21. 我们认识到高浓铀和分离钚需要特别的防范措施，对它们的适当安保、衡算和集中存放非常重要。在过去四年中，我们已经在各国内部实现安全、保险和及时的集中存放，以及移除到其他国家进行处理方面取得了长足进展。此外，我们已将大量高浓铀降级为低浓铀，并将分离钚转换为混合氧化物的混合燃料。我们鼓励各国最大限度地减少高浓铀储存，并将分离钚的储存量控制在最低水平，这两点都符合各国的需求。	3.128—39	●

★ 没有进展　▲ 进展极小　● 有些进展　◆ 进展显著　■ 得到全面实施

（续）

承诺	在执行情况报告中的段落位置	截至2014年12月的执行情况
22. 我们鼓励各国在技术和经济可行的情况下，采取措施最大限度减少高浓铀的使用，包括将使用高浓铀燃料的反应堆转化为使用低浓铀。在这方面，欢迎进行技术合作，促进这类转化行动。同样，考虑到有必要保证医用同位素供应安全可靠，我们将继续鼓励支持为利用非高浓铀技术生产医用放射性同位素所做出的努力，包括经济奖励。	3.128—39 4.58—67	◆
● 放射源和放射性材料		
23. 世界各国都在使用放射源，应用在工业、医疗、农业和科研领域。与此同时，高活度放射源也可以用于恶意行为。我们已经在更好地保护放射源方面取得了进展，尤其是在国家注册方面。相当多的国家都已经修订了其国家立法和规章，将国际原子能机构《放射源安全和保安行为准则》和《核安全丛书》的指导纳入其中。我们一直致力于首先通过国际原子能机构未推动这方面建议的指导。我们寻求在国际指导下确保所有放射源的安全。	3.60—61	◆
24. 我们鼓励尚未制定乏燃料和高水平放射性废物管理安全计划的国家制定适当的安全计划。	3.143、4.44 4.59—64 4.84、4.95	▲

★ 没有进展　　▲ 进展极小　　● 有些进展　　◆ 进展显著　　■ 得到全面实施

（续）

承诺	在执行情况报告中的段落位置	截至2014年12月的执行情况
● 核安全与核安保		
25. 我们认识到核安全和核安保拥有共同的目标，那就是保护人类健康、社会和环境。我们重申在核安全和核安保方面在核安全和核安保措施应当以一致和协同的方式进行设计和管理。在这些领域，进一步增进核安全的努力可能会受益于核安保方面已取得的经验。我们强调发展核安全文化的必要性，并重点关注对于核安全和核安保的协调问题。在不破坏敏感信息保护的前提下分享良好的做法也可能是一种有益的尝试。持续改进的原则既适用于核安全又适用于核安保。在这方面，我们承认国际原子能机构核安全和核安保委员会和核能应对接问题的作用。委员会和它们的活动对于合理应对核安全和核安保对接问题的作用。	3.161—64 4.86—113	◆
26. 我们重申，需要以统筹处理核安全和核安保的方式，保持有效的核应急响应和缓解核事故后果的能力。	3.161—64 4.86—90	●
● 核工业		
27. 核运营商应对核材料的安全负有首要责任。因此，他们在维持和加强核安全方面扮演着重要的角色。应让核运营商安全体系发挥作用，并强调有效的核安全文化，实物保护和核材料衡算。各国应就此开展例行检查和评估，包括性能测试和适当时的自我评估。我们注意到各国对在适当采用以性能为基础的规定不断增长的兴趣。我们支持加强核运营商同政府机构之间的对话，包括国家监管机构。这类对话对能上独立，并致力于提高核安全法规和监管的成效。	3.156—60	●

★ 没有进展　▲ 进展极小　● 有些进展　◆ 进展显著　■ 得到全面实施

（续）

承诺	在执行情况报告中的段落位置	截至2014年12月的执行情况
28. 在这方面，我们认识到可以通过组织核工业界合作作为核安全峰会的补充活动，让核工业界积极参与到核安全事务之中。	3.156—60	◆
● 信息和网络安全		
29. 我们认识到信息安全，包括计算机系统中与核材料和技术相关的信息，日益增长的重要性。信息安全在防止非授权行为体获取出于恶意用途获得和使用核材料所需的信息、技术和专业知识方面起到了关键作用。我们提在这些方面，应进一步加强政府、业界和学术界之间的合作。我们倡导建构核安全文化，强调保护敏感的专业知识和信息并阻止在网络媒体和公众论坛发布这类信息的必要性。	3.110—14	●
30. 为了应对日益严重的网络攻击威胁，包括对于关键信息基础设施和控制系统的攻击，以及这类威胁对于网络安全的潜在影响，我们鼓励各国和私营部门采取有效措施缓解风险，确保核设施的系统和网络得到适当的安全保护。未经授权访问这类系统可能会危及核设施及其操作安全，同时也会破坏相关信息的机密性、完整性和可用性。	3.112—14	●
● 核运输		
31. 我们重申进一步加强核及其他放射性材料在国内及国际运输中安全的决心。我们承认在不破坏敏感信息保护的前提下分享好的做法和经验教训能对实现这一目标作出有益的贡献。我们鼓励各国、相关产业和示范中心积极参与国家和国际层面的这类努力。	3.103—09 3.115	●

★ 没有进展　▲ 进展极小　● 有些进展　◆ 进展显著　■ 得到全面实施

（续）

承诺	在执行情况报告中的段落位置	截至2014年12月的执行情况
● 非法贩运		
32. 我们强调使用可以支配的所有工具来定位并保证掌控范围之外的核材料安全的极度重要性，包括利用有效的出口管制和执法机制加强对核转让的管理，打击非法转让核材料。在这方面，有必要采取立法措施实现国家管控。我们强调通过在包括核探测、取证、执法以及开发新技术以提高海关人员的执法能力等相关领域建立双边、区域和多边机制，加强各国国家法律和规范范围内信息、最佳做法和专业知识分享等方面的努力。我们敦促各国参加国际原子能机构非法贩运数据库，及时向国际原子能机构提供相关信息。为了支持执法努力，我们鼓励各国依据自己国家的法规和国际义务扩大信息分享，包括通过国际刑警组织和世界海关组织分享涉及非法贩运核或其他放射性材料的人员信息。	3.116—19	●
● 核取证		
33. 核取证正成为确定被探测到的核及其他放射性材料来源，以及为起诉非法贩运及恶意使用此类材料的行为提供证据的一项有效手段。我们欢迎在加强传统分析鉴定方法使用方面取得的进展以及最近推出的几个相关文件，强调应进一步开发创新分析鉴定方法和工具，用于涉及核材料和其他放射性材料的事故核查。我们鼓励在国际原子能机构和其他有关的国际组织内部进一步开展国际合作，旨在连接传统和直接加强传统核取证能力，以便更好地确定核材料的来源。在可行的情况下，建立国家核取证数据库。我们欢迎国际原子能机构于2014年7月组织召开核取证进展会议。	3.148—55	●

★ 没有进展　　▲ 进展极小　　● 有些进展　　◆ 进展显著　　■ 得到全面实施

（续）

承诺	在执行情况报告中的段落位置	截至2014年12月的执行情况
34. 我们仍需不断努力，以实现加强国际核安全框架的共同目标，我们认识到这将是一个持续的过程。	3.1—172	●
35. 因此，我们的代表将在国际原子能机构的主导和协调下，继续参与各类核安全相关的国际论坛。	3.62—123	●
36. 2016年的核安全峰会将在美国举办。		

★ 没有进展   ▲ 进展极小   ● 有些进展   ◆ 进展显著   ■ 得到全面实施

C.核不扩散与核裁军国际委员会2009年报告：建议

建议	在执行情况报告中的段落位置	截至2014年12月的执行情况
关于全面核裁军战略		
1. 核裁军应分两阶段进行：在2025年前实现全面"消除"。短期（至2012年），中期（至2025年）和长期（2025年以后）的行动议程应反映这些目标。[7.1—5；同时见第17、18、19节]	1.23—33	★
2. 短期和中期努力应重点关注在总体上实现核武器的去合法化，并尽快实现这一目标，最晚在2025年前实现，"最小度"的具体特征为： （a）减少数量：全世界核弹头的数量不超过2000枚（低于现有核武器库的10%）； （b）实现承诺：每个核武器国家都做出"不首先使用核武器"的承诺； （c）可信的核力量态势：通过可核查的部署和警戒状态未体现这一承诺。[7.6—15；同时见第6节（去合法化）和第17、18节]	1.32—33 1.248—53	★
3. 即便现阶段尚无可靠的实现无核化目标的确定日期，但现在也应开始针对从"最小度"迈向彻底消除所需的条件展开分析和辩论。[7.15—17；同时见第19节]	1.32—33 1.242—47	★

★ 没有进展　　▲ 进展极小　　● 有些进展　　◆ 进展显著　　■ 得到全面实施

（续）

建议	在执行情况报告中的段落位置	截至2014年12月的执行情况
关于全面核不扩散战略		
4. 核不扩散工作既要注重需求方面，即说服各国核武器不会提高国家安全或其他利益，又要注重供应方面，目的在于通过保持和加强全方位措施（具体见下文建议），尽可能增加各国购买或生产此类武器的难度。[8.9—16; 同时见下文第9—15节]	2.22—35	●
《不扩散核武器条约》的保障措施与核查		
5. 所有国家均应接受附加议定书。为了鼓励全球一致接受附加议定书，应将是否接受该协议书作为所有核出口的条件。[9.7]	2.45—49	●
6. 应更新和强化附加议定书及其附件，明确国际原子能机构调查潜在核武器化活动的权利，包括对核军民两用品增加确定特指范围，报告关于拒绝出口情况、缩短通知周期和向该特约谈判定人员的权利。[9.8—9]	2.45—49	★
7. 由于保障需求已经开始从机制推动体系向信息推动体系转变，各国和国际原子能机构之间应增加双向信息分享，国际原子能机构应重新评估其保密且不透明的文化。[9.10—11]	2.50—60	▲
《不扩散核武器条约》的遵守与执法		
8. 在判定是否遵守条约时，国际原子能机构有必要将自身限制在技术标准内，以一致及可信的态度来实施技术标准，并将政治后留给安理会判定。[9.15]	2.65—76	●

★ 没有进展　▲ 进展极小　● 有些进展　◆ 进展显著　■ 得到全面实施

（续）

建议	在执行情况报告中的段落位置	截至2014年12月的执行情况
9. 联合国安理会应明确表示，将退出《不扩散核武器条约》视为对国际和平与安全的公然威胁，并可能根据《联合国宪章》第七章的规定实施所有惩罚性措施，以此来严厉阻止退出《不扩散核武器条约》的行为。[9.20]	2.77—82	★
10. 退出《不扩散核武器条约》的国家不得将在作为《不扩散核武器条约》缔结方期间获取的核材料、设备及技术用于非和平用途。在退出条约前获取的任何此类材料应在可能的情况下予以退还，本规定由安理会负责执行。[9.21—22]	2.77—82	★
11. 在核材料出口中，接收国应同意即便退出《不扩散核武器条约》，依然对此负有提供的任何核材料和设备以及利用其生产出的任何材料继续执行安全保障措施，所有国家都应将本条件作为核材料出口的条件。[9.23]	2.78—79	●
关于加强国际原子能机构的作用		
12. 国际原子能机构应充分行使其现有的权限，包括特殊核查，各国应在发现权限不足时准备其强化。[9.24]	2.65—76	▲

★ 没有进展　　▲ 进展极小　　● 有些进展　　◆ 进展显著　　■ 得到全面实施

（续）

建议	在执行情况报告中的段落位置	截至2014年12月的执行情况
13. 要想让国际原子能机构充分有效地行使其职能，就应按照塞迪略委员会2008年的建议给予该组织： （a）一次性注入资金用于翻新安全保障措施分析实验室； （b）大幅增加对其日常预算的支持力度，不设"零实际增长限制"，以降低关键职能对于预算外资金的依赖程度； （c）充分保障其未来资金，以使有效实施中长期计划； （d）在借调人员和提供培训机会方面从国家和行业两个方面提供支持。[9.25—27]	2.85—91	▲
14. 应考虑由塞迪略委员会或其继任小组对国际原子能机构的组织文化展开外部审查，特别是关于透明度和信息共享的问题。[9.28]	2.91	★
关于非《不扩散核武器条约》的条约和机制		
15. 核供应国集团应研究一项基于标准的方法，与未签署《不扩散核武器条约》的国家合作，并充分考虑相关因素，如是否批准《全面禁止核试验条约》、是否愿意停止生产无安全保障的易裂变材料，以及相关国家在保护核设施和核控制核材料相关出口方面的记录。[10.3—9]	2.116—18	★

★ 没有进展　　▲ 进展极小　　● 有些进展　　◆ 进展显著　　■ 得到全面实施

（续）

建议	在执行情况报告中的段落落位置	截至2014年12月的执行情况
16. 应在联合国体系内重组防扩散安全倡议（PSI），使之成为一个中立组织，评估情报，协调及出资情报，并对停止向或从核扩散有关切国家运输疑似材料做出一般性及具体建议或决定。[10.10—12]	2.148	★
扩大非《不扩散核武器条约》国家的义务		
17. 鉴于目前尚未签署《不扩散核武器条约》的三个核武器国家，包括印度、巴基斯坦和以色列，不可能很快成为缔结国，因此，应采取各种努力，督促他们参加防扩散及裁军义务的类似机制和协议。[10.13—16]	1.25—33 2.33—35	★
18. 若其他们满足承诺核裁军及防止核扩散的严格客观标准，并签字同意在此方面作出具体的未来承诺，则应与《不扩散核武器条约》缔结国一样，享有获取民用核材料和技术的权利。[10.17]	2.33—35 2.116—18	★
19. 这些国家应与《不扩散核武器条约》的有核武器缔结国的缔结国一样参加多边核裁军谈判，不得因他们不是该条约的缔结国而区别对待。[10.18]	1.25—33	★
关于禁止核试验		
20. 所有尚未签署《全面禁止核试验条约》的国家应无条件立即签署并批准《全面禁止核试验条约》。在条约生效前，所有国家均应继续保持克制，不要开展核试验。[11.1—8]	2.163—74	▲

★ 没有进展　▲ 进展极小　● 有些进展　◆ 进展显著　■ 得到全面实施

（续）

建议	在执行情况报告中的段落落位置	截至2014年12月的执行情况
21. 所有签署国应提供必要资金、技术和政治支持，用于全面禁止核试验条约组织筹委会的持续发展和运转，包括实现其监测系统的全球覆盖，促进正当现场核查活动以及建立有效的国家数据收集中心和信息收集系统。[11.9—12]	2.169—72	◆
关于限制易裂变材料的获取		
22. 各国应通过裁军谈判会议就达成非歧视性、多边且可在国际范围内核查和不可逆的"禁止生产易裂变材料条约"展开谈判，禁止生产用于核武器或其他核爆炸装置的易裂变材料。[12.1—14]	2.175—92	★
23. 在该条约生效前，所有核武器国家都应宣布或继续停止生产用于武器的易裂变材料。[12.15]	2.195—209	▲
24. 对于军事先存在的易裂变材料库存，应采取分阶段的方式，以限制生产为第一要务，随后努力确保对所有未用于武器目的的承诺，可核查的不用于核爆炸目的的易裂变材料，根据达成的武器裁减（协议）从武器中拆卸下来的易裂变材料将被视为这些承诺。[12.18]	2.177—79	★
25. 作为临时过渡措施，所有核武器国都应自发公布易裂变材料库存存量及其认为超出自身武器需求的数量，在可行范围内尽快将多余的材料置于国际原子能机构的保障机制之下，并尽快将其转化为无法用于核武器的形式。[12.19]	2.195—209	▲

★ 没有进展　▲ 进展极小　●有些进展　◆ 进展显著　■ 得到全面实施

366

（续）

建议	在执行情况报告中的段落位置	截至2014年12月的执行情况
26. 尽快停止在民用研究项目中使用高浓铀，并通过建立可行的替代办法逐步在能源计划中停止中停止使用应和使用分离钚怀。[12.20—27]	3.128—39 4.60—64	●
核安全		
27. 所有国家均应采取有效措施来强化核材料及核设施的安全保障，包括尽早采纳《核材料实物保护公约》（CPPNM）的2005年修正案和最新的国际标准，加快推进"合作降低威胁"（CTR）及全球相关项目的实施，并加大国际能力建设和信息共享的力度。[13.1—16, 22—23]	3.27—75 3.101—19	●
28. 在2010年4月召开的核安峰会上以及随后的活动中，应优先关注表格13-1中确定的重点执行问题。[13.4]	3.28—31	●
29. 在管制可用于制造"脏弹"的材料方面，需要进一步合作实施《放射源安全和保安行为准则》，协助各国更新立法和许可证发放规范，提高使用者的相关意识，以普遍实现核安全和核安保文化。[13.17—21]	3.60—61	●
30. 应继续努力建立一个情报清算所，以提供各国分享情报并帮助他国诠释和处理情报的机制。[13.22]	3.103—109	★
31. 应大力支持新兴的核取证科学，旨在鉴定走私中发现或用于核爆炸物的材料的源头，包括通过为国际核走私技术工作组提供额外资源。[13.24—25]	3.148—55	●

★ 没有进展　　▲ 进展极小　　● 有些进展　　◆ 进展显著　　■ 得到全面实施

（续）

建议	在执行情况报告中的段落位置	截至2014年12月的执行情况
核能管理		
32. 应继续大力支持和平利用核能，将其与核裁军和防扩散一同视为《不扩散核武器条约》的三大支柱。应向发展中国家提供更多资源，包括通过国际原子能机构技术合作项目，协助发展中国家将和平核能充分用于人类发展。[14.1—3]	4.24—48	◆
33. 应支持2008年北海道洞爷湖G8峰会发起的国际核能基础设施合作倡议，该倡议旨在提高全球范围内保障措施、安保与安全重要性的认识，协助相关国家制定有关措施。[14.4—6]	4.38 4.86—113	●
34. 在核设施的设计和运行过程中，防扩散应作为政府和工业的基本目标，通过机构和技术手段同时推动，二者缺一不可。[14.7—8]	4.58—67	●
35. 提高钍循环的使用水平，以及未来对快中子反应堆的引入，都必须采用巩固防扩散目标的方式，避免增加扩散和恐怖主义危险。尤其是，有关快中子反应堆的研究和发展的关键目标应是通过设计和运转确保不会生产出武器级钚。[14.9—15]	4.61—67	●
36. 有望通过诸如由燃料供应方负责回收乏燃料等国际措施避免许多国家乏燃料的日益堆积。应特别注意从最初的反应堆心负载中回收燃料。[14.13]	4.73—74	●
★ 没有进展　　▲ 进展极小　　● 有些进展　　◆ 进展显著　　■ 得到全面实施		

（续）

建议	在执行情况报告中的段落位置	截至2014年12月的执行情况
37. 应发展无燃料处理的新技术，完全避免当前的后处理形式，并且，随着它们的建立，可逐步淘汰在热反应堆中使用钚铀混合氧化物核燃料的做法和常规后处理场。[12.26]	4.61—67	▲
38. 随着全球核民用核能部门日益壮大，核工业界和政府同工业界的合作应在降低核扩散核风险方面发挥更大作用。在起草影响其活动的条例和公约方面，工业界应更加积极地致力于同政府合作，以确保其操作性并鼓励大家遵守条约。[14.16—24]	3.156—60 4.58—67	●
关于核燃料循环系统多边化		
39. 核燃料循环系统多边化，尤其是通过燃料银行和对浓缩、后处理及无燃料存储设施的多边管理，应得到大力支持。此类安排将在构建全球和平使用核能的信心方面发挥不可估量的作用，为实现无核武器世界奠定重要基础，而这个目标的一个必要条件是多边核查和管制所有的敏感性燃料循环活动。[15.48]	4.69—85	▲
40. 在接受更有远见的提案前，应支持通过自愿安排换取应保证，接收国应在协议期间放弃国家建设和运行敏感燃料循环设施。[15.47]	4.69—78	●

★ 没有进展　▲ 进展极小　● 有些进展　◆ 进展显著　■ 得到全面实施

（续）

建议	在执行情况报告中的段落落位置	截至2014年12月的执行情况
关于2010年《不扩散核武器条约》审议大会的优先事项		
41. 下列事项应在2010年《不扩散核武器条约》审议大会上优先讨论：		●
（a）核裁军行动。就二十点声明达成新共识，即对2000年达成的"十三点措施"作出更新和延伸，形成"新的国际核裁军行动共识"（参见表16-1）。		
（b）强化保障措施与批准。就以下几点达成协议： ——所有国家都应接受附加议定书，并将是否接受该协议作为所有国家核出口的条件，鼓励全球一致接受附加议定书； ——宣布退出《不扩散核武器条约》的国家不得随意将在《不扩散核武器条约》缔结方期间获取的核材料、设备及技术用于非和平用途； ——建议安理会明确，任何退出《不扩散核武器条约》的行为都将被视为对国际和平和安全的公然威胁。	1.19—33 2.22—35	
（c）建议各国将退出条约后依然执行保障监督协定作为核材料出口的条件。加强国际原子能机构的作用。按照塞迪略委员会2008年的建议，就大幅增加对国际原子能机构的预算支持，不设"零实际增长限制"，以降低关键职能对于预算外资金的依赖程度达成一致。		

★ 没有进展　　▲ 进展极小　　● 有些进展　　◆ 进展显著　　■ 得到全面实施

建议	在执行情况报告中的段落位置	截至2014年12月的执行情况
（d）中东无大规模毁灭性武器区。就联合国秘书长组织所有相关国家召开前期会议讨论议以创造性和新颖的方式执行1995年决议达成一致，包括确认该区域所有相关国家可以接受的建立信任措施，并开始促进相关措施的早期协商。		
（e）核安全。就所有国家均应采取有效措施来强化核材料及核设施的安全保障达成一致，包括尽早采纳《核材料实物保护公约》（CPPNM）的2005年修正案和最新的国际标准，加快推进"合作降低威胁"（CTR）及全球相关项目的实施，并加大国际能力建设和信息共享的力度。		
（f）和平利用核能。就将和平利用核能是各国不可剥夺的权利列入《不扩散核武器条约》的基本目标达成一致，并提供更多资源，包括通过国际原子能机构技术合作项目，协助发展中国家将和平核能充分用于人类发展。		
关于减少武器数量：双边和多边进程		
42. 在2025年前应达到"最小度"目标，全球核弹头总数不超过2000枚，美国和俄罗斯应将各自核弹头总数降至500枚，其他核武器国家的核武库中的弹头数至少不得增加（最好能大幅减少）。这一目标削减的不仅是已经部署的武器，不仅是已经部署的武器，还包括储备中的武器，和等待销毁（但仍有能力重新装配和部署）的武器。[7.8; 18.1—3]	1.55—57	▲

★ 没有进展　　▲ 进展极小　　● 有些进展　　◆ 进展显著　　■ 得到全面实施

371

（续）

建议	在执行情况报告中的段落落位置	截至2014年12月的执行情况
43. 为了将双边目标控制在可行范围内，美国和俄罗斯应加速执行正在商讨中削减战略核武器条约后续协议，在2015年前完成设想中的削减。[17.13]	1.82—90	★
44. 一旦该条约得到批准，美国和俄罗斯应加紧恢复谈判，以实现在2015年前达成进一步削减战略武器条约协议，将各自核弹头总数降至1000枚，并希望在2020年前进一步减少。[17.12—13]	1.87—90	★
45. 为了实现全球核弹头总数不超过2000枚的最小度目标，其中除美国和俄罗斯之外的国家的核弹头总数不超过1000枚，第一要务就是所有核武器国家应明确承诺不增加其核武器数量，应尽快让这些国家做出此类声明。[17.15—16]	1.55—107	★
46. 为准备多边核裁军谈判，所有核武器国家应发起相互间的战略对话，并针对整个过程中各个阶段出现的所有的所有国家层面的系统且有实质性进展的研究，包括导弹防御、常规力量失衡和核军核查。[17.17—19, 22—24]	1.93—100	▲
47. 在推动多边核裁军进程中，考虑到有必要就适当的谈判进程提前达成一致，应考虑将日内瓦裁军谈判会议作为所有核武器国家间初步展开正式和非正式协商的适当论坛。[7.9; 17.20—21]	1.91	★

★ 没有进展　▲ 进展极小　● 有些进展　◆ 进展显著　■ 得到全面实施

（续）

建议	在执行情况报告中的段落位置	截至2014年12月的执行情况
48. 为便于今后的核查进程，考虑到所有核武器国家的共同利益，他们应立刻采取"核考古学"措施，以确保所有相关记录得到确认并进行安全保存，并采取相关量测量和采样。[17.25—26]	1.54	●
关于核理论：不首先使用、延伸威慑和消极安全保证		
49. 在最终消除核武器前，所有核武器国都应明确作出"不首先使用"声明，承诺不使用核武器作为防止可能拥有核武器的对手采取先发制人的措施。保证仅在自己或盟友遭受核打击时才使用或威胁使用核武器。[17.28]		▲
50. 如果在这一阶段还没有做好作出这一声明的准备，在彻底消除核武器之前，每个核武器国家至少应接受保持核武器的唯一目的在于威慑他国不对自己或盟国使用这类武器的原则。[7.10; 17.28—32]		▲
51. 应向目前受益于延伸威慑的盟国保证，他们不会受到其他不可接受之危险的威胁，尤其是生物及化学武器。在这方面，应继续加大力度推动各国普遍遵守《禁止生物及毒素武器公约》和《禁止化学武器公约》，并制定有效措施保证对于前者的遵守。[17.29]	1.128—37	●

★ 没有进展　　▲ 进展极小　　● 有些进展　　◆ 进展显著　　■ 得到全面实施

373

（续）

建议	在执行情况报告中的段落位置	截至2014年12月的执行情况
52. 至少应在计划于2010年出版的美国《核态势评估报告》中发表"唯一目的"声明，这将对其他核武器国家施加压力，削弱2010年《不扩散核武器条约》审议大会上有关"双重标准"的争论，这一点特别重要。[17.32]	1.114—16	▲
53. 所有核武器国家均应作出全新且明确的消极安全保证，并通过联合国安理会决议进行约束，确保不会对无核武器国家使用核武器。唯一的条件是，该保证不包括联合国安理会认定不遵守《不扩散核武器条约》以至于不适于对它作出消极安全保证的国家。[17.33—39]	1.138—47	★
54. 所有拥有核武器的《不扩散核武器条约》缔约国应签署和批准一切无核武器区的议定书，其他核武器国家只要没有加入《不扩散核武器条约》，就应分别作出独立的消极安全保证。[16.16]	1.145 2.119—36	▲
关于核力量态势：发射预警状态和透明度		
55. 基本目标是，在尽快使不能立即使用的核力量调整成部署状态的同时，保证仅保留足以应对第一次核打击的生存力量。应通过透明的部署和发射预警状态保持最大化的稳定性。[7.12—15; 17.40—50]	1.148—74	▲

★ 没有进展　　▲ 进展极小　　● 有些进展　　◆ 进展显著　　■ 得到全面实施

（续）

建议	在执行情况报告中的段落位置	截至2014年12月的执行情况
56. 应找到延长发射任何核武器的决策保险时间的办法，特别是考虑到美国和俄罗斯之间谈判进程的困难度和复杂性，应尽快取消预警发射的警戒状态。[17.43]	1.155—74	★
57. 为了实现通过战略对话在核裁军上取得实质性进展，所有核武器国家都应在核理论和力量态势上保持最大可能的透明度。[17.44]	1.38—47	●
58. 以色列完全不透明政策的松动在这方面将起到积极作用，但是其继续执行不透明政策不应妨碍其加入核裁军多边谈判（考虑到可以将未得到保障监督的易裂变材料纳入国际监督的过程定义为核裁军）。[17.45—50]	1.39 1.122	★
关于朝鲜和伊朗问题		
59. 应在六方会谈的框架内，继续努力就朝鲜公开发展核武器问题达成满意的会谈结果，包括通过"可核查的方式"停止核计划，在得到安全保证的情况下重新加入《不扩散核武器条约》以及向其提供经济援助。[17.52—56]	1.101—107	★
60. 应继续通过P5+1会谈作出努力，联合国安理会和国际原子能机构成员国应通过协商伊朗就伊朗核能力和意图达成满意的决议，如果国际社会坚信伊朗既不拥有核武器也不寻求拥有核武器，那么一切保留其铀浓缩计划的任何要素的行动都将受到最具入侵人性的检查和核查。[17.52—60]	2.69—76	●

★ 没有进展　▲ 进展极小　● 有些进展　◆ 进展显著　■ 得到全面实施

（续）

建议	在执行情况报告中的段落位置	截至2014年12月的执行情况
关于并行安全问题:导弹、太空、生物和常规武器		
61. 应重新考虑反弹道导弹（ABM）系统问题，允许进一步发展战区弹道导弹防御系统，包括在相互关注的领域开行可能的联合行动，但应对战略弹道导弹防御进行严格限制。也应意识到，在无核武器世界中，战略导弹防御可作为一项保险政策对潜在的欺骗者，在维持稳定中发挥重要作用，这一问题已成为双边和多边核裁军谈判的严重障碍。[18.28—30；同时见2.30—34, 17.18]	1.175—95	★
62. 国际社会应继续努力遏制导弹扩散，但不应将《美苏关于消除两国中程导弹和中短程导弹的条约（INF）》多边化努力的持续受挫用作任何一方退出该条约的借口。[2.35—37]	2.149—60	▲
63. 应大力支持日内瓦裁军谈判会议正就有关防止外空军备竞赛（PAROS）作出的努力，以及维也纳的联合国委员会有关和平利用外层空间的工作。[18.31]	1.196—209	●
64. 应继续加大努力推动普遍加入《禁止生物及毒素武器公约》和《禁止化学武器公约》，采取有效措施防止潜在的生物武器攻击，包括克服所有困难建立一个可行的常规核查制度。[17.29；18.32—33]	1.210—14	▲

★ 没有进展　　▲ 进展极小　　● 有些进展　　◆ 进展显著　　■ 得到全面实施

（续）

建议	在执行情况报告中的段落位置	截至2014年12月的执行情况
65. 应认真对待核武器国家同常规武器上的数量和质量失衡问题，特别是美国的相对能力，需要认真处理，如果不使其成为未来双边和多边核裁军谈判的重大障碍的话，包括重新审查《欧洲常规武装力量条约》的相关内容。在这方面，就预防和解决冲突开展更多合作将比仅仅关注武器限制措施要更有成效。[18.34—36]	1.215—27	★
关于行动计划日程：短期、中期和长期		
66. 短期行动计划日程至2012年，包括2010年《不扩散核武器条约》审议大会，应关注表17—1中确定的问题。	1.23—33 2.30—32	▲
67. 应考虑在2012年下半年由联合国大会召开裁军特别会议，对短期行动取得的成绩进行总结并确定下一步工作计划。所有决定都应在2010年中以后作出，以便考虑2010年审议大会的成果，以及是否充分利用现有资源和努力，赢得足够的推动力。[17.2—3]	1.32—33	★
68. 中期行动计划日程从2012年至2025年，应关注表18—1中确定的问题。	1.23—33	▲
69. 长期行动计划日程从2025年开始，应致力于建立表19—1中确定的条件。	1.23—33	★
70. 考虑到长期核裁军过程中有可能引起共担共享成本—负担共享问题，展开详细研究，计算核裁军和不扩散成本，探索可能的筹资方式，将对利益相关国家大有帮助。[18.26—27]	1.32—33	▲

★ 没有进展　▲ 进展极小　● 有些进展　◆ 进展显著　■ 得到全面实施

（续）

建议	在执行情况报告中的段落位置	截至2014年12月的执行情况
关于动员及保持政治意愿		
71. 应持续开展宣传活动，通过传统媒体、新媒体和直接宣传的方式，让决策者和影响他们的人了解核裁军和核不扩散问题。各国政府和慈善基金会应向有能力的非政府组织提供支持，以便他们有效地发挥自己的作用。[20.7—10]	1.232—38	●
72. 应重新强调在学校和大学中加强核裁军和相关内容的正规教育和培训，重点关注核武器的历史、持续部署和扩散的风险及威胁，以及未来的发展道路。同时还应在大学、外交培训和相关机构开设更多的核问题相关课程，包括科研、技术、战略政策和法律等方面。[20.11—12]	1.228—31	●
73. 现在就应在相关政府的支持下开展工作，进一步完善和发展当前分发之《核武器公约》范本里的概念，尽可能使条款规定具有切实可行性，目的在于出台一份经过仔细斟酌的方案，从而在多边核裁军谈判势头大增时为其提供信息和指导。利益相关方应为进一步发展《核武器公约》提供适当资源支持。[20.38—44]	1.239—47	●
74. 为有助于长期维持政治意愿，应定期公布"报告卡"，以便让知名的国际小组能在相关专业及具有广泛基础的研究支持下，根据本报告所述之行动来评估核及无核国家的绩效。[20.49—50]	《核武器评估》2013，2015	■

★ 没有进展 ▲ 进展极小 ● 有些进展 ◆ 进展显著 ■ 得到全面实施

（续）

建议	在执行情况报告中的段落位置	截至2014年12月的执行情况
75. 应考虑成立一个新的"全球核不扩散及核裁军中心",以此作为不同国家、不同机构和组织开展核不扩散及核裁军工作的聚集点和交换中心,为具有相同意愿的政府及民间组织提供研究宣传及支持,并制作上文所述的"报告卡"。[20.53]	2001年在堪培拉成立的CNND	■
76. 该中心的建设应关注两个层面的功能: （a）作为全职研究和宣传专业人员的基地,直接利用全球已有相关研究中心的广泛网络资源; （b）作为上层建筑,以拥有丰富经验的全球杰出人物组成管理或咨询委员会,在他们认可下酌情发布该中心的报告,政策倡议和开展行动。[20.51—54]	CNND的建议	■

★ 没有进展　▲ 进展极小　● 有些进展　◆ 进展显著　■ 得到全面实施

缩略语

ABM	反弹道导弹
AERB	原子能管理小组
ANSN	亚洲核安全网
AP	附加议定书
APLN	核不扩散和裁军亚太领导网
APSN	亚太保障监督网
ASEAN	东南亚国家联盟
AU	非洲联盟
BASIC	英美安全信息委员会
BBC	英国广播公司
BNFL	英国核燃料有限公司
BWC	《生物武器公约》
CD	裁军谈判会议
CFE	欧洲常规武装力量
CIRUS	加拿大–印度反应堆，美国
CNS	《核安全公约》
CPGS	常规快速全球打击
CPPNM	《核材料实物保护公约》
CSA	《全面保障监督协定》
CSC	《核损害补充赔偿公约》
CTBT	《全面禁止核试验条约》
CTBTO	《全面禁止核试验条约》组织筹备委员会
CTC	打击恐怖主义委员会
CTED	打击恐怖主义执行理事会

CTR	合作减少威胁（纳恩–卢格）项目
CW	化学武器
CWC	化学武器公约
DDPR	威慑和防御态势审议
DOE	美国能源部
DPRK	朝鲜民主主义人民共和国
DRDO	国防研究和发展组织（印度）
EEZ	专属经济区
ELN	多边核裁军和不扩散欧洲领导网
EPAA	欧洲分阶段适应性计划
EU	欧盟
EURATOM	欧洲原子能共同体
FAO	食品和农业组织
FMCT	禁止生产武器用易裂变材料条约
FMWG	易裂变材料工作组
FY	财政年度
G8	八国集团（加拿大、法国、德国、意大利、日本、俄罗斯、英国、美国）
GC	（国际原子能机构）大会
GCSP	日内瓦安全政策中心
GFMR	全球易裂变材料报告
GGE	政府专家小组
GICNT	全球打击核恐怖主义倡议
GIF	第四代国际论坛
GNEII	海湾核能基础设施研究所
GNEP	全球核能合作伙伴计划
GOV	（国际原子能机构）董事会
GSN	全球安全新闻专线
GTRI	全球降低威胁倡议

HCOC	反弹道导弹扩散海牙行为准则
HEU	高浓铀
IAEA	国际原子能机构
ICAN	国际废除核武器运动
ICBM	洲际弹道导弹
ICJ	国际法庭
ICNND	国际核不扩散与裁军委员会
ICSANT	《制止核恐怖主义行为国际公约》
IDSA	国际研究与分析学院（新德里）
IFNEC	国际核能合作框架
IISS	国际战略研究所
IMS	国际监测系统
INF TREATY	中程核力量条约（1987）
INFCE	国际核燃料循环评价
INFCIRC	信息通告（来自国际原子能机构）
INPRO	国际核反应堆和燃料循环创新计划
INSSP	核安保综合支助计划
INSSERV	国际安全咨询服务
INTERPOL	国际刑警组织
IPCS	和平与冲突研究学院
IPFM	国际易裂变材料专家组
IPPAS	国际实物保护咨询服务
IPPNW	国际防止核战争医生组织
IRBM	中程弹道导弹
IRRS	综合监管审查服务
ISI	三军情报局（巴基斯坦）
ISIS	科学和国际安全研究所（华盛顿特区）
ISO	国际标准化组织
ISSAS	国际原子能机构咨询服务

ITDB	突发事件和走私数据库
ITE	国际专家小组
IUEC	国际铀浓缩中心
KCNA	朝鲜中央新闻局
LEU	低浓铀
MDGS	千年发展目标
MENWFZ	中东无核武器区
MIRV	多目标分导式再入飞行器
MNEPR	《俄罗斯联邦多边核环境项目框架协定》
MOX	混合氧化物
MPI	中等国家倡议组织
MRBM	中程弹道导弹
MT	百万吨
MTCR	导弹技术控制制度
NAM	不结盟运动
NATO	北太平洋条约组织
NCNK	北朝鲜国家委员会
NDA	国家退役局（英国）
NFU	不首先使用（核武器）
NGO	非政府组织
NNSA	国家核安全管理局（美国）
NPDI	不扩散和裁军倡议
NPR	核态势审议
NPT	《不扩散核武器条约》
NPTREC	《不扩散核武器条约》审议及延期大会
NSA	消极安全保证
NSG	核供应国集团
NSS	核安全峰会
NTI	降低核威胁倡议组织

NWC	核武器公约
NWFZ	无核武器区
NWS	核武器国家
OECD	经济合作与发展组织
OPCW	禁止化学武器组织
OSCE	欧洲安全合作组织
P5	联合国安全理事会五个常任理事国
PAA	阶段性适应计划
PAL	许可的行动链接
PAROS	防止外空军备竞赛
PMDA	美俄《钚管理与处置协议》
PNND	核不扩散与裁军议员组织
PPRA	美俄钚生产反应堆协议
PPWT	防止在外空部署武器、对外空物体使用或威胁使用武力条约
PREPCOM	下一届NPT审议大会筹备委员会
PSI	防扩散安全倡议
RSAC	地区核材料控制和衡算系统
RUSI	英国皇家联合服务研究所
SIPRI	斯德哥尔摩国际和平研究所
SLBM	潜射弹道导弹
SLV	卫星发射飞行器
SORT	限制战略进攻性武器条约
SQP	小额问题协议书
SRBM	短程弹道导弹
SSAC	国家核材料控制和衡算系统
SSBN	核动力战略弹道导弹潜艇
SSP	库存管理计划
START	战略武器削减条约

TCF	技术合作基金
TEPCO	东京电力公司
THAAD	末段高空区域防御系统
TTP	巴基斯坦塔利班
UAE	阿拉伯联合酋长国
UAV	无人航空飞行器
UK	英国
UN	联合国
UNEP	联合国环境项目
UNFCC	《联合国气候变化框架公约》
UNODC	联合国打击毒品和犯罪办公室
UNSCR	联合国安理会决议
US	美国
VERTIC	核查研究、培训和信息中心
VOA	自愿提供协议
WANO	世界核电运营者协会
WHO	世界卫生组织
WILPF	国际妇女和平和自由联盟
WINS	世界核安保研究所
WMD	大规模杀伤性武器
WMDFZ	无大规模杀伤性武器区

作者及供稿者

作者

加雷斯·埃文斯（GARETH EVANS）：澳大利亚国立大学的校长、名誉教授以及核不扩散和核裁军研究中心国际咨询委员会主席。他曾在霍克和基廷工党政府时担任了十三年的内阁部长，其先后担任了总检察长（1983年—1984年）、资源和能源部长（1984年—1987年）、交通和通讯部长（1987年—1988年）和外交部长（1988年—1996年），期间他创立了堪培拉消除核武器委员会。在离开澳大利亚政坛之后，他从2000年到2009年担任了布鲁塞尔国际危机集团总裁，他是研究大规模杀伤性武器的布利克斯委员会和研究国际原子能机构2020年及以后的角色问题的赛迪委员会的成员，他与川口顺子在2009年共同主持国际核不扩散与裁军委员会。由于他的核保护责任思想、预防和解决冲突以及军备控制和裁军等方面所做的开创性工作，他被授予富兰克林·罗斯福和埃利诺·罗斯福（罗斯福总统的夫人）研究所2010年度免于恐惧自由奖。他撰写或编辑了11本书，包括《为了和平而合作》（艾伦出版社，1993年）、《澳大利亚的外交关系》（墨尔本大学出版社，1991年，1995年）和《保护的责任》（布鲁金斯学会出版社，2008年，2009年），并发表了100多个章节的文字及相关的期刊文章。

坦尼娅·奥格尔维–怀特（TANYA OGILVIE-WHITE）：堪培拉澳大利亚国立大学核不扩散和核裁军研究中心研究室主任和副教授。在加入该中心之前，她曾是堪培拉澳大利亚战略政策研究所的高级分析师、伦敦斯坦顿国际战略研究所核安全研究中心的研究员和新西兰克赖斯特彻奇的坎特伯雷大学国际关系学的高级讲师。现在，她是新西兰国际研究中心的国际顾问、亚太安全合作委员会的成员、美国杂志《亚洲安全》的副主编。她的著作包括《杀死核龙：21世纪的裁军动态》（乔治亚大学出版社，2012年3月）和《核威慑：迈克尔·昆兰先生的信件》（国际战略问题研究所／劳特利奇，2011年10月）。

拉梅什·塔库尔（RAMESH THAKUR）：澳大利亚国立大学核不扩散和核裁军研究中心主任和该校克劳福德公共政策学院国际关系学教授。在印度和加拿大受过教育的，他曾任联合国大学的前（资深）副校长（和联合国副秘书长），而后担任安大略滑铁卢的贝尔斯利国际事务学院基金会理事。他还曾在斐济和新西兰担任过全职的学术职务。他曾是"保护责任委员会"的委员，并担任联合国秘书长科菲·安南的2002年联合国改革报告的主要撰稿人。他撰写和编辑了大约50本书、400篇文章和书的章节，他还参加非洲、亚洲、欧洲和北美洲一些机构的国际机构咨询委员会工作。他最近的著作包括《联合国，和平与安全》（剑桥大学出版社，2006年）；《全球治理与联合国：一段未完成的旅程》（印第安那大学出版社，2010年）；《保护的责任：规范、法律和国际政治中使用武力》（劳特利奇，2011年）；《二十国集团（G20）》（劳特利奇，2013年）；《牛津现代外交手册》（牛津大学出版社，2013年）；《核政治》（共4卷，赛奇，2014年）；《核武器与国际安全：文集》（劳特利奇，2015年）；《保护责任的理论化》（剑桥大学出版社，即将出版）。

供稿者

约翰·卡尔森（JOHN CARLSON）：华盛顿核威胁倡议（NTI）的顾问和悉尼罗伊研究所的非常驻研究员。他曾担任国际卢森堡论坛咨询委员会成员和哈佛大学贝尔弗中心原子管理项目的助理；亚太地区核不扩散和核裁军问题领导网络咨询顾问；核查研究、培训和信息中心国际核查顾问网成员。他以前还是澳大利亚保障监督与核不扩散局局长（1989年—2010年），国际原子能机构保障监督实施常设咨询组主席（2001年—2006年），亚太地区保障监督网的创始主席（2009年—2012年）。

约翰·佩基（JOHN PAGE）：目前是澳大利亚国立大学核不扩散和核裁军研究中心的研究人员。在澳大利亚外交部工作期间，他密切参与了核不扩散政策的制定和实施。他曾在堪培拉消除核武器委员会和核不扩散及裁军国际委员会秘书处工作。

斯德哥尔摩国际和平研究所（SIPRI）：一所独立的国际研究机构，它由瑞典政府于1966年正式成立，专门研究冲突、军备、军备控制与裁军问题。它是作为一个通过公开信息资源为决策者、研究人员、媒体和公众提供公正和可靠的数据、分析和建议的机构，已经在全球享有广泛的声誉。其主打的年鉴（首次出版于1969年）作为权威的数据汇编和趋势分析对世界各地的研究人员和决策者来说尤其有用。SIPRI与多个政府间组织，特别是联合国和欧洲联盟保持密切合作。